El
DIOS
QUE YO AMO

———◆◆◆———

El cielo: *su verdadero hogar*
Heaven: Devotional Edition [El cielo: edición devocional]
Joni
Un paso más (con Steven Estes)
*Cuando Dios llora: por qué nuestros sufrimientos le importan
al* Todopoderoso (con Steven Estes)

El
DIOS
QUE YO AMO

JONI EARECKSON TADA
UNA VIDA CAMINANDO CON JESÚS

La misión de Editorial Vida es ser la compañía líder en comunicación cristiana que satisfaga las necesidades de las personas, con recursos cuyo contenido glorifique a Jesucristo y promueva principios bíblicos.

EL DIOS QUE YO AMO
Edición en español publicada por
Editorial Vida – 2005
Miami, Florida

©2005 por Joni Eareckson Tada

Originally published in the USA under the title:
The God I Love
Copyright ©2003 Joni Eareckson Tada
Published by permission of Zondervan, Grand Rapids, Michigan.

Traducción: *Adriana Tessore*
Edición: *Carolina Galán*
Diseño interior: *Eugenia Chinchilla*
Diseño de cubierta: *Cindy Davis*

ISBN: 978-0-8297-3977-0

Categoría: Biografía / Autobiografía

IMPRESO EN ESTADOS UNIDOS DE AMÉRICA
PRINTED IN THE UNITED STATES OF AMERICA

13 14 15 16 ❖ 8 7 6 5 4 3

CONTENIDO

Cuarta Parte /295

El
DIOS
QUE YO AMO

Para Tyler Eareckson Kinnamon,
mi primo cuarto, con quien comparto un cumpleaños...

Y para Ken Tyler, Cody y Jesse,
mis sobrinos-nietos, con quienes comparto recuerdos de
Ocean City...

El linaje de los Eareckson podrá terminarse,
pero la aventura continúa.
¡Mantengan viva la historia, muchachos!

El
DIOS
QUE YO AMO

Primera Parte

Hijo mío, conserva el buen juicio; no pierdas de vista la discreción. Te serán fuentes de vida, te adornarán como un collar. Podrás recorrer tranquilo tu camino, y tus pies no tropezarán. Al acostarte, no tendrás temor alguno; te acostarás y dormirás tranquilo.

Proverbios 3:21-24

E nterré los pies en la arena de la playa de Delaware, me abracé las piernas y me acerqué a la fogata tanto como pude. Las llamas nos calentaban el rostro, y detrás de nosotros el aire fresco de la noche nos enfriaba la espalda. Acurrucada con mis hermanas y mi primo, percibí el aroma de los leños quemándose y respiré al calor del fuego. Todos estábamos sentados, intimidados por mi padre. Él estaba parado al otro lado de la fogata, como una imagen envuelta en una voluta de calor y humo que se eleva y con la cara encendida por las llamas como si fuese un profeta en el monte Sinaí. Nos amontonábamos cuando él narraba una historia. Y no nos atrevíamos a mirar por encima del hombro hacia el océano, por miedo a encontrarnos con la imagen de...

«¡El holandés errante!»

Mi padre abrió grande los ojos y clavó su mirada en nosotros.

«¡Solo a unos pocos cientos de metros en el agua, allí estaba él, parado en la proa de su barco! ¡Estaba tan cerca que se veía el resplandor de su pipa!»

La fogata crujía y chisporroteaba; un estallido de chispas giraba y ascendía en el humo. Otra ola rompió en la arena, flushshhh..., derramando su espuma blanca sobre la playa. Las olas se acercaban cada vez más a nuestra fogata. No pude evitarlo. Miré por encima del hombro preguntándome si la goleta del fantasma estaría allí, en alguna parte, en el oscuro océano.

—Todos los camaradas a bordo de nuestro barco prácticamente se habían dado por vencidos entonó mi padre. Nuestra nave había estado atrapada durante cinco días en el mar de los Sargazos. La densa masa de algas marinas se había entrelazado en el timón y nos tenía atrapados en su mortal dominio. El agua se había acabado y teníamos la lengua agrietada e hinchada. Sabíamos que nuestras esperanzas se agotaban cuando...

Viste al holandés— susurró mi hermana.

Eres una chica lista— elogió papá.

Conocíamos la leyenda de memoria. Comenzaba en una noche tormentosa con fuertes vientos en el año 1600, cuando un capitán holandés dirigió su barco hacia las fauces de una tempestad en el cabo de Buena Esperanza. Las olas se elevaban y batían los costados de la nave y esta comenzó a hundirse. Mientras las encrespadas aguas inundaban la cubierta, el capitán levantó el puño y enfurecido clamó: «¡Daré la vuelta a este cabo aunque tenga que navegar hasta el día del juicio final!»

Y lo hizo, según cuenta la leyenda. Cualquiera que tuviera la desgracia de ver el viejo barco fantasma seguramente sufriría una muerte terrible. Aún hoy, si ves oscuras nubes de una tormenta que se avecina en el horizonte, ten cuidado. Tal vez descubras al viejo capitán holandés fumando su pipa y si así ocurre, quizás tú también marques tu destino.

—Si viste el barco fantasma cuando estabas atrapado en el mar de los Sargazos —preguntó uno de nosotros— ¿por qué no moriste?

Sabíamos la respuesta, pero teníamos que volver a escucharla.

Tu papá no tiene miedo a ninguna vieja maldición declaró

nuestro padre. Pues bien, miré por la proa del barco y vislumbré un enorme pez manta. Eso me dio una idea.

Yo no sabía lo que era un pez manta. Sin embargo, cuando papá extendió los brazos y los agitó en el aire, me di cuenta de que era algo realmente grande y poderoso, como un pez gigante.

Levanté un arpón gesticuló y esperé a que ese pez manta se aproximara. Lentamente le apunté ¡y le clavé el arpón en la espalda!

Fruncí el ceño.

»El gran pez se resistió contra la cuerda, pero la sostuve con fuerza mientras llamaba a mis camaradas: "¡*Tú*, Angus Budreau, y *tú*, Georgy Banks! ¡Aten el extremo al cabestrante!" Ellos se movieron con rapidez mientras el pez tiraba cada vez más fuerte. "¡Icen el trinquete, la vela mayor y la mesana! ¡Preparen el foque y el foque volador!", grité.

»Lentamente nuestro barco comenzó a crujir y a chirriar. La nave se desplazaba con lentitud, arrastrada por un pez de dos toneladas, que batía y sacudía las aletas con todas sus fuerzas. Sentía que las algas crujían debajo de nuestro casco... Nuestros músculos se tensaban ante el esfuerzo del poderoso pez.

»... y de repente nos pudimos liberar. Las velas comenzaron a ondear y a llenarse de aire. Por fin, una ráfaga alcanzó la vela mayor. La tripulación soltó un grito de alegría. ¡Nuestro barco había quedado libre de las garras del mar de los Sargazos! A medida que el viejo y cansado pez manta se hundía en las oscuras profundidades, habiendo agotado sus fuerzas, lo despedimos agitando nuestras gorras de marinero, y una vez más nos adentramos en alta mar».

Sentí tristeza de que el pez manta tuviera que morir. No obstante, estaba feliz de que mi padre estuviese vivo para contar la historia. También lo estaba mamá... me di cuenta por la forma en que lo miraba. Yo siempre buscaba su rostro después de que papá terminaba de contar una historia, para corroborar si era verdadera. Sin embargo, ella nunca revela-

13

ba nada. Simplemente se paraba a arrojar otro leño al fuego. Si uno de nosotros preguntaba «¿Mamá, eso es verdad? ¿Ocurrió de verdad?», ella sonreía con picardía. Quizás no creía en las historias de papá tanto como nosotros, pero por su honor no lo decía. Siempre nos dejaba pensando que quizás hubiera algo de cierto en las historias de mi padre, al responder cada vez: «¡Buena historia, capitán John!».

Un estallido de chispas brotó del fuego y una ráfaga las desparramó en la noche.

—¡Allí esta su pipa! —gritó alguien—. ¡Veo las chispas!

—No es verdad.

—¡Sí lo es!

—No.

—¡Sí!

Continuábamos así, no - sí, no - sí, hasta que mamá lo detenía diciendo: «Silencio, niñas».

—Entonces, ¿qué ocurrió con el barco fantasma?

Mi padre permaneció parado sin decir palabra por un largo rato. Todo estaba en silencio salvo por el ruido de las olas. El humo y las llamas bailaban en el viento, provocando sombras que danzaban en todas direcciones. Lentamente, papá se aventuró hacia la oscuridad del océano, las estrellas y la noche. Me ponía cada vez más nerviosa a medida que se alejaba de la seguridad de la luz de nuestra fogata. Se detuvo y, con las manos en la cintura, miró a la distancia como si buscara a alguien.

Yo escapé del capitán holandés comentó en voz baja. No muchos lo hacen, pero yo fui uno de los bendecidos.

Mis tres hermanas y nuestro primo, el pequeño Eddie, también nos aproximamos a buscar en la oscuridad.

No busquen demasiado a ese viejo hombre de mar nos advirtió papá— porque quizás no sean tan afortunados como yo. —Su voz sonó inquietante: »

Tal vez un día escuchen su "¡Je, je, je!"». —Después se dio

vuelta rápido y se frotó las manos riendo disimuladamente con sarcasmo.

Gritábamos y nos agarrábamos entre nosotros, pateando la arena para mantener al fantasma en la bahía. Sin embargo, el narrador había finalizado su historia. Hacía una exagerada reverencia, y nosotros aplaudíamos a rabiar.

«¡Por favor, *por favor*, cuéntanos otra historia!», exclamábamos a coro.

«No».

Cuando decía «basta» era basta. Mi padre era una de esas personas que siempre nos dejaba con ganas de más. Eso me agradaba... hacía que todo lo que hiciéramos después fuera más agradable. Como cantar, por ejemplo. Cuando terminaban las historias, generalmente era hora de cantar canciones de fogatas, canciones de niñas exploradoras, canciones de caminatas, de marineros o de vaqueros.

Mi madre y mi padre echaban más leños al fuego, creando un infierno y nosotros, los niños, nos quitábamos las mantas. Nos habíamos pasado el día buscando almejas al otro lado de la isla. Las aguas claras y poco profundas del brazo del río Indio escondían cientos de almejas carnosas a pocos centímetros debajo de la arena. La tarea del día había sido exitosa, y ahora colocábamos nuestras zapatillas de lona blanca junto al fuego para que se secaran. El mejor amigo de mi padre, que para nosotros era el «tío» Eddie, paseaba tranquilamente y dejaba caer junto a su hijo, el pequeño Eddie, nuestro «primo», un par de baldes llenos de almejas heladas.

Todos nos estirábamos para tomar una. Con los ojos entrecerrados por el calor de la fogata, ubicábamos con cuidado las almejas en el extremo de un leño lo bastante cerca de las llamas para que el calor del fuego las cociera. Pronto las almejas comenzaban a burbujear por los bordes. Una a una, reventaban y se abrían. Con el pulgar y el índice tomábamos cuidadosamente una almeja caliente y a medio abrir, ¡ay! y la soplábamos hasta que se enfriaba. Apenas si podíamos esperar para ponernos en la boca las almejas húmedas y saladas, calientes y gomosas.

15

Papá ladeaba su gorra marinera y comenzaba a bailar una tonta giga. Iniciaba una canción escrita para él por un antiguo amor de sus días de marino mercante a principios del año 1900.

Era una canción para cantar mientras se comían las almejas.

No me casaría con un hombre que recoge ostras, te diré por qué:
Sus botas están siempre llenas de lodo, sus zapatos nunca están secos.
Un marinero, un marinero, un marinero será.
Cuando me case, en la esposa de un marinero me convertiré.

Metíamos las manos bien en el fondo del balde con hielo, para sacar las almejas más frescas. Nuestro tío George, el hermano de papá, era el encargado de abrirlas con un cuchillo. Esta era una de esas habilidades artesanales de Maryland con la que nosotros esperábamos lucirnos algún día. Requiere traspasar la concha, el corazón y el músculo, de manera que la almeja quede intacta y carnosa.

El tío George nos pasaba las almejas abiertas, y yo mantenía en alto la mía para comparar su tamaño con las de mis hermanas. Tener en la mano la más grande y la más jugosa era un triunfo en el arte de comer almejas. Haciendo equilibrio con la mía, aplanaba el labio inferior, lo apretaba contra el borde de la concha, inclinaba apenas la almeja y la sorbía ruidosamente. Yo había visto a algunas personas tragar las almejas enteras, pero prefería la forma de papá: masticarla. Sabía mejor de esa forma porque soltaba un sabor salado y mohoso. Este rito nunca me pareció raro cuando era niña, pero años más tarde comprendí lo que la gente quería decir con la frase «es algo que al principio desagrada pero, con el tiempo, uno le toma el gusto».

Las canciones de mar finalmente nos llevaban a las canciones de vaqueros, y luego, cuando papá estaba seguro de que habíamos agotado toda la diversión de la tarde, cantábamos himnos. De repente, la escena alrededor de la fogata pasaba de chupar almejas, patear arena y contar historias a convertirse en un santuario bajo las estrellas. Las brillantes chispas que se elevaban ahora no provenían de la pipa de un hombre de mar, y el océano Atlántico ya no escondía secretos tenebrosos del fondo del mar. Incluso, el susurro de la espuma de las olas que se retiraban era tranquilizador. No había mayor satisfacción que recostarme sobre la manta, con las manos debajo de la cabeza y mirar a la cúpula estrellada mientras cantábamos un himno.

Olvidaba todo lo de las largas historias mientras mi padre lleno de calidez y ternura nos dirigía en el canto.

En el monte del Calvario había una cruz,
emblema de afrenta y dolor;
mas yo amo a Jesús, que murió en esa cruz
por salvar al más vil pecador.

Todos nos uníamos en el coro. Me encantaba seguir la canción uniendo mis notas a la melodía de mis padres. Cantábamos la primera parte in crescendo, como cuando sube la marea y luego suavemente la última, como cuando baja.

Gloriaréme solo en la cruz,
en sus triunfos mi gozo será;
y en el día de eterna salud,
mi corona Jesús me dará.

Cuando el resto de la familia comenzaba la segunda estrofa, yo dejaba de cantar. Me dedicaba a escuchar una canción más profunda, una que venía del cielo salpicado de estrellas. Con las rodillas dobladas sentía el calor de la fogata en la parte anterior de las piernas. Una profunda y fresca sombra me cubría mientras me sumergía en los sonidos que provenían del universo. Leves racimos de estrellas y grandes constelaciones salpicaban la noche mientras las olas seguían acariciando la arena de la playa. El océano Atlántico era también otro universo de hechos misteriosos, que tocaba los pies de Irlanda e Inglaterra, lugares demasiado lejanos para mí como para creer que fueran reales. Y aquí estábamos nosotros, amontonados alrededor de nuestro pequeño fuego, una pequeña brasa en una playa que se extendía varios kilómetros de norte a sur, sin ningún otro campamento a la vista. Aquella noche éramos un puntito de luz entre otros miles en la costa este, una costa de uno de los muchos continentes, todos en un planeta empequeñecido por galaxias que giran en lo alto.

Nunca me había sentido tan pequeña y sin embargo tan segura.

A salvo, segura e importante. No podía imaginar a otro niño en ninguna parte del planeta, mucho menos en los médanos de la costa de Delaware, que se sintiera tan a salvo como yo. Parte de ese sentimiento provenía de las historias. La mayoría, de los himnos. Cuando alguien comenzaba a entonar «Venid, oh, venid al jardín, donde Cristo ahora ha entrado» sentía como si Dios mismo estuviera entre nosotros, iluminado por el fuego y exhalando un suspiro con cada ola.

Mis recuerdos más tempranos de haber sido movida por el Espíritu se asocian a himnos. Himnos viejos, dulces y suaves... los que a mi tía Kitty le gustaba cantar cuando ella y el tío George nos visitaban los viernes por la noche para controlar los libros de cuentas del negocio de papá; o los que cantábamos en nuestra pequeña iglesia de Catonsville. La clase de himnos que cantábamos en la camioneta cuando cruzábamos el puente de la bahía de Chesapeake rumbo a la costa este, por la Autopista 1, atravesando el condado de Queen Anne por el puente hasta el espolón y nuestro campamento. Los mismos himnos cuyas palabras me sabía de memoria, y sin embargo no podía explicar.

Se a quién he creído y estoy convencido
de que él es capaz de guardar aquello que le he confiado
para aquel día.

Yo atesoraba este himno de la familia, pero no tenía idea de su significado. No me molestaba no poder entenderlo. Los niños de cinco años son capaces de almacenar palabras en pequeños compartimientos dentro de su corazón, como cartas secretas guardadas para un día de lluvia. Todo lo que me

18

importaba ahora era que estos himnos me ligaban a la melodía de mis padres y hermanas. Estos cánticos tenían algo que ver con Dios, mi padre, mi familia y una pequeña semilla de fe guardada a salvo en un rincón del corazón.

«¡Vamos, arriba todos!», papá golpeaba las manos y hacía que nos levantáramos de la manta. «Pónganse de pie y probemos con esta canción».

Ven, sube a la montaña donde soplan las brisas del cielo
Trepábamos en el aire y movíamos las manos haciendo el hula-hula.
Ven, sube a la montaña, que brillen los rostros
Iluminábamos el rostro con una sonrisa y con las manos a los lados.
Apártate, apártate del pecado y la tristeza, mira al cielo

Fruncíamos el ceño con la palabra pecado y levantábamos el rostro con la palabra cielo.
Ven, subamos a la montaña, tú y yo.
Señalábamos al otro y luego a nosotros mismos.

Una canción de la Escuela Dominical que incluía ademanes exigía que se realizara con la misma precisión que el saludo secreto del club del barrio. Cualquiera que se equivocase al poner las manos al lado de la cara, o al poner cara triste cuando decíamos «pecado», era degradado al último escalafón del club, y por lo tanto se lo observaba con cuidado en la siguiente canción con ademanes. Uno debía estar atento.

Las horas pasadas alrededor de la fogata se iban demasiado rápido. Mamá llevaba un buen rato sin avivar el fuego, y las brasas apenas si llameaban. Terminábamos nuestra fogata con el himno favorito de mi padre. Era un himno del mar:

Luz brillante es nuestro Padre misericordioso
Desde su faro por siempre;
Pero a nosotros nos entrega a nuestra guarda

Las luces de la costa.
Se ha instalado la oscura noche del pecado,
Rugen fuerte las olas enfadadas
Ojos ansiosos están observando, anhelando
Las luces de la costa.
¡Prepara tu tenue lámpara, mi hermano!
Algunos pobres marineros, arrastrados por la tempestad
Que ahora tratan de llegar al puerto,
Se perderán en la oscuridad.
Dejen que las luces más tenues sigan brillando,
¡Envía un rayo de luz a través de las olas!
Algún pobre marinero desfalleciente y luchador,
Quizás puedas rescatar, quizás salvar.

Cuando la bruma del océano comenzaba a adueñarse de nuestra fogata, recogíamos las mantas y emprendíamos el regreso por los médanos hasta las carpas. Una linterna nos guiaba hacia la cima de la duna, entre la playa y los bancos de arena más pequeños donde estaban las carpas. Yo, la menor de las Eareckson, caminaba pesadamente detrás de mi padre, arrastrando mi manta.

Cuando llegamos a la cresta de la escarpada barrera de la duna, nos detuvimos. Hacia el sur, alcancé a divisar el faro de la isla Fenwick. Hacia el norte, el brillo de la ciudad de Rehoboth Beach se veía a kilómetros de la costa. Estábamos a una altura suficiente como para ver la luz de las estrellas titilando sobre la bahía del río Indio, varios cientos de metros al oeste. La cresta de arena donde estábamos parados era la única protección entre el oscuro y peligroso océano y nuestra tierra natal. Tomé la mano de mi padre.

—Papá, ¿qué significa «dejen que las luces más tenues sigan brillando»?

Mi padre miró hacia la bahía. Levantó el brazo y señaló hacia adelante, a la noche.

—¿Ves aquellas? —dijo.

Miré la oscuridad. En la bahía se encendía y se apagaba una luz roja. Una señal verde del canal hacía lo mismo.

—Esas son las luces más tenues —dijo él.

El hecho en sí me sorprendió. Siempre me sorprendía cuando alguna palabra misteriosa o verso de un himno encontraba su equivalente en mi mundo. Si veía una cruz en una montaña a lo lejos o si entraba a un jardín sola... La primera vez que gané un trofeo en una competición de galletas, lo estreché con fuerza llena de felicidad. «En sus triunfos mi gozo será... y mi corona Jesús me dará» me vino a la mente cuando lo dejé sobre mi cómoda aquella noche. Me sorprendía creer que en el cielo hubiera un jurado con trofeos y coronas para entregar. Y aquí, para mi asombro, estaban las verdaderas luces tenues.

—Las luces tenues marcan dónde el agua es lo bastante profunda para que los barcos naveguen a salvo —explicó papá—. Si esas luces se apagan los marineros no pueden saber dónde está el banco de arena. Muchos barcos han naufragado en costas sin señales.

—Entonces, ¿por qué les dicen «luces tenues» en el cántico?

—Dios es el faro, y nosotros somos sus luces tenues. Nosotros señalamos el camino e indicamos por dónde es seguro ir —me explicó—. Eso es lo que tú haces.

—¿Lo hago?

Él me tomó de la mano y juntos nos deslizamos por el costado de la duna.

—Sí, lo haces —aseveró mi padre. Lo pronunció como un hecho acerca de mí, algo que yo sabía que era demasiado joven para entenderlo.

—Es como lo que has aprendido del Señor.

—Continuó, cambiando a un tono más serio—: «Hagan brillar su luz delante de todos».

Yo no sabía mucho sobre la Biblia; pero la manera en que mi padre pronunciaba las palabras las hacía sonar como algo

21

dicho por el mismo Señor... o como algo que papá inventaba. Fuera lo que fuera, mi padre esperaba que yo hiciera brillar mi luz delante de todos. No entendía muy bien qué era mi luz o cómo la haría brillar delante de todos; pero no importaba. Nunca distinguía con claridad cuándo las cosas provenían de la Biblia o de mi padre. Esto se debía probablemente a esa manera tan notable en que mi padre cambiaba el tono de voz, como si estuviese hablando dogmáticamente, como un verdadero profeta con un mensaje del cielo. O tal vez sería por la manera en que pronunciaba la palabra «Señor» con acento irlandés. Nunca hacía eso con ninguna otra palabra importante que comenzara con S; solo lo hacía con la palabra *Señor*, como si fuera Spencer Tracy en el papel del cura irlandés en *Boy's Town* [Forja de hombres]. Pensé que ese acento provenía de mi abuela escocesa-irlandesa, Anna Verona Cacy, a quien nunca conocí. Como papá, ella era la fuente de muchas historias de aventuras. Mi padre y mi abuela tenían un lugar especial para el *Señooor*.

Mi padre, John King Eareckson, nacido en 1900, debería haber sido un grumete de un clíper. Podría haberlo sido. Uno de sus primeros trabajos fue el de chico de los mandados para un grupo de carpinteros y constructores de barcos que trabajaban en los diques secos de Baltimore, reparando clípers de madera. Los nombres de esos hombres eran Angus Budreau y Georgy Banks (¡Sí, los mismos que aparecían en las historias de papá!) al igual que Joe Dowsit y Pete DeVeau, que navegaron con él por el mar de los Sargazos o que buscaron oro en el cañón del río Wind. Ellos manejaban perfectamente las azuelas, y eran rudos rufianes que bebían mucho y maldecían en voz alta. No obstante, cuando trataban de tentar a mi padre para que bebiera, él se negaba, cosa que siempre nos contaba con orgullo. Él prefería ir a la heladería de la calle Pratt, cerca del puerto. Por supuesto, lo apodaban Helado Johnny. Estaba convencida de que mi padre había inventado la rima: «Estoy helado, estás helado, todos ansiamos helado» (juego de palabras en inglés). Lo supe más adelante cuando me lo confesó el heladero.

Cuando Johnny Eareckson creció lo suficiente como para ponerles los arneses a los caballos, se levantaba antes del amanecer, cargaba el carro de la familia y hacía entregas para la fábrica de carbón de su padre. Nunca terminó la escuela, no sé bien por qué. A los diecinueve años empezó su propia empresa de colocación de pisos, desplazándose rápidamente de un trabajo a otro en su bicicleta. Tenía que luchar para estar a la altura de sus tres hermanos más preparados: tío George, contador; tío Vince, arquitecto y tío Milt, pastor.

Por lo general, John llegaba tarde a la pequeña casa adosada de ladrillo de la calle Stricker. Cada día terminaba exhausto por el trabajo tan duro; un trabajo distinto al que hacían sus hermanos en un escritorio, un tablero o un púlpito. Prácticamente no había noche en la que Johnny, al abrir la crujiente puerta de atrás, no encontrara a su madre, Anna Verona, sentada al lado de la cocina de carbón, con una manta en la falda y una Biblia en las manos. Leía y oraba por sus hijos. En especial por Johnny, el hijo que no encajaba en el molde de sus hermanos, porque su corazón era un poco más tierno y turbulento, lleno de pasión y aventura. Cuánto amaba Anna Eareckson a su Johnny se lo decía con cadencia irlandesa.

Y él la amaba a ella.

«Nunca olvidaré», recordó él, agitando la cabeza, cuando yo acababa de regresar de lidiar en la YMCA, mis hermanos de la escuela y el trabajo, y mamá nos decía: "Necesitamos carbón para la cocina. Vince, es tu turno". Mis hermanos y yo hacíamos payasadas alrededor del lavabo, dándonos latigazos con las toallas y Vince solía decir que le tocaba a George. "No es mi turno, le toca a Milton" y Milt me señalaba y yo lo empujaba a Vince... y antes que nos diéramos cuenta, veíamos a mamá manchada de polvo negro, subiendo pesadamente los peldaños del sótano con sus faldas largas, cargando un balde pesado de carbón en sus delicadas manos. Eso casi destrozaba mi corazón».

La madre de mi padre murió joven. Su propio trabajo la llevó a una muerte temprana. Era algo que papá nunca se perdonó, como si una familia de cuatro muchachos saludables y robustos no hubiera podido facilitar en cierta manera la tarea de la madre, o quizás debería haberlo hecho. Eso explica por qué, cada vez que mi padre la llamaba por su nombre de soltera, Anna Verona Cacy, lo hacía con tanto amor y con aquel acento irlandés. También explica por qué le encantaba cantar «Dejen que sigan brillando las luces más tenues», uno de los himnos favoritos de mi abuela.

Dejen que sigan brillando las luces más tenues,
¡Envía un haz de luz a través de las olas!
Algún pobre marinero desfalleciente y luchador,
Quizás puedas rescatar, quizás salvar.

Cuando papá y yo regresábamos al campamento, dejábamos caer nuestras cosas sobre la mesa de picnic. Tío George estaba apagando el calentador a kerosén. Él había freído sus preciados cangrejos para la cena. Cerca, radiantes por la luz de la silbante linterna a propano, mi madre y unas cuantas tías estaban ordenando cosas en las neveras portátiles. Con la linterna en la mano, mamá nos conducía a mis hermanas y a mí a la carpita detrás de nuestro campamento, que servía de letrina improvisada. Desde allí, ella iluminaba el camino de regreso a nuestra gran carpa de ejército y atravesábamos la puerta de madera. Nos quitábamos los pantalones cortos llenos de arena y nos poníamos un buzo sobre la ropa interior húmeda. Eso es lo que me gustaba de acampar en la playa: podíamos dormir con algo divertido que no fuesen pijamas.

Después de sacudirnos la arena de los pies, nos zambullíamos debajo del mosquitero y nos trepábamos a nuestros catres. El mío estaba en la esquina y me encantaba cuando el tiempo era lo bastante bueno como para mantener levantados los costados de la carpa. Así podía escuchar a los adultos susurrando y el silbido de la lámpara. Cuando la brisa de la noche agitaba el mosquitero, me acurrucaba en la almohada, abrazaba mi conejo de peluche y luchaba contra el sueño lo más que podía. Quería disfrutar el sabor del aire salado, el aroma del café que estaban preparando para el desayuno de la mañana siguiente, la conversación en voz baja de mi madre, mi padre y demás parientes, y el algodón de la funda de mi tibio saco de dormir. Sabía que ningún mosquito podía invadirme. Debajo del mosquitero estaba a salvo. Tan a salvo como en mi propio dormitorio debajo de las mantas, mirando mi cuadro favorito al costado de la cama, el de la niñita en su bote.

Querido Dios, mi barquito y yo
estamos en tu mar abierto.
Por favor guíanos a salvo a través de las olas
a mi barquito y a mí.

Me preguntaba qué aventuras tendríamos al día siguiente. Tenía la esperanza de despertarme con el olor del tocino friéndose. Quizás papá cocinara sus huevos escalfados (ponía un huevo frito en una sartén caliente, una taza llena de agua agregada en el último momento, luego lo tapaba; por último, sal y pimienta para condimentar). Esperaba que el tío George hubiera puesto hielo en la gran jarra de leche, para que el agua supiera helada del cucharón. Me preguntaba si mi primo, el pequeño Eddie, mi hermana Kathy y yo descubriríamos cangrejos o conchas en las lagunas dejadas por la marea. O si jugaríamos a los caballos galopando en las montañas de arena que se extendían por varios kilómetros a ambos lados de nuestra carpa. Esperaba que el día fuese brillante y caluroso, para que cuando me recostara en la arena con el mentón sobre los antebrazos, pudiera sentir el olor del protector solar Coppertone.

Ansiaba hacer castillos de arena con la tía Lee y el tío Eddie, cavar en busca de cangrejos que se ocultaban en la arena, ver las olas borrando nuestras pisadas, ducharnos cuando se ponía el sol y untarnos *Noxzema* (crema hidratante) sobre la piel enrojecida por los rayos solares. Por la noche, después de las tortas de cangrejo, ayudábamos a mamá a lavar en el mar los platos y cacerolas. Después íbamos en auto hasta Rehoboth Beach para caminar por la rambla a lo largo de la playa y tomar un helado o comer papas fritas. Y sobre todas las cosas, esperaba que disfrutáramos otra fogata en la playa. Y otra historia de papá; o tal vez escuchar al tío George cantando «Ramona» con su cigarro en alto y guiándonos como un director.

Fuese lo que fuese lo que viniera, no me desilusionaría. El batir de la red contra mosquitos nos hipnotizaba hasta el sueño. «Buenas noches, niñas» —escuchaba susurrar a papá. O quizás, fuera Dios; *al menos lo soñaba*...

No sé si existen muchos padres como el mío. No, no lo creo. ¿Cuántos papás vieron volar el avión de los hermanos Wright en Baltimore o uno de los primeros Ford T traquetear por la calle Howard? ¿Cuántos padres sumergen a sus hijos en todo un mundo de aventura con las historias que cuentan de memoria? Mi padre comerció con los indios en Columbia Británica y luchó contra los osos en el límite del Yukón. Sí, estoy segura de que luchó contra ese oso con sus propias manos, y que no era una simple historia. De verdad. Sin embargo, aunque la historia del oso nunca hubiera ocurrido, sabía que el tierno corazón y la agradable personalidad de mi padre y su amor por el Señooor eran verdaderos.

La noche siguiente, justo como lo había esperado, regresamos de Rehoboth Beach al campamento lo suficientemente temprano como para hacer una fogata. Poco después ya estaban chisporroteando los trozos de madera que mis hermanas Linda, Jay, Kathy y yo habíamos juntado durante el día, y las estrellas se veían desparramadas sobre nosotros de un horizonte al otro, como azúcar impalpable. Las curvas de las olas brillaban fosforescentes por la marea roja, y mi tío Eddie había terminado de cantar «*You Are My Sunshine* [Tú eres mi sol]».

«Recítanos tu poema, papá —le rogué—, ese sobre la barra». Siempre siendo tan literal... hace poco descubrí que este clásico recitado de mi padre no era sobre una taberna.

Papá metía las manos en los bolsillos de sus anchos pantalones y encendía el fuego. Luego comenzaba su letanía, que era más de Eareckson que de Tennyson. El poema fluía de un lugar profundo del pecho de mi padre. Mientras él recitaba las frases inquietantes, yo deseaba con fervor que alguien se acercara y lo sujetase en caso de que girara hacia las olas y cruzara la barra sin mí.

Puesta de sol y estrella de la tarde;
Y un claro llamado para mí

Y que no haya lamentos de la barra,
Cuando me lance a la mar.
Pero la marea se mueve y parece dormida,
Demasiado llena de sonido y espuma,
Cuando lo que salió de las profundidades
Vuelva nuevamente a casa.
Campana del crepúsculo y de la tarde,
¡Y luego, la oscuridad!
Y que no haya tristeza en el adiós,
Cuando me embarque;
Porque aunque desde mi límite de tiempo y lugar
La marea me lleve lejos
Espero ver a mi Guía frente a frente
Cuando haya cruzado la barra.

Nadie jamás rompía el silencio que se producía después de un poema de papá. Simplemente nos quedábamos escuchando cómo se acomodaban en nuestra mente los versos de la misma manera en que uno escucha la retirada de la espuma de una ola antes que rompa la siguiente. No entendía el poema, excepto la parte en que ve al Guía, que infería que era Dios. Sin embargo, mi corazón casi se partía en dos de solo pensar que a mi padre le gustara un poema sobre la muerte.

Recuerdo haber buscado la mano de Kathy. Sabía que ella comprendería mi temor. En casa compartíamos la cama. A menudo, después de que papá terminaba de contarnos una historia antes de dormir y lo oíamos bajar las escaleras, nos quedábamos acostadas a oscuras escuchando el sonido de nuestra respiración. Una vez tomé su mano y murmuré:

—¿Qué pasa si le ocurre algo malo? —quería agregar «a papá» pero no me salieron las palabras.

—Entiendo lo que quieres decir —susurró mi hermana—. Sé lo que quieres decir sobre papá. Entonces, ella sostenía mi mano, y la sostenía ahora también, junto a las sombras danzantes nacidas del fuego.

Papá finalizaba su poema con el hermoso himno que habíamos cantado la noche anterior. Mis hermanas y yo cantábamos más fuerte cuando llegaba la parte de:

Algún pobre marinero desfalleciente y luchador,
Quizás puedas rescatar, quizás salvar.

Una vez más, todos nos sentíamos a salvo.

Seguramente mi padre rescató a pobres marineros desfallecientes y luchadores. Si no fue en el mar de los Sargazos, seguro fue durante sus días como marino mercante. Y en ese momento nunca imaginé que en un futuro no muy lejano, yo sería la pobre desfalleciente luchadora, cayendo por tercera vez, ahogándome en olas de dolor más altas que cualquier ola. Más aterradoras que cualquier maldición del holandés.

Y ni siquiera papá podría ayudarme.

CAPÍTULO DOS

Escuchen, hijos, la corrección de un padre; dispónganse a adquirir inteligencia.

Proverbios 4:1

Los recuerdos lo son todo para mí. Yo era la clase de niña que veía una violeta africana en el antepecho de una ventana y luego visualizaba en mi mente el verde azulado de su estambre, las hojas rizadas y las delicadas flores moradas, cuando otros ni siquiera recordarían que había un antepecho.

Los recuerdos pasaron a ser importantísimos para mí en 1967. Ese año quedé paralítica en un accidente al zambullirme en el agua.

Estuve en el hospital durante casi dos años. La mayor parte del tiempo lo pasé en una cama ortopédica giratoria, boca arriba mirando el techo o boca abajo mirando las baldosas. Con un cuerpo que básicamente ya no podría mover o sentir, traía a mi mente cada paseo a la playa, cada cabalgata, cada partido de tenis, cada canción... todo, y los miraba desde todos los ángulos, como a un diamante, deleitándome con su color y brillo. Si ya no podría usar mis manos nunca más, me esforzaría por recordar la sensación que daba sostener una botella de gaseosa y sentir las gotitas heladas que corrían por el vaso hasta mis dedos. Si ya no podría caminar, reviviría las sensaciones de reclinarme, estirarme, agacharme, correr o mover los dedos del pie.

Mis recuerdos eran todo lo que tenía entonces. Se volvieron tan reconfortantes como mirar fijamente desde nuestra fogata en la playa para comprobar qué tan lejos se había desplazado una constelación; o como acurrucarse debajo de las mantas cuando estábamos de regreso en casa y en la cama mirábamos con detenimiento las estrellas que mi padre había pintado en el cielo raso de mi dormitorio.

Volviendo a 1955, creo que era la única niña del barrio, y quizás de toda la ciudad, que se iba a dormir todas las noches bajo las estrellas, aun cuando fueran solo pintadas. Parecía que papá comprendía que los niños adoran dormir bajo un cielo estrellado, y por eso, dado que no siempre podíamos ir de campamento, él trajo el campamento a casa. Y, puesto que papá era constructor de casas, construyó la nuestra de forma irregular y rústica, de piedra y madera parecida a una posada, donde todos los rincones y recovecos, arcos y pasamanos, hastiales y las ventanas de la buhardilla, todo estaba hecho a mano con cálido roble y abeto Douglas. Las chimeneas eran de piedra maciza, coronadas con cuernos de alce, a la espera de que vinieran niños. Vivir allí era como estar de campamento. Era divertido.

Desde cualquier habitación se podía escuchar: «¡Listas o no, ahí voy!», porque nuestra casa era perfecta para jugar a las escondidas. El pánico y la emoción se apoderaban de nuestro corazón mientras nuestros pies corrían desesperadamente para encontrar el escondite ideal. Se podía elegir el balcón del primer piso, o uno podía meterse detrás de la gran cómoda de madera que estaba en el rincón, al final de la escalera del fondo. También era posible esconderse en el comedor detrás de la gran mesa plegadiza o envolverse en el abrigo de mapache de mamá en su armario, si es que se lograba soportar el olor a naftalina. No me preocupaba que me delataran mi fuerte respiración o mi risita contenida; nuestro gran hogar nos abrazaba y participaba en cada uno de nuestros juegos.

Otras habitaciones se sumaban al juego. La sala, con su alfombra de tigre en la esquina, la alfombra de oso en el medio y los cuernos de alce en ambos extremos, podía ser un día una jungla y al siguiente, los territorios del Noroeste. «Papá los cazó cuando estaba comerciando con los indios en Yukón», aseguraba refiriéndome a los cuernos. No tenía idea de qué era Yukón, pero sonaba lejos y distante, salvaje y exótico, un lugar donde mi padre habría podido encontrar de verdad un alce tan grande. Linda también se sumaba al juego, e insistía en que las maderas gigantes que sostenían el techo «realmente provenían del barco del capitán *Hook*. De veras...».

Durante muchos años nuestra sala era parte de los juegos, guardando a salvo los secretos de nuestra niñez. Siempre creí que nuestra casa era común y corriente, hasta que fui a jugar a casas de otros niños. Descubrí casas con alfombras blancas, cielo rasos bajos, platería «prohibido tocar» en mesitas, estatuas de porcelana de María Antonieta sobre repisas de chimeneas. Hasta los sofás estaban cubiertos con un plástico duro transparente. Esas casas tenían cortinas vaporosas, vitrinas transparentes y absolutamente ningún lugar para esconderse. Entonces me di cuenta de algo que quedaría grabado en mí por años: los Eareckson éramos diferentes. Y tal vez, un poco extraños.

Era algo sobre lo que reflexionaba bajo el cielo de estrellas de mi dormitorio. En realidad, no era mi dormitorio, sino el de Kathy. Ella era un poco mayor que yo y tuvo la habitación primero. Eso significaba que tenía derecho a la mejor cómoda, la parte más grande del ropero y la mejor parte de la cama, junto a la puerta. Generalmente, antes de que apagaran las luces, Kathy se arrodillaba en la cama, trazaba una línea imaginaria por el medio y decía: «¿Ves esto?», desde la cabecera hasta los pies, su dedo demarcaba la zona entre nosotras. «Este es mi lado de la cama, y más vale que no cruces esta línea».

Tenía cinco años en ese entonces y era la menor de cuatro hijas. Tenía miedo de contrariar a mi hermana o de cruzar su línea.

Compartir la habitación con mi hermana no estaba del todo mal, aunque constantemente me recordaba cerrar la puerta del baño después de ducharme para que el vapor no curvara su cómoda. Prolijamente había pegado pedazos de algodón en las cuatro esquinas de la cómoda para proteger la madera de mí y de mis juguetes. No podía entender por qué valoraba tanto esa cómoda, como si se estuviera por casar a los nueve. No importaba... igual era agradable acostarse al lado de alguien, sentir su calor debajo de las mantas, escuchar la conversación en voz baja de mis padres abajo, y con el reflejo de la luz del hall, mirar los ángeles de la pared de nuestro dormitorio.

Sí, ángeles. Eran tres: uno de cabello oscuro, uno rubio y otro pelirrojo.

Nuestro dormitorio se parecía, en parte, a una buhardilla de ático, y papá había pintado los ángeles en la pared inclinada que estaba a la izquierda. No existe nadie como papá —me enorgullecía de él. *¡Sabe cantar, contar historias y pintar ángeles!* No solo eso, en toda la pared detrás de la cabecera de la cama, papá había pintado al óleo a Jack trepando por el tallo de una habichuela, una anciana que vivía en un zapato, un bebé en la copa de un árbol, el flautista de Hamelín con sus niños en fila, una vaca saltando una luna y por último, a *Humpty Dumpty* sentado encima del marco de la puerta. En el medio de esta colección de personajes colgó un simple cuadro de un perro y un niño arrodillados a los pies de la cama orando, que él mismo había pintado.

A veces giraba para ver los versos infantiles y los personajes de cuentos o el cuadro del niño y el perro; pero los ángeles eran los que más captaban mi atención.

Los tres ángeles casi cubrían la pared inclinada del techo, todos cantaban con su partitura, con las bocas abiertas como grandes «O» y los pies plantados en las nubes. El primer ángel se parecía a mi hermana, Linda. Eso me hacía reír. Linda era cualquier cosa menos un ángel. Era casi diez años mayor que yo, le gustaba James Dean, se peinaba con fijador hacia atrás, se arremangaba los jeans y se bajaba las medias. Solía caminar arrastrando las sandalias nuevas y usaba camisas de algodón gigantes con el cuello hacia arriba. En la escuela usaba abrigos bien ajustados y falda recta. Elvis era el rey y opinaba que Pat Boone era un ganso (la leche y los zapatos blancos no eran su estilo). No era que Linda anduviera por el mal camino, solo aparentaba. Una vez, cuando tuve que dormir en la habitación que compartían ella y Jay Kay, apagó las luces, se subió a mi cama y, luego de permanecer unos minutos en silencio en la oscuridad, se dio la vuelta y me susurró al oído: «¿Te gustaría ver el hombre lobo que vive en mi ropero?»

De Linda aprendí la canción de la escuela secundaria Millford Mill:

Voy a Millford Mill, así es que ténganme compasión;
No hay chicos en la vecindad
Y a las nueve le echan el cerrojo a las puertas,
No se para qué diablos fui allí.
Y en el autobús de regreso a casa
me gustaría quemar esa maldita escuela.
Me gustaría fumar, beber, maldecir y besuquear,
Ser una perdida, a quién le importa,
Voy a la escuela Millford Mill.

Ese año mis padres la habían enviado a una escuela solo para niñas.

El ángel del medio tenía ojos azules y una gruesa mata desordenada de rizos rubios. Creo que ese era Jay Kay, excepto porque mi hermana tenía ojos marrones. Jay era mi ángel favorito. Ella era unos pocos años menor que Linda y más dócil. A ella le gustaba Elvis, pero no tanto *Jail House Rock* [El rock de la cárcel] sino *Oh, Let Me Be Your Teddy Bear* [Oh, déjame ser tu osito de peluche]. Jay era igual a Betty, la chica rubia con colitas de la historieta Archie. Ella no me trataba como a una tonta. Yo le gustaba. Con cariño me llamaba «*Jonathan Grundy*». Cuando Jay tocaba *Sentimental Journey* [Viaje sentimental] en el piano, yo trataba de imitarla. Cuando cosía una falda, yo también lo intentaba. Cuando desordenaba ingeniosamente su cabello, yo me enredaba el mío.

Nunca estuvo claro quién era el ángel pelirrojo. Kathy y yo no habíamos nacido cuando papá los pintó, por eso llenó el espacio con la niña vecina que era amiga de Linda, Audrey Espey, que tenía cabello rojizo. Eso me molestaba. Estudiaba el mural para tratar de descifrar la forma en que mi padre pudo haberme pintado en él. Allí estaba yo, el ángel de ojos color avellana y cabello rubio pálido, con colitas que sobresalían como las orejas de un *yorkshire terrier*. Yo era como la sobrina de la ardilla *Rocket J. Squirrel*.

33

En todo caso, quizás Kathy podría haber sido pintada a continuación, y no yo. Kath Kath, como yo la llamaba, se lo merecía. Ella era... cómo decirlo... diferente. Más gordita, con un generoso salpicado de pecas y una risa tonta, era a menudo el motivo de muchas de las burlas de Linda y a veces de Jay: «Gorda, gorda, requete gorda», le decían. A veces, a la noche, cuando estaba acostada a mi lado, la escuchaba llorar.

No era fácil ser la menor. No se me burlaban como de Kathy, pero era la última de la fila. No tenía derecho al hueso de la costeleta del plato de papá. A mí me tocaban los vaqueros, los vestidos y la ropa interior de segunda mano, las bicicletas usadas, las patinetas raspadas y los sacos de dormir mohosas. El verdadero insulto era cuando me dejaban en la casa de mi abuela los sábados por la mañana y mi papá con mis hermanas se iban a los establos.

«No puedes venir a cabalgar con nosotros. Eres una idiota. Retrasarás a todos», decía Linda.

Como si eso no fuera ya bastante malo, me enfrentaba al aburrimiento de ver a mamá limpiar la casa de mi abuela todo el día. Y así, cuando arrancaba la camioneta de mi padre, luchaba contra las garras de mi madre, gimiendo y pateando el bordillo de la vereda con mis botas de vaquera. «¡Basta!», exigía mi madre. Dado que ella era quien principalmente mantenía la disciplina en la familia y podía darle a uno un revés bastante fuerte, yo me quedaba en silencio.

En mi interior, sin embargo, mi fuerte espíritu competitivo se enconaba. También el enojo. No me iban a dejar de lado ni a decirme que era muy pequeña para andar en bicicleta o que no podría montar hasta el año siguiente... Insistiría para que mis hermanas respetaran mi «asiento reservado» cuando me levantaba a buscar algo para comer durante el show *The Red Skeleton* [El esqueleto rojo]. Luchaba no solo por no quedar atrás sino también por sobresalir. Aprendería a tocar el piano mejor que Jay, memorizaría más letras de canciones de Elvis que Linda, cruzaría la estúpida línea de la cama de Kathy si lo quería, manejaría una raqueta de tenis tan bien como mamá y... *y ¿qué sobre mi padre?*

La idea de superar a mi papá era impensable. No obstante, acostada en mi cama mirando los ángeles, me preguntaba si podría pintar, quizás, tan bien como papá. *Me sentí culpable*; pero no podía negarlo. Mientras examinaba los ángeles pintados, se me ocurrió que las manos se veían graciosas. Humm, no le salieron bien las manos... *apuesto a que yo las haría mejor.*

La vida era una carrera competitiva para mantenerse al ritmo de hermanas mayores y más atléticas, y unos padres con sus propias medallas en natación, buceo, lucha y tenis. No había tiempo para quejarse de que Dios me hubiera asignado el peldaño más bajo de la escalera de los Eareckson. No había tiempo para llorisquear o para colgarse del éxito de otro. Era avanzar con el resto o quedarse fuera.

Dentro de toda la competitividad, aún había espacio, y mucho, para la gratitud. No estoy segura de cómo cultivaron mis padres el espíritu de gratitud en nosotras, pero era común en la familia expresar agradecimiento por todo desde la comida hasta una ida a patinar a *Vermon's Roller Rink* un viernes a la noche. «Papá, gracias» o «¡Cielos, ma, esto está riquísimo!». Quizás, demostrar gratitud provenía de ver la manera en que mi padre siempre decía: «¡Mamá, eres muy especial!» Recuerdo una cena en la casa de una amiga donde nadie decía nada mientras la comida era colocada sobre la mesa. Me sentí mal por la madre. En nuestra mesa, la gratitud estuvo siempre presente cuando, con un movimiento de cabeza de mi madre, papá nos guiaba diciendo:

Ven, Señor Jesús, sé nuestro invitado,
Bendice nuestro pan,
Hazme bondadoso y bueno,
Ayúdame a amarte como debo.
Amén.

Si conocí la seguridad en la playa de Delaware, conocí la paz en mi hogar. Es cierto que a veces se escuchaban portazos y «¡Sacaste mi blusa del ropero! ¡Dámela!» o «¿Qué le dijiste a mi novio?». Había noches en las que cruzaba la línea de Kathy y la pateaba, entonces ella me pellizcaba y yo ponía el grito en el cielo hasta que mi madre nos amenazaba desde abajo: «¡Más vale que no vuelva a escuchar ni "mu" de ustedes, o subo!»

Sin embargo, mi casa reflejaba paz. La clase de paz que sentía estando acostada en la cama mientras escuchaba la brisa de la noche que hacía susurrar los altos robles de fuera; o cuando el viento hacía tintinear las campanillas de vidrio de la puerta de atrás; o también, cuando la brisa se aquietaba y se oía el canto de los grillos. Era esa paz que me inundaba al saber que los ángeles me estaban mirando; pero sobre todo, que mis padres estuviesen abajo, conversando en voz baja, comiendo helado y viendo a *Mitch Miller* y su banda cantar en televisión... eso era pura paz. Todo me hacía creer que el Señor Jesús en verdad había venido y era nuestro invitado.

Algunas noches especiales después de cenar, papá sacaba sus pinturas. Estaban guardadas en una gran caja de madera debajo del escritorio, una caja que yo tenía prohibido tocar, ¡y ni siquiera abrir! Mi corazón palpitaba, mientras yo me retorcía colgada de una punta del escritorio.

—¡Cielos, vamos a *pintar*!

—No —me recordaba mi padre—, *yo* voy a pintar.

La pintura era el único hobby de mi padre. Yo mantenía mi distancia pero observaba con atención. Ubicaba los tarros de color en fila a su izquierda, ya que era zurdo. Luego colocaba aguarrás y aceite de linaza en pequeños recipientes de metal, limpiaba los bordes con un trapo y lo guardaba. El aroma a pintura impregnaba la habitación.

Papá tomaba cada uno de sus pinceles y comenzaba a doblar suavemente las cerdas endurecidas, mirándome todo el tiempo.

—¿Quieres abrirme este tarro azul?

Entusiasmada, yo giraba la tapita del arrugado pomo y se lo entregaba. Él lo estrujaba y colocaba una generosa gota de azul oscuro brillante en la paleta. Luego rojo, amarillo y una gran gota de blanco zinc. Los colores tenían nombres fascinantes como azul cobalto, tierra sombra tostada, rojo carmesí, gris Payne y se sentaban en la paleta como piedras preciosas húmedas. Papá apoyaba un gran pedazo de cartón blanco contra la biblioteca detrás de su escritorio, acomodaba la lámpara del escritorio, tomaba un gran lápiz de carpintero y comenzaba su bosquejo.

—¿Qué estás dibujando?

—Ya lo verás.

Me apoyaba sobre los codos y observaba cómo tocaba ligeramente su lienzo aquí y allá, haciendo grandes trazos gruesos. Espié una revista de la *National Geographic* a su derecha, que estaba abierta en una gran foto de un indio a caballo. Me di cuenta de que eso era lo que dibujaba, pero las marcas que hacía sobre el lienzo no se asemejaban para nada a un caballo.

Recordando las graciosas manos de los ángeles pintados en mi cuarto, sentí que debía hacerle una sugerencia.

—Eso no se parece a un caballo.

—Lo sé, pero lo será —respondió y siguió trabajando en silencio.

—¿Cuándo se parecerá a un caballo?

—Cuando termine la composición.

—¿Qué es una *compo-o-o*?

—Composición. Es lo que está debajo de la pintura —me dijo, observándome por encima de los anteojos.

Fuera lo que fuese una *compo-no sé qué*, todavía no estaba muy segura de por qué papá no comenzaba a pintar, o al menos dibujar el caballo. Lo que estaba debajo de la pintura no podía ser tan importante. Luego de muchas pausas largas, borrones y correcciones, dejó el lápiz, se reclinó hacia atrás y contempló su trabajo. Era una combinación interesante pero indefinida de cuadrados y círculos, ninguno de los cuales se parecía a un caballo o a un indio.

—¿Ves lo que he hecho? —me preguntó mi padre mientras acomodaba la lámpara. Los padres son graciosos. Saben que

37

no conoces la respuesta a una pregunta que te hacen, pero la formulan de todos modos. Me acerqué.

—Hmm. Estaba avergonzada de él.

—Esa es mi composición. ¿Había trabajado todo ese tiempo para hacer eso?

—Joni, la composición es la parte más importante de la pintura. Si no lo hago bien aquí —dijo, señalando el lienzo con el lápiz—, no podré lograr esto, y tocó la imagen en la *National Geographic*.

Miré la serie de cuadrados, líneas y círculos.

—Pero nadie verá todas esas líneas —comenté.

—Por eso es tan importante. Una composición es como los huesos de debajo de la piel; como los cimientos de esta casa. Mi caballo y mi indio no se verán bien a menos que haga una disposición equilibrada de estos cuadrados y círculos. Hizo una larga pausa, y luego agregó: —Es como tener al Señor en tu corazón. Nadie puede verlo dentro de ti —dijo señalando a mi pecho—, pero él hace que todo esté bien en el exterior.

El Señor en mi corazón. He allí una afirmación que despertaba preguntas asombrosas, como por ejemplo: «¿Cómo se mete allí?» Seguía imaginando una pequeña figura de Jesús viviendo dentro de mi corazón, haciendo que todo estuviera calmo en el interior, como un pequeño policía de tránsito. Había muchas veces en que no estaba muy segura de que estuviese allí adentro, pero papá parecía creerlo. Me da la impresión de que él pensaba que si cantábamos con frecuencia el siguiente himno, la lección se nos fijaría:

Él vino a mi corazón,
Él vino a mi corazón;
soy feliz con la vida que Cristo me dio,
cuando Él vino a mi corazón.

Me sentía feliz cuando entonábamos la última nota; pero luego, una hora después, cuando me encontraba jugando con fósforos o coloreando los pequeños azulejos blancos del piso del baño o llevándome dinero a escondidas de la cómoda de papá, sabía en lo profundo de mi corazón que Jesús no estaba allí. Y si lo estaba, lo había tapado con una gruesa manta. Me cuestionaba si realmente existía una disposición equilibrada de cuadrados y círculos espirituales dentro de mí.

Papá continuó con sus cuadrados y círculos mientras yo me senté en el piso y saqué mi libro para pintar de *Roy Rogers*. Hojeaba mis páginas ya pintadas de *Trigger*.

—Mira, papá. —Él me sonreía y sugería que pintase otra.

Mamá atesoraba especialmente un arrugado boletín de la iglesia que una vez había garabateado yo. Estábamos visitando una iglesia, el sermón era aburrido y me dieron el boletín y un lápiz para mantenerme quieta. Estaba intrigada por la fotografía de la parte del frente del edificio de la iglesia. Tenía varios arcos, un campanario con su aguja, una construcción al costado, escalones empinados al frente y arbustos todo alrededor. Mientras el orador hablaba con monotonía, yo me dejé caer en el asiento y balanceaba los pies mientras estudiaba la fotografía. Luego de mirarla por largo rato, tuve una idea. Tomé el lapicero y dibujé un pequeño diablo en la vereda, preparándose para golpear el vitral con el tridente. En el campanario dibujé un ángel que le apuntaba con una ametralladora. Otros diablos se asomaban detrás de los arbustos y se encontraban con ángeles más grandes y más fuertes con pistolas y espadas en posición, listos para cortarlos en rebanadas. Dibujé también otro ángel resbalándose del empinado techo a dos aguas que emboscaría al diablo que estaba escribiendo *graffitis* en el cartel de bienvenida de la iglesia.

Mientras papá seguía pintando, yo coloreaba. Dicen que la marca del talento artístico en un niño se ve cuando este toma un color cualquiera y comienza a garabatear de aquí para allá por toda la página y que el verdadero talento puede detectarse cuando un niño se atreve a pintar fuera de las líneas, como lo haría un Picasso o un Andy Warhol en potencia. Yo no estoy de acuerdo. Y habría estado en desacuerdo si de niña me hubiesen dicho tal cosa. Para mí, las líneas del libro para colorear eran (¡quién lo hubiera dicho!) composición.

39

Alguien que sabía más que yo había puesto esas líneas e instintivamente las obedecía, reservando mi osadía para el pelaje del caballo donde le daría sombra al castaño con marrón claro y oscuro para contornear los músculos del cuello o acentuar las patas. La cara de *Roy Rogers* requería por lo menos cuatro tonos de rosa y naranja. Bullet, el pastor alemán, tenía que tener gris, marrón y negro.

Finalmente terminé otro dibujo de mi libro; este tenía a *Buttermilk*, el caballo de *Dale Evans*. Me paré y se lo mostré a mi padre.

—Vaya, esto es bueno— estaba impresionado.

Nada me catapultó con mayor vigor al arte que su aprobación. Unas pocas palabras, una mirada, una sonrisa o una inclinación de cabeza pueden encender el espíritu creativo de un niño, y yo me pregunto si los padres comprenden este poder de proyectar una visión. Es como pescar en el mar, donde te echas hacia atrás y arrojas una línea larga con todas tus fuerzas. Estás destinado a conseguir peces. Mi padre lanzó lejos, sabiendo muy bien que estaba destinada a quedar enganchada en el arte.

—Ven aquí —dijo papá. Yo me paré y él me acomodó sobre sus rodillas. Allí estaba yo sentada bien en el medio, con los ojos a la altura del lienzo. Tomó un pincel y lo colocó entre mis deditos, como si fuera un entrenador de tenis enseñando cómo sostener apropiadamente la raqueta. Luego cubrió mi mano derecha con su mano izquierda. Juntos introdujimos el pincel en la pintura azul y la desparramamos sobre la paleta, agregamos un toque de amarillo y mezclamos bien. Allí, delante de mis sorprendidos ojos, formamos verde. Un verde mucho más suave y real que el de las crayolas.

—Espera —dijo luego y levantó mi mano con el pincel cargado de pintura que colocó sobre el lienzo. Yo estaba hipnotizada mientras juntos nos deslizábamos en el bosque detrás de los cuadrados y círculos. Nos movíamos rápido, agregando un poquito de marrón aquí y un toque de azul allá. Trataba de rehacer sus trazos, pero en cuanto comenzaba a ejercer control, escuchaba: «Relájate un poco». Yo trataba de ir más despacio bajo su control, pero nos movíamos muy rápido. Nada tenía sentido para mí, pero la euforia de crear algo grande y hermoso con mi padre me quitaba el aliento. Casi no podía esperar para ver lo que habíamos hecho.

El tiempo pasó muy rápidamente, y me sentí frustrada cuando papá aflojó la presión sobre el pincel. Lo apoyó a un lado y me preguntó haciendo un ademán hacia la pintura:

—Lo hiciste bastante bien, ¿no crees?

Para mi asombro, vi la forma de un indio a caballo que surgía de un bosque con montañas. Igual que en la *National Geographic*. Era sorprendente.

—Pero yo no hice eso —lo corregí.

—Sí lo hiciste.

Ahí estaba papá nuevamente, dándome crédito por cosas que yo sabía que no había hecho ni podría hacer. Cosas que yo sabía que no era, como una luz tenue que le mostraba el camino a personas perdidas, o una persona en cuyo corazón moraba Jesús, o una artista que podía crear obras de arte que valía la pena enmarcar. Una vez más, al reflexionar en lo cómoda que me sentía frente al lienzo, pensé que quizás mi padre no estaba tan equivocado. Tal vez, las pinturas de mi libro para colorear se transformarían en magníficos corceles sobre los que cabalgarían indios con arcos y flechas, protegiéndose los ojos con una mano del brillante sol del oeste y explorando el inmenso horizonte. Quizás, la compo-no sé qué era algo que sí poseía. En mi vida y sobre un lienzo.

«Cielos, tuviste suerte», susurró Kathy aquella noche en la cama.

En la oscuridad, sonreí como un gato. Nuestro padre no era la clase de persona que abraza a sus niñitas de forma espontánea, no era de levantarlas, apretujarlas o besarlas en las mejillas. En realidad, no recuerdo que me haya abrazado (tal vez eso no se acostumbraba cuando él era niño). Sin embargo, sentarse como una princesa sobre la falda del rey de nuestro magnífico hogar, ser invitada a compartir su pasatiempo privado, tener en las manos sus pinturas intocables y crear junto a él una escena digna del verdadero Trigger, bueno...

Los ángeles deben de haber estado sonriéndome aquella noche. Y lo estaban... El rubio, el castaño y el pelirrojo.

CAPÍTULO TRES

> *¿Le has dado al caballo su fuerza? ¿Has cubierto su cuello con largas crines? ¿Eres tú quien lo hace saltar como langosta, con su orgulloso resoplido que infunde terror? Patalea con furia, regocijándose en su fuerza, y se lanza al galope hacia la llanura. Se burla del miedo; a nada le teme; no rehuye hacerle frente a la espada. En torno suyo silban las flechas, brillan las lanzas y las jabalinas. En frenética carrera devora las distancias; al toque de trompeta no es posible refrenarlo.*

Job 39:19-24

Escuché hablar de las quebraduras de cuello de la boca de un caballo.

De *Black Beauty*, para ser exacta. Él era un caballo, y los caballos por naturaleza son sinceros, francos y sin maldad. ¿Por qué no me iba a decir la verdad acerca de las cosas lindas y también sobre las tristes de la vida?

Aprendí esto sobre los caballos a través de *The Black Stallion* [El semental negro], *The Black Stallion's Sulky Colt* [El obstinado potrillo del semental negro], *Son of the Black Stallion* [Hijo del semental negro] y *The Black Stallion's Revenge* [La venganza del semental negro]. Podría decirse por sentido común que un caballo no hablaría de cosas como una quebradura de cuello, pero *Black Beauty* lo menciona en el libro que escribió. Estaba segura de que él escribió su autobiografía y no Anna Swell. Para mí, los caballos no solo eran capaces de amar y sentir con intensidad, sino que también podían comunicarse. Y nadie se comunicaba mejor que *Black Beauty*.

Me lo presentaron una noche cuando una niñera nos llevó a la cama a Kathy y a mí. Mientras nos acurrucábamos debajo de las mantas, ella abrió el libro de *Black Beauty* y, a la luz del velador, comenzó a leer. El murmullo de su voz era hipnotizante, pero luchaba para mantenerme despierta, en especial porque ella se detenía con frecuencia para dejarnos ver los dibujos de las páginas. Había dibujos de *Black Beauty* de cuando era un potrillo junto a su madre y de cuando jugaba con otros potrillos y potras en el pastizal.

Me sorprendió un dibujo en particular de una cacería. Nunca olvidaré las palabras de *Black Beauty*.

Antes de cumplir dos años ocurrió algo que jamás pude olvidar. Era a principios de la primavera, había caído un poco de rocío durante la noche y una ligera neblina cubría los bosques y la pradera. Los otros potrillos y yo estábamos comiendo en la parte más baja del campo cuando escuchamos, lejos a la distancia, algo como un aullido de perros. El potrillo más grande irguió la cabeza, levantó las orejas y dijo: «¡Son los sabuesos!» e inmediatamente comenzó a trotar hacia la parte más alta del campo. El resto de nosotros lo seguimos. Desde allí veíamos los campos más bajos. Mi madre y otro viejo caballo de nuestro amo también estaban parados ahí cerca y parecían saber de qué se trataba todo esto...

«Ahora veremos la liebre», anunció mi madre; y justo una liebre salvaje aterrorizada pasó corriendo y se escondió en el bosque. Llegaron los perros, se lanzaron a la orilla, saltaron el arroyo y salieron disparados por el campo, seguidos por los cazadores. Entre seis y ocho hombres se apearon para seguir de cerca a los perros. La liebre trató de cruzar la empalizada, pero era demasiado gruesa. Giró para dirigirse hacia el camino, sin embargo ya era demasiado tarde: los perros estaban sobre ella con sus gritos salvajes, escuchamos un chillido, y ese fue su fin. Uno de los cazadores se aproximó, retiró a los perros dando latigazos, quienes pronto la habrían destrozado. La levantó por la pata rota y sangrante y todos los jinetes parecían complacidos.

En cuanto a mí, estaba tan atónito que al principio no vi lo que estaba ocurriendo en el arroyo, pero cuando miré, vi una triste escena: dos magníficos caballos estaban tirados, uno estaba luchando en el arroyo, el otro gemía sobre el pasto. Uno de los cazadores salía del agua todo cubierto de barro, el otro yacía quieto.

«Se rompió el cuello», dijo mi madre.

«Bien merecido lo tiene», acotó uno de los potrillos.

Yo pensé lo mismo, pero mi madre no se unió al comentario...

Muchos de los cazadores se acercaron, pero mi amo, que había estado observando lo que ocurría, fue el primero en levantarlo. La cabeza le colgaba hacia atrás y los brazos caían inanimados. Todos estaban muy serios. No se sentía ni un ruido. Incluso los perros permanecían silenciosos, parecía que sabían que algo andaba mal. Lo llevaron a la casa de mi amo. Más tarde escuché que era el joven George Gordon, el único hijo del hacendado, un joven alto y elegante, el orgullo de la familia.

Salieron cabalgando en todas direcciones; al doctor, al veterinario y, sin duda, a la casa del hacendado Gordon para decirle lo de su hijo. Cuando el señor Bond, el veterinario, llegó a ver al caballo negro que gemía tirado en el pasto, lo examinó y sacudió la cabeza; tenía una pata quebrada. Luego alguien corrió a la casa de mi amo y regresó con un arma; pronto hubo un fuerte disparo y un grito espantoso a lo que siguió un profundo silencio. El caballo negro ya no se movió más...

A los pocos días escuchamos el tañer de la campana de la iglesia por largo rato, y al mirar hacia la empalizada, vimos una larga y extraña carroza negra, cubierta con una tela también negra tirada por caballos negros; luego vino

45

otra, y otra y otra, y todas eran negras, mientras la campana seguía tañendo, tañendo. Llevaban al joven Gordon al cementerio para enterrarlo. Jamás volvería a cabalgar. Nunca supe lo que hicieron con Rob Roy; y todo fue por una pequeña liebre.

No era la mejor historia para leer antes de dormir.

Durante las semanas siguientes, tomé el libro de la repisa varias veces para ver la escena de la cacería. El dibujo mostraba a un hombre tirado en el piso al lado de un arroyo con la cabeza torcida. No podía evitar sentirme atraída por ese dibujo, y releía las palabras: «La cabeza le colgaba hacia atrás y los brazos le caían inanimados... Llevaban al joven Gordon al cementerio para enterrarlo. Jamás volvería a cabalgar».

Yo estaba de acuerdo con el potrillo: «¡Se lo merece!» Sin embargo, mi corazón estaba desgarrado por el hombre del cuello quebrado. Él era joven, alto, elegante y el orgullo de la familia. Sentí pena por él y por su padre.

Además sentía miedo. Yo tenía cinco años y también montaba caballos. Caballos grandes.

Era el otoño del año 1954. Finalmente me había liberado de la casa de mi abuela y ya me dejaban ir al establo con mi padre y mis hermanas. Comencé a cabalgar detrás de la montura de papá; juntos montábamos su alazán de 1,65 metros llamado *Cherokee*. Mi padre me subía detrás de él y decía: «Sujétate fuerte de mi cinturón, Joni». Luego taloneaba a *Cherokee*, y nos íbamos a galopar junto a Linda en su caballo, *Bobcat*, Jay en *Mónica* y *Kathy* en *Cactus*. Se levantaba una nube de polvo detrás de nosotros mientras recorríamos el sendero. «¡Paren!», el viento se llevaba la voz de papá.

Me aferraba al cinto de cuero de mi padre con las manos sudorosas y fuertemente apretadas. El lomo de *Cherokee* era ancho y, balanceándome de aquí para allá, apenas si podía presionar mis muslos alrededor de su barriga. No importaba... estaba con la familia. Los mozos de cuadra de la granja *Wakefield* donde teníamos nuestros caballos no tenían que ayudarnos a ensillarlos cada fin de semana. Nadie cabalgaba con más velocidad y valor que nosotras, alardeaban ellos.

Había llegado el verano de 1955. Este año sería diferente. Mi padre pensó que ya era hora de que tuviera mi propio caballo. Un pony no, porque los ponys no podían ir a la misma velocidad que *Cherokee* y los otros. Por eso, con la aprobación de mi madre (mamá disfrutaba más sentándose bajo el nogal de la cerca que cabalgando) me entregaron las riendas de *Thunder*.

Thunder era el viejo caballo de la familia. Mi hermana mayor había aprendido con él, y ahora me había llegado el turno de montar a *Appaloosa*, la dócil y vieja yegua de raza de crines y cola cortas y deterioradas. Dios no podría haber creado un caballo más amistoso y dócil que *Thunder*. Parecía entender que la pequeña sentada sobre ella a gatas podía sujetarse de la silla de montar. Con toda mi bravura, apenas si podía tomar las riendas y la montura. Y *Thunder* era grande. No era un caballito de calesita del parque de diversiones *Gwynn Oak*. Tampoco era uno de esos pequeños ponys que uno podía montar por diez centavos al otro lado del parque. Estar sobre ella no era como disfrutar del asiento privilegiado detrás de mi padre en su silla de montar. Ahora estaba allí, sola, sobre una yegua inmensa, aunque fuese vieja y dócil.

Había mucho campo abierto por donde correr, y me refiero a correr de verdad. *Wakefield* era una extensa granja que no solo albergaba caballos como los nuestros, sino que también criaba caballos de pura sangre de Maryland para caza y salto. Cada vez que cruzábamos la tranquera de *Wakefield*, me imaginaba a *Black Beauty* pastando en el campo. Había un enorme granero blanco al final de la calle con una casa club y una mansión con columnas blancas hacia la izquierda. Un glorioso nogal le daba sombra al potrero, y enormes sauces llorones caían sobre el riachuelo donde se juntaban las yeguas y los potros. Unas cercas blancas separaban el pastizal que bordeaba los bosques del parque *Leakin*. Resultaba difícil de creer que tan imponente mansión estuviera a poco menos de 10 Kilómetros de nuestra casa en la calle Poplar.

El primer día que monté a *Thunder* sola fue un acontecimiento familiar. Papá le puso en el lomo una montura para niños, y mientras ajustaba la cincha, *Thunder* movía la cabeza. Noté que me sería imposible alcanzar los estribos aun si utilizaba los escalones que había al lado del potrero. Entonces mi padre me tomó de la cintura, me levantó y me sentó sobre la silla de montar. Sacudí las riendas y taconeé con mis piernitas a la vieja yegua. Cuando comenzó a andar hacia el abrevadero, me di vuelta y les regalé una gran sonrisa a mamá y papá.

Desde ese día, no veía la hora de que llegara el sábado por la mañana. Kathy y yo saltábamos de la cama antes que el resto y nos poníamos las botas de vaquero sin sacarnos el pantalón del pijama. Buscábamos las botellas de leche fresca de los escalones de la puerta de atrás, sorbíamos la crema, nos decíamos «salud» y, esperando ansiosamente que el resto de la familia se levantase, nos sentábamos con las piernas cruzadas frente al televisor en blanco y negro en el estudio de mi padre. Primero veíamos *My Friend Flicka* [Mi amigo Flicka] y después *Fury* [Furia]. Luego venía Hopalong Cassidy con su sombrero negro de ala ancha con incrustaciones de plata y *The Roy Rogers Show* [El show de Roy Rogers] con Roy como *Trigger* y Dale Evans como *Buttermilk*.

No obstante, mi enamoramiento con los programas de caballos de los sábados encontraba su culminación con «El Llanero Solitario». Nada hacía palpitar más mi corazón que cuando el hombre enmascarado galopaba con *Silver* hasta la cima de una montaña y jalaba de las riendas para hacerlo voltear y mirar hacia donde yo me encontraba sentada con los ojos bien abiertos, fascinada. Él gritaba: «¡Hi ho, *Silver*!» y su hermoso caballo blanco con las crines al viento, resoplando y moviendo la cabeza se paraba en dos patas. Me preguntaba si podría lograr que *Thunder* lo hiciera.

Después de amontonar nuestros tazones en la pileta de la cocina, corríamos arriba, nos poníamos los jeans, y cargábamos nuestras pistolas con tapa para un tiroteo en el patio. Nada se comparaba al sonido de las cebitas ni a ese característico olor penetrante del humo que despedían. Por fin, cuando el resto de la familia estaba listo, nos subíamos a la vieja camioneta verde de mi padre, una Dodge con una plataforma cubierta pero con los lados abier-

48

tos que mi papá había soldado a mano. El vehículo era tan raro como nosotros los Eareckson. Años más tarde me quedé sin aliento la primera vez que vi los avances de *The Beverly Hillbillies* [Los Beverly Ricos]. «¡Esa es nuestra camioneta!»

El viaje hasta *Wakefield* era corto, y apenas estacionábamos, mis hermanas y yo corríamos a la cuadra para ver a nuestros caballos. Los encargados los habían dejado en el pastizal la mayor parte de la semana, pero los sábados a la mañana nuestros caballos estaban en los establos listos para ser ensillados.

Existía una razón para esta locura de papá de los sábados por la mañana. Había escuchado rumores de que en el futuro iríamos al *Two-Bars Seven Ranch* en *Tie Siding, Wyoming*, a visitar al tío Ted. Él era otro amigo de papá, pero yo era muy pequeña como para recordarlo. Todo lo que sabía era que tenía un rancho de 2.800 hectáreas y ¿sería cierto que montaríamos caballos y ayudaríamos al tío Ted a reunir su ganado? Nos imaginaba gritando «hiupi» todo el camino hasta el potrero. Ahora todas nuestras cabalgatas de los sábados por la mañana por los campos de *Wakefield* y los senderos del parque *Leakin* tenían un propósito: debíamos convertirnos en expertas amazonas.

Cabalgar era mi segunda naturaleza. Algo mágico ocurre entre un caballo y una niña pequeña cuando esta logra con sus manitas tiernas doblegar la voluntad de un animal gigante y superior. Estar sobre algo tan grande y musculoso, que vive y respira, con una inteligencia magnífica y un espíritu sensible, y luego hacerlo bajar la cabeza para que pueda acariciar con el hocico la tuya... Eso es sublime. Para una niña de cinco años, eso es lo más cercano a la gloria. Ya sea por la impresionante conciencia de tu suprema autoridad, de tu total y completa responsabilidad sobre la amigable bestia que hay debajo de ti o por el primitivo asombro de ver gracia y valor en movimiento, una niñita no puede evitar desfallecer de gusto ante un hermoso caballo. Nada se equipara al eufórico sentimiento del destino y la grandeza cuando las crines de un caballo vuelan al viento junto con los cabellos de una niña, cuando los dos, perfectamente fundidos, devoran el camino. Los niños pueden fascinarse con autos, con todas sus partes móviles, mecánicas e impersonales, pero solo los caballos pueden seducir a las niñas.

Y yo fui cautivada. Era otra de esas cosas que uno considera celestiales. Montar un caballo era como estar recostada de espaldas en la playa *Rehoboth*, mirando con detenimiento las estrellas y sintiendo que todo el universo podía introducirse dentro de mi pequeña alma. En el orden divino de la creación, un caballo ocupa apenas el segundo lugar después del universo. Podía mirar dentro de los ojos del animal; era un pasatiempo que me fascinaba porque veía en ellos luz y vida. ¿De dónde provenían? ¿Quién lo hizo así?

Un caballo no podía contarte secretos al oído, pero sin embargo, en cierta manera, tenía personalidad. *Cherokee* era el John Wayne entre los otros en el pastizal. Mónica era tan pechugona y atrevida como la tía Jemima de las botellas de almíbar. Bobcat era un gangster y Cactus, con sus locas crines paradas, era tan cursi como Alfalfa en *Spanky and Our Gang* [Spanky y nuestra banda] ¿Cómo podía ser tan... humano algo que no era humano?

Lo mejor de todo era que podía «escuchar» los mensajes que los caballos parecían comunicar. Era como percibir lo que el cielo transmitía en las noches de *Rehoboth*. ¿Acaso los demás niños también escuchaban, o más bien percibían también este lenguaje? Sentía como si algo más grande estuviese detrás de los caballos y las estrellas, algún principio universal en eterna búsqueda de expresión particular a través de las cosas, compartiendo eternamente el mismo mensaje que parecía sentir tan profundamente. Quizás era Dios hablando. Y cualquier cosa tan íntimamente conectada con Dios tenía que ser segura.

Tuve pruebas de este deleite un sábado por la mañana mientras trotaba con *Thunder* por el pastizal hacia la feria de atracciones de Wakefield. El día estaba soleado, brillante, soplaba una suave brisa y yo estaba confiada de mi equilibrio sobre *Thunder*. Tal vez, demasiado confiada. Una ardilla o algo la asustó y ella salió como una flecha. De repente perdí los estribos y como no estaba bien sujeta comencé a deslizarme hacia el costado de la silla. ¡Menos mal que seguía aferrada a las riendas! Eso moderó mi caída, permitiéndome deslizarme con suavidad para luego caer al piso desde una distancia corta.

Aún con las riendas sujetadas con fuerza, estaba tirando de la cabeza de *Thunder* hacia abajo y hacia el costado, por eso me baboseaba el cabello. Cuando me di cuenta de mi situación, mis lágrimas se transformaron en un sollozo más fuerte.

Thunder se libró de mi control, apuntó con sus orejas hacia la cuadra y relinchó con fuerza. Con las riendas colgando, dio la vuelta en círculo alrededor de mí una o dos veces, luego plantó firmemente sus dos patas delanteras a ambos lados de mi cuerpo. Yo podía verle el pecho y la panza. Ella volvió a relinchar.

En pocos minutos papá llegó corriendo por el campo y me encontró en medio del pasto, debajo de la panza de *Thunder*. Nervioso y sin aliento, retiró al caballo. «Buena niña», expresó. No estoy segura de si se refería a mí o al caballo, pero de cualquier manera estaba bien. Aunque no me había lastimado, me sentí bien al sentir los brazos de mi padre que me rodeaban.

—¿Estás bien? —me preguntó, tocando mis brazos y piernas. Me restregué los ojos y asentí.

—El buen Señor seguramente te estaba cuidando —susurró ansioso.

—También *Thunder* —dije sollozando.

Papá comprendía a qué me refería y se acercó a acariciar la nariz de la vieja yegua. Por un instante, la bruta bestia había sido iluminada, como un emisario angelical de Dios. Desde ese día en nuestra familia a menudo hablábamos con gran afecto del caballo que buscó ayuda, que se plantó con firmeza sobre mí como una gallina que cubre a sus pollitos. El que podría haberme lastimado seriamente nunca entró en la historia. Rápidamente aprendí por qué.

—Joni, súbete de nuevo a la silla de montar.

Me paré junto a mi padre, con el dedo en la boca y sosteniendo su mano. Miré fijamente la silla vacía. *Thunder* golpeó el piso con la pata y espantó una mosca con la cola.

Su dignidad había desaparecido. Volvió a ser un caballo común.

—Papá, no-o-o, por favor no —grité.

—Mírame —dijo con seriedad—, debes subirte nuevamente a ese caballo o tendrás miedo el resto de tu vida.

Sabía que no tenía que subirme a aquel caballo para probar que nunca tendría miedo; pero comprendía el punto de papá. Era un tema de orgullo y decoro. Y de ser una Eareckson. Los Eareckson se levantaban, se sacudían y volvían a intentarlo.

Sentía un nudo en el estómago. Tenía el cuerpo tieso cuando mi padre me subió a *Thunder*. Me entregó las riendas y dio un paso atrás. Nuestras miradas se encontraron. El pensamiento que cruzó mi mente era furtivo pero claro: Los papás no deberían hacerle a los niños esta clase de cosas. Especialmente con caballos grandes.

No obstante, sabía que mi padre no era como los otros padres. Jamás se me cruzó por la cabeza desafiar la sabiduría de mi papá. Si él insistía en que debía volver a montar a *Thunder* estaba bien. Debía de ser seguro.

—¿Estás bien? —interrogó.

Enfurruñada, agité las riendas de *Thunder* y ella comenzó su vago paso hacia la cuadra. Papá iba a nuestro lado, con la mano apoyada en las ancas de *Thunder*. Con cada paso, el miedo se desvanecía de mi cuerpo. Lo reemplazó la vergüenza. ¿Cómo podía haber rechazado la idea de volver a montar un caballo? Yo era la hija de mi papá.

No era tanto una prueba de mis habilidades como amazona sino más bien una iniciación en lo que significaba ser una Eareckson. Para cuando llegamos a la cuadra yo había crecido. Había descubierto mi valor y había conquistado algo grande: el miedo. Obedecer a mi padre resultó ser una extraña sensación de destino y libertad. Destino en el sentido de que me acercaba a la persona que mi padre quería que fuese. Libertad en el sentido de que nunca me sentí tan «Joni».

Estaba a la altura de lo que mi padre esperaba, no lo había defraudado.

Al menos en ese sentido. En otro sentido, siempre estuve un poco preocupada de haber defraudado a papá, al menos un poco. Mi padre fue suplente en el equipo de lucha en las Olimpíadas de 1932, campeón nacional de la UAA (Unión Atlética de Aficionados), entrenador y capitán de la Brigada de niños. Él ansiaba tener un heredero masculino.

Después de nacer mis tres hermanas, mamá y papá decidieron buscar el varón por última vez. Fuera lo que fuera, varón o niña, se llamaría «Johnny» como mi padre. El 15 de octubre de 1949 contuvieron el aliento en la sala de partos y mi madre pujó por última vez. Nací yo y... ¡oh...!

Tendrían que escribirlo «Joni».

Mis «tíos» luchadores y los compañeros de mi padre le tomaban el pelo a papá sin piedad, arremetiendo contra su hombría. Me ponía furiosa. ¿Se habían olvidado que papá estuvo en el equipo de las Olimpíadas? Pateaba a tío Eddie en la canilla con mi bota de vaquero por la manera en que seguía burlándose de papá por nosotras cuatro.

Tomé la decisión de hacer que mi padre se sintiera orgulloso. Una y otra vez corregía a la gente cuando me decían «Joanie» en vez de «Johnny». Y decidí que sería tan buen jinete como cualquier muchacho. Aprendería a ajustar la cincha de mi montura, a arrojar estiércol con la honda, a levantar fardos de heno y a espolear un caballo tan bien como mis hermanas. Jugaba a las luchitas, hacía caminatas, nadaba contra las grandes olas en la playa Rehoboth, construía fogatas, lanzaba hachas... hacía lo que fuera para no quedarme atrás.

Y lo hice. Mi puesto, mientras cabalgábamos en fila india por el sendero, siempre era inmediatamente detrás de papá que iba en *Cherokee*.

El verano le dejó paso al otoño, pero el clima fresco no nos alejaba del sendero para cabalgar. Cada sendero por donde papá nos llevaba se convertía en una lección. Este era un olmo, aquel era un tulipero o tulipanero. Las hojas de arce tenían una forma, las de roble otra. Si había musgo en este lado del árbol el norte estaba en la dirección opuesta. Aquel sonido fue el de

53

un sinsonte y el de allá, el de un colín. Este arroyo desemboca en el río Patapsco que desagua en la bahía de Chesapeake, la cual da al océano que cubre la mayor parte de la tierra.

Las lecciones a caballo también las obteníamos por la noche. Muchas veces llenábamos nuestros termos, íbamos hasta *Wakefield*, metíamos todo en las alforjas y partíamos por los campos bajo la luna llena. Los pastizales de la vieja y elegante granja eran una fotografía de Ansel Adams, mudos bajo la neblina y teñidos de un suave color plateado y gris acerado con las ramas del nogal de mamá desplegándose como lazos metálicos en el cielo negro. Pasábamos debajo de las ramas, que ocultaban la luz de la luna y alzábamos la vista para mirar las ramas que lucían estrellas como si fueran diamantes. Los grillos cantaban y las ranas croaban desde el arroyuelo. Los sauces llorones eran gigantes dormidos, el arroyo una cinta irisada de pálida luz de luna. Las luciérnagas parecían flotar a nuestro alrededor en el pastizal a medida que nos adentrábamos en el bosque. Brillaban misteriosamente por detrás de los árboles como si nos invitaran a adentrarnos aún más en la espesura. Los búhos ululaban y los pájaros nocturnos hacían ecos en la negra quietud del parque *Leakin*.

«¿Están listas, niñas?», la figura de mi padre preguntaba en voz baja. Una vez que habíamos asentido, papá incitaba a *Ckerokee* a galopar por un polvoriento camino conocido de uno de los campos. Me quitaba el aliento trotar en la noche y observar la sombra de un caballo y una niña que flotaban juntos. Aquella figura oscura siguiendo el ritmo parecía un centauro mitológico, mitad hombre y mitad caballo... y absolutamente mágico. Correr por los campos sobre las alas de un corcel era confianza ciega: confianza en el caballo, en papá y en esta hermosa noche de luna. Un libro de cuentos de hadas no podría tener mayor encanto.

Aun cuando llegaba el invierno, el espíritu de aventura de mi padre nos mantenía sobre la silla de montar. Una noche que nevaba, mis padres nos pusieron en fila en la puerta de atrás y comenzaron a vestirnos con nuestros abrigos y bufandas.

«¿Papá, por qué vamos a *Wakefield* ahora?», preguntó mi hermana Jay. «No hay luna llena. No es hora de ir a cabalgar».

«Ya verás», dijo mi padre, con un brillo especial en los ojos.

Nuestra camioneta traqueteaba por las tranquilas calles de la ciudad hacia las cuadras. Los limpiaparabrisas quitaban la nieve húmeda y el motor se esforzaba cuando las ruedas patinaban. Era casi Navidad, y las casas de nuestro vecindario estaban cubiertas con mantos blancos y los aleros, puertas y ventanas, enmarcados por titilantes y coloridas luces navideñas.

Una hora después regresamos a esas mismas calles ya no en la camioneta, sino a caballo. Con termos llenos de chocolate caliente en las alforjas, guiamos a los caballos por la calle Poplar y por la Birch, parando en cada poste de alumbrado para cantar villancicos navideños. Se sentía extraño y surrealista estar sentada sobre el caballo y mirar las mismas veredas por donde andaba en bicicleta en el verano. Y era maravillosamente extraño saludar con la mano a nuestros vecinos cuando abrían sus puertas para cantar juntos «Noche de paz».

No sabía lo que era la trascendencia, pero si me lo preguntaban, probablemente hubiera señalado a mi padre y le habría atribuido el calor y la admiración en mi corazón. Aun ahora, sentada sobre mi caballo y observando los copos de nieve caer bajo el poste de la luz, sentía como si los villancicos navideños que cantábamos giraran la llave de uno de los rincones de mi corazón: «Noche de paz, noche de amor, todo duerme en derredor...».

Cuando emprendimos el regreso a *Wakefield*, sentada sobre mi bolsa de agua caliente, reflexionaba sobre las palabras que cantábamos, como siempre lo hacía con los himnos: «entre los astros que esparcen su luz...». No comprendía demasiado, pero sabía que se trataba de una cálida y placentera escena sobre el niño Jesús. Mirando hacia el cielo, no estaba muy segura de dónde dormían en paz sagrada Jesús y Dios, pero sí estaba segura de que estaban allí juntos en algún lugar. ¡Y, oh, las estrellas! Seguramente Dios hizo esas constelaciones. No importaba la estación del año o si estaba en la playa o a caballo, me sentía atraída por el cielo, un universo tan inmenso que Orión ahora estaba por allí en el sur más que en el norte. Con la nieve cayendo suavemente y el calor de las luces de *Wakefield* a la vista me di cuenta de que no era un cuento de hadas de un libro. Esto era mucho más real.

El invierno pasó y llegó la primavera. Fue mi primer año de escuela entre otras cosas, y continuamos con nuestro rito de los caballos los sábados por la mañana. Ahora bien, hay ciertas mañanas de primavera cuando uno sabe que ha atravesado una experiencia personal. Quizás nadie alrededor lo note, y los que sí, pronto lo olvidan, pero cuando te ocurre a ti, sabes que has experimentado un verdadero cambio de vida. Es como si una llave aflojara una tuerca en algo dentro tuyo. Esto me ocurrió la mañana que *Thunder* estaba enferma.

Habiendo notado que mi equitación había mejorado, mi padre me sentó sobre Mónica, el caballo de Jay. No recuerdo a quien montaba Jay esa mañana; todo lo que sé es que la familia trotaba a una buena distancia por delante de mí, por una parte llana del parque *Leakin*. De repente Mónica comenzó a encabritarse. Tiré de las riendas con todas mis fuerzas, pero ella era mucho más obstinada que *Thunder*. Luchando contra mis fuerzas, Mónica arremetió hacia adelante impaciente por alcanzar a los otros. Me quedé sin aliento paralizada por el miedo. El caballo de Jay no me conocía, y si lo hacía, sabía que yo era mucho más débil que mi hermana mayor. Mi corazón palpitaba, y vi a papá detenerse y venir a mi encuentro.

Mónica estaba fuera de control, galopando y esforzándose por tragarse la tierra debajo de ella. No pude hacer nada excepto soltar las riendas y agarrarme de la silla con desesperación. Sintiéndose libre, el caballo metió la cabeza entre las dos patas delanteras y comenzó a corcovear. Todo transcurrió en cámara lenta: el horizonte se inclinó, mis manos soltaron la silla, mi cuerpo flotaba por el aire, cuando vi que el suelo se levantaba hacia mí hasta que ¡*pum!*, me golpeé la cabeza.

Todo se oscureció y vi estrellas que giraban por todos lados. Luego un dolor entorpeció mis sentidos e inundó mi cabeza. El polvo y el pasto apretaban mi mejilla, y cuando traté de moverme, me sobrevino una ola de náuseas. En una acústica inusual, escuché a Mónica alejarse galopando mientras las patas de otro animal, las del caballo de mi padre, se aproximaban al galope. Yacía inmóvil preguntándome qué había ocurrido.

Papá corrió hacia mí, con arrepentimiento y pánico en su respiración. «¡Oh, no, por favor, ¿qué he hecho?», casi lloraba, abrazándome.

La cabeza me daba vueltas, y no podía hablar ni llorar. Aun así, no quería que mi padre sintiese tanta pena por mí. Luchaba en sus brazos para pararme. Papá me revolvió el cabello buscando sangre, moretones, cualquier cosa, pero milagrosamente no me había lastimado en serio. Durante varios largos minutos estuvimos allí hasta que mi aturdimiento desapareció. Por fin logré dar unos cuantos pasos vacilantes.

«¡¿Por qué, por qué te puse en ese caballo?!», se regañó mi padre a sí mismo.

Me detuve por un momento y me sostuve de las manos de mi padre. Las cosas dejaron de girar y nuestra respiración se calmó. Papá tomó mi rostro entre sus manos para examinar mis ojos, diciendo en voz baja para sí: «Necesito llevarte a la cuadra».

Con lentitud caminé hacia *Cherokee*, que todavía estaba parado en el lugar donde habían dejado sus riendas. Me di vuelta y débilmente le dije:

—Déjame montar detrás de ti, papá.

Mi padre empujó su sombrero hacia atrás, perplejo.

—¿Quieres montar? ¿No quieres caminar? ¿No quieres que te lleve en los hombros hasta la cuadra?

Una suave brisa levantó su sombrero, la misma brisa que agitaba mi pelo. Padre e hija estaban parados frente a frente, ambos sabían que estaban marcando un hito. Apreciaba su preocupación, pero había tomado una decisión, por eso le repetí:

—Puedo montar a *Cherokee* detrás de ti.

Mi decisión no pretendía provocar orgullo en él. Era simplemente... decisión mía. Él accedió y procedió a montar a *Cherokee*, tomó las riendas y se agachó para ayudarme a subir.

—Vamos, toma mi mano —dijo él con delicadeza, como si yo fuese una persona condecorada.

Me agarré fuerte y con un envión, papá me subió detrás de su silla.

Regresamos a la cuadra, mi padre tratando de convertir la tragedia en un triunfo mío, palmeando mi pierna y diciendo: «Esa es mi muchacha». Yo estaba la mayor parte del tiempo en silencio. La llave invisible dentro de mí había aflojado algo en mi interior, dejándome una marca. Si crecer significa volverse un poco más autónomo que cuando uno se calzó las botas por la mañana, eso es lo que experimenté. Y con ese autocontrol viene un sentimiento de inmunidad contra el peligro.

No fue así con *Thunder*. A fines de ese año tuvo que ser sacrificada. Alguien vino con un arma y luego se escuchó un fuerte disparo y un espantoso grito de dolor. Luego todo fue calma, el caballo no se movió más.

En cuanto a mí, yo no era la hija del hacendado Gordon. Ninguna campana tañía por mí, nadie me estaba enterrando y yo todavía era joven y delicada, capaz de montar quizás hasta a *Black Beauty*. Solo los otros, decidí, se rompen el cuello.

CAPÍTULO CUATRO

Tus ojos verán al rey en su esplendor y contemplarán una tierra que se extiende hasta muy lejos.

Isaías 33:17

En 1957 el espacio fue la frontera final. El Sputnik lo comprobó.

Todo el país parecía estar en vilo por esa pequeña bola de cromo con sus graciosas antenas que giraba alrededor de la tierra en los límites del espacio. Las fotos de los diarios hacían que el Sputnik se viera del tamaño de un balón de baloncesto. *Bastante inofensiva* —pensé. Pero como todos me decían, ahora los rusos podían espiarnos. Era el tema de conversación de tercer grado de la escuela primaria *Woodlawn*. *Los comunistas sabrán dónde arrojar sus bombas.*

«Y si alguna vez hay una invasión, vendrán también por nuestras armas», comentó mi padre hojeando el periódico.

¿En verdad habría personas con uniformes grises que tirarían nuestras puertas abajo en busca de armas? —me preguntaba. Miré con detenimiento el antiguo rifle de papá para cazar ardillas, que estaba colgado encima de la puerta del comedor. Pensé en mi propia escopeta de aire comprimido. ¿Los comunistas también vendrían por mi juego Roy Rogers de pistolas con gatillo a resorte y mis cebitas?

Aquel año debo de haber vivido en negación. Aun cuando todos los alumnos de la escuela *Woodlawn* golpeaban el piso al esconderse debajo de un escritorio cuando sonaba la alarma de fuego en un simulacro de ataque aéreo, a mí me parecía irreal. ¿Por qué nos odiaban los rusos? No podían tener miedo de nuestro país... Éramos demasiado amigables.

Había escuchado que algunas personas cercanas a *Woodlawn* estaban construyendo refugios antibombas, pero yo no podía creer que *Nikita Khrushchev* nos arrojaría sus misiles.

«¿No lo crees?, Linda me desafió. Indignada, sacó un mapa de los estantes que había sobre el escritorio de papá. Mira, aquí está *Woodlawn*, dijo ella, señalando un pequeño punto al oeste de Baltimore. Y aquí está Washington, D.C., agregó amenazante, desplazando su dedo una fracción de centímetro hacia el sudoeste. Chica..., sí que eres tonta».

Aunque vivíamos cerca de la capital de nuestro país, el lugar justo para la detonación de una bomba nuclear de los comunistas, esto simplemente no entraba en mi mente. Me sentía inmune a todo peligro. Si mis caídas desde caballos altos al galope no eran una amenaza, ¿como lo podía ser algo tan distante en mi mente como una bomba atómica? Si existía para mí un refugio antibomba de cualquier clase era un enorme e invisible escudo de inocencia que protegía la granja *Wakefield*, el parque de diversiones *Gwynn Oak*, el parque *Leakin*, la laguna *Woodlawn* con sus cisnes y nuestro acogedor vecindario de madera.

Y así, mientras mis padres seguían al Sputnik en el noticiario de la noche de Walter Cronkite, Kathy y yo armábamos nuestro fuerte de plástico de indios y vaqueros en el sótano y nos disparábamos alegremente con revólveres a cebitas, gritando, gimiendo, fingiendo heridas y cayéndonos muertas sobre el piso de madera. Nuestra guerra era una buena. Y las guerras simuladas en cierta manera reforzaban nuestra inmunidad contra misiles balísticos intercontinentales y ojivas nucleares.

Quizás cuando dormíamos, el Sputnik nos monitoreaba desde arriba, observándonos, pero así como el satélite ruso registraba nuevas fronteras, también lo hacía mi padre.

—¡Empaquen todos, nos vamos al oeste!

—¿Adónde? —mis hermanas y yo nos reuníamos en un grupo con diversos grados de asombro.

—Al *Two-Bars Seven Ranch*.

—¿En serio? ¿Y dónde queda?

—En Virginia Dale, Colorado.

—Ahh... —exclamamos al unísono.

—Y... en Tie Siding, Wyoming.

—¿Un rancho que se extiende en dos estados? —No lo podíamos creer.

Para mí la idea de un rancho ganadero de 2.800 hectáreas era tan inconmensurable como las bombas de los comunistas: ¡Nooo, ¿cómo podía ser?! Jay trató de explicármelo diciéndome que era como un trillón de parques *Leakins*; pero sus palabras eran inútiles. Todo lo que me importaba era la posibilidad de poner a prueba todo mi conocimiento ecuestre en un nuevo y verdadero caballo del oeste.

Unos pocos días después, arrastramos nuestros sacos de dormir y nuestro equipaje por el camino de entrada de nuestra casa y nos metimos en el Buick blanco de mamá. Tres hermanas se ubicarían en el asiento trasero y una adelante entre papá y mamá. Cambiaríamos de lugares en cada parada.

Como era la más pequeña, nunca me tocaba la ventanilla cuando iba atrás. Siempre iba en medio.

«Eres la única que puede entrar allí, con esa gran joroba» —Jay ordenaba, señalando la protuberancia en el piso que cubre el eje del automóvil.

Era tan injusto... Yo ya era petisa. ¿Cómo podía ver algo si me sentaba en el medio?

De repente tuve una idea. Me di la vuelta y me arrodillé mirando hacia atrás. Con una enorme luneta trasera toda para mí, me di cuenta de que esto no era tan malo. Podía ver pasar el mundo, aun cuando fuera al revés. También podía trepar junto a la luneta y acostarme contra el vidrio. Era un sitio privado, y mi conejo morado —con cara de plástico sonriente— y yo tendríamos una gran vista.

Mi padre nos hacía inclinar el rostro antes de arrancar el motor.

«Querido Señor, pronunciaba, guía nuestro viaje y ve delante de nosotros».

Sí, ese era mi Dios y ese mi papá. Siempre delante de nosotros, guiándonos a todos en una aventura de subidas y bajadas, caminos, a través de arroyos y hasta el otro extremo.

Comenzamos transitando la vieja ruta 40 hacia el oeste rumbo a los montes Apalaches. ¡Montes! La sola idea me estremecía. Me preguntaba si experimentaría los mismos sentimientos de dicha al estar parada en la cima de una montaña que los que sentía al perder la vista en la inmensidad del mar, en Rehoboth.

No tuve que esperar mucho. A medida que la meseta Piedmont comenzaba a aparecer y cuando la *Blue Ridge* estuvo a la vista apenas pasando Frederick, Maryland, divisábamos una señal tras otra: punto panorámico a 3 km. Creo que nuestra familia no se perdía ninguna. Al menos ninguna mientras mi padre iba manejando. Íbamos a toda velocidad hasta que alguien divisaba una de las conocidas señales marrón y blanca y de repente nuestro viaje tomaba un nuevo giro. Intriga y encanto ¡allá vamos! —pensé mientras apretaba a mi conejo morado contra la luneta y, colocando el rostro junto al suyo, susurraba: «¿Qué hay en la montaña? ¿Cómo será?»

Descendíamos del auto en cada punto panorámico de la vieja autopista Pensilvania, y en efecto, en cada parada observábamos un gran cuadro de verdes valles y campos con recuadros multicolores. Mis padres, felices por partida doble por ver todo a través de nuestros ojos, nos invitaban constantemente: «¡Chicas, miren esto!» y lo hacíamos con alegría. Comíamos emparedados de salchichas ahumadas en el capó del automóvil y aspirábamos el aroma de los pinos y del aire fresco de la cima. Recogíamos piedras cuyos nombres jamás pude recordar, tratábamos de trepar las montañas que aparecían grandes y aprensivas. Yo contenía el aliento ante cada escena o experiencia y me preguntaba todo el tiempo: *¿Cómo podrían las Montañas Rocosas y el Two-Bars Seven Ranch equipararse a la grandeza de los Apalaches?*

Cuando nuestro Buick finalmente descendió al valle del río Ohio, yo no comprendía por qué teníamos que dejar estas nobles montañas. ¿Por qué no hacer un giro en U, regresar, armar una carpa, sentarnos alrededor de una fogata y hacer lo que siempre hacíamos: cantar y contar historias? El rancho del tío Ted no puede ser más lindo que los Apalaches.

¿Cómo podía saber que yo era muy fácil de complacer?

Durante los días siguientes, nuestro noble y viejo Buick atravesó extensos campos de trigo y hectáreas de maíz. Saludábamos con la mano a todo a quien veíamos, desde ingenieros en trenes a granjeros que manejaban tractores a lo largo de kilómetros de cercas blancas y avisos publicitarios de espuma de afeitar Burma Shave. Traqueteábamos por puentes de madera y tocábamos la bocina ante los niños descalzos con mamelucos que vadeaban los arroyos. Parecían salidos de Tom Sawyer o de La Familia Ingalls. Mi maestra de tercer grado tenía razón: en verdad existía el río Mississippi, además de los banjos y los vapores de ruedas. Y realmente existían los horizontes al revés, con cielos color gris oscuro y brillantes campos dorados.

Aquellas inmensas praderas verdes finalmente nos llevaron a la llanura árida. Cada tanto nos deteníamos a comprar Coca-Cola en pequeños pueblos donde había edificios de ladrillo alineados sobre la tranquila calle principal. Un poco más hacia el oeste, nos salimos de la autopista y entramos en un camino de gravilla que conducía a Dodge City, Kansas. Mis hermanas y yo mirábamos en todas direcciones en busca de bandidos, mientras cantábamos todas las canciones de las series *Rawhide* [Cuero crudo], *Sugarfoot*, *Gunsmoke* [La ley del revólver], *The Rifleman* [El hombre del rifle] y mi favorito, *Death Valley Days*.

Esperaba que nuestro Buick pasara por donde estaba el carromato con las veinte mulas de la publicidad de *Borax*. En definitiva, *Dodge City* era... bueno, el país de *Bat Masterson* y *Wyatt Earp*, así es que también cantábamos sus canciones.

Dodge era un pueblo del oeste pequeño y polvoriento como imaginaba que sería, tal y como se veía en los programas de televisión, excepto que la calle principal estaba pavimentada. Cuando el viento levantaba el polvo de la calle principal y escuché algunas ventanas que se golpeaban, de repente lamenté no haber traído mi rifle de aire comprimido. Kathy y yo habríamos podido recrear un gran tiroteo en ese lugar.

No obstante, el histórico pueblo frente a nosotros ya era toda una aventura. Asomamos la cabeza por la puerta de la taberna Long Branch y caminamos hasta Boot Hill. Exploramos algunas lápidas y no pude resistir la tentación de esconderme detrás de una, y apuntando a Kathy con el dedo, le disparé un gran ¡pum! Ella me devolvió los disparos un par de veces, luego finalmente, descendimos a la tienda de ramos generales: un gran lugar turístico con verdaderos tocados de plumas de indio colgando de las vigas y una inmensa cabeza de búfalo en la pared. Nos dejaron llenarnos de palitos de orozuz, caramelos de goma y postales mientras mi padre compraba un par de largos cuernos de vaca y los ataba a la parrilla del auto. Cuando finalmente salimos de Dodge City, apuntábamos con los dedos en forma de pistola por las ventanillas traseras disparando a alguaciles invisibles que nos perseguían desde la ciudad.

El paisaje de trigo dorado meciéndose que pasamos se extendía apenas más allá del oeste de Kansas para transformarse en campos para hacienda y forraje a medida que cruzábamos el límite del estado y entrábamos a Colorado. Ahora realmente estábamos en la frontera. Apoyaba mi conejo sobre el borde del asiento delantero para que pudiera ver.

¿Esto todavía es *Norteamérica*? —lo escuché que preguntaba. Acerqué mi mentón al suyo.

Sentarse en el medio era bueno después de todo, concluí. El panorama de lo que estaba adelante era claro y despejado.

A medida que recorríamos los kilómetros, el brillante y ardiente sol se convirtió en atardecer, y una extraña línea violeta y discontinua apareció adelante en el paisaje.

«Allí están», papá sonrió radiante.

Todos estiramos el cuello para ver.

UNA VIDA CAMINANDO CON JESÚS

«La primera cadena de las montañas Rocosas», nos dijo, las majestuosas montañas moradas.

A medida que las cumbres comenzaban a elevarse lentamente, aún a muchos kilómetros de distancia, mi padre estiró los brazos contra el volante y se reclinó hacia atrás. Luego con el cabello totalmente despeinado por el viento que entraba por la ventanilla abierta, entonó otro himno:

Oh, hermosos cielos espaciosos,
de olas de granos ambarinos-

Bajamos las ventanillas y nos unimos a él cantando a todo pulmón la tradicional *America the Beautiful* [Norteamérica la bella]:

de majestuosas montañas moradas
sobre las fructíferas planicies.
¡Norteamérica! ¡Norteamérica!
que Dios derrame su gracia en ti
y corone tu bondad con hermandad,
¡De mar a brillante mar!

Después de un tiempo, llegamos a una alta cadena, y papá disminuyó la velocidad para estacionar el auto en el arcén. Todos nos bajamos a estirarnos y a admirar la ciudad de Colorado Springs. Estaba enclavada al pie de un macizo e imponente cordón de picos que descansaban como sabios gigantes silenciosos cubiertos de nieve. El aire era fresco y el paisaje se encontraba en profundo silencio salvo por el zumbido de las ruedas de los camiones a lo lejos en la autopista. Me costó mucho recordar los Apalaches.

«¿Ven aquella grande del medio?», preguntó mi padre mientras señalaba al punto más alto. «Aquel es el Monte Pikes. Y ustedes saben lo que me sucedió en aquella montaña, ¿no es verdad?»

Esta no era una historia como la del barco fantasma. Habíamos escuchado a papá narrar los detalles de esta historia muchas veces y nunca dudamos de su veracidad.

65

Era el año 1933, y mi padre había invitado a un grupo de compañeros del equipo de lucha de la YMCA (Asociación Cristiana de Jóvenes) además de a otros jóvenes de la Escuela Dominical que él supervisaba, a escalar el Monte Pikes. Todos se amontonaron en su vieja camioneta verde y se dirigieron al oeste. Días más tarde, cuando llegaron al pie de la montaña, se levantaron temprano, tomaron su equipo y comenzaron a escalar la cadena principal.

A media mañana el cielo se había cerrado, los vientos comenzaron a soplar, y unos cuantos del grupo regresaron. Papá continuó con sus amigos luchadores. Al rato comenzó a lloviznar y sus amigos se detuvieron a considerar el riesgo de continuar. Al no cesar la lluvia decidieron abandonar el ascenso.

Sabiendo que estaba a poca distancia de su objetivo, mi padre les gritó:

—Voy a tratar de llegar a la cima.

—No lo hagas. Estás loco —le respondieron.

—Estaré bien. Ustedes comiencen a descender y yo los alcanzaré.

Mi padre se abrió paso. Sin embargo, a medida que subía más alto, la lluvia se convirtió en nieve. Se ciñó el cuello de su campera de lana debido a las fuertes ráfagas y resistió. Confiaba en que en cualquier instante alcanzaría la mole de piedra que coronaba la cima del Monte Pikes.

Cuando el terreno comenzó a nivelarse apenas, estimó que había llegado. Pero no podía encontrar la cúspide en ninguna parte debido a la nieve. El viento helado ahora rugía. Continuó buscando pero no encontró nada parecido a rocas; todo a su alrededor era puro blanco. Finalmente, decidió regresar.

Al dar la vuelta, buscó sus huellas para seguirlas de bajada; pero ya no estaban. Habían desaparecido bajo un manto de nieve que a cada instante crecía más y más. Al levantar la vista, se dio cuenta de que estaba en medio de una deslumbrante tormenta de nieve. Había perdido el camino.

Todo lo que mi padre veía delante de él era gris y blanco.

Su pecho se estremeció cuando se dio cuenta de que el gris se tornaba más oscuro. *El día se acaba —notó—. Está anocheciendo.*

«Debo seguir caminando, debo hacerlo» —murmuraba una y otra vez con la esperanza de que sus pies encontraran un sendero. Sin embargo, pronto oscureció y comenzaron a dolerle todos los músculos. Se le habían formado pequeños carámbanos en las cejas y las pestañas. Deseaba con desesperación sentarse sobre la nieve a descansar, o aunque sea recostarse sobre una roca o lo que fuera. Sabía que eso era suicidarse. *Debo seguir caminando, seguir caminando...*

Caminó toda la noche. Cuando la oscuridad comenzó a tornarse de un color blanco grisáceo, supo que había llegado el amanecer. Miró con los ojos entornados y vio un par de pequeños pinos a la distancia. *Debe ser una montaña más baja* razonó. Cuando estaba a pocos metros de los árboles la nieve sobre la que caminaba se desplomó. Se vino abajo y dio una voltereta en el aire en lo que debió de haber sido un precipicio hasta que se golpeó con un gran tronco que detuvo su caída. ¡Aquellos pequeños pinos eran la punta de los árboles que sobresalían de un banco de nieve!

Durante tres días mi padre avanzó contra el viento, tambaleándose en la nieve; caía de rodillas y luchaba con todas sus fuerzas para poder levantarse. Todo el tiempo cantaba en voz baja: «Algún pobre marinero luchador, tal vez rescates, quizás puedas salvar». Jamás dejó de cantar hasta que por fin halló unos rieles que lo condujeron hasta la cabaña de un minero en Cripple Creek, un pequeño pueblo de buscadores de oro al otro lado del Monte Pikes. Cuando el minero oyó golpear a su puerta, la abrió en contra de una ráfaga de viento y vio a un hombre casi congelado parado en la nieve. «¡Qué diabl...! ¡Entra aquí, rápido!», exclamó.

Aquella noche papá se sentó por primera vez en cuarenta y ocho horas.

El minero le ofreció un plato de frijoles y whisky, pero cuando le alcanzó la botella papá se ciñó la manta y preguntó con voz grave y débil: «¿No tiene otra cosa que no sea alcohol!»

El minero lo miró como si estuviera loco.

«¡Aquella fue la primera vez, y la última, que tomé una taza de café!», papá rió, apoyado contra el capó de nuestro Buick. La historia llegó a su final y mi madre siempre repetía lo mismo llegado este punto: «Esta no es como las otras historias de papá. ¿Recuerdan cuando vieron los recortes del periódico?»

Todos estábamos familiarizados con los grandes titulares de la primera página del *Evening Sun*: «¡Atleta de Baltimore hallado en Pikes!» Como John King Eareckson había sido el hijo favorito de la ciudad en los Juegos olímpicos del '32, el incidente del ascenso a la montaña fue la principal historia del '33. Ahora aquella misma montaña, real, inmensa y aprensiva que casi sesgó la vida de mi padre, estaba allí, frente a nosotros. Levanté mi conejo por un largo rato para que pudiera ver, haciéndolo girar lentamente desde la pared de montañas en el extremo sur hasta el norte donde desaparecían.

Todos habían dejado de hablar, y no se aproximaba ningún automóvil por la carretera. Un profundo silencio se instaló entre nosotros mientras permanecíamos contemplando todo aquello, impresionados. Pronto el silencio rogaba que lo rompiéramos y papá comenzó a cantar con suavidad. Nos unimos al canto en armonía.

> *Roca de la eternidad,*
> *fuiste abierta para mí*
> *Sé mi escondedero fiel,*
> *solo encuentro paz en ti*
> *Rico limpio manantial,*
> *en el cual lavado fui.*

Continuamos el viaje en silencio, notando como cambiaba el Monte Pikes a medida que nos acercábamos. Al llegar al pie de la montaña descubrimos que había sido recientemente demarcado un sendero polvoriento y sinuoso. Nuestro gran Buick V8 pudo traquetear hasta la cima.

Cuando nos bajamos, el aire enrarecido era helado.

Rápidamente sacamos abrigos de las maletas. Una vez que todos estuvimos abrigados, Kathy y yo corrimos hasta el borde y nos detuvimos anonadadas. Estábamos aturdidas por la amplitud de la vista. Sentíamos como si pudiéramos ver hasta el infinito. Estábamos más alto de lo que nunca antes habíamos estado y al girar para mirarnos temblamos de asombro.

El cielo era azul y brillante y al hacer sombra con la mano sobre mis ojos, vi las crestas de las nubes debajo de nosotros. Hacia el sur estaba la cadena Sawtooth, que se encuentra al norte de Nuevo México; y hacia el norte, Denver. Al inspirar en procura de más oxígeno me di cuenta que no era solo el aire enrarecido por la altura el que me dejaba sin respiración. Este no es un punto panorámico de Pensilvania —suspiré.

«Ah... aquí están», anunció papá detrás de nosotras.

Kathy y yo andábamos de aquí para allá, y vimos a nuestro padre de pie sobre la mole de rocas que no había podido encontrar tantos años atrás. A unos pocos metros estaba el mismo sendero que había recorrido.

Fuimos a una tienda pequeña, pero yo salía de ella constantemente, tratando de guardar en mi memoria tanto como podía de esa vista tan asombrosa. Tuve la extraña sensación de que ya había estado antes en ese lugar. Era como apoyarse sobre los codos en la cama y mirar a las pomposas nubes que papá había pintado en la pared detrás de los ángeles. ¿Era esto el cielo? ¿O al menos su vestíbulo?

Descendimos del Monte Pikes y nos dirigimos al norte hacia nuestro destino final: *Virginia Dale* y el *Two-Bars Seven Ranch*. Papá miraba por el espejo retrovisor, por el que observaba sus montañas que se desvanecían hasta perderse de vista. «Nunca soñé con volver a ver esa cima», murmuró.

Mis propios sueños se hicieron realidad en ese viaje. Finalmente nos detuvimos en la casa del rancho, y mientras mis padres descargaban, mis hermanas corrieron al corral a ver los caballos. Yo me quedé atrás cuando oí a tío Ted llamarnos desde adentro de la casa. Dejó que la puerta se cerrara de un portazo a sus espaldas al ir y venir para palmear a papá en la espalda y abrazar a mi madre. Yo no lograba quitar los ojos de su sombrero de vaquero. No era como mi sombrero de fieltro rojo de Dale Evans con su cordón blanco. El de él era grande, gastado, polvoriento y de verdad.

Aquella semana monté un corcel tan grande como *Thunder* y vi a tío Ted enlazar becerros. Sostuve en la mano el hierro caliente para marcar el ganado y aprendí a bailar «square dance»[1]. Finalmente, hicimos un viaje a caballo de tres días hasta el rodeo Frontier Days, en Cheyenne, Wyoming. Con las montañas Rocosas a la izquierda y la planicie a la derecha, viajamos hacia el norte, y armamos nuestras carpas al lado del furgón de los víveres cada atardecer. Veíamos a mamá ayudar al cocinero a preparar galletas en la cacerola. (Era raro verla a caballo durante todo un viaje; ella era más de la casa y de una sartén que de una silla de montar.) Cada mañana bebíamos agua fresca de los arroyos y tratábamos de atrapar a los perritos de las praderas.

Cuando llegamos al rodeo me premiaron con un certificado de pionera. Resultó ser que yo era la jinete más joven en anotar un récord con un viaje de ciento sesenta kilómetros a caballo para llegar hasta allí. Mis padres me recompensaron con un par de botas rojas de Laramie hechas a mano, y yo caminé a grandes pasos por la vereda de madera del pueblo, con los pulgares metidos en los bolsillos de los jeans y el ala de mi sombrero de vaquero ligeramente ladeada. Esta —pensé—, era la verdadera última frontera, y yo la había alcanzado.

En nuestra cabalgata de regreso al *Two-Bars Seven Ranch*, nuestro andar era más lento y más pensativo. A veces, la belleza que descubría era tal que me atemorizaba. Una noche, sentada a la luz de la fogata, miré por encima de mis hombros y me sorprendieron las gigantes moles de las solemnes montañas. Ellas casi me... atraían. Como las sirenas de la mitología griega, algo misterioso allá afuera me susurraba, incitándome a que dejase la intimidad del fuego y caminara hacia un mundo sublime, encantador y hasta quizás peligroso. La sensación era hipnotizante, y no difería mucho de lo que sentía estando en

---

[1] Baile folklórico de los Estados Unidos. (N. de la editora)

Rehoboth y observaba a mi papá que se aventuraba unos pocos pasos en la noche, lejos del calor de la fogata, cuando sentía todo el tiempo mi corazón que palpitaba temeroso de que desapareciese y, sin embargo, deseando seguirlo.

Sabía que encajaba en ese paisaje tan cautivador. Era como si hubiese nacido para estar en ese ambiente, o en algún lugar muy similar. Un sitio de majestuosidad y esplendor, gloria y grandeza, sagrado y sorprendente. Varios años después sentiría lo mismo, de pie junto a mi madre en el borde del Gran Cañón, una extensión imposible, un profundo abismo tan monstruosamente profundo y amplio, tan lleno de misterios eternos y de luminosidad ancestral, tan silencioso e intimidante, que me sostuve con fuerza de la baranda por temor a caerme, salir volando o ser tragada. *Las montañas Rocosas no se pueden comparar con esto* —pensé en aquel momento. Descubría que el alma puede satisfacerse muy fácilmente, que siempre existe un estadio superior y más glorioso.

Cuando llegó la hora de regresar a casa, el tío Ted, de pie al lado del corral con el lazo en la cintura, sonrió y nos despidió agitando la mano. Cuando comenzamos el largo viaje hacia el este, vi las montañas desaparecer detrás de nosotros, y me sentí un poco confundida. Mis sentimientos de euforia parecían disiparse con cada kilómetro.

Después de varios días, cientos de kilómetros y decenas de paisajes, llegamos al oeste de Maryland y nos detuvimos en una estación de servicio cercana a Cumberland Gap. No estábamos lejos de casa y era agradable tomar un respiro. Dado que sería la última vez que veríamos este paisaje único, tomé mi conejo morado de la luneta trasera del auto para llevarlo a pasear y mostrarle el río y las empinadas montañas.

«Ahora me doy cuenta de que esto no es como las montañas Rocosas, le susurré al oído, pero tienes que recordar estos paisajes para que puedas contarle a los otros cuando regresemos a casa». Estaba pensando en los peluches de Kathy. O quizás solo quería aferrarme a algo que había estado allí conmigo, algo que hubiese experimentado lo mismo que yo y que en cierta manera pudiera hacer que lo recordara.

Al regresar al auto me encontré con Linda, que estaba apoyada contra el baúl bebiendo una botella de gaseosa. «¿Todavía le estás hablando a ese conejo idiota? —me preguntó. Bebió otro sorbo, se secó la boca, luego dejó la botella. «A ver, déjame sostener esa cosa».

Antes de darme cuenta, Linda me había arrebatado el peluche de las manos. Luego hizo el brazo hacia atrás y le dio un puñetazo en plena cara de plástico.

Horrorizada, no pude articular ni una palabra. ¡Lo perdí!, mientras observaba los pedazos de plástico caer al suelo y notaba las grandes grietas en la sonrisa y ojos de mi conejo. Ataqué a mi hermana con ambos puños, atinando y golpeando cualquier parte de su cuerpo que lograra alcanzar. Maldecía y pateaba mientras lágrimas ardientes me corrían por las mejillas. Linda tenía dieciséis años, y fácilmente me mantenía a distancia.

—Ja,ja —seguía riendo.

—¡Papá, mamá! —gritaron nuestras hermanas—. ¡Linda y Joni están peleando!

Mi padre y mi madre llegaron corriendo.

—¡Terminen ustedes dos! —gritó papá, pero yo seguía tratando de patear a Linda—. ¡Dije basta! —insistió papá, esta vez más fuerte con su voz ruda de luchador. Se acercó y me tiró de mi cinto indio adornado con cuentas, haciéndome para atrás.

Sollocé con fuerza mientras trataba de explicarle lo que Linda le había hecho a mi conejo. Él levantó el gastado y viejo animal de peluche y pasó la mano sobre la cara dañada. Mis padres hicieron sentar a Linda en el asiento de atrás y le dijeron que no pronunciara ni una palabra hasta que llegásemos a casa. A mí me sentaron adelante, entre ellos. Acuné a mi conejo roto y enjugué las lágrimas todo el camino hasta Baltimore. Con desilusión escuché a Linda ahogar una risita allí atrás, como si las cosas estuvieran bien. Alguien debería aplastarle la cara —me dije a mí misma.

Ahora tenía un dilema; uno más grande que la pelea con mi hermana. Estaba claro que no podía aferrarme a la imponente belleza que había visto en la cima del Monte Pikes o alrededor de la fogata cerca del arroyo o en el rancho con los caballos. Ni tampoco podía atrapar los hermosos sentimientos que había experimentado en aquellos lugares. La inmensidad en mi alma había colapsado, y en cambio, el enojo y la maldición estaban a flor de piel. (Gracias al cielo mis padres no me habían escuchado decir «maldita» y, misericordiosamente, Linda no me había delatado.)

Sofocada en el asiento delantero mientras nos dirigíamos al este por la ruta 40, sentí el atardecer detrás de mí. Volví a ser yo misma: una idiota, una boba. Bramaba de cólera, golpeando y pateando con el pie debajo del tablero. Fue la primera vez que me di cuenta de que no me gustaba ser así.

Como el Sputnik, había abandonado la frontera final y había caído a la Tierra.

Cuando llegamos a casa aquella noche, mi padre me ayudó a acostar a mi conejo morado en una camita que tía Lee había fabricado, una caja de cigarros pintada de negro, con broches para la ropa como pilares de la cama. El conejo era mucho más grande que el lecho, y los brazos y las patas colgaban a ambos lados. Pero aun así, la camita era un buen lugar para asistirlo como doctora hasta que se recuperase. Lo ubiqué en el piso de mi ropero, y allí se quedó por mucho tiempo, para que pudiera cuidarlo como lo haría una enfermera.

Oraba por él, pero nunca mejoró y eso me molestaba. A veces las oraciones parecían resultar y otras no. Mi padre había dicho que fue la oración lo que le permitió continuar avanzando hacia la cima del Monte Pikes. Y por supuesto se cercioraba de que cada noche antes de dormir dijéramos nuestra plegaria «Ahora me dispongo a descansar». Sin embargo, no estaba segura de cómo funcionaba la oración ni de cuál era la necesidad.

Aunque oré y oré, mi conejo nunca mejoró. Tal vez necesitaba orar como lo hacía mi compañera Kathy Carski. La casa de los Carski estaba sobre la colina más allá de nuestro arbolado vecindario, donde habían construido un nuevo barrio. A menudo jugaba en su casa y me fascinaban unos pequeños crucifijos que vi en la pared. Los Carski eran católicos y asistían fielmente a la iglesia (Kathy la llamaba misa) todos los domingos.

Kathy era una niña frágil de piel blanca y cabello negro azabache, labios gruesos y grandes ojos marrones. También era bailarina o, como ella me corregía, bailarina de ballet. No usaba zapatillas de baile, se había graduado con zapatillas de punta. La casa de los Carski era ordenada, una de esas con estatuillas de María Antonieta sobre la blanca repisa de la chimenea y, con solo dos niños, era un hogar muy silencioso. Jugábamos con sus muñecas, hojeábamos sus libros de Nancy Drew y me dejaba probarme sus viejas zapatillas de baile. Ella era tan... femenina.

Kathy Carski no hablaba mucho sobre plegarias, pero sabía que las comprendía. Una vez, cuando fui con Kathy y sus padres a su iglesia, los observé inclinarse y persignarse. Ellos se arrodillaron en los reclinatorios y rezaron el rosario. No me gustaban mucho las imágenes ni el altar, adornado elegantemente; tampoco el sacerdote con su sotana, pero me llamó la atención la manera formal en que Kathy y sus padres se ponían de pie y hacían reverencias y oraban. Estaban conectando con Dios, e imaginaba que él los miraba con aprobación por su sinceridad religiosa.

No mucho después de visitar la iglesia católica, me vino una inspiración. Arrastré el pequeño banquito metálico del baño y lo ubiqué al lado de mi cama. Mi hermana Kathy me observaba.

—¿Qué estás haciendo? —me preguntó.

Su tono de voz implicaba que ella daba las órdenes acerca de la ubicación de los muebles en nuestro dormitorio.

—Ya verás. Giré el banquito una y otra vez al lado de mi cama.

Cuando estuvo en el lugar justo, ubiqué un mantel de encaje que traje de abajo y un pequeño cuadro de Jesús con niños felices. Terminé la decoración con una velita en un candelabro de cristal.

—¿Qué es eso?

—Un altar —dije indiferente.

—Te vas a meter en problemas.

Ignoré su advertencia y volví a admirar mi arreglo.

—¡Hora de dormir! —escuchamos a mi madre decir desde el pie de las escaleras. Papá pronto subiría a contarnos la historia antes de dormir, por eso Kathy y yo terminamos de ponernos los pijamas y nos cepillamos los dientes. Cuando escuchamos los pasos de papá en las escaleras, nos metimos de un salto en la cama. Él entró y tomó de la cómoda un gran libro rojo de cuentos de hadas y se dirigió hacia mi lado de la cama.

Se detuvo en seco y preguntó.

—¿Qué es esto?

Estaba orgullosa de mostrarle a papá mi altar para orar. Salté de la cama y me arrodillé frente al banquito. Justo cuando estaba por encender la vela, él me interrumpió.

—¿Qué estás haciendo?

—Me estoy preparando para orar, papá. Esto es un altar.

—No hagas eso. Desármalo —me ordenó.

Lo miré con extrañeza, y me di cuenta de que algo no estaba bien. Como no me moví de inmediato, él dejó el libro rojo, echó mano al cuadro, la vela, el mantel de encaje y se puso todo bajo el brazo.

—Regresa ese banquito a su lugar.

—Pero es para orar.

—Te lo dije —comentó Kathy con voz monótona.

Me quedé totalmente confundida. Mi padre no esperó a que yo levantara el banquito. Él lo hizo y lo puso de nuevo en el baño.

—Pero papá, Kathy Carski tiene...

—No me interesa lo que hacen Kathy Carski y su familia. Eso no es lo que tú haces ni lo que nosotros hacemos. No oramos de esa manera.

75

Me di cuenta de que había hecho algo equivocado y me puse roja de vergüenza. Volví a la cama con las mejillas coloradas y los ojos húmedos. Comprendí que esto era más que una cuestión de oraciones y altares. Era una cuestión católica. No era justo. Kathy Carski era mi mejor amiga. Estaba enojada con papá, y sin embargo también me sentía mal por haberlo defraudado. Y odiaba que mi hermana Kathy tuviese razón.

No hubo historia antes de dormir aquella noche. Antes que mi padre apagara las luces, sin embargo, hizo un alto para explicarme:

—Joni, sé que tenías buenas intenciones, pero Dios es más grande que... que eso —dijo haciendo un gesto hacia donde había estado el pequeño altar para orar—. Mucho más grande.

Yo estaba confundida.

Me quedé del lado de mi cama esa noche, pensando mucho. Pensé en Kathy Carski y sus zapatillas de baile y sus tutús y los crucifijos en su casa. Pensé también en su habitación para ella sola y en que no tenía hermanas mayores mandonas. Pensé en la paz de su casa, tan ordenada y en la mía, bulliciosa y desordenada; y en mi triste conejito en ese oscuro ropero. Pensé en mi habitación, en los ángeles y en el cuadro de la figura de la niña en la puerta del ropero. Andaba a tientas en la oscuridad en busca de lo familiar, por eso oré junto con la figura.

Querido Dios, mi barquito y yo
estamos en tu mar abierto.
Por favor guíanos a salvo a través de las olas
a mi barquito y a mí.

Mi último pensamiento esa noche fue sobre nuestro reciente viaje a la frontera, a esos gloriosos lugares que me llamaban silenciosamente, a esos paisajes donde mi alma se sentía más grande. Fue entonces cuando comprendí las palabras de mi padre: «Dios es más grande... mucho más grande».

CAPÍTULO CINCO

Por sus hechos el niño deja entrever si su conducta será pura y recta.

Proverbios 20:11

❮Vas a venir conmigo ahora. ¡En este mismo instante!❯

Las palabras te atemorizan, en especial cuando las dicen con firmeza y resolución, mientras una mano te estruja tanto la muñeca que los dedos se te ponen morados. Cuando esto ocurre, más vale no arrastrar los pies. Sin embargo, para guardar las apariencias en frente de tus amigos o hermanas, siempre debe haber un obligatorio... «¡Pero má!»

No obstante, si pronuncias esas palabras de forma descarada, corres el riesgo de que te aprieten más y te arrastren tan fuerte que sientas que te dislocan el hombro. ¡Pero vale la pena! Nada lastima más que la humillación de ser reprendido delante de tus amigos. Y en especial de tus hermanas.

No había vuelto a casa con Linda, como debí haber hecho, por eso mi madre, loca como una cabra, fue a la granja *Wakefield* a buscarme. Mi concierto de piano ya había comenzado en la escuela *Woodlawn*. Los otros niños ya estaban bien sentados y colocaditos en la primera fila, con sus vestiditos, zapatos de cuero nuevos o con camisas acartonadas con un moño en el cuello. Yo debía estar con ellos. En vez de eso había dejado pasar la mañana y me había quedado en *Wakefied* para la «Muestra anual de caballos». Era un desfile de disfraces a caballo en donde uno podía ganarse un atractivo trofeo si se disfrazaba del Jinete sin cabeza o de *Paul Revere* o, como en mi caso, de *Davy Crockett*.

Lo único que pasaba es que me estaba divirtiendo mucho andando a caballo con mi sombrero de mapache, mi chaqueta de cuero con flecos y mis botas de vaquero, mostrando mi rifle Daisy de aire comprimido. Papá me había atado una cola de ardilla al cinto, y ollas y sartenes a mi silla de montar. La idea de tener que ir a casa y perderme toda esta diversión, bañarme, ponerme un vestido y correr al recital me parecía demasiado aburrido. Por eso, cuando escuché la sugerencia de mis hermanas: «es hora de ir a casa» hice oídos sordos y me dirigí hacia el puesto de hamburguesas. Tal vez, el recital desaparecería.

No era que yo no disfrutara el piano. Al contrario, ¡me encantaba! Sin embargo, mi agrado había nacido del aburrimiento de aquellos sábados en que debía acompañar a mi madre a la casa de mi abuela y tenía que hacer algo para entretenerme mientras mamá sacudía, lustraba y fregaba los pisos. Mi abuela, muy alemana e implacable con sus principios luteranos, era tan rígida como su casa, una construcción alta y angosta con pesadas cortinas de brocado y muebles sólidos. Nada de mi abuela o de su casa era delicado, a excepción de la suntuosa pérgola de vides que embellecía el costado de la casa. Mientras mi mamá ordenaba y limpiaba con el tradicional *Spic & Span*, yo me iba afuera a aplastar con las botas las abejas que sobrevolaban las uvas caídas o perdía el tiempo con la vieja pianola vertical de la sala.

No me dejaban tocar muchas cosas en la casa de mi abuela, pero a ella no le importaba que estuviera cerca de la pianola. Era una antigüedad, de la década de los treinta, cuando mis antepasados alzaban sus jarros de cerveza y hacían que tocara los valses de *Strauss*. Al lado de la pianola había una caja de cartón con ejes que sostenían rollos de grueso papel encerado con innumerables perforaciones. Me sentaba en el banquillo de la pianola, abría las puertas del compartimiento central y tomaba el rollo de adentro como si fuera papel higiénico, luego enganchaba su arandela a un broche que había en la parte inferior del rollo. Debajo de la pianola, en vez de pedales, había dos palancas para insuflar aire. Las alcanzaba a gatas, pero una vez que lograba un buen ritmo, los rollos comenzaban a moverse y el aire empezaba a circular y a tragar el papel. De repente, las teclas blancas y negras comenzaban a moverse y la melodía de «*Yosemite Falls*» inundaba la sala. Para lograr el ritmo de la canción me agarraba con fuerza de ambos extremos del banquillo para tener un buen ángulo con la pedalera. Era agotador, pero me encantaba poner música mientras mamá limpiaba.

En casa teníamos un piano similar en el sótano; no era una pianola, pero sé que era igual de antiguo y cuadrado. Jay tomaba clases en él y yo la imitaba a menudo. Ella me enseñó la parte final de *Chopsticks* [Palitos Chinos].

Un día comencé a experimentar con un par de melodías. Escuché a mi madre detenerse en la punta de la escalera del sótano.

«Joni, ¿estás tocando lo que yo creo?»

«¡Sí!», yo sabía que ella reconocía «*Yosemite Falls*».

A la semana siguiente, mamá y yo marchamos por la larga calle de cemento hasta un edificio de tres pisos de estilo francés de mediados del siglo XVIII en las afueras de *Woodlawn*. Allí vivía la Srta. Merson, profesora de piano de Jay. Al entrar en el vestíbulo vimos que todo emanaba ecos de elegancia y cultura. Una escalera de caracol nos llevó arriba hasta el tercer piso, pasando debajo de una lámpara de araña, y mamá golpeó a la impresionante puerta de la Srta. Merson.

Cuando la puerta se abrió nos encontramos con una mujer mayor, con buenas formas, vestida con una falda larga y negra y un pañuelo gitano atado a un rodete. Con su nariz puntiaguda, mentón prominente y largos dedos, se veía como una bruja malvada del oeste. Pero allí terminaban las similitudes. Yo adoraba a la Srta. Merson.

«Tú debes ser Joni», dijo ella con una voz profunda y fuerte, como la de Talullah Bankhead. Al escoltarnos hacia el interior pude percibir el aroma a esencia de canela y limón. Mamá y ella conversaban de cosas cotidianas y yo observaba todo alrededor: las alfombras orientales, el sofá de zaraza, ventanales desde el piso hasta el techo con cortinas traslúcidas que se movían por la brisa. En la esquina estaba su piano vertical.

«Ven aquí, me dijo con dulzura, dando golpecitos al taburete. Coloca el pulgar aquí, dijo señalando lo que ella describía como do del medio—. Ahora trata de tocar una octava, son ocho teclas».

Esta era una prueba en la que no podía fallar. Podría desgarrarme un ligamento pero estiraría mi pulgar y el meñique y tocaría aquella octava. Cuando presioné las dos teclas, probando que era suficientemente mayor como para comenzar las lecciones, la Srta. Merson sonrió con satisfacción y anunció: «Comenzaremos la próxima semana».

Y así cada lunes después de la escuela iba caminando con mis libros, incluso el librito de piano rojo para principiantes, y pasaba por la panadería Balhouf, el Banco de Crédito Hipotecario, hasta una calle pavimentada con una frondosa arboleda que me llevaba a mis clases de piano. Algo de la Srta. Merson me hacía recordar al extraño encanto que experimenté en el oeste, cuando me sentí fascinada por las montañas lejanas, solemnes y oscuras. Estar cerca de ella me producía la misma sublime fascinación. Ella era tan... pintoresca; y sumamente especial.

Nunca encontraba a la Srta. Merson lejos del piano; pero si por casualidad nos hubiésemos cruzado en el bar del mercado de *Woodlawn* me habría quedado helada. Ella era de otro mundo. Un mundo de clase europea, de altas ventanas por donde se colaba el sol como la crema, donde siempre había un dedo gentil debajo de mi codo para recordarme que debía arquear mis puños con gracia, siempre había una estrella dorada por haberlo hecho bien, siempre había un modesto aplauso y siempre una chocolatina con una taza de té, si la quería, al final de la clase. Aun el sencillo *Are You Sleeping, Brother John?* [Martinillo] sonaba como una melodía exquisita en lo de la Srta. Merson.

Practicar en casa era un placer, pero pronto aprendí a tocar de oído. Era menos trabajo y mucha más diversión. Tocaba los graves de *You Give Me Fever* [Me das fiebre] y me imaginaba que era Peggy Lee retorciéndome en el taburete y gesticulando durante la canción, cantando tan sexy y estúpidamente como podía. Otras veces, cantaba las canciones de Doris Day con encanto e inocencia. Y a veces, apretaba el tercer pedal, el que produce eco, y lentamente apretaba las teclas para tocar el acorde más grande, más extravagante y más complejo que pudiera inventar. Lo sostenía, así de extenso y agradable, hasta que el sonido desaparecía. Los ojos se me llenaban de lágrimas.

Mi amor por el piano agradaba tremendamente a mi madre. Ella ansiaba que sus hijas fueran refinadas y habilidosas en más gracias sociales que en simplemente saber sostener el cuchillo y el tenedor de manera adecuada o contestar al teléfono correctamente. Estaba cansada de que sus hijas siempre anduvieran a caballo jactándose de arrojar estiércol, harta de sacudir viruta de nuestra ropa y de sacar clavos de herraduras de nuestros bolsillos. No recuerdo a mis padres discutiendo, pero a veces lo hacían por la manera en que estábamos siendo criadas. Lo percibía cuando mamá nos cargaba en el auto y nos llevaba a las clases de tenis o bádminton al *Mount Washington Country Club*.

Mamá se sintió especialmente feliz un día en que regresé de la casa de Kathy Carski y le pregunté si podía tomar clases de ballet. Con eso fue suficiente. Desde ese día, todos los jueves esperaba el tranvía en la laguna *Woodlawn* que traqueteaba hasta la intersección de Gywnn Oak en las afueras de la ciudad. El estudio de danza de la Srta. Betty Lou estaba en el segundo piso de un edificio con un negocio al frente del teatro Embajador. La música que bailábamos, aunque provenía de un piano desafinado tocado por un hombre corpulento que siempre mordisqueaba un cigarro, para mí era elegante y refinada.

Al principio, usar un traje de baile se sentía extraño, un poco tonto e incómodo. Sin embargo, luego me sentí cómoda con las calzas rosas, las zapatillas de baile y mi malla negra. Estiraba el cuello y los brazos, desesperada por lucir linda y femenina frente al espejo mientras lentamente hacía la primera, la segunda y la tercera posición (la quinta era mi favorita) de pie en la larga fila

81

de niñas, todas como princesas. Unos cuantos meses después, cuando bailé en el escenario del teatro Lírico (yo era una manzana en la presentación de baile de la Srta. Betty Lou) y giré en círculos sobre el piso como un punto rojo en una larga fila de manzanas, mi madre, sentada en la décima fila, estaba más feliz que nadie. Después de la obra mis padres fueron a los camerinos, un mundo parecido a un cuadro de Degas, para felicitarme. Animosamente, mis padres se abrieron paso entre grupos de niñas que reían tontamente, auxiliares de escenario y personal del teatro en busca de su manzana (o en otros años, de su flor o su pájaro) para abrazarme y decirme: «¡Estuviste grandiosa!» Papá me visitó en los camerinos solo una vez. Después del desorden del año de la manzana, esperaba en el vestíbulo de entrada.

No me extraña que mi padre prefiriese que nosotras montáramos a caballo. El piano estaba bien para él, pero creo que consideraba totalmente fuera de plano el mundo del ballet, con sus damas raquíticas, hombres afeminados y movimientos excéntricos con aire francés. Además, era sospechosa cualquier disciplina que alentaba a un niño a quedarse hipnotizado con su imagen frente al espejo durante dos horas. Jugar al tenis en *Mount Washington* no era mucho mejor. El mundo del club, con sus intelectuales y miembros de la alta sociedad, no era de su agrado.

Si alguna vez existió una lucha de poderes entre mis padres entre lo honesto y lo bueno por la manera en que debíamos ser criadas, mi padre ganaba a mediados de los '50. Ahí fue cuando compró una vieja y arruinada granja a cuarenta kilómetros al oeste de *Woodlawn*. Eran 285 hectáreas, en el medio del campo, contiguas al parque Patapsco State, y un lugar perfecto para nuestros caballos. Ya no tendríamos que albergarlos en la granja *Wakefield*. En acuerdo con la YMCA, mi padre también decidió convertir la granja en un campamento de trabajo de la asociación. Con la ayuda de un amigo de la familia, que viviría en una parte de la granja, criaríamos caballos y ganado, y sembraríamos heno y maíz.

Papá bautizó la granja como *Circle X Ranch* [El rancho círculo X]. No era como Wakefield, con su pasto de Kentucky y cercas blancas. En cambio, era un completo campo de vaqueros

82

con un rodeo para el fin de semana. Desde entonces pasábamos los fines de semana en la granja.

Nunca pasé veranos tan placenteros como los de aquella época en los años '50. Empacábamos nuestras maletas y nos instalábamos toda la temporada en el Círculo X, sumergiéndonos por completo en la vida de campo. Mientras papá y sus hombres arreglaban el granero y la antigua casa de campo, mis hermanas y yo explorábamos. La casa estaba rodeada de cientos de madreselvas, y detrás de una colina había una cabaña de piedra donde podíamos mantener frescas las sandías. El viejo granero tenía fardos de heno con los que construíamos fortines y un galpón contiguo donde encerrábamos nuestras sillas de montar. Donde terminaba el campo, cerca del límite con el bosque, Kathy y yo construimos una casita sobre un árbol. También podíamos vagar por el viejo camino, angosto y polvoriento, bordeado de dulces moreras, que conducía a un secreto arroyo con cascadas y misteriosos prados y vallecitos. El viejo camino terminaba en el río Patapsco, donde podíamos atrapar peces gordos con cañas de pescar hechas por nosotras, con lombrices colocadas en anzuelos fabricados con alfileres de gancho. Éramos nuestros propios *Huckleberry Finns*.

También había un camino viejo y lleno de polvo, el River Road, que conducía a *Sykesville*, donde se podían comprar en el almacén cucuruchos de helado gigantes por diez centavos. O, si uno iba en la dirección opuesta, se llegaba al almacén de ramos generales Marriottsville, donde uno podía compartir una gaseosa con su caballo. Lo único necesario era levantar la cabeza del caballo, meterle la botella por el costado de la mandíbula y dejarlo chupar y babear toda la gaseosa. En 1959 me regalaron una yegua marrón con mirada penetrante, que se llamaba *Tumbleweed*, y ella y yo pronto aprendimos cual era el camino que nos conducía a su gaseosa y a mi mejor helado.

Aprendí el arte de la relajación con ese caballo.

Si el cielo refleja en verdad los recuerdos terrenales, espero una vez más recostarme sobre las ancas de mi yegua mientras ella se desplaza tranquilamente por el *River Road* de regreso a casa. Su cabeza irá gacha, su andar tranquilo, las riendas colgando, y yo pasaré la lengua por mi helado mientras observo el pasar de las ramas de los árboles por encima de mí, mientras el sol brillante juega a las escondidas por entre las hojas verdes del verano.

Si el cielo repite nuestros recuerdos, espero subirme a la vieja camioneta de papá y apretujarme entre él, al volante y su puerta, mientras mis tres hermanas llenan el asiento del acompañante a su derecha. Cantaremos todo el camino desde *Woodlawn* hasta *Sykesville*, entonando en armonía...

> *Cuéntame las historias de Jesús que adoro escuchar;*
> *Las cosas que le preguntaría si estuviese aquí:*
> *Escenas al costado del camino, historias del mar,*
> *Las historias de Jesús, cuéntame a mí.*

Y cuando la camioneta salga de la ruta 32 para entrar por el River Road, papá se detendrá para que corramos hacia atrás y podamos saltar a la caja de la camioneta. Nos sacudiremos y saltaremos los pozos y surcos todo el camino hasta la granja, riéndonos y sujetándonos de los bordes del techo.

Si en el cielo hay clubes, espero recrear con Kathy el que hicimos en el segundo piso del cobertizo. Ella era la vicepresidenta, un amigo vecino era el presidente y yo era la secretaria del Club de caballos y perros, o el Club CP, como lo llamábamos. Colocábamos las manos sobre el corazón y nos comprometíamos con el bienestar de los perros y los caballos.

Hasta tuvimos nuestra propia muestra de caballos. Juntamos herraduras viejas y las pintamos de dorado como trofeos para el primer puesto, e hicimos carteles que clavamos a lo largo de la ruta 32 y en *Sykesville*. En realidad, no pensábamos que vendría mucha gente, pero la mañana de la muestra, llegaron de todas partes camionetas con remolques con caballos que avanzaban traqueteando por el River Road.

Brillantes caballos cuatreros y rudos caballos de pura sangre bajaban de los remolques y los jinetes ensillaban sus cor celes con lustrosos aperos de cuero. Kathy y yo nos miramos y tragamos saliva. La muestra de caballos continuó heroicamente, pero papá tuvo que dar algunas explicaciones a varios competidores serios, que estaban furiosos por sus trofeos pegajosos por la pintura dorada.

Si el cielo pone obras en escena, espero hacer con Kathy una repetición de ¡Oklahoma!, como cuando actuamos para unos niños de la YMCA y gente de la granja. Encontraremos el viejo camión de plataforma, colocaremos la manta andrajosa sobre la soga como cortina y caminaremos con orgullo sobre el escenario cantando con todo el entusiasmo de Gordon McRae Oh, *What a Beautiful Morning*. Tocaremos nuestro viejo LP en el tocadiscos detrás de la cortina, inventaremos la letra en el momento, bailando y al final haremos que todos canten: «¡O-k-l-a-h-o-m-a, Oklaho... MA!». Haremos la reverencia y recogeremos todos los aplausos que podamos de nuestra audiencia de la granja quienes, sentados en sillas playeras y bebiendo limonada, implorarán por más. Y lo haremos por ellos, si arrojan otra moneda de veinticinco centavos.

Poner musicales en escena era una cosa, pero el año 1957 también nos encontró a Kathy y a mí jugando a juegos más serios. Tenía nueve años cuando la diversión de indios y vaqueros evolucionó a un nuevo nivel.

—Toma —dijo ella entregándome una botella de tintura violeta genciana—. Puedes usar esto para pintar a *Tumbleweed* como un caballo indio.

—¿Por qué?

—Porque vamos a hacer lo que siempre hemos hecho, jugar a los indios y vaqueros; pero esta vez... —prosiguió en forma juguetona, en nuestros caballos.

Yo estaba intrigada. Pinté un círculo violeta alrededor del ojo de *Tumbleweed* y le dibujé una marca falsa en el anca, como lo vi hacer a los indios en la película *Broken Arrow* [Flecha Rota]. Le puse una pequeña manta sobre el lomo y salí de paseo sin la silla de montar. Seguimos a Kathy hasta el campo más lejano, donde pastaban los salvajes caballos cabrones del rodeo. Era una verdadera manada hasta con un semental. Justo lo que necesitábamos para poder jugar.

—Muy bien, yo seré el sheriff y tú el indio —anunció Kathy desde su caballo, con el rifle en la mano—. Vas a tratar de robar esta manada y llevarla a México.

—¿Dónde queda México? —pregunté a gritos.

—¡Al otro lado del arroyo, cabeza de chorlito!

—¡Ah, bueno! ¿por qué no lo dijiste antes, *cabeza de chorlito mayor*?

Mirando los caballos, que nos observaban vagamente, una idea se me cruzó por la mente: Me pregunto qué pensaría mamá de esto... pero ella estaba en la casa de mi abuela, ayudándola. Solo a veces venía a la granja, cuando la YMCA tenía un evento especial o en ocasiones para el rodeo. Le ponía demasiado nerviosa vernos a Kathy y a mí haciendo piruetas a caballo o corriendo carreras de barriles. La mayor parte del tiempo se quedaba en *Woodlawn* y probablemente oraba.

—¿Estás lista? —preguntó Kathy—. ¡Ven a buscar la manada!

Clavé los talones en *Tumbleweed* y fui al galope hacia el espeso bosque que limitaba con los pastizales. Como un buen indio de la televisión, me escabullí entre los árboles buscando la mejor posición para emboscar a la manada. Mi plan era salir de repente del bosque gritando como una salvaje y provocar una estampida hacia el arroyo y hacia México antes de que Kathy se diera cuenta de lo que hacía.

Cuando llevaba varios minutos escondida, saqué mi yegua del bosque, gritando y galopando, mostrando mi rifle de aire comprimido de manera amenazadora, como el jefe *Crazy Horse* [Caballo loco]. De repente, el semental y sus yeguas dejaron de pastar y levantaron bruscamente la cabeza. Disparé un tiro y los caballos comenzaron a desparramarse por la colina, aterrorizados, en la dirección esperada. *Tumbleweed* galopaba fuerte detrás de la manada y miré por encima del hombro para ver dónde estaba Kathy.

¡Pum! Escuché el disparo de su rifle a mi izquierda. La bribona estaba escondida detrás de un árbol grande y deteriorado y me había tendido una emboscada. Al verme atrapada, levanté las manos (después de todo, me habían «disparado»), solté las riendas y me dejé caer mientras iba a pleno galope. Di contra el suelo con un fuerte ruido y exhalé mi último suspiro.

Kathy abrió los ojos como platos. Galopó hasta donde yo estaba y preguntó ansiosamente:

—¿Estás... estás bien?

Estaba un poco atontada por la caída, pero me levanté ilesa y empecé a sacudirme.

—Cabeza de chorlito, estás loca —dijo ella—. ¿Por qué tenías que hacer semejante tontería?

—No lo sé, no estoy segura —respondí sintiéndome un poco mareada—. Creo que me metí de verdad en el juego.

—Sí, y no puedo creer que hayas hecho eso —Kathy me reprendió—. ¡No puedo creer que soltaras las riendas!

Me conmovió la preocupación de mi hermana, pero cuando le di las gracias por ello, todo lo que dijo fue:

—¿Me das las gracias? Sí, puedes agradecerme después que encuentre a tu estúpida yegua, que ahora debe estar a más de un kilómetro con el semental. ¡Gracias por nada! —se dio la vuelta enojada y espoleó su caballo para ir en busca del mío, que estaba entremezclado con la manada.

La primavera siguiente, *Tumbleweed* parió un potrillo.

¿No se suponía que la vida fuera así? ¿Una aventura, un juego, una mezcla extraña de lo que es real y lo que no?

Eso pensaba yo hasta cierto invierno en que nevó durante días y el viento acumuló un montón de nieve sobre el camino

87

polvoriento que conducía a *Sykesville*. Estábamos atrapados por la nieve. Al principio, parecía como una más de las aventuras de papá, algo que él y Dios habían planeado, algo digno de un episodio de La familia Ingalls. La primera noche de nuestro cautiverio, Kathy y yo nos abrigamos bien y nos aventuramos a salir de la vieja granja para maravillarnos de la fría y pálida luna y de cómo transformaba el pasto cubierto de nieve en un campo de plata brillante.

Al día siguiente, sin embargo, el viento seguía acumulando montones de nieve cada vez más altos. Mi padre reunió a los vaqueros del rodeo, que durante el invierno estaban alojados en remolques. Él estaba preocupado por el ganado. La cerca de alambre de púas había sido vencida por enormes bancos de nieve, y las vacas se habían escapado. Teníamos que encontrarlas y traerlas de regreso a la seguridad, la comida y el agua. Se necesitaba a todo hombre (y niño) con su caballo para la búsqueda.

Ensillé a *Tumbleweed*, sintiéndome extremadamente importante de que yo, una niña de nueve años, podía ser útil para una verdadera tarea del rancho. Este no era uno de los juegos de Kathy. Nuestro ganado estaba en problemas. Nevaba suavemente mientras nos desplegábamos en diferentes direcciones. Me ordenaron que permaneciera con uno de los vaqueros, un hombre agradable con un buen caballo que sabía enlazar muy bien.

La manada se había desparramado en distintas áreas de la granja y en el parque estatal. Pasaron varias horas mientras nos comunicábamos cada tanto entre nosotros en el bosque, acorralando lentamente a las desafortunadas reses. Caía la tarde, nevaba copiosamente y la temperatura descendía. A medida que el vaquero y yo cabalgábamos junto al río Patapsco en busca de animales perdidos, escuchamos un lastimoso balido que provenía de detrás de un arbusto cubierto de nieve.

Una vaquilla roja y blanca estaba tendida de costado, su barriga hinchada por el ternero nonato que debía nacer en un mes más. Con la fuerte nevada y el viento gélido, ella debió haberse caído y entrado en trabajo de parto. Apuramos a los caballos para acercarnos y descubrí un par de pequeñas pezuñas saliéndole por debajo del rabo. La sangre brotaba y manchaba la nieve. La vaquillona trataba de levantar la cabeza pero la dejaba caer nuevamente y gemía.

Se me hizo un nudo en la garganta y el vaquero saltó del caballo y me dio las riendas.

—Por favor, haz algo —supliqué con voz ronca, mientras el viento intenso me castigaba las mejillas.

El vaquero presionó sobre el costado del animal, instándola a que se levantara, pero estaba muy débil. Después de varios intentos se dirigió hacia la parte trasera, tomó de las patas del ternero por nacer y tiró con todas sus fuerzas... pero no cedía.

—Viene de nalgas —comentó. Resopló con fuerza, se dejó caer sobre las rodillas y se secó la frente con el guante.

Comenzaba a oscurecer y la nieve no amainaba. Yo estaba paralizada por las emociones que una amante de los animales como yo podía sentir: pena, horror, impotencia. Me desgarraba ver los ojos tristes del animal.

—¿No hay nada que puedas hacer? ¿Busco a papá?

El vaquero me ignoró. En un último intento, desató la soga de su silla de montar y enlazó las pequeñas pezuñas. Montó el caballo y lo hizo retroceder hasta que la soga estuvo tensa. La vaquillona comenzó a gritar de dolor con grandes exhalaciones de aire frío, pero aun así no podía expulsar el ternero.

—¿Tienes que hacerlo? —grité a los vientos. *Tumbleweed* sacudió la cabeza y golpeó el suelo con la pata en señal de querer ir a casa.

El vaquero retrocedió con su caballo un poco más hasta que la vaquillona comenzó a deslizarse por la nieve. Sin embargo, el ternero no podía salir. Moviendo la cabeza resignado, el vaquero codeó a su caballo para que aflojara la soga.

La vaquillona dejó de gemir. Ahora estaba tendida completamente quieta. El vaquero me dijo que lo lamentaba, pero que no había nada más que pudiera hacer. Mientras él recogía su soga miré por última vez a la vaquillona tendida de costado sobre el suelo. Luego apuramos a los caballos para regresar a casa.

Fuimos los últimos en llegar al establo. No quería ni podía decirles nada a los otros. Habíamos abandonado animales sufriendo, una madre y un bebé, en medio de la oscuridad y de una nevada tan intensa que seguramente morirían. Era así de simple. Y yo me sentía atontada. Estaba paralizada por el frío y por el horror.

Mientras nos calentábamos ahí adentro, sentí como si alguien hubiese tomado un martillo y cincelado algo importante en mí, dejándome una marca en mi sentido del asombro, quizás. Mi despreocupado abandono en la granja fue reemplazado aquel día por el sordo y triste dolor de la realidad. No podía quitarme la imagen de la vaquillona sufriendo, un animal indefenso que esperaba que nosotros, los humanos sabios y buenos, la rescatáramos a ella y a su bebé.

Me di cuenta de que mientras estaba parada observando, aturdida y sin aliento, aprendí que cada criatura viviente tiene su lado aterrador, y que cada momento agradable tiene su parte demoledora. Era el principio de una idea espantosa: que cada día feliz hace lo que puede para alejarse de la oscuridad y que la vida es difícil y peligrosa. En esos momentos todo parece estar desconectado de Dios... o quizás sea que Dios parece desconectado de ello. La vida vuelve a la normalidad, como sucedió después de que pasara la tormenta de nieve; pero un pequeño rincón de mi alma había visto demasiado y una parte de mi corazón se había endurecido.

Tal vez por eso, muy en lo profundo, prefería la seguridad de nuestro hogar en la calle Poplar. Era un hogar como debe ser. Muchos domingos por la noche, después de regresar a *Woodlawn* del rancho Círculo X, desempacaba aliviada. Me sacaba las botas sucias de una patada, los vaqueros mugrientos y me bañaba para quitarme el polvo del establo, para dormir limpia y segura bajo la mirada de los ángeles. El lunes por la mañana regresaría a la escuela con Kathy Carski y mis amigos. Compraría estampillas de ahorro de los Estados Unidos, llevaría a cabo un experimento de ciencias, iría a la biblioteca y esperaría el timbre de las 3:30 para dirigirme a la casa de la Srta. Merson. Mientras caminaba por el sendero hacia mis clases, vería ondear sus cortinas desde la ventana del tercer piso y escucharía a Chopin flotando en el aire. Se me humedecerían los ojos cada vez, igual que cuando sostenía un gran acorde hasta que el sonido desaparecía.

Por eso el día de la exposición de caballos, mi «¡Pero má!» no era una verdadera protesta. Por esa razón soporté el fuerte tirón en el hombro y mis dedos poniéndose morados. Muy en mi interior sabía adónde pertenecía.

Y momentos más tarde estaba sentada en la primera fila del auditorio de la escuela primaria *Woodlawn*, junto a otros quince chicos y chicas, esperando mi turno en el concierto de piano.

El auditorio estaba lleno de padres y parientes, de perfumes de las señoras y de susurros entre el crujir de los vestidos de las niñas. Aunque llegué tarde, pude escabullirme detrás de Alan Silverstein, que justo terminaba de tocar. Miré por encima del hombro a mi madre, que sentada un par de filas más atrás, observaba cada uno de mis movimientos. Cuando Alan regresó a su asiento, la Srta. Merson me hizo una señal con la cabeza y yo subí por las escaleras laterales del escenario. Sentí la continua mirada de los ojos de todos mientras me desplazaba por las tablas donde estaba el piano en el centro del escenario.

Me senté, acerqué el banquillo, alcé las muñecas y comencé a tocar *Swaying Daffodils* [Narcisos danzantes], una hermosa pieza artística, suave y delicada. Cuando desapareció la última nota, respiré profundamente aliviada de haber tocado sin errores. Me paré y me incliné ante el aplauso de todos. No obstante, cuando crucé el escenario hacia los escalones laterales, aún sentía los ojos de todos sobre mí.

Debe de haber sido por mis botas de vaquero que retumbaban sobre el piso de madera, o tal vez mi sombrero de mapache y mi campera de cuero con flecos.

CAPÍTULO SEIS

Yo sé que tú amas la verdad en lo íntimo.

Salmo 51:6

———◆———

Al final, los caballos le ganaban al piano, a la pintura y al ballet. El arte me daba lugar para expresar cuánto me maravillaba la vida; pero el caballo era la maravilla. Podía hacer cosas con los pies en punta, en un lienzo, en las teclas del piano; pero el caballo me hacía cosas a mí. Además, tenía un alma. O así le parecía a una niña de nueve años.

Todos los animales tenían alma según yo lo entendía. Por eso es que hasta el día de hoy, tengo un sentimiento de angustia cuando pienso en la vez en que pateé y volví a patear a un cachorro que me había robado un caramelo. Estoy segura de que un sicólogo podría vincular mi arrebato de ira con alguna aberración familiar que justificaría mi comportamiento, pero no me lo creo. Y no me lo habría creído entonces. Cuando levanté al cachorro que aullaba en mis brazos para rogarle perdón, el temor en sus ojos me partió el corazón. Estaba destrozada por la culpa. Sabía que yo era la más fuerte y la más astuta, sin embargo, había utilizado mi tamaño y mi fuerza para infundir miedo. El sufrimiento que le había dispensado no era adecuado al crimen.

Excepto por aquel incidente, y por uno o dos azotes en las ancas de *Tumbleweed* con mi fusta, sentía que la mayoría de los animales, en especial los caballos, eran mis almas gemelas. Y hacía lo mejor que podía para transmitírselos.

Pienso en la semana de Navidad de 1959, cuando las nubes bajas y grises cubrían el cielo hasta donde se perdía la vista. Mientras caían copos de nieve pequeños y secos, una neblina grisácea hacía desaparecer prácticamente el establo y el enfriadero. Estaba apoyada sobre los codos mirando por la ventana, mientras mi madre y mis hermanas estaban ocupadas en la cocina, cocinando y poniendo la mesa. Nos iban a visitar un tío, una tía, un vecino y unos cuantos amigos. La casa estaba revolucionada con un agradable bullicio, y el resonar de los villancicos navideños llegaba desde la radio de la cocina hasta la sala donde me hallaba mirando por la ventana. Al ser solo una niña, no tenía ninguna responsabilidad en particular en los preparativos.

En determinado momento, cuando ya anochecía y las nubes se hinchaban como plumas de ganso, me puse la campera y las botas. Metí unas cuantas zanahorias en el bolsillo y salí sin hacer ruido. Las mejillas me dolían por el frío mientras caminaba hacia el establo. Sentí pena por los caballos que se encontraban allí. Nuestra casa estaba cálida e iluminada, su establo era frío y oscuro. Todos hablábamos de regalos de Navidad y no quise que los animales quedaran excluidos.

Pateé un montículo de nieve de la puerta del granero, la arrastré para abrirla y entré en el largo y sucio pasillo con compartimentos para caballos a ambos lados. Todo estaba quieto y en silencio. Respiré el aroma del cuero, del alimento dulce, y del heno y del envolvente hedor del estiércol seco y del abrigo para caballos. Pestañeé para acostumbrarme. La luz del establo era del mismo color rosa pálido que una de mis crayolas favoritas. Me adelanté unos cuantos pasos, y varios de los caballos resoplaron despacio cuando me escucharon abrir el recipiente para alimento. Sabía que alguien los había alimentado esa mañana. Pero quería darle a cada uno un puñado extra de avena y también una zanahoria. No me necesitaban en la casa sino aquí.

Abrí el compartimiento de *Tumbleweed* y le alisé las crines y el flequillo. Ella era la modesta, la amable y femenina yegua a quien nunca la encontrarías acaparando comida del comedero, haciendo a un lado a los otros como lo hacía Mónica. Por ser tan buena y amable, le di una zanahoria extra y le agradecí todas las cabalgatas; presioné la nariz contra su hocico y le deseé «Feliz Navidad».

Luego visité a *Baby Huey*, el potro de Mónica, que ocupaba su caballeriza. *Baby Huey* era enorme, tan grande como su madre, y por eso lo bautizaron así, como el gran pato bebé de los libros de historietas. Le di su zanahoria y le acaricié la frente. Él no lo sabía, pero yo había ayudado cuando lo castraron. No estaba muy segura de lo que eso significaba, pero cuando el Dr. Loper, nuestro veterinario, necesitó ayuda, descubrió que yo estaba sentada a lo lejos, mirando, como hacía siempre.

—¿Quieres alcanzarme algo del instrumental? —me preguntó, mirándome por encima de los anteojos. Él era el típico veterinario: imagen de inteligente, con un chaleco liso, un reloj de bolsillo con cadena y con la experiencia necesaria en el «campo» como para suavizar su costado médico.

Me sorprendió la petición. Miré por encima del hombro para asegurarme que en verdad se refería a mí y luego, feliz, me aproximé para ayudar.

—Toma, sostén estas tijeras... con cuidado, solo sostén el mango —me instruyó en tono serio.

¡No podía creerlo! El Dr. Loper verdaderamente necesitaba mi ayuda, como si fuera una enfermera en un quirófano. Extendí la palma de la mano como una pequeña mesa para sus tijeras; no quería tocar el otro extremo por miedo a desparramar gérmenes. Me acerqué de prisa a Baby *Huey*, quien había sido anestesiado y estaba tendido de costado. Al encorvarme un poquito, vi las manos del Dr. Loper alisar el área de los genitales del potrillo, una zona suave y gris, sin pelo que se veía muy delicada. El Dr. Loper tomó el escalpelo y realizó dos incisiones en la carne. La sangre comenzó a brotar y yo contuve el aliento.

—Tijeras, por favor —pidió con tranquilidad.

Le ofrecí el instrumento sobre la palma de mi mano.

Mientras hurgaba dentro de los dos cortes, traté de recordar una y otra vez que esto era por el bien de Baby *Huey*. Finalmente, el doctor encontró lo que estaba buscando: dos pequeños órganos amarillos parecidos a los huevos. Tiró de ellos suavemente hasta que los sacó fuera de la ingle del potrillo, y después de dos tijeretazos los «huevos» cayeron en las manos del Dr. Loper.

—¿Quieres sostenerlos por favor?

Durante quince minutos había sido la esencia del profesionalismo. Había estado tan tranquila como la última vez que había ayudado al Dr. Loper, cuando me permitió hacer una incisión en un forúnculo en la cruz de un caballo. No perdí mi compostura aun cuando el oloroso pus de color mostaza me salpicó los pantalones vaqueros. No obstante, esto era diferente. No le ofrecí la palma de la mano al Dr. Loper. En vez de eso, le acerqué con el pie la lona quirúrgica impermeabilizada.

—Me alegra que no te acuerdes de eso, *Huey* —le susurré y él sacudió la cabeza, mordisqueando sus zanahorias.

Iba de compartimento en compartimento, asegurándome de permanecer el mismo tiempo con cada caballo, contándoles mis historias favoritas sobre sus tonterías y susurrando los mensajes que mis hermanas querrían que ellos escucharan. A *Cherokee* recientemente le habían colocado herraduras, y yo compartí su dolor porque el herrero había hecho un corte demasiado cerca de la ranilla de su pezuña.

—Espero que no hayas sentido cuando entraban los clavos —le dije, besando ese lugar blando y polvoriento de las narices de los caballos, justo encima del labio.

El viento sopló y golpeó la puerta del establo. Entró una ráfaga helada por el pasillo. Me acurruqué con el tibio abrigo largo de invierno de *Cherokee* y lo abracé por el cuello. Luego el viento amainó y el silencio volvió nuevamente al establo. Me quedé escuchándolo, como si emitiera algún sonido. Por un largo rato permanecí inmóvil, atenta. Había algo en aquella paz y en el silencio que me entibiaban; percibía ese calor como si estuviese sentada al lado del fuego en casa. Quizás era porque estaba sola. O tal vez era porque me tomé el tiempo para pensar mientras los caballos mordisqueaban sus regalos.

Sin embargo, creo que fue porque yo estaba, bueno... en un establo. Sabía mucho sobre la historia de Navidad, sobre todo lo que tuvieron que pasar María, José y Jesús recién nacido, como para comprender que estar en un establo, en

95

una noche fría, rodeada de animales estaba, en cierta manera...
bien. También era apropiado que le agradeciera a Dios la paz y la
tranquilidad. Tenía solo diez años, pero sabía que mi atolondrada
vida poco femenina tenía escasa tranquilidad. Y puede que también tuviera poca paz.

Ginger, la madre mestiza marrón del cachorro que había
pateado, entró caminando por el pasillo con la lengua colgando y el aliento congelado. Me puse en cuclillas y le acaricié la
cabeza, achatándole las orejas como a ella le gustaba. No podía
recordar qué había sucedido con su cachorro, y anhelé que
estuviese allí para poder de alguna manera reconciliarme con
él. De repente mi actitud cambió. Me di cuenta de que nunca
había tenido la oportunidad de demostrarle a ese cachorro que
yo no era la persona que él creía. Yo no era egoísta.

Recorrí el establo con la mirada. Toda mi consideración
hacia los caballos no podía encubrir el hecho de que yo fuera
el objeto de mi propia lección: yo era la criatura viviente que
tenía su lado temible, y hasta ese momento de delicada
belleza tenía su propio costado filoso.

Cuando el frío me caló hasta los huesos, me despedí de los animales, cerré la puerta del establo y comencé mi pesada caminata
de regreso a casa. El viento acariciaba los pinos ladeados por la
nieve, haciendo caer el blanco de sus puntas. Prácticamente
había desaparecido todo el color del paisaje invernal. Iba caminando por un mundo de grises, negros y azules profundos. Todo
era oscuridad, excepto por los dos cuadrados de dorada luz alegre
que provenía de las ventanas de la casa.

Había caído la noche, y me apresuré para llegar al ruido y
la conversación de la casa.

CAPÍTULO SIETE

Dichoso el hombre que no sigue el consejo de los
malvados, ni se detiene en la senda de los pecadores
ni cultiva la amistad de los blasfemos, sino que en
la ley del SEÑOR se deleita, y día y noche medita en
ella. Es como el árbol plantado a la orilla de un río
que, cuando llega su tiempo, da fruto y sus hojas
jamás se marchitan. ¡Todo cuanto hace prospera!
En cambio, los malvados son como paja arrastrada
por el viento. Por eso no se sostendrán los malvados
en el juicio, ni los pecadores en la asamblea de los
justos. Porque el SEÑOR cuida el camino de los jus-
tos, mas la senda de los malos lleva a la perdición.

Salmo 1:1-6

D ios era solo un poco más grande que mi padre. El
SEÑOR puede haber llenado el universo, pero papá
llenaba el mío. Mientras Dios mantenía los planetas en órbita, mi padre era el centro de la nuestra. Y cuando
nos pedía algo, no lo hacía con palabras, sino a través de la
mera fuerza de su buen carácter.

En la primavera del año 1961 Dios tenía la responsabilidad
de mostrarle al joven presidente Kennedy cómo dirigir un
país, cómo mantener a los rusos en su lado del planeta, cómo
llevar a Adolf Eichmann a juicio, cómo evitar que la Bomba
cayera en la Escuela Primaria *Woodlawn* y al *Monstruo de la*
laguna negra en su pantano, alejada de nuestro vecindario.
Todo lo demás era responsabilidad de mi papá.

En realidad, Dios era responsable de otra cosa más: la
carrera de cincuenta metros, la que iba a correr en el día de
juegos. Era una competición de varias disciplinas deportivas

entre las Escuelas Primarias *Woodlawn, Catonsville y Pikesville*. Cada año yo esperaba con ansias esta competencia entre las tres escuelas. Correr era algo natural en mí y en las carreras durante el recreo dejaba en el polvo a la mayoría de las chicas de mi edad. Bien, el día de la carrera mostraría toda la habilidad física de mis once años.

Me di cuenta de que no había nada que mi padre pudiera hacer para conseguir una victoria para mí en la carrera, pero Dios sí podía. Dios era un poco más grande y era capaz de cambiar el destino. Él podía convertirme en ganadora.

Sin embargo, yo sabía que tenía que ayudar. Dios era, por supuesto, de aquellos que esperan un poco de cooperación. Por eso, mientras las otras chicas saltaban a la cuerda o los chicos jugaban a la atrapadita, yo pasaba todo el recreo corriendo alrededor del patio. No corría como los demás, sino que galopaba como un caballo. Creía que de esa forma corría más rápido. Así lo hacían los caballos y si funcionaba con ellos, debía ser lo mismo con las personas.

«Oye, Cara de caballo», Rocky Krien me gritaba desde la cancha, «estamos poniendo dinero en ti».

Detestaba que me llamaran cara de caballo; pero no tanto como para dejar de correr con el ritmo en la mente de la obertura de *Guillermo Tell*.

Después de la escuela tomaba fuertemente en una mano mi bolso de Roy Rodger, me palmeaba la pierna con la otra y, mirando hacia todos lados para cerciorarme de que nadie me viera, gritaba «Hi-ho, Silver» y allá partía, galopando todo el camino de regreso a casa. Iba por la calle mayor, pasaba la laguna *Woodlawn*, dos cuadras por *Gwynns Falls Creek* hasta la esquina de la calle *Poplar*. En circunstancias normales habría deambulado camino a casa, quizás me habría detenido en la laguna a alimentar a los cisnes con migas que me hubieran quedado del almuerzo, o tal vez, habría regresado por el bosque. Esta semana no. Estaba entrenando.

La carrera de cincuenta metros era severa. Después de cenar practicaba alrededor de nuestra casa. Largaba de la puerta trasera, saltaba las baldosas de entrada como en una carrera de obstáculos, luego trasponía el terraplén, me deslizada por los escalones de atrás, trotaba por el costado del camino de entrada, pasaba zumbando por la casita de madera en el patio y saltaba de una zancada la lomadita detrás del garaje. Finalmente, con las rodillas débiles y los pulmones a punto de explotar, recobraba fuerzas como para saltar la verja, me palmeaba la cadera y galopaba los últimos metros hasta la puerta trasera. Mitad caballo y mitad humano, hacía cabriolas y movía la cabeza ante los aplausos y hurras de la multitud que me admiraba.

Tener alguien contra quien correr lo hacía más interesante, especialmente si era alguien conocido a quien podía vencer. A veces invitaba a Joe, mi vecinito, a correr conmigo. Sabía que si podía ganar la carrera de obstáculos de la calle Poplar 2321, la carrera de cincuenta metros sería pan comido.

Esperaba, no... estaba segura de que Dios observaba todo. Me pareció que de todos modos tenía que comprobarlo, para asegurarme de que él estuviera al tanto de la victoria que necesitaba. De vez en cuando, cuando tenía unos minutos libres después de clase, antes de ir a piano o a ballet, lo visitaba en la iglesia metodista de San Lucas. Estaba justo frente a la escuela, y yo sabía que era un lugar donde podía encontrar a Dios. Seguro que todos tenían audiencia con él en la hermosa iglesia de madera blanca con puerta doble y campanario. Nuestra ciudad tenía solo dos iglesias: San Lucas y una católica, y había una sinagoga a uno o dos kilómetros en la calle *Windsor Mill*. Con tan pocas casas de culto en *Woodlawn*, las puertas de todas ellas estaban siempre abiertas.

Los escalones de piedra del frente de la iglesia de San Lucas comenzaban en la vereda, y tenían el césped prolijamente cortado, con arbustos a ambos lados. Subí los escalones y giré el picaporte de la pesada puerta. Aunque mi familia no asistía a San Lucas, no lo veía como una trasgresión; después de todo, allí era donde asistí a los encuentros de niñas exploradoras y donde asistí al jardín de infantes. Ahora bien, después de entrar sigilosamente, cerré las puertas detrás de mí y con reverencia me acerqué al altar. Creo que ese es el nombre que le dan a la gran mesa blanca con una brillante cruz dorada. Cuando me acerqué a un banco, hice la genuflexión y la señal de la cruz, aunque no estaba muy segura de cómo debía mover la mano. Solo sabía que era la clase de cosas que Katty Carsky hacía en su iglesia católica.

Tratar con Dios era algo así como acercarse al rey de los padres. Uno no siempre era consciente de su presencia, pero en todo momento existía la idea de que estaba en alguna parte, observándote. Y porque te estaba observando, eras consciente de que él (no siempre, pero la mayoría de las veces) estaba probablemente parado delante de un gran pizarrón con una tiza en la mano, listo para anotar tus buenas y malas acciones.

No era una imagen particularmente agradable, pero en mi mente no había otra alternativa. No creer que Dios estaba allí arriba era, por supuesto, imposible. Por un lado estaban los diez mandamientos colgados al frente de nuestra aula, justo debajo de la bandera norteamericana. Todos los días, al menos en los '50 y principios de los '60, comenzaban con una serie de ritos en la escuela primaria de *Woodlawn*: el pegado de una estampilla de ahorro de los Estados Unidos para mantener fuerte a nuestro país, la promesa de lealtad para asegurar la libertad y la justicia para todos; la colecta para el almuerzo (treinta y cinco centavos por un emparedado tostado de queso, sopa de tomate, un cartón de leche y una masita de nuez); coronado por la lectura diaria de la Biblia.

Cada día un niño diferente era elegido para pasar al frente, levantar la gran Biblia negra, *King James*, del escritorio de la Sra. Hunt y seleccionar un pasaje para leer en voz alta. Para los primeros de la fila, los líderes, era una oportunidad para lucirse leyendo un pasaje con expresiones como «concupiscencia» o «galardonador». Los otros no tan talentosos hacían correr la voz de «si quieres terminar rápido elige el Salmo 117». Por eso la mayoría de los niños haciendo su mayor esfuerzo por verse tranquilos y relajados, como si manejar una Biblia fuera algo que hacían todo el tiempo, pegaban el rostro a la página y leían:

Alabad a Jehová, naciones todas;
Pueblos todos, alabadle.
Porque ha engrandecido sobre nosotros su misericordia,
Y la fidelidad de Jehová es para siempre.
¡Aleluya! (RVR60)

Los niños judíos que había en clase eran los que más a menudo elegían los diez mandamientos. Niños como Arvin Solomon y Alan Silverstein. No sabría decir por qué, pero ellos se paraban un poco más erguidos que el resto de nosotros, como si leer las Escrituras frente a los demás no fuese algo nuevo para ellos. Estoy segura de que así era. Quizás los mandamientos y los salmos eran territorio familiar para Alan y sus amigos debido al *Bar Mitzvah* o la Pascua. O quizás su orgullo al recitar «No matarás» tenía algo que ver con las cosas feas que habíamos aprendido en clase sobre lo que los nazis les hicieron a los judíos en Europa.

Yo no sabía mucho sobre los nazis y los judíos, excepto que la guerra en Europa había sido una cuestión histórica de unos chicos malos contra los buenos, que estaban del lado de Dios. No se hablaba de eso a la hora de la cena cuando nos pasábamos la fuente con la carne y las papas. Mi madre era alemana, y aunque los aliados pudieron haber tenido buenas razones, incluso muy buenas, para destruir Alemania, mamá odiaba la mala prensa que se le daba a la tierra de sus padres.

«Aquellos nazis no eran verdaderos alemanes», decía en voz baja.

Su padre, Maxmillam Landwehr, había emigrado de Hamburgo, y su madre había sido traída a Norteamérica en el siglo XIX, como muchos otros huérfanos alemanes. De niña, mi abuela tuvo que trabajar en el mercado de pescado de Broadway, cerca del puerto de Baltimore. Allí conoció a Max y poco tiempo después se casaron. Pop, como mi madre solía llamarlo, adoraba los valses de Strauss, el trabajo duro y la buena cerveza rubia. Durante la Gran Guerra, cuando el odio contra los alemanes comenzó a propagarse por los muelles de Baltimore, Max comenzó a beber más. Luego se marchó. Simplemente desapareció, dejando que una familia con seis niños se valiera por sí sola. Para subsistir, mi madre comenzó a vender flores en una esquina cuando todavía era una pequeña niña.

«Pero má..., protesté una vez mientras la ayudaba a armar ramos de flores en la esquina del cementerio Loudon Park, ¿Por qué todavía vendes flores? Nosotros no somos pobres». Era muy chica en ese entonces, pero sabía que era una pregunta tonta. Mi madre y sus hermanas siempre habían vendido flores en esa esquina, tal vez desde que tenían mi edad. Simplemente era lo que las chicas Landwehr hacían desde la partida de su padre.

Mi madre nos contó que habían despedido a Maxmillam de su trabajo por burlarse y arrojar piedras. Ella nunca hablaba mucho de él o de Alemania, de los judíos o de la guerra. Tampoco hablaba mucho de los diez mandamientos.

Mis amigos judíos tenían algo que yo sabía que a mí me faltaba. Cuando Arvin Solomon usaba kipá en clase los días sagrados, y me di cuenta de que nadie se burlaba de él ni de los otros niños judíos. Como consecuencia de tanto horror durante la Segunda Guerra Mundial, de los hechos aberrantes que mostraban en el noticiario de los cines, muchos de nosotros comprendimos que nuestros compañeros judíos habían soportado algo aleccionador. Es más, lo comprendíamos más de lo que la mayoría de los adultos pensaban. Cuando Adolf Einchmann había sido capturado el año anterior, en la primavera del año 1960, todos en la fila para almorzar en la cantina expresaban su alegría. Fue como si hubieran atrapado al diablo mismo y el Señor Jehová Todopoderoso en persona hubiera aplastado con el pie la cabeza de la serpiente. Los niños judíos, sin embargo, tenían un sitio único y especial donde el significado del anuncio era más profundo. Yo envidiaba eso un poco.

Por querer ser tan religiosa como ellos, esperaba con gran expectación a que me llamaran a tomar la Biblia del escritorio de la Sra. Hunt, para pararme erguida y leer con gran énfasis un salmo largo. Pensé que Dios no podría evitar anotarme un punto en mi columna celestial cuando me paré debajo de la bandera norteamericana y leí con voz resonante el Salmo 1. Tenía aseveraciones increíbles como «todo lo que hace, prosperará» o «la senda de los malos perecerá» (RVR60). Era la clase de salmo que hacía hincapié en que Dios prefería a los buenos. Y yo quería fervientemente ser buena.

Las palabras de la Biblia me provocaban y me remordían. Tocaban algo profundo dentro de mí, como el torbellino interior que sentía cada vez que Alan Silverstein leía: «No tendrás dioses ajenos delante de mí» (RVR60). Palabras como esas golpeaban con fuerza mi corazón. No creía que mi preciada colección de caballos de plástico o mi enamoramiento de Michael Coleman fueran adoración de ídolos, pero mi conciencia reconocía una advertencia cuando la escuchaba. Pude haber desconocido lo que era mi conciencia o el papel que jugaba, pero sabía que, como Dios, era algo que existía. Estaba simplemente... allí. No podía ignorarla, como sabía que era imposible no creer que Dios existiera.

Sí, Dios estaba *allí*. La cuestión era ineludible. Continuamente tenía la impresión de que Dios siempre estaba diciendo algo, aunque no con palabras audibles. Era como si hablara en una amplitud de onda diferente, como la frecuencia de ultrasonido. Esto fue especialmente verdad una noche asombrosa cuando Casiopea coronó la luna como una diadema de diamantes. Era tan cierto como las constelaciones, tan cierto como la Osa Mayor señalando a la estrella polar, tan previsible como Orión en verano: un Diseñador tenía que estar allí arriba, armando la coreografía de la danza de las estrellas y los soles. Incluso, escuché algo sobre eso una vez, cuando un niño de la clase leyó el Salmo 19 (RVR60):

> Los cielos cuentan la gloria de Dios,
>   y el firmamento anuncia la obra de sus manos.
> Un día emite palabra a otro día,
>   y una noche a otra noche declara sabiduría.
> no hay lenguaje, ni palabras,
>   ni es oída su voz.

103

Por toda la tierra salió su voz,
y hasta el extremo del mundo sus palabras.

Algo, Alguien estaba definitivamente a la vista en la tierra y en los cielos. Esa impresión se confirmó cuando viajamos con mi clase a la vieja Academia de Ciencias de Maryland, donde vimos una maqueta del sistema solar.

—Aquí están Mercurio, Venus, la Tierra y Marte —explicó el encargado de la muestra señalando con el puntero la maqueta de madera de pequeños planetas girando, que se encontraban en el interior de una vitrina.

—¿Dónde está Júpiter?

—Allá. Al lado de la pared.

—¿Y Saturno?

—Manteniendo la escala, estaría más allá, en la cuadra siguiente —indicó señalando hacia la ventana.

—¡Ohh! —exclamamos al unísono.

El encargado se abocó al plato principal, y anunció:

—Y, teniendo en mente la escala, niños, Plutón, el planeta más lejano, estaría ubicado en Ohio.

Era demasiado para comprender. Yo estaba sin lugar a dudas conectada con los cielos. Y también con la tierra. Todo hablaba de Dios. Como la luna llena del equinoccio de otoño, que cada año, al mismo tiempo, corona el este del horizonte en el momento exacto en que el sol se esconde por el oeste. O como una brisa deja una huella plateada en el reverso de las hojas. O esa chispa especial de vida en los ojos de un caballo. El corazón no puede dejar de reconocer un mensaje insistente: «Estoy aquí... no estás solo... el mundo es aun mas grande de lo que ves». Eran las mismas señales que había percibido en Colorado. Y quizás también como ese extraño encanto que sentía ante esos acordes increíblemente grandes y resonantes en el piano.

Sin embargo, eran más que experiencias. Dios parecía estar susurrando desde detrás de todas ellas. Uno escuchaba su voz al sacar un cangrejo de la playa *Rehobot* cuando la marea se retira y te maravillabas con los caprichosos diseños del caparazón, de las membranas, las uniones y las pequeñas pinzas que se agitaban al sacudirlo. Tomar conciencia de que esta criatura había sido arrastrada a la costa desde las profundidades oceánicas, y allí estaba uno, siendo la única persona del planeta en revelar a la luz del día el vientre de la criatura... se sentía casi como un acto de creación. Me deleitaba al agitar una lata de leche condensada con la que alimentaba a los hambrientos gatos del establo en el rancho Círculo X y me sentía feliz ante sus maullidos de agradecimiento. Saber que podía alegrar a un animal hacía que mi corazón se sintiera maravilloso. Recuerdo a mi madre entregándome una hoja de repollo al lado de la pileta de la cocina. «Mira esos colores tan hermosos», me decía. Esa hoja debió de haber sido enmarcada y colgada en el museo de arte de Baltimore. La miraba de un lado y del otro, admirando sus delicadas venas moradas que se entrelazaban con tonos que iban del verde al azul, y del morado al rosa. Debió de haber sido diseñada por Alguien.

Todo esto, cada salmo y mandamiento, cada malabarismo de las constelaciones y toda la religiosidad de Arvin Solomon, ahora quedaban en segundo plano. Dios estaba a la espera mientras yo permanecía sentada en la iglesia metodista unida de San Lucas.

Ahora no tenía nada que ver con ciencias, nazis o judíos, con la astronomía o el mundo de las artes... Tenía que ver con la carrera de cincuenta metros.

Me acomodé lo mejor que pude en el banco, tratando de tener pensamientos puros y honestos para que Dios me escuchara. Decidí cantar con devoción para preparar el ambiente y entoné con reverencia la doxología:

Al Padre, Hijo, Redentor,
Y Espíritu consolador;
Al Trino Dios en unidad,
Loor eterno tributad.

Sostuve dulcemente y por largo rato el «A-a-a-mén», sabiendo que Dios debió de haberse sentido agradado por mi excelente entonación. Una vez que desapareció el eco, comencé a orar:

«Oh Señor, sé que no hablo contigo muy a menudo, tú sabes, de la manera adecuada y todo eso... y no vengo con frecuencia a pedirte cosas, pero....

Y no vengo con frecuencia, punto, —habló de repente mi conciencia.

»Dios, necesito tu ayuda, por favor, para ganar la carrera de cincuenta metros la próxima semana.

Joni —mi conciencia interrumpió otra vez— *hablar con Dios no es diferente a hablar con tía Kitty. No deberías pedir cosas así, de buenas a primeras.*

»Tú eres grande y poderoso.

Eso está mejor.

»Creo que me has visto practicar todos los días y creo que podrías afirmar que estoy poniendo todo mi esfuerzo. Y, Dios, no es que espere que triunfes por mí o algo parecido...

¿Entonces por qué estás aquí, tonta?

»Bueno, para ser sincera... solo quería preguntarte si serías tan amable de ayudarme a ganar. Prometo contarles a todos que tuviste algo que ver en eso, y hablaré de ti, en verdad lo haré. Prometo que te llevarás todo el mérito.

Me puse la mano sobre el pecho y lo juré por mi vida.

»Te prometo que estarás verdaderamente orgulloso de mí si tú haces que yo gane la competición. Amén».

Comencé a levantarme, pero de repente recordé algo que siempre dicen en la iglesia después de la oración.

«Lo que quise decir es: "En el nombre del Señor Jesús, amén"».

Bueno, hiciste tu mayor esfuerzo. Puedes sentirte orgullosa.

Tomé la bolsa de mis libros y partí de la iglesia satisfecha de haberme asegurado esa parte. Y camino a casa, galopé como de costumbre.

La presión estaba sobre mí, en mí y en Dios. Todos en la primaria de *Woodlawn* sabían que yo era la alumna más rápida de sexto grado, tanto de las mujeres como de los varones. Los niños ya estaban anotando qué niño o niña ganaría cada juego para asegurarse un trofeo de primer puesto para nuestra escuela. No necesitaban deliberar sobre mí. Apostar por mí era apostar sobre seguro.

La última semana previa al viernes en que se realizarían los juegos volví a la iglesia de San Lucas para orar. Luego, el viernes por la mañana, le pedí prestada a Kathy Carski la medalla de San Cristóbal y me la colgué del cuello. Cuando me subí al ómnibus para ir a la escuela primaria de Catonsville, donde se realizarían los juegos, me sentí lo suficientemente religiosa. Había cumplido con todos los requisitos espirituales para una niña de diez años, sin muchas penitencias. La balanza de la justicia estaba a mi favor, pero no me animaba a decirlo en voz alta, ni para mí ni para Dios. Simplemente había colocado mi entrenamiento y todas las visitas a la iglesia del mismo lado de la balanza. Y confiaba en que Dios, siempre justo e imparcial, se quitaría la venda, consideraría mi duro esfuerzo y estaría feliz de torcer el destino a mi favor. Siempre puedes confiar en que Dios ayuda a los que se ayudan a sí mismos.

Cuando llegamos a *Catonsville*, los niños bajaban de a decenas de los ómnibus, gritando y vitoreando mientras agitaban pancartas y bultos. Hacía calor. Miré a mi alrededor, sorprendida por la cantidad de niños y maestros. Pronto comenzaron las distintas actividades de atletismo y esperé lo que me pareció una eternidad a que mencionaran mi nombre y mi número. Por fin, cuando oí la citación, me dirigí hacia la salida.

Podía sentir el calor levantándose de la pista. Miré hacia ambos lados y les sonreí a las otras corredoras de sexto grado. No conocía a ninguna. Chicas altas de piernas largas se aproximaban a la línea de partida muy seguras de sí. Más de un par de ellas eran chicas de color de la escuela de *Catonsville*, que está en las afueras de la ciudad de Baltimore. Usaban pantalones cortos brillantes y zapatillas ostentosas.

El supervisor de la pista nos llamó a la línea. Apreté mi

107

medalla y exhalé una oración rápida: «Dios, aquí estamos».

«En sus marcas...»

Miré hacia la derecha y observé a una de las chicas de Catonsville con una actitud como la de Wilma Rudolph: piernas dobladas, espalda arqueada, hombros en perfecto equilibrio y con los dedos al borde de la línea de partida. Tenía los músculos tensos, listos para la acción. Estaba concentrada por completo en la cinta roja al final de la pista a cincuenta metros de distancia.

«Listos...»

Me agaché y metí la cabeza entre los hombros.

«¡Ya!»

He corrido muchas carreras en mi vida, algunas verdaderas y muchas figurativamente, y a pesar de eso, aún puedo sentir en el pecho la punzada de la derrota y en la boca el sabor de la vergüenza, debidos a esta carrera en particular. Enojada a mitad de la pista, no cerca de la meta, sino a la mitad, luché con todas mis fuerzas para dejar atrás a la tonta niña de la escuela de Pikesville y a la larguirucha huesuda de pantalones holgados.

Nuestra escuela salió tercera. No hablé mucho durante el viaje de regreso.

«Muy mal, cara de caballo», se burló Rocky y me arrojó una bola de papel en la nuca.

Pude haber odiado ese nombre antes, pero ahora hacía que me brotaran lágrimas calientes y un ardiente resentimiento. Unos cuantos niños mostraban sus medallas con orgullo, pero yo solo tenía el sentimiento de que los ojos de todos se clavaban en mi espalda. Cuando llegamos al estacionamiento de la escuela, es probable que la mayoría de los niños de ese ómnibus estuvieran pensando lo que iban a hacer durante el fin de semana. No era mi caso. Sabía exactamente lo que quería hacer tan pronto como me bajara del autobús.

Esperé dando vueltas por ahí hasta que la mayoría de mis amigos se hubo retirado con sus padres. Luego, cuando partió el último automóvil, metí las manos en los bolsillos de mis pantalones cortos, y pateé una piedra todo el tiempo hasta la esquina de la escuela. Permanecí en el cordón de la vereda por un momento, mirando fijamente la iglesia de madera blanca de enfrente.

Algo era diferente. Monumentalmente diferente. No era la ciudad, que seguía pareciendo igual. A un costado de la iglesia estaba el bar de Monaghan y su estacionamiento arbolado. Del otro lado, las vidrieras de la panadería Balhof, la ferretería, la peluquería masculina y el Banco Hipotecario. La calle Mayor todavía tenía sus árboles y aún sentía la feliz seguridad de ser parte de una villa rural que te conoce a ti y a tu familia, como también a los Balhof y sus famosas rosquillas dulces. Sin embargo, algo más grande que todas estas cosas era diferente ahora. Algo acerca de la iglesia había cambiado. Había pensado que se podía confiar en su Inquilino, pero ahora no estaba segura.

No había policías de tránsito para hacer cruzar a los niños, porque era tarde, por eso miré a ambos lados antes de bajarme de la vereda y cruzar la calle rumbo a los escalones de San Lucas. Esta vez, al entrar, no fui directo al frente. No hice la genuflexión ni me persigné. Solo me senté en el fondo, en el último banco, por un largo rato hasta que se apagó el fuego de mis mejillas.

Los últimos rayos de sol se colaban a través de los vitrales de las ventanas, alumbrando pequeñas partículas de polvo en suspensión. El lugar estaba en silencio, la clase de silencio que te hace querer pensar. Un perro ladró afuera y escuché voces que provenían del sótano de la iglesia. Eso me hizo recordar que conocía bien esta iglesia por haber asistido al jardín de infantes allí. En ese lugar había conocido a Kathy Carski y a Michael Coleman. Habíamos jugado a los marines en esa habitación, apilando grandes bloques de madera como una torre de artillería para mantener a los coreanos en la bahía. Rocky era genial en el papel del General Eisenhower, aunque siempre se le mezclaban las guerras.

El recuerdo de Rocky me trajo de vuelta al motivo que me había llevado allí. Detestaba que me llamara cara de caballo. Odiaba que con mi galope como caballo no hubiese logrado nada, absolutamente nada, excepto sentirme una tonta. Y sobre todo, odiaba haber defraudado a mis compañeros. Ya no

109

era «la mejor». Estaba segura de que papá esperaba que hubiese ganado. ¿Cómo lo miraría a la cara cuando regresara a casa? Tenía miedo de que se desilusionara de su compañera.

Sin embargo, lo que más me dolía era, sencillamente, mi humillante y resonante derrota. Hizo que me desilusionara de Dios.

Se suponía que el Dios que habitaba en esa iglesia era el mismo Dios que conocí en la playa de Delaware y a lo largo de los senderos por donde cabalgaba cerca del río Patapsco. El Dios que me era familiar era aquel a quien yo le había cantado villancicos montada a caballo y el que mencionaba en los himnos de la iglesia. Él era el que despejó las crestas de las nubes en el Monte Pikes. Él era libre e indomable y hablaba a través de los ojos de los caballos y bailaba entre las luciérnagas, y hacía eco junto a los sinsontes en el bosque. Él era el Dios que invitaba a las gaviotas a jugar con el viento y pintaba espléndidos atardeceres sobre la bahía de Chesapeake, que se deleitaba al observar desde el cielo a los niños jugando en los charcos intermareales y atrapando cangrejos. El Dios que yo conocí se regocijaba al entretenerme con su sorprendente creación y era totalmente amistoso. Seguramente había notado mi esfuerzo. Seguramente se había dado cuenta de lo que esta carrera significaba para mí. Mi petición era tan pequeña... no muy exigente. ¿Por qué no levantó su meñique para impulsarme y hacerme alcanzar la meta antes que los otros?

Miré hacia arriba a los tirantes y vi unas telarañas y un extraño pensamiento cruzó por mi mente: *Me pregunto cuándo fue la última vez que alguien limpió allí arriba.* Parecía irónico que la casa de Dios juntara polvillo. Quería decirle algo para lastimarlo o herirlo, pero no pude. No podía lograr despreciarlo. Por eso, pensé que la mejor táctica era permanecer con la cara larga, en silencio. Así esperé unos cuantos minutos y luego me levanté para partir. Decidí que la iglesia de madera blanca lo había dominado demasiado a Dios.

Se estaba haciendo tarde y temía que mamá nos estuviera llamando a cenar. Corrí a casa, dejando atrás a la iglesia. También dejé atrás algo de mi niñez.

El
DIOS
QUE YO AMO

Segunda Parte

CAPÍTULO OCHO

Oiréis de guerras y de rumores de guerras, pero
procuren no alarmarse. Es necesario que eso
suceda, pero no será todavía el fin.

Mateo 24:6

E l 22 de octubre del año 1962, el presidente Kennedy llenó las pantallas de nuestros televisores y declaró: «No deseamos entrar en guerra con la Unión Soviética, porque somos un pueblo pacífico que desea vivir en paz junto a todos los otros pueblos. ... El costo de la libertad siempre es alto, pero los norteamericanos siempre lo han pagado. Hay un camino que nunca elegiremos, y ese es el camino de la rendición o la sumisión».

Yo era una de las tantas niñas de trece años que, sentada en el piso y abrazada a mis rodillas, me acurrucaba con mi familia frente al televisor. La NBC [Compañía Nacional de Difusión] había cambiado de una propaganda a un informe especial del presidente Kennedy que anunciaba la detección de sitios con misiles soviéticos en Cuba. El presidente dejó bien en claro que cualquier ataque con misiles desde Cuba detonaría un ataque masivo de Norteamérica hacia la Unión Soviética.

¿Cómo podía entender una niña de octavo año la terrorífica posibilidad de que la guerra nuclear era inminente? En el Atlántico, los barcos soviéticos que probablemente transportaban más misiles se dirigían hacia Cuba, mientras la armada de los Estados Unidos montaba un bloqueo. En Florida, aproximadamente 200.000 soldados se hallaban concentrados en la mayor fuerza de invasión nunca antes convocada en los Estados Unidos.

Mi mundo podía desintegrarse en una billonésima de segundo. En tan solo doce minutos podía caer una bomba nuclear en

113

nuestro país. Sin embargo, era difícil que comprendiéramos este terrible hecho cuando después de que el presidente Kennedy salió del aire apareció una publicidad que sugería «Te preguntarás que ocurrió con el sarro cuando te cepilles los dientes con Pepsodent».

Todo estaba cambiando. Todo estaba en desorden. La gente de todo el país oraba por este enfrentamiento entre los Estados Unidos y Rusia. En las iglesias había reuniones a mitad de semana. Hasta las campanas de San Lucas sonaban en momentos extraños, convocando a una reunión de oración. ¿Podía influir realmente Dios en un grupo de ateos del otro lado de la tierra?

Era como un juego de ajedrez gigante. Yo había aprendido este juego durante un viaje que hicimos con la escuela en tren a la ciudad de Nueva York, y me impresionó ver que los chicos más grandes podían anticipar los tres movimientos siguientes. Sentía que eso era lo que los soviéticos estaban haciendo, sentados frente a nosotros, los norteamericanos, y siempre anticipando los tres movimientos siguientes. ¿Podían hacerles realmente *jaque mate* la verdad y el derecho? ¿Estaba Dios escuchando las oraciones de la gente? ¿Podría evitar lo inevitable?

A veces me atrevía a formular una pregunta por demás evidente: ¿Y si fuera Dios el que jugaba al ajedrez, y nosotros, junto a los soviéticos fuéramos los peones?

De parte de mis padres recibí la impresión de que no se suponía que los chicos de trece años se interesaran por las tensiones de la Guerra Fría o por el muro de Berlín. Cuando papá y mamá no estaban escuchando los noticiarios, trataban de minimizar la crisis. Sin embargo, yo no tenía dudas de que la partida de ajedrez entre soviéticos, norteamericanos y cubanos era lo que causaba nerviosismo y tensas bromas en los pasillos de la preparatoria de *Woodlawn*. Además, mis amigos del curso no parecían muy preocupados por la posibilidad de una guerra nuclear. Parecían más preocupados por aprender la letra de «*The Loco-Motion*» o «*Monster Mash*» y bailar en medias que sobre la crisis de los misiles cubanos.

¿Se habían olvidado mis compañeros de aquellos días de la

primaria en que debíamos hacer los ejercicios de «agacharse y cubrirse»? ¿Se habían olvidado del temor al escuchar la sirena de los bomberos de *Woodlawn*, que indicaba que todos debían dejar de hacer lo que estaban haciendo, meterse debajo de sus escritorios y cubrirse la cabeza con las manos? «¿No creerás que los rusos van a tirar una bomba de verdad?», me reprendió una vez un niño, mientras salíamos de debajo de los escritorios y nos sacudíamos las rodillas. Tal vez era solo esa horrible sirena. Sonaba como las sirenas europeas, las verdaderas que escuchabas en el noticioso de los cines. Y la escuela primaria de *Woodlawn* estaba a solo una cuadra del Cuartel de bomberos, por lo que el ulular estruendo de la sirena te hacía temblar todos los huesos. El terror era real.

No obstante, eso era en la escuela primaria; ahora estábamos en la preparatoria. Y teníamos una crisis totalmente nueva, con misiles reales a solo ciento cincuenta Kilómetros de distancia, en Cuba; misiles que apuntaban directamente a nosotros. Yo no sabía qué pensar o a quién creer. ¿De verdad que había alguien con un dedo puesto sobre el botón rojo lanza misiles? ¿Tendríamos que cancelar el baile en medias del viernes por la noche? ¿Era todo esto una maniobra política o solo algo para llenar el espacio entre los anuncios publicitarios?

Dios parecía ser el único que sabía algo. Bueno, Dios y el Sr. Lee.

El Sr. Lee era nuestro profesor de octavo grado, que dictaba una clase de tres horas que agrupaba lengua y literatura inglesa y ciencias sociales. Los sucesos de la actualidad atraían su interés, e hizo todo un tema con el discurso del presidente Kennedy. Entraba en el aula cada mañana con los últimos titulares en la mano y nos instruía sobre Castro y Batista, la CIA y la bahía de Cochinos. Yo me apoyaba en los codos, cautivada por cada una de sus palabras y fascinada con cada detalle. Recordaba las fechas y los personajes con rapidez por lo que levantaba la mano como un tiro para ser la primera con las respuestas correctas. No estaba tan conmovida por los eventos actuales, en medio de toda esta locura de

115

los misiles, como tan fascinada por el Sr. Lee. Por él estuve en la lista de honor los dos semestres de octavo grado.

Mis excelentes notas ciertamente no eran porque me comía con los ojos al Sr. Lee desde la tercera fila. No obstante, mi éxito escolar era unilateral, motivado meramente por la pasión de agradar a mi maestro. A los trece años estaba en pleno descubrimiento de que nada agita más el alma que el amor. No interesa si es amor adolescente o amor verdadero, el caso es que es muy poderoso. Nada te acelera tanto, ni alarga más tu capacidad de atención ni te hace apagar con rapidez la alarma del reloj por la mañana como lo hace el amor.

Mis padres se impresionaban al verme subir a toda velocidad las escaleras inmediatamente después de cenar para devorar los libros. «¡Señor, qué cambio! Ese maestro tuyo... ¿Dijiste que se llama Lee?, debe ser bastante interesante», comentaron con asombro. Me tomaba del pasamanos, me apoyaba sobre un pie, sonreía y decía con modestia: «Sí, lo es»; y luego me confinaba en mi habitación a estudiar.

Mi dormitorio fue otra de las cosas que cambiaron. Ya no compartía la habitación con Kathy. Linda, que compartía con Jay el dormitorio ubicado al final de la casa, se había casado poco tiempo después de finalizar la escuela secundaria. Ella y su esposo ahora vivían en el rancho Círculo X. Y eso significaba que la mitad de una hermosa cama grande estaba disponible en su antigua habitación. También un gran ropero. Y un bello balcón tan cerca de los robles del jardín del frente de la casa que prácticamente podías estirarte y tocar una rama. Uno podía sentarse en el balcón por la noche, escuchar los grillos, contar las luciérnagas, percibir el murmullo de las hojas tan cercanas y rasguear la guitarra a gusto. Incluso se podían detectar los autos que se aproximaban por la calle Poplar; un detalle que sería útil más adelante, en la escuela secundaria, cuando comencé a salir con chicos.

Cuando Jay me preguntó si quería dejar la habitación de Kathy y compartir la de ella, le dije que sí de inmediato ante tal oportunidad, ¿quién no querría esa habitación tan grande y bella? Además, ¿cómo podía decirle que no a la hermana que me dejaba cambiar las marchas de su Buick Skylark desde el asiento del copiloto, a la que tocaba el piano conmigo y me llamaba «Jonathan Grundy»? Esta era mi gran oportunidad de estrechar los lazos que me unían a Jay, mi «nueva» hermana mayor.

El cambio ocurrió una tarde cuando Kathy me vio arrastrando perchas con ropa hacia el dormitorio de Jay.

—¿Qué estás haciendo? —me preguntó.

—Me estoy mudando —le respondí. Kathy se quedó en silencio.

—¿Por qué? —preguntó finalmente.

No me detuve a pensar en los lazos que me habían unido a ella durante tantos años. Los tantos alegres tiroteos de cowboys que disfrutamos alrededor de la mesa de ping-pong en el sótano. Los sábados por la mañana cuando nos decíamos «salud», bebíamos la crema de las botellas de leche y mirábamos programas de caballos en la TV. O los sábados por la tarde cuando atábamos nuestros caballos a un árbol a la orilla del río Patapsco, para arremangarnos los jeans y caminar con dificultad por el agua para atrapar cangrejitos de río. No pensé en las reuniones del Club CP en el granero, cuando escribíamos cartas a los protagonistas de *Wagon Train* [Caravana]. No me detuve a considerar, o a dar las gracias, por aquellas noches solitarias en que Kathy me sostenía la mano debajo de las mantas. O las veces que corrimos carreras de obstáculos descalzas, saltando por encima de cada pared de piedra, subiendo y bajando cada uno de los escalones de alrededor de nuestra casa. O cuando arrastrábamos grandes trozos de leña hasta nuestras carpas para las fogatas en la playa *Rehoboth*. O en especial cuando nos abrazábamos y andábamos juntas las veces que nuestras hermanas nos hacían a un lado porque Linda y Jay pensaban que éramos muy pequeñas. No pensé en nada de esto.

Con una pila de ropa en los brazos, respondí al «por qué» de Kathy encogiéndome de hombros. Luego me di vuelta y la dejé sola con Jack y el tallo de la habichuela, el Flautista de Hamelín y los ángeles en la pared inclinada. Ahora era la compañera de cuarto de Jay.

El dormitorio de Jay (debería decir mi nuevo dormitorio) era apropiado para una chica de trece años. La habitación estaba lejos de la de mis padres y de la de Kathy. Tenía su propia escalera privada con puerta, cerradura y llave. El cuarto era luminoso y ventilado, lleno de ventanas, y las paredes estaban empapeladas con rosas grandes en vez de dibujos tontos de cuentos de hadas. La puerta daba hacia el gran balcón techado, que tenía el largo de la habitación. Por eso, cualquiera que fuese la ventana que uno abriera, podía asomarse y toparse con una ardilla o tal vez al estirarse un poco más, casi tocar el nido de un pájaro.

Tenía mi propio escritorio, con un lugar para libros y una pared inclinada donde colgar banderines de *Poly o de Mont St. Joe*, las dos escuelas archirivales de la ciudad. Podía dejar la puerta del baño abierta y que el vapor saliera, sin preocuparme de no arruinar los muebles de nadie. Podía colgar mis certificados de la sociedad de honor y escuchar a mi antojo a Peter, Paul and Mary. Me encantaba mi dormitorio. Era fácil estudiar allí por las tardes, y era sencillo soñar por la noche.

A veces mis estudios y mis sueños se superponían. Cuando el Sr. Lee nos dio una clase sobre poesía norteamericana, todos tuvimos de tarea escoger un poema de Edgar Allen Poe, memorizarlo y estar preparados para recitarlo frente a la clase. Varios compañeros y yo elegimos *El cuervo*. El lunes por la mañana observé la manera en que la mayoría de los chicos caminaban duros hasta el frente, se paraban torpemente detrás del atril y tartamudeaban sus poesías. Observé al Sr. Lee, que estaba en la parte posterior del aula con la libreta de calificaciones. *Necesito hacerlo mejor que esto* —pensé, sabiendo que mi turno era al día siguiente.

Tuve una idea. Aquella noche revolví el ropero de mi madre y descubrí unos trozos de tela negra. Busqué una vieja vela chorreada y un candelabro. Metí la tela y la vela en un bolso y me preparé para ir a dormir, ensayando «El cuervo» verso tras verso hasta que me salió bien.

118 Al día siguiente, el segundo grupo de estudiantes esperaba su turno. Después de la tercera o cuarta poesía todos se

empezaron a aburrir. Casi al final, el Sr. Lee me nombró y yo fui hasta el guardarropas para sacar mi bolso. Luego, en silencio, me dirigí hacia el costado del aula y comencé a cerrar las persianas. Finalmente, coloqué la vela con cuidado sobre el atril, la encendí y apagué las luces del aula.

Un par de chicos silbaron y aplaudieron un poco. Sabían que se venía algo divertido.

Luego, me coloqué la tela negra sobre la cabeza y la enganché debajo del mentón.

«¡Miren, es la hechicera de la medianoche!», gritó Arvin Solomon.

Coloqué el rostro lo más cerca de la vela que pude, sabiendo que su brillo proyectaría sombras macabras debajo de mis ojos, nariz y boca.

«¡Es una bruja!»

Sonreí y asentí. Eso promovió más aplausos. El Sr. Lee se acomodó los anteojos y se inclinó hacia adelante con el cuaderno de calificaciones en la mano.

Con la mano sobre la frente, y simulando ser Scarlett O'Hara, demostré mis habilidades de actuación. Procedí a descargar todo el dramatismo que pude en mi lectura.

> *Una vez, al filo de una lúgubre media noche,*
> *mientras débil y cansado, en tristes reflexiones embebido,*
> *inclinado sobre un viejo y raro libro de olvidada ciencia,*
> *cabeceando, casi dormido, oyóse de súbito un leve golpe*

En ese momento, golpeé el atril, hice un gesto con las manos sobre las orejas y les recalqué: «¡Escuchen con atención!» y continué:

> *como si suavemente tocaran, tocaran a la puerta de mi cuarto.*
> *«Es, dije musitando, un visitante tocando quedo a la puerta de mi cuarto.*
> *Eso es todo, y nada más».*

En el quinto verso, me di cuenta que me parecía bastante a Vincent Price. Me encorvé sobre el atril y continué con el resto del poema, levantando la voz en el último verso, cambiando de Vincent a Boris Karloff:

Y *el Cuervo nunca emprendió el vuelo. Aún sigue posado, aún sigue posado en el pálido busto de Palas en el dintel de la puerta de mi cuarto.*

Y sus ojos tienen la apariencia de los de un demonio que está soñando.

Y la luz de la lámpara que sobre él se derrama tiende en el suelo su sombra.

Y mi alma, del fondo de esa sombra que flota sobre el suelo, no podrá liberarse. ¡Nunca más!

Arvin Solomon aplaudió de pie. Mis amigos gritaban: «¡Bravo! ¡Otra!», como Marcello Mastroianni, así que yo me quité la capa negra y se la arrojé a mis admiradores en el aula. Luego soplé la vela como Lauren Bacall en «Key Largo».

Mi calificación fue A++.

El Sr. Lee insistió en que al día siguiente repitiera mi poema para el resto de los maestros de inglés de la escuela. Después, cuando uno de ellos sugirió que me dieran un papel en la siguiente interpretación de Macbeth, me sentí conmovida. Sin embargo, me deshinché cuando me dieron mi «gran libreto»: yo sería una de las tres brujas. No obstante, nunca nadie recitó: «Dobla, dobla, la zozobra; arde, fuego; hierve, olla», con tanto sentimiento.

En todos los ámbitos la vida parecía grandiosa. Como cuando tocaba el piano en una banda, cuando pintaba láminas para la clase de arte, cuando remataba pelotas de balón bolea en gimnasia o como cuando fácilmente obtenía créditos con actividades extraescolares. Parecía estar manejando bastante bien los cambios de la vida y los desafíos. Me saludaban en los pasillos y tenía con quien sentarme en la cantina. Hacía mi tarea, realizaba trabajos extras y les agradaba a los maestros.

¿Pero por qué la preparatoria me hizo sentir tan vacía?

Las buenas notas y la popularidad mediocre no llenaban el vacío. Tampoco lo hacían las obras de teatro en la escuela y los shows de talento, las prácticas con la banda y los ensayos del coro. En cambio, las emociones amargas y crueles competían con mi paz interior, y mi mal humor me hacía estallar en lágrimas sin motivo alguno. A veces me reunía con mis amigas a vagar fuera del aula antes de que tocara el timbre de entrada, y de repente pensaba: *¿Dónde está el sentido de todo esto? ¿Acaso el verdadero sentido de todo está en otro lado? ¿Está al final del pasillo o frente al aula de otro? Sé que no lo está. El centro no está allí y seguramente aquí tampoco.*

Traté de eliminar de mi mente esos pensamientos para poder escuchar la conversación de una amiga sobre qué canción de los Beach Boy sería la número uno esta semana. Sin embargo, con los ojos recorría el pasillo de arriba abajo, como si buscara encontrarse con alguien más interesante. *¿Por qué sentía que todo era tan hueco? ¿Por qué estaba parada ahí hablando sobre el DJ que más me gustaba? ¿Por qué sonaba tan… vacía?*

En lo profundo de mi ser, sabía que las apuestas en la vida estaban subiendo. Me sentí de la misma forma que cuando finalizó la crisis de los misiles cubanos: Khrushchev había ofrecido retirar los misiles a cambio de la garantía de Norteamérica de no invadir Cuba… pero eso solo significaba que la Guerra Fría se había calentado un poco… de 85ºC a 75ºC. Un mundo sin aliento volvía a respirar nuevamente, pero su tensión arterial todavía era alta. Las cosas habían cambiado en las aguas de Cuba, pero el mundo todavía no estaba a salvo. La vida aún estaba débil. Los movimientos en la partida de ajedrez ocurrían demasiado rápido, y no había manera alguna de que una adolescente pudiera estar al tanto.

Ni siquiera mis sentimientos hacia el Sr. Lee podían aquietar mi revolución interior cuando el autobús me dejaba en casa. ¿Por qué me sentaba en el balcón de mi dormitorio por las noches, y tocaba la guitarra con melancolía: «Michael, rema con tu bote hacia la costa» y cantaba como si mi corazón estuviera por quebrarse? ¿Por qué sentía que eso no le ocurría a Arvin Solomon? ¿Por qué me daba la impresión

de que Kathy Carski me llevaba años luz de distancia en cuanto a los encantos sociales y la búsqueda del verdadero significado de la vida?

Una prueba de eso ocurrió en el año 1961. La Sra. Carski nos había llevado de compras al nuevo centro comercial de Mondawmin para comprar blusas de ángeles. Era la blusa que tenían todas las chicas en aquel tiempo, con mangas delicadas y corte princesa que te hacía lucir como embarazada. Kathy y yo encontramos nuestras tallas y fuimos al probador, donde nos quitamos la ropa. Con mi blusa a medio sacar, me di la vuelta para decirle algo a Kathy pero me quedé helada a la mitad de la frase... ¡Kathy usaba sostén!

No tenía idea de que mi amiga lo usara. Yo no sabía qué hacer, pero debía tomar alguna medida, así es que continué desvistiéndome, mostrando mi camiseta.

Kathy me vio de cuerpo entero en el espejo.

—¡Ay, Joni, en verdad necesitas un sujetador! —dijo ella con cierto tono de superioridad.

—Ehhh... ¡bueno!, me lo dejé en casa —mentí.

—¿En serio? ¿Qué talla usas?

No tenía ni la menor idea de las tallas de los sostenes.

—No lo recuerdo —mentí otra vez.

—Bueno, tú sabes que si no llevas puesto el sostén, probablemente deberías comprar una blusa de una talla más grande.

Ahí estaba... eso era: ese comentario. Por eso yo consideraba que Kathy Carski estaba a años luz en cuanto a comprender el significado de la vida. Hablaba con tanta autoridad, no solo acerca de sus blusas y de su cuerpo sino ¡también sobre el mío! Desbordaba confianza. Ella arreglaba sus uñas y sabía que un día sería profesora de piano o de ballet. Cuando estábamos en sexto grado, fue ella y no yo la que asistió a la clase de higiene y puericultura donde les mostraron *La película*.

Mis padres creían que yo era demasiado chica para ver *La película*. Además, no creían que fuese responsabilidad de la escuela la educación sobre higiene personal de los adolescentes.

Ese tema estaba reservado para tratarlo en familia. El único problema era que en casa nunca hablábamos oficialmente de eso, ni de educación sexual ni de sostenes... Mis padres probablemente creían que la información sobre educación sexual se filtraría hacia mí a través de mis hermanas mayores como en *Maxwell House coffee*. Quizás pensaban que sabía suficiente por ver a los caballos y a los perros en la granja. Sea cual fuese la razón de la disconformidad de mis padres, ellos no firmaron mi autorización para ver *La película*. Y así, mientras Kathy Carski y las otras chicas de mi grado alcanzaban nuevos niveles de madurez y del significado de la vida en la sala de proyección, aprendiendo sobre la menstruación y el cuerpo de los varones yo permanecía sentada con dos o tres chicas en el aula, leyendo *Smokey, the Cowhorse* [Smokey, el caballo vaquero].

Para una machona como yo, perderme tal experiencia me llevó a un inevitable choque con mis hormonas de adolescente. Estaba a punto de tener una ruptura con los cambios en la vida. De repente, no supe qué hacer con mi cabello rubio pálido que ahora se había vuelto color ratón, o con las dos colitas que se veían un poco infantiles, pecas que se transformaban en granitos y una boca con dientes que necesitaban aparatos. Ya no me sentía cómoda con mis viejas zapatillas negras *Jack Purcell*, como tampoco depilándome las cejas. Alguno de los viejos vestidos que todavía usaba (los de una sola pieza con botones en la espalda) me comenzaban a ajustar demasiado a la altura del pecho y no podía, por mi vida, lograr que los ganchitos de la liga aseguraran mis medias de nylon. ¿Debía depilarme las piernas como las demás? ¿Y las axilas? ¿Tenía que usar desodorante? No podía seguirle el ritmo a los cambios de mi cuerpo.

Y no era solo cuestión de hormonas. Era la vida en general. Todo lo que atesoraba de repente comenzó a cambiar: los rodeos de fin de semana, compartir mi gaseosa con mi caballo (Pero... ¿en verdad hacías eso? —me cuestionó un amigo cierta vez), planificar obras en el Club CP... todo. Los comentarios de mis antiguos compañeros de la primaria no me ayudaban: «¿Recuerdan cuando la Earekson trajo una alfombra de oso vieja, fea y grande para una clase de "mostrar y contar"?» o «Sí... ¿y ese pino flacucho que trajo para la obra de teatro de Navidad?» Ese último comentario me dolió de veras. Recordaba aquel pino: Estaba tan solo en cuarto grado en ese entonces, pero ensillé mi caballo un día de invierno, cabalgué hasta una pequeña plantación de pinos en el límite de nuestra granja y lo corté yo misma con un hacha. Até mi lazo alrededor del tronco y lo arrastré hasta la casa.

Esos días habían cambiado para siempre. En un momento añoré esos días antiguos en que mi hermana y yo clavábamos pequeños trozos de madera para hacer botes, los poníamos a navegar en el arroyo y corríamos por la orilla viendo cómo se bamboleaban en la corriente, para ver qué tan lejos llegaban antes de chocar contra una piedra y hundirse. Sin embargo, de inmediato me sentía indignada por esos mismos días, por la forma en que me engañaron y me hicieron creer que la vida podía realmente ser tan simple. Construir y hacer navegar botes de troncos parecía estar fuera de época. Al menos para chicas que usaban sostén.

No me sorprendía no encajar en la preparatoria. Mientras con desesperación guardaba las apariencias, siendo voluntaria como solista en el coro, o constantemente queriendo impresionar al Sr. Lee con mi comprensión del «tratado de pruebas nucleares limitadas», en mi corazón me escapaba al balcón de mi dormitorio. Joan Baez y Mary Travers se convirtieron en mis heroínas. Rasgaba mi guitarra y cantaba cada melancólica canción de sus discos, y así encontraba palabras para mi gran pena.

Agacha tu cabeza, Tom Dooley, porque la fruta de tu pobre limonero es imposible de comer y, además, ¿dónde se *han* ido todas las flores? Si tan solo tuviera un martillo y la vida dejara de cambiar. Si tan solo la vida no fuera tan impersonal y mecánica, si el álgebra no fuera tan difícil, si mi amiga dejara de mirar el pasillo de arriba a abajo buscando otra amiga mejor. Si tan solo el Sr. Lee no estuviera casado y yo no me sintiera tan sola y vacía, y Dios fuera... bueno, como solía ser.

En clase de lengua aprendí que «Estos son los momentos que ponen a prueba el alma de los hombres» y lo escribí en la tapa de mi carpeta. Detestaba la preparatoria. Si no estaba aislada en el balcón con un cuaderno de bocetos, encontraba refugio en mi piano. Hacía mucho que me había graduado con el viejo piano vertical del sótano y ahora tocaba con orgullo uno negro que mis padres habían comprado en la Compañía de Pianos Carski. Casi no podía creer que este glorioso instrumento, ubicado en un rincón de nuestra sala, sobre una alfombra de tigre de bengala, fuese mío. Cuando tocaba sus teclas, el sonido llenaba la espaciosa habitación y retumbaba en el techo abovedado.

Los sábados y domingos por la tarde, a finales de la primavera o a principios del otoño, abría las grandes ventanas de la sala y dejaba que la brisa transportara la melodía del piano de un lado a otro de la calle. Mientras estaba sentada y tocaba, recordaba cada reprimenda artística de la Srta. Merson. Me encontraba meciéndome y entregándome a las notas y acordes, incrementando y retardando con gracia cada nota en cada tono. La música ponía una atmósfera que, por un instante al menos, me permitía liberarme de las cosas que me rodeaban. Igual que con mi guitarra en el balcón, yo me adaptaba al piano.

Cuando tocaba, deseaba en lo profundo de mi corazón que mi padre, que trabajaba mucho en su estudio, me escuchara. *¿Oh, papá, estás escuchando? ¿Dejarías por favor el trabajo de tu escritorio y me ayudarías a encontrar el centro? ¡Ven a escucharme tocar mi piano!*

Con su estudio justo al otro lado del pasillo, sé que podía escucharme. Y qué infinita alegría cuando ocasionalmente dejaba su escritorio, o uno de sus cuadros y caminaba hacia la puerta de la sala. Cuando se apoyaba contra el marco de la puerta y me observaba tocar, yo sentía sus ojos en mi espalda. Y percibía su sonrisa. Después de un rato, entraba en la sala y se sentaba en un sillón cómodo al lado del piano. De reojo veía que echaba la cabeza hacia atrás con los ojos cerrados. Él había notado uno de mis arreglos caseros, sentía que lo llamaba y lo invitaba a escuchar. Y había pensado que mi interpretación era digna de interrumpir su trabajo o su pasatiempo preferido. A menudo preguntaba: «¿Te importa si escucho?», en un tono respetuoso.

Papá siempre había prestado atención a sus niñas, pero ahora que estábamos creciendo, no estoy segura de que supiera qué hacer con nosotras. Ya no éramos simplemente sus «compañeras», como solía llamarnos. Ya no lo ayudábamos a mezclar cemento en la granja, y habíamos dejado de picotear comida de su plato. Jay, Kathy y yo habíamos guardado nuestros rifles de aire comprimido. También nuestros revólveres a cebitas de Roy Rogers. Habíamos pasado de ser jinetes al estilo *Western*, como los vaqueros, a cabalgar al estilo inglés.

Estoy segura de que mi padre ansiaba que todavía quisiéramos escuchar un cuento antes de dormir, que quisiéramos atrapar ranas junto al enfriadero. Y sin embargo, quizás no sabía qué esperar. Mi padre debe de haber estado tomando conciencia de lo mismo que yo comenzaba a enfrentar: que no podíamos seguir siendo niñitas para siempre.

Tenía tantos deseos de ayudarlo y aliviarlo durante la transición... La transición de vernos crecer. Si no podía manejar mis propios cambios, tal vez, podría al menos ayudarlo a él.

Así es que hice lo que mejor sabía hacer: tocar el piano. Aquí nada había cambiado. Yo encajaba con las teclas. Y papá encajaba allí, escuchando. Al piano me sentía segura; tanto como Kathy Carski, o quizás más. Y no encontraba mayor placer, ni en clase ni en la cancha de balón bolea, que tocar un concierto privado para mi padre. Tal vez no era su compañera, pero seguía siendo su hija más pequeña, a quien él amaba. Él comprobó eso al entrar en mi terreno, en el de mi música.

Esos momentos eran atemporales. Cuando ocurrían, la conmoción por los cambios de la preparatoria cedía y fluía la calma. No había una descontrolada guerra fría dentro de mi corazón, una terrible partida de ajedrez contra un enemigo preparado para capturar mi rey. Quizás aquí, ejecutando a Aaron Copeland o a Chopin en esta hermosa y vieja sala, llena de tantos recuerdos, con mi padre a mi lado, él todavía seguía siendo el rey y yo la princesa. Tal vez eso me ayudaría a encontrar el verdadero centro.

CAPÍTULO NUEVE

El corazón del hombre traza su rumbo, pero sus
pasos los dirige el Señor.

Proverbios 16:9

¿Cómo podría aprender a ser una dama si no podía dejar mis botas... mis gastadas botas de vaquero con suela de ante, cosidas a mano y con la parte de arriba de cuero teñido que quedaban tan bien con mis Levis?

Había usado esas botas por años. Sin embargo, para citar a Bob Dylan, las épocas estaban cambiando. No solo necesitaba talles más grandes de vestidos y de jeans, sino que también cambió de la noche a la mañana el número de las botas que usaba. Si iba a cambiar junto con mi cuerpo, y estaba lista para comenzar a usar sostén, tal vez sería mejor que también cambiase mi par de botas Tony Lamas.

Hice lo que una dama: dejé atrás mis botas de vaquero y compré un par de botas de montar negras inglesas. Luego busqué lo demás: un par de pantalones de montar, una camisa de cuello alto almidonada, una chaqueta de montar de lana, una gorra de terciopelo negra y una fusta. Parada frente al espejo con mi espléndida ropa de montar, con el cabello recogido en un rodete y con la gorra en la mano, lucía como salida de un cuadro del siglo XIX. Me veía casi... hermosa.

Papá también pensó que lucía bastante especial. Tanto que por un trueque que le hiciera a un amigo suyo, consiguió una silla de montar inglesa usada, le reparó las correas de cuero y me la entregó el otoño del año 1962. De inmediato ensillé a *Tumbleweed*, la yegua que siempre había montado al estilo Western, y comencé a probarla sobre algunas verjas bajas en el parque.

—Se la ve bastante bien saltando esas verjas —dijo papá desde la puerta donde estaba apoyado—. Tiene buena forma, un andar tranquilo, buenos hábitos, mantiene la cabeza gacha.

—Sí, es muy instintiva —le contesté.

—¡Tú también!

Después de varios saltos la llevé hasta donde estaba mi padre. Aflojé las riendas y palmeé el cuello de *Tumbleweed*, que estaba empapado de sudor.

—No creo que debamos elevarle las vallas —observé—. Ella apenas supera los catorce palmos. Creo que su límite de altura de valla es de un metro.

Papá no contestó, pero yo podía percibir que una idea comenzaba a rondarle la cabeza. Varios días después fuimos a un remate de caballos en Maryland. Una granja de cría de caballos de pura sangre, cercana a la nuestra, hacía un remate de liquidación y papá pensó que podríamos elegir un buen caballo a un precio justo.

Antes de comenzar el remate, caminamos por los sucios pasillos detrás de la arena para mirar los caballos. El aire estaba impregnado de polvillo de heno. Los hombres ladraban órdenes en el establo. Los caballos, atemorizados por el fuerte y extraño bullicio del ambiente, se la pasaban relinchando con irritación. Vimos muchos caballos finos de pura sangre, pero estaban por encima del precio que podíamos pagar. Otros, flacos y cansados, que nos miraban por detrás de la puerta de sus compartimentos, lucían abandonados y sin esperanzas. No podía soportarlo... algunos tenían cicatrices en el lomo, lo que me hizo recordar a *Black Beauty* y a *Ginger*. Me di cuenta de que esos eran los caballos que probablemente estaban marcados para ser carneados para alimentar a perros. Había pasillos llenos de ellos.

Casi al mediodía, luego del desfile de los mejores caballos castrados y las yeguas, trajeron un pura sangre alto y flaco. Era de color avellana, con una franja blanca que le recorría la larga cabeza. No tenía nada de atractivo, y mi corazón dio un brinco cuando escuché la oferta inicial: era baja y eso significaba que los habilidosos y los carniceros tenían buenas oportunidades con él.

Luego un mozo de cuadra comenzó a entrenarlo para hacerlo entrar en calor y saltar una valla. Ahí es cuando yo me puse de pie. El caballo empezó a pavonearse. Paró las orejas. Parecía ansioso de mostrar sus habilidades. El mozo lo condujo hacia la valla que había en el centro del ruedo, y el animal de patas largas la saltó con facilidad y gracia.

«Eso fue 1,20 metros», le dije a papá, sorprendida.

«Este caballo fácilmente podría saltar 1,50 metros»

Durante el receso tuvimos oportunidad de examinar el caballo de color avellana. Recorrimos sus patas con las manos y controlamos sus pezuñas y dientes. Estaba bien en general. Luego, calculando mis ahorros ganados como niñera más lo que tenía en mi cuenta bancaria, papá y yo decidimos cuál sería nuestra oferta. Ofreceríamos esa cantidad y no más.

Al final no tuve que preocuparme. Casi nadie quería ese caballo feo de cabeza larga.

Lo bauticé como San Agustín, por un libro que leí y que guardaba en mi repisa, llamado Las confesiones de San Agustín, uno de los muchos libritos que había estado coleccionando últimamente. Los había leído porque había visto unos fans hippies de Peter, Paul and Mary que los estaban leyendo. Había acumulado una variada colección: *Catcher in the Rye* y *Franny y Zooey*, de J. D. Salinger; *Siddhartha, de Hesse*; *The Western Book of the Dead*, y este de San Agustín, un antiguo padre de la iglesia.

«Yo te bautizo con el nombre de San Agustín» —le dije a mi nuevo caballo, palmeándole la cabeza. Pronto me cansé de un nombre tan largo, lo abrevié y quedó en Augie.

Augie y yo comenzamos a dar vueltas en el circuito para demostraciones de caballos, y pronto fuimos conocidos entre nuestros contrincantes: personas que montaban audaces caballos pura sangre con sillas más lindas y nuevas. Las «Olimpíadas modificadas» era la mejor clase de competición para nosotros, en las que saltábamos un complejo laberinto de vallas, obstáculos con formas raras, vallas de tres palos y ningún salto era inferior al 1,20 metros de altura. Era una competición rigurosa y peligrosa.

Primero entramos en el potrero y Augie se pavonea. Se abre la puerta y el caballo entra en el ruedo. Tomo las riendas y me dirijo hacia la primera valla. Las pezuñas resuenan en el polvo, se escuchan el resoplido y la respiración de Augie. Me sujeto con fuerza de sus crines, le doy con la fusta en los hombros y ¡Uff! volamos por encima de la valla. Caemos con un resoplido. Tiro de las riendas. Él, con los ojos alertas, las orejas paradas... dirijo al caballo hacia la valla siguiente y respiro profundamente.

«¡No puedo mirar! ¡No quiero mirar!», grita mi madre y se cubre los ojos. Ella generalmente se ofrecía como voluntaria para atender el puesto de hamburguesas durante esos shows ecuestres, pero siempre se tomaba un descanso cuando escuchaba por los altoparlantes que «la Srta. Joni Eareckson con su caballo San Agustín» entraba en el ruedo. Mamá insistía: «¡Te vas a romper el cuello uno de estos días!»

Últimamente ponía a *Tumbleweed* a pastar y pasaba más tiempo montada sobre Augie por los senderos que bordeaban el Patapsco. Uno de ellos me llevó hasta la propiedad de Cauthorne, al otro lado del río. El Sr. Cauthorne era una mezcla perfecta de caballero y granjero. A menudo lo veía parado entre las columnas blancas del porche de su mansión con su perro de caza favorito a su lado. Cada vez que trotaba con Augie *por el Gorsuch Switch Road*, un camino polvoriento, amplio y con huellas marcadas, el Sr. Cauthorne me saludaba con la mano cuando estaba sentado en el césped o caminando por el establo.

Una vez, cuando me vio saltar con Augie por una de las verjas que bordeaban su casa, me llamó:

«Joni, ¿te gustaría acompañarme en nuestra próxima cacería de zorros?»

«¿Yo? ¿Usted quiere que yo... cabalgue con usted tras la jauría?»

Temprano, el Día de Acción de Gracias, una vez que envolví las cañas de Augie y trencé sus crines, mi papá me ayudó a transportarlo en un remolque hasta el club de caza *Howard County*. Estacionamos la camioneta y descargamos mi caballo, dándole con la mano un montón de avena por portarse bien. En unos instantes tuve la cincha de la montura ajustada, monté a Augie y tomé las riendas entre las manos.

Miré alrededor en busca del Sr. Cauthorne y lo divisé al lado del establo rojo. Estaba sentado sobre Pepper Pot, su bien cuidado caballo pura sangre. El Sr. Cauthorne, con su abrigo rojo y su gorra negra, estaba hablando con otros cazadores que ya estaban sobre sus caballos. Ansiosos perros de caza giraban en torno a las patas de Pepper Pot. Los perros ladraban, los caballos relinchaban y las mujeres mayores del club de caza saludaban a todos y les entregaban un tazón de sidra caliente.

El aire de la mañana era húmedo, con el dulce aroma fresco de la avena recién cortada. O tal vez era la cera para cuero... o solo eran los caballos. Todo olía maravillosamente bien.

Alguien probó una corneta y los perros se pusieron más inquietos. En ese momento el Sr. Cauthorne me invitó a aproximarme hasta su círculo de jinetes. Me acerqué al trote y él se quitó la gorra para hacer las presentaciones: «Srta. Eareckson, permítame presentarle al Sr. Carroll, de la mansión Doughoregan», dijo él, y los cazadores contestaban: «Es un gusto conocerla, joven dama» o «Un placer Srta. Eareckson», levantándose apenas de sus sillas de montar y tocando levemente sus sombreros.

Finalmente, el maestro de los perros de caza sonó su corneta. Las pezuñas de nuestros caballos resonaron sobre el empedrado, y cuando tocamos tierra suelta, los jinetes partieron en un sordo galope.

Yo iba detrás del Sr. Cauthorne, observando cómo se quedaba detrás del maestro de cacería. Cruzamos un arroyo y trotamos hasta el primer campo, donde taloneé a Augie para que iniciase un suave galope. Todavía siento las riendas en mis manos y la sensación de mis piernas ajustándose a la montura. Me parece escuchar las pezuñas que quiebran los gruesos cascotes de tierra, el sonido de la corneta de caza, el ruido del cuero, de los perros aullando y de los caballos inspirando y exhalando con fuerza. Aún percibo el olor acre, frío y húmedo, ese aroma a tierra en el aire de noviembre, la dulzura de los maizales recién cosechados y el olor intenso de las hojas caídas, el barro y el sudor. Incluso siento el vacío en el estómago de cuando galopábamos hacia la pared de piedra, la fuerza de la gravedad cuando mi caballo y yo la saltábamos; luego contenía el aliento y me preparaba para la valla siguiente. Con las crines al viento, sacudiendo la cabeza, resoplando y mascando el freno entre salto y salto, mi feliz Augie se sentía a sus anchas.

Nunca atrapamos a ese zorro. Cuando limpiamos los caballos, el Sr. Cauthorne me llevó hasta el club *Howard County* para tomar el té. Cuando entramos en la antigua casa de campo, me quedé atónita porque tenía la misma elegancia que el departamento de la Srta. Merson. Un cuarteto de cuerdas estaba tocando, había acebos y hiedras, velas y manteles. Los mayordomos servían ponche de los tazones de plata, y disponían sobre las mesas bandejas con fiambres, quesos y panes. En toda dirección hacia donde mirara, la gente hablaba alegremente sobre la cabalgata del día.

Miré mis botas, aún llenas de barro, y mis pantalones de montar llenos de sudor y pelo de caballo. Me vi en un espejo y traté rápidamente de arreglar mi cabello que caía levemente hacia un costado del rodete. Quedé sorprendida de mi imagen: con una mancha de barro en la mejilla, pero con una copa de ponche en la mano. Entonces me di cuenta de algo: Me veo como una dama. *Estoy en este lugar con velas y cristales, estiércol y barro y... ¡mírenme! puedo montar un caballo y seguir siendo una dama.*

Aquella noche, cuando me reuní con mi familia en *Woodlawn* para la cena de Acción de Gracias, hablé como una cotorra en nuestra mesa festiva: «Augie y yo no evitamos ninguna valla... pásame las papas por favor» y «tuve la oportunidad de conocer al dueño del club de caza y... ¿quién tiene los arándanos? Todos dijeron que mi caballo era muy bueno, y esto y lo otro, entonces...».

Después de la cena, mi padre nos dirigió al repetir nuestra tradición del Día de Gracias, cuando toda la familia alrededor de la mesa comentaba su motivo de agradecimiento por el año transcurrido. Linda y su marido esperaban otro bebé.

Jay había conocido a un buen chico de la universidad de Denison en las vacaciones de primavera en *Fort Lauderdale*. Kathy estaba agradecida de haber salido nuevamente campeona con su caballo Reds en la carrera de barriles del estado de Maryland.

Yo estaba tan emocionada que apenas si podía esperar a que mis hermanas terminaran. Todo el día lo había pasado en una reproducción de *Currier e Ives*, rodeada de romance y nostalgia. Las penas de la preparatoria eran historia. Ya no me sentía confusa. Este día había sido bendecida con una esplendorosa visión, y ahora podía ver para siempre mi futuro. Todo era perfecto, absolutamente perfecto. Sabía lo que diría cuando Kathy terminara de hablar.

«Tu turno, Joni», dijo alguien finalmente.

«Doy gracias por tener mi vida planeada: Voy a obtener buenas calificaciones en la secundaria, me matricularé en la facultad de veterinaria, me casaré con el hombre del anuncio de *Marlboro*, viviré en su rancho de Wyoming, criaré caballos, me clasificaré para el equipo ecuestre e iré a las Olimpiadas».

Eso tenía sentido absoluto. Para mí, sonaba como el «centro».

CAPÍTULO DIEZ

Por eso el derecho está lejos de nosotros,
y la justicia queda fuera de nuestro alcance.
Esperábamos luz, pero todo es tinieblas;
claridad, pero andamos en densa oscuridad.

Isaías 59:9

No había ningún otro hombre en Maryland que pudiera construir un muro de piedras como mi padre. Papá podía combinar sus habilidades de constructor con su talento artístico para diseñar muros que se parecían un poco a poemas de Robert Frost. Eran como vigías resistentes, grises y antiguos, fuertes y en equilibrio. Cuando mi padre construía una pared no se apresuraba. Se tomaba su tiempo. Él y el Sr. Tom descargaban una gran pila de cantos rodados y piedras redondeadas que luego se ocupaba de seleccionar, dejando en un costado las que iban a utilizar para la pared.

Yo los observaba a distancia. Papá levantaba una piedra, le sacudía la tierra, le daba vueltas en las manos y la alineaba con las demás, de una forma y de otra, hasta que conseguía el lugar justo en la hilera. El Sr. Tom venía detrás de papá con el cemento y una paleta de albañilería.

—Aquí vamos, Sr. John —decía, colocando el cemento en las ranuras entre las piedras.

—Muy bien, Tom.

—¿Más cemento?

—Mmm.

Trabajaban como una máquina bien aceitada; cada uno se amoldaba al ritmo del otro. Y así, lenta y meticulosamente, levantaban la pared. Primero construyeron una en uno de los costados del establo, la segunda al lado del enfriadero. Otra bordeaba el patio de delante de casa.

134

Sí, en el verano de 1963 se construían paredes. Mi padre estaba cercando la entrada de la casa. Y el Sr. Tom, siempre a su lado, lo ayudaba. Ahora que mi padre estaba envejeciendo (había cumplido sesenta y tres ese año), necesitaba alguien que trabajara a su lado: un par de manos extra que le alcanzaran las cosas, y un par de piernas extra para compensar sus rodillas con artritis. Este hombre era Tom Chapel. Un hombre de color, de mediana estatura, tranquilo y agradable. El Sr. Tom amaba a mi padre y disfrutaba de hombrear peso extra por papá. Todos en la familia apreciábamos al Sr. Tom, como lo llamábamos. «Sr. Chapel» era demasiado formal para un trabajador de la familia tan amistoso, pero «Tom» a secas nos parecía irrespetuoso. Por eso le decíamos «Sr. Tom».

Él y papá comenzaban la tarea del día por la mañana temprano y prácticamente no descansaban. Trabajaban bajo el sol ardiente mientras sudaban y se esforzaban por poner en su lugar las pesadas piedras. Al mediodía mi padre se sacaba la camiseta, pero el Sr. Tom generalmente no lo hacía, ni tampoco se quitaba la boina marrón. Jay preparaba limonada y les llevaba el almuerzo, pero la mayoría de las veces, papá y el Sr. Tom iban a buscarlo ellos mismos. El Sr. Tom era por completo leal a mi padre. Siempre estaba de acuerdo con la opinión de papá en todo; desde cuestiones políticas hasta en la paga.

A veces yo regresaba en auto a casa desde la granja junto con papá y el Sr. Tom. Tomábamos la rotonda hasta *Woodlawn*, pasando por la intersección de *Gwynn Oak*, para poder dejar al Sr. Tom en su casa, que era de mi padre, en la avenida Plateau.

De tanto en tanto pasábamos por otra casa de la misma calle. Era una casa bonita de ladrillo rojo y madera blanca donde vivía la Srta. Thelma, una tía lejana por parte de los Eareckson. Era una mujer mayor, bajita, regordeta, con cabello canoso, anteojos y una sonrisa agradable. La Srta. Thelma vivía sola, y papá a menudo paraba para ver si necesitaba algo o si había reparaciones que hacer en su casa.

Me gustaba la Srta. Thelma, pero le tenía lástima. No tenía marido ni hijos. Sin embargo, ella era una persona sumamente agradable. No podía entender por qué nunca había encontrado un hombre. Me agradaba que papá y el resto de la familia disfrutáramos una amistad estrecha con ella. Y ahora que Jay y Kathy tenían licencia para conducir, a menudo hacían mandados para la Srta. Thelma o la ayudaban a limpiar la casa.

Aunque el Sr. Tom y la Srta. Thelma vivían a unas pocas casas el uno de la otra, sus mundos nunca se tocaron. Ni tampoco podía saber yo cómo sus vidas iban a tocar la mía.

En 1963 Dios comenzaba a entrar en escena en Norteamérica, ¡pasó al frente! Su nombre era ridiculizado y exaltado, afamado y enfatizado en cada canción hippie, poema y discurso político de la época. Los escritores lo cuestionaban, los músicos dudaban de él y Joni Mitchell, una de mis cantantes favoritas de los sesenta, hasta se preguntaba cómo podríamos regresar al huerto del Edén. Dios era criticado por algunos y elogiado por otros que afirmaban que estaba muerto.

Sin embargo, nadie desempeñó en tal alto grado el papel de profeta como Martin Luther King (hijo) cuando se paró en las escalinatas del *Lincoln Memorial* aquella calurosa tarde de agosto ante miles de personas y proclamó:

Tengo un sueño, y es que mis cuatro pequeños hijos vivan un día en una nación donde no sean juzgados por el color de su piel sino por su carácter... Sueño que algún día los valles serán cumbres, y las colinas y montañas serán llanos, los sitios más escarpados serán nivelados y los torcidos serán enderezados, y la gloria de Dios será revelada y se unirá todo el género humano.

Parecía que Dios estuviera apoyando a una de las partes. Daba la impresión de que estuviera del lado de Martin Luther King y no de George W. Wallace. Las tropas federales recientemente habían forzado al gobernador Wallace a respetar una orden de la corte de eliminar la segregación racial de la universidad de Alabama, y el presidente Kennedy aparecía en la televisión cuestionando «¿Vamos a decirle al mundo, y lo que es más importante, a nosotros mismos que esta es la tierra de los libres excepto para los negros?»

Pensé en el Sr. Tom y en los muros que mi padre estaba construyendo.

Yo quería estar del lado de Dios. Por eso me convertí en una más de esa masa de jóvenes que buscaban, como lo dijo un poeta, a Dios, la verdad y la justicia. Algo de mi pasión provenía de los debates de la escuela sobre la discriminación. Nos dieron como tarea leer un libro llamado *Black Like Me* [Negro como yo] de John Howard Griffin, la historia verídica de un hombre blanco que se pintó la piel de negro y viajó al sur para experimentar en carne propia la desgracia de la discriminación. El odio y el horror que enfrentó este hombre me produjeron una impresión muy profunda. Mi búsqueda de la verdad y la justicia empezó a caldearse.

Memorizaba las canciones de protesta de Peter, Paul and Mary, así como las de Joan Baez. Prestaba atención cuando el pastor de la pequeña iglesia metodista unida a la que asistíamos, cerca de la granja, golpeaba el púlpito cuando hablaba sobre racismo e injusticia social. Me aferraba a cada palabra del Sr. Lee cuando nos instaba a examinar los temas que estaban disgregando a la sociedad. En clase hablábamos sobre las injusticias y traíamos a la luz las cosas que necesitaban ser cambiadas. «Pero corra el juicio como las aguas, y la justicia como impetuoso arroyo», reclamaba el versículo bíblico que se escuchaba en los púlpitos y los bares por igual. Sí, Dios estaba con nosotros.

Y si yo iba a estar del lado de Dios, tenía que conectarme mejor con él. Por eso le pedí un día a mi hermana:

«Jay, ¿podrías llevarme este domingo hasta la iglesia *Bishop Cummins*?»

«¿Por qué? ¿Qué tiene de malo nuestra iglesia metodista?»

No había nada de malo en la iglesia metodista. Solo era que la iglesia *Bishop Cummins*, de la reforma episcopal, parecía ser el lugar adecuado donde encontrar raíces espiri-

137

tuales, en especial si uno era Eareckson. El hermano de papá, el tío Milton, había sido pastor allí durante años, y muchos de nuestros parientes, cercanos y lejanos, llenaban los bancos. No podía evitar sentirme cómoda y como en casa en ese lugar. Las primeras páginas de muchos libros de oraciones tenían inscripciones tales como: «A la memoria de Ruth Eareckson» o «En honor a Vincent Eareckson (h.)».

Todo esto generó un gran interrogante: ¿Por qué no asistíamos los domingos a la iglesia de tío Milton? Le formulé la pregunta a mi padre un día.

—Estamos en la granja los fines de semana —contestó amablemente.

Yo no estaba satisfecha del todo con su respuesta.

—Pero es lindo estar con todos, los primos y demás.

—Queda muy lejos —respondió esta vez. Su tono cambió levemente y me di cuenta de que no debía continuar con el tema. Eso estaba bien; decidí que probablemente quedaba lejos desde la granja para ir allí los domingos, así es que lo dejé ahí.

Esto es, hasta el siguiente domingo, cuando una vez más me encontré de casualidad con mis primos. Me medí cabeza con cabeza con un par de ellos que también estaban por cumplir los catorce y tratamos de rastrear nuestro árbol genealógico. Vince, Nicki y Lois eran mis primos, aunque yo era más bien de la edad de sus hijos: Roger, Vicky, Pablo y los demás. Vince (h.) se casó con Elva y tuvieron a Vince III, o Trippy, que era de la edad de Jay... y así sucesivamente. Era complicado.

Me preguntaba dónde encajaba la Srta. Thelma Eareckson. Kathy parecía conocerla mejor, por eso un sábado por la tarde fui con ella a llevar de compras a la Srta. Thelma. Decidí preguntarle a mi tía dónde estaba ella en el árbol genealógico. Sin embargo, una vez que descargamos todos los paquetes en la mesa de la cocina de la Srta. Thelma y nos fuimos, me di cuenta de que me había olvidado de preguntárselo.

En el camino de regreso a casa, le pregunté a Kathy:

—¿La Srta. Thelma es una tía mayor, o una tía abuela o qué?

—¿Quieres decir que no lo sabes? —preguntó Kathy, un poco sorprendida.

—No, ¿quién es?

Mi hermana me miró como diciendo «No sé si debería contártelo». Luego soltó la bomba:

—Ella es la primera esposa de papá. —Me quedé con la boca abierta—. Papá estuvo casado con la Srta. Thelma hace mucho, mucho tiempo.

—¿Quieres decir que él se... —tragué saliva— se divorció?

—No es como tú crees —Kathy se puso tensa y se alzó en defensa de papá.

Esta era una conversación seria y mala. Me di cuenta de que estábamos usando palabras, relacionándolas con mi padre, que en otro tiempo habrían provocado una lavada de boca con jabón. ¿Divorcio? ¿Papá había estado casado antes? Imposible. Se suponía que la gente se casaba solo una vez. Además, si se divorciaban se suponía que se odiaban el uno al otro; pero nosotros amábamos a la Srta. Thelma. Todos nosotros, incluso mi madre, sentíamos solo respeto y cariño por ella. Y había otro asunto en todo esto: mi madre. ¿Y qué de ella?

—Puedes preguntarle a papá sobre esto, ya sabes —dijo Kathy.

Eso era impensable. De ninguna manera... ¡no! ¿Cómo podría traer este tema a discusión con mi padre, aun siendo verdad?

Sin embargo, podía hacerlo con mi madre.

Debía tomar una decisión antes de acercarme a ella. Primero, podía olvidarme de todo y dejar de lado la revelación de Kathy como si fuera una estúpida conversación de hermanas. Jamás sacaría a la luz el tema y me haría la tonta como si nunca hubiese escuchado nada. Por el otro lado, si sacaba el tema con mi madre, y con esto me refiero a sacarlo a la luz, a sacarlo del ropero, a ventilarlo..., las cosas jamás volverían a ser igual. Nunca.

Decidí que era demasiado importante como para hacerme la ignorante. Esperé el momento exacto para sorprender a mi madre en la pileta de la cocina, mientras lavaba los platos. Inspiré profundo y le puse el cascabel al gato:

—Mamá, ¿es verdad que... es la Srta. Thelma realmente la primera esposa de papá?

Mi madre dejó de secar los platos para responder:

—Sí. La Srta. Thelma estuvo casada con tu padre.

Observé a mi madre decir esas palabras, pero no parecían ser las correctas. No iban con ella. Era como si hubiese dicho: «Te hemos estado mintiendo: lo blanco es en realidad negro y lo negro es blanco».

—¿Cómo ocurrió?

Mi madre se remontó a antes de 1920 y me contó la historia tal y como la había aprendido. Mi padre era el robusto y feliz capitán John de la Compañía C, de la brigada de muchachos de la iglesia *Bishop Cummins*. Todos apreciaban al «capitán John». Siempre con una sonrisa y con ánimo cristiano, era el favorito de todos en la iglesia. Finalmente lo nombraron director de la Escuela Dominical, y trabajaba bien con sus hermanos Milton, el pastor, y Vince que era miembro de la junta parroquial. Anna Verona no podría haber estado más orgullosa de sus hijos.

A principios de la década de los '20, se comenzaron a formar parejas en *Bishop Cummins* y pronto siguieron las campanas nupciales. Parecía que todos se estaban casando excepto dos personas: mi padre y Thelma, quien, aunque dulce y de voz suave, era también líder de la iglesia. Durante las reuniones sociales y los picnics dominicales solían estar juntos; después de todo, Thelma y el capitán John eran los dos únicos jóvenes que permanecían solteros. Sin embargo, en esa época, un hombre no se sentaba al lado de una mujer joven en las reuniones sociales de la iglesia a menos que tuviera intenciones serias. La gente comenzó a presionarlos un poco más. Crecieron las expectativas y la presión aumentaba. Con la aprobación de la severa madre de Thelma y todo el mundo empujándolo y preguntándole «¿Para cuando las bendiciones, John?», él finalmente hizo lo que haría todo un caballero: se casó con la Srta. Thelma.

—¿Pero alguna vez *la amaste*? —le pregunté años más tarde. Él me respondió:

—¿*Amar*? Éramos tan buenos amigos que suponíamos, bueno... que el amor vendría después.

En realidad nunca ocurrió, y la Srta. Thelma se dio cuenta de esto. Trataron de comenzar una familia, pensando que los niños los unirían, pero no pudieron tenerlos. Nada parecía estar ayudando; mucho menos la exigente madre de la Srta. Thelma. Y así es que, pacíficamente, ambos estuvieron de acuerdo en un divorcio amistoso.

—Yo era solo una adolescente de la legión de chicas —agregó mi madre—. No conocía muy bien los detalles, ya que era catorce años menor que tu padre. Por supuesto, pasaron los años, crecí y conocí a tu padre, y ¡bueno! nos casamos en el año 1940. Creo que había algunas personas en *Bishop Cummins* a quienes no les gustó que tu padre se volviera a casar. Corrían muchos rumores malos... y nunca me sentí... —la voz de mamá se volvió más suave— aceptada.

Esto explicaba todo sobre *Bishop Cummins*. Sobre por qué no éramos miembro de allí y por qué íbamos a la pequeña iglesia de cerca de la granja.

Mi padre siguió manteniendo a Thelma, lo que incluía la casa de ladrillo rojo y madera blanca de la intersección de Gwynn Oak. Había prometido satisfacer todas sus necesidades económicas. Y él hizo eso y más. Años más tarde nosotras nos convertimos en las ayudantes de Thelma, ofreciéndonos por nuestra propia cuenta a colaborar con las tareas de la casa y a hacer mandados. Éramos, al igual que papá y mamá, sus amigas.

Nada de esto suavizó el golpe. Me sentía avergonzada de que hubiera secretos en la familia Eareckson, lo que provocaba en mí emociones encontradas. Sentía rencor por esta verdad, y estaba sorprendida por el secreto. Un momento me apenaba por la Srta. Thelma, y al siguiente me entristecía por mi padre. Sufría por la palabra divorcio y por cómo manchaba el nombre de la familia. Luego pensé: *Si papá hubiese seguido casado con Thelma no tendríamos una familia, mis hermanas y yo no habríamos nacido. ¡Dios tenía que saber eso!*

Y sobre todas las cosas me sentía descorazonada porque mi padre, fuerte y aventurero, el que me llamaba su compañera, a quien había puesto en un pedestal durante catorce años, se me había venido abajo. Él había perdido su honor. ¿Por qué no nos lo había contado? ¿Por qué nos hizo creer que nuestra familia era tan especial, diferente, casi perfecta?

Algo extraño ocurre cuando revelas el pecado de alguien, especialmente cuando uno es una adolescente con pretensiones de superioridad moral que está del lado de Dios. Uno experimenta una cruel felicidad al señalar los errores de los otros. Después de todo, Dios es el Dios de la verdad y la justicia, y ¡por cierto!, tenemos que llevarle su Palabra a quien ha quebrantado las reglas. Levanta esa piedra y arrójala con fuerza.

Piedras. Sí, eso es. Papá y sus muros. Papá que utiliza al Sr. Tom para construir esas paredes. ¿Podría papá esconder algo más? Calculé cómo y cuándo encararlo. Decidí que debía ser alguna tarde después de que dejáramos al Sr. Tom en la avenida *Plateau*. Cuando pasamos por la casa de la Srta. Thelma, e íbamos en silencio, arrojé la piedra:

—Papá, ¿cuánto le pagas al Sr. Tom?

—¿Que cuánto le *pago*?

Era evidente que estaba tocando un tema del que sabía poco y además no era asunto mío; pero lo presioné un poco más:

—El Sr. Tom hace muchísimo y trabaja muy duro a la par tuya...

Papá me interrumpió:

—Tom recibe un salario justo por su trabajo.

—¿Un salario mínimo? ¿Es eso justo? —salté sobre mi presa—. Papá, tú sabes que lo haces trabajar mucho, desde

142

temprano a la mañana hasta la tarde. Creo que el Señor querría que fueras más generoso con el Sr. Tom.

Mi padre no respondió. Seguimos en silencio el resto del camino. En cierta manera sentí que mi piedra había dejado su marca. En especial porque había cargado mis palabras con el nombre de Dios.

Fui a mi habitación aquella noche pensando que yo era la gran esperanza blanca del Sr. Tom. Lo había reivindicado de la opresión y la injusticia y había luchado por sus derechos ya que él era demasiado humilde como para reclamarlos. Sentada en mi cama, orgullosa de estar del lado de Dios y de la verdad, repetí un par de veces la conversación. Finalmente palmeé mis rodillas, me incorporé y me preparé para ir a dormir. No obstante, mientras me cepillaba los dientes y me ponía el pijama, seguía preguntándome *¿Pero por qué me siento tan mal? Tengo razón y papá está equivocado. Entonces… ¿por qué no me siento bien con todo esto?*

Abrí la ventana y me metí en la cama. Acomodé mi almohada un par de veces y me acosté a escuchar el viento en los árboles, el sonido de las campanitas de la puerta trasera y el canto de los grillos en verano. Eso me hizo recordar las noches cuando yo era niña, noches tan encantadoras que me obligaban a permanecer despierta solo para escuchar los suaves sonidos en la oscuridad. El fuerte ruido del calefactor, el crujir del piso de madera, o las tranquilas y pacíficas voces de mi madre y mi padre subiendo por las escaleras. A papá diciendo suavemente desde el pie de la escalera: «Buenas noches, Joni».

Me di vuelta en la cama y sollocé en mi almohada.

—Tú, cabeza de chorlito —me reprendió Kathy al día siguiente. Íbamos a caballo junto al río Patapsco, ella delante y yo detrás—. ¿Qué le dijiste a papá?

—Le dije que debería pagarle más al Sr. Tom.

—¿Por qué dijiste eso? —preguntó con incredulidad.

—Porque es correcto.

—Tú no sabes nada —murmuró ella.

143

—¿Qué quieres decir? —Apuré a *Tumbleweed* para colocarme al lado de mi hermana. Kathy giró sobre su montura para mirarme a los ojos.

—Joni, ¿tienes idea del arreglo que papá tiene con el Sr. Tom sobre su casa? —negué con la cabeza—. No es solo un buen arreglo, es uno muy generoso. Papá no le cobra intereses sobre la hipoteca, y el Sr. Tom y su familia fácilmente serán dueños de esa casa dentro de unos pocos años. Y si el Sr. Tom muere antes de cancelar su hipoteca, la familia no tendrá deudas por la casa.

—¿Es cierto? ¿Estás segura?

—Sí, lo estoy —replicó ella. Cuando volvió a fijar la vista en el sendero agregó un «cabeza de chorlito» final.

Debe de haber sido una de las pocas veces en todos los años en que Kathy y yo discutimos que en verdad me sentí como una cabeza de chorlito. Me sentí tan mal... Mal porque le había hablado con tanta rudeza a mi padre, y peor aun porque lo había atacado sin una buena razón. La piedra que había lanzado rebotó y me golpeó a mí. Y me golpeó como un canto rodado.

Sentía el rostro enrojecido, y los ojos me ardían. Apuré al caballo y me dirigí a casa, llena de resentimiento. Quería golpear y lastimar a alguien, pero no tenía en quién derramar mi ira. Nadie era responsable de esto más que yo misma.

Ojalá pudiera explicar qué ocurrió después del verano de 1963. Todo lo que sé es que me enojé más. Era una estúpida cabeza de chorlito, algo que podría haberme quebrantado hasta ponerme de rodillas; pero mi rabia no lo permitiría. Tampoco mi orgullo. Por eso hice lo que la mayoría de los adolescentes de la época: con rebeldía comencé a levantar mis propios muros. Muros contra mis padres, mi pasado y mi mejor juicio.

Conocí a varias chicas que a su vez conocían a algunos muchachos de *Mont St. Joe*, que sabían dónde se haría una fiesta divertida aquel fin de semana. Esto significaba que les diría a mis padres que saldría a pasear con tal y cual, pero no les diría adónde. Significaba que en la esquina me subiría al auto de una amiga. Significaba que asistiría a una fiesta en un sótano a media luz en la casa del amigo de un amigo. Significaba vagar por el ruidoso lugar apenas iluminado con una luz roja, lleno de humo, como si estuviera «en onda», meciéndome con la música de los *Rooftop Singers*, que me invitaban con su «Entra y siéntate nena; suéltate el cabello». Y eso es lo que hacía.

En realidad, solo fui a unas cuantas fiestas en sótanos a escondidas, pero fueron suficientes. Nunca me había sentido tan sola, tan alienada. Todas las veces me sentaba en un sillón, con un chico abrazándome, me colgaba de él todo el tiempo mientras bailaba, me reía de bromas que no entendía y estaba rodeada de personas que no creía que fueran graciosas. Sabía, sin lugar a dudas, que estaba muriendo por dentro. Había apretado un botón autodestructivo y no sabía cómo desactivarlo. La Joni tal como la habían criado estaba siendo sofocada y se marchitaba. Moría por falta de aire, de paz y seguridad, de alegría y de sentido de pertenencia. *Oh Dios, oh papá, por favor encuéntrenme. Aquí estoy, por favor búsquenme.*

Llegaba el domingo y me preparaba para ir a la iglesia. Decidí seguir asistiendo a *Bishop Cummins*. Gracias a Dios, no había llegado al punto de odiar la iglesia, y todos los domingos me paraba con el resto y rezaba con el *Libro de oraciones*:

> *Padre Omnipotente, Señor del cielo y de la tierra, confesamos que hemos pecado contra ti en pensamiento, palabra y obra. Ten misericordia de nosotros, oh Dios conforme a tu gran bondad; según la multitud de tus misericordias, borra nuestras ofensas y límpianos de nuestros pecados; por amor de Jesucristo. Amén.*

Mi conciencia todavía podía susurrar y hacerme sentir culpable. No obstante, sabía que mientras más eligiera esas fiestas, ese susurro divino se volvería cada vez más inaudible y carente de sentido. Además, mis muros se volverían más altos y más gruesos. En lo profundo de mí, quería que mi conciencia siguiera siendo mi amiga, aunque la noche anterior hubiese sido como una espina clavada en mi costado.

Después de asistir a la iglesia, pasaba la tarde del domingo en la granja, montada a caballo y recorriendo con Kathy o Jay los senderos del parque estatal. Conversábamos sobre cosas cotidianas mientras cabalgábamos, y generalmente compartíamos recuerdos de la época en que éramos niñas en el rancho Círculo X. No obstante, algo era diferente. Los rayos del sol todavía se colaban entre las hojas de la misma manera, los arroyitos aún se deslizaban murmurantes, las ardillas jugaban a las escondidas a los costados de los árboles, el heno olía dulcemente y los pájaros aún cantaban haciendo eco entre los bosques... La creación de Dios no había cambiado ni un poco; pero yo ya no me sentía parte de ella. Era consiente del aire fresco y la pureza que había a mi alrededor; pero sin embargo, yo no me sentía ni fresca ni pura. Estaba manchada, moralmente corrupta y ¡oh, cuánto deseaba poder regresar a su huerto! Por favor, *¿puedes buscarme? ¿puedes rescatarme?*

Dios debe haberme escuchado. No rasgó los cielos ni se me acercó por entre las nubes para sacarme de los muros que yo misma había construido; pero sin embargo, se acercó a mí.

—Voy a casa de Thelma para ayudarla con la mudanza —anunció Kathy un día—. ¿Quieres ayudar?

Encontré una excusa para no hacerlo, pero sentía curiosidad:

—¿Adónde se va?

—A una residencia de ancianos.

—¿Por qué? —pregunté. Ahora mi interés era verdadero.

—Porque está muy anciana y necesita más ayuda.

Al recordar ese momento, lamento no haber ido con Kathy aquel día. Ojalá no hubiera inventado una excusa. La Srta. Thelma siempre había sido una «tía» tan buena... Nunca en su vida repitió el viejo chisme y nunca dudó en defender la reputación de mi padre. No había levantado murallas. Amaba a Dios y, según creo, aún amaba a mi padre tanto como a nosotras, las hijas de él.

Años más tarde, cuando falleció, me sorprendí al enterarme de que mis hermanas y yo habíamos sido incluidas en su testamento. La Srta. Thelma no tenía parientes ni muchas pertenencias. Cuando nos enteramos de que nos había recordado en su última voluntad, nos sentimos humildes y un poco emocionadas. Era la primera vez que alguien nos dejaba algo como herencia. No podía imaginar lo que la Srta. Thelma me había dejado.

Cuando papá regresó de arreglar el tema de su propiedad, me llevó a un lado y me dijo:

—Tú bien sabes cuánto te amaba la Srta. Thelma, que eras su favorita, ¿verdad?

Asentí, un poco avergonzada y con la cara enrojecida. El rostro de papá también lo estaba un poco. Le costaba mucho encontrar las palabras. Finalmente me entregó una caja pequeña. Cuando la abrí tragué saliva. Era un hermoso anillo con un diamante de un quilate, engarzado en platino antiguo.

—Oh, papá, es precioso. ¿Ella quiso que fuera para mí?

Estuvo en silencio por un largo rato. Luego contestó:

—Ella me pidió especialmente que te lo entregara. Lo giré entre los dedos para examinar cada faceta.

A ver, te voy a mostrar una cosa —dijo él. Tomó el anillo y lo colocó a contraluz. —¿Ves eso? —preguntó señalando una de las facetas. Entrecerré los ojos y finalmente lo vi. Bien en el centro, había una pequeña partícula negra de carbón. Tiene una falla.

No me importó que tuviera esa partícula de carbón. Nunca usaría en mi mano un diamante tan grande. Era tan grande que nunca me lo puse. Durante años lo mantuve escondido y lo sacaba muy de vez en cuando para sorprenderme una vez más con su belleza. Y con el fragmento de carbón negro.

Con o sin fallas, yo lo atesoraba. Había sido el anillo de compromiso de Thelma.

> *Él nos libró del dominio de la oscuridad y nos*
> *trasladó al reino de su amado Hijo, en quien ten-*
> *emos redención, el perdón de pecados. Él es la ima-*
> *gen del Dios invisible, el primogénito de toda*
> *creación, porque por medio de él fueron creadas*
> *todas las cosas en el cielo y en la tierra, visibles e*
> *invisibles, sean tronos, poderes, principados o*
> *autoridades: todo ha sido creado por medio de él y*
> *para él. Él es anterior a todas las cosas, que por*
> *medio de él forman un todo coherente.*
>
> Colosenses 1:13-17

Si los planetas tienen sentimientos, ¿en qué piensan cuando la fuerza de gravedad de sus soles ya no los mantienen en órbita? ¿Sienten tristeza por su sol? ¿Qué cruza por sus mentes galácticas cuando se ven atraídos a alguna otra supernova que ha entrado en escena? ¿Los planetas tienen voz y voto, o todo es cuestión de fuerzas centrífugas?

Apoyada sobre los codos en la clase de ciencias de décimo grado con la Sra. Klingamon, sentí que los planetas me importaban un bledo. El universo comenzaba a verse terriblemente mecánico, y ni todos los caballos del rey ni todos los caballeros podrían poner nuevamente en órbita a los pobres planetas.

Y a pesar de toda su luminosa personalidad y de su fuerza magnética, mi padre ya no podía mantenerme en su órbita. Al menos no pudo aquel otoño del año 1964.

No era que me estuviera muriendo por alejarme de papá. Todavía me encantaba que se sentara a mi lado junto al piano, y me sentía honrada cuando él ensillaba su caballo para ir a cabalgar conmigo y mis hermanas. Me enorgullecía mostrarles nuestra casa a mis amigos y detenerme delante de la repisa con sus trofeos, en el escritorio, y señalar sus medallas de lucha y premios de buceo. A veces me resultaba un poco extraño; aun habiéndome enterado del pasado de mi padre, mi respeto por él había crecido. Él se había vuelto más humano, más real.

Por eso no ansiaba liberarme de la esfera de influencia de papá. Sin embargo, habían entrado en juego otras fuerzas universales. Aunque algunas de estas fuerzas fueran producto de la presión de mis compañeros, la mayoría eran bastante comunes, como cuando pasas las hojas del calendario y un día descubres que de repente tienes catorce años. De cualquier manera, estas fuerzas de gravedad me llevaban a otra parte. Y además, era una nueva era: los sueños y el idealismo habían muerto definitivamente juntamente con el presidente Kennedy aquel sangriento día en Dallas, y ahora ni siquiera los Beatles podían comprarme amor. Yo me estaba en la trayectoria de la adolescencia, me había separado de mi «papá cohete propulsor». Estaba perdida en el espacio, no tanto por girar en un espantoso caos, sino simplemente... a la deriva. Era un planeta joven, girando sobre mi propio eje, preguntándome qué estrella luminosa me encandilaría. Seguramente no sería la Sra. Klingamon ni su clase de ciencia. Nada de lo que enseñaba cautivaba mi imaginación, ni siquiera cuando insufló aire en los pulmones de una vaca muerta para ilustrar la función de los alvéolos.

¡Ah!, pero la Historia... *esa* sí atrapó mi atención: la materia que se pregunta de dónde venimos y hacia dónde vamos. ¿Cómo *encajan* todas las cosas, incluidos nosotros? La Historia estaba llena de historias de aventureros y de conquistadores, de exploradores y descubridores, todos grandes. Sus hazañas estaban documentadas en libros llenos de fotos, gráficos y tablas. De repente, estaba en una órbita de historia.

—Escuchen todos —nos ladró un día la Sra. Krieble en una clase de historia mundial. Todos nos sentamos, sorprendidos... nuestra profesora normalmente no levantaba el tono de voz. —Estoy desilusionada con el rendimiento de esta clase en las últimas pruebas —dijo la Sra. Krieble, mientras caminaba amenazante de un lado al otro del aula—. Quiero que todos saquen una hoja en blanco, un lápiz y se preparen para responder un cuestionario corto.

—Uuuuu... —exclamamos todos con desaprobación.

La Sra. Krieble marchó con energía hacia el pizarrón y levantó el planisferio para mostrar las preguntas del cuestionario. Miró su reloj y sentenció:

—Tienen diez minutos para completar sus respuestas. ¡Comiencen!

Todos comenzamos a copiar con rapidez. Sin embargo, a los pocos minutos de haber comenzado, la Sra. Krieble cerró la puerta de un golpe. Nuevamente sorprendidos, levantamos la vista del papel.

—¡Basta! ¡Ya ha sido suficiente! —gritó nuestra maestra, golpeando con el puntero su escritorio—. Estoy harta y cansada de que copien en esta clase. De ninguna manera toleraré que sigan con esta práctica, ¿me escuchan? —Levantó la voz—: *¡Nunca más!*

Miramos alrededor para encontrar al culpable que estaba copiando en la prueba.

—¡Ojos al frente! —exigió la Sra. Krieble. Un par de chicos dejaron caer sus lápices. La maestra comenzó a caminar lentamente entre los pasillos, murmurando amenazas. Alguien empezó a llorar.

La Sra. Krieble se dirigió hacia el frente y levantó otro mapa. Debajo de este había un compromiso escrito. Estaba compuesto de varias exigencias, una de las cuales era la de acusar a los compañeros si sospechábamos que estaban copiando. Nos dijo que lo copiáramos en nuestras carpetas y añadió:

—Le ordeno a cada uno de ustedes que firmen este compromiso.

Esto era extraño. Estábamos siendo forzados a acusarnos entre nosotros.

Un chico levantó la mano.

—¿Es esto... —tragó saliva—, ... *es correcto?*

La Sra. Krieble entrecerró los ojos.

—Yo defino lo que es correcto en esta aula.

Un par de alumnos se cruzaron de brazos, en señal de resistencia; pero la mayoría tomó sus lápices y procedió con nerviosismo a firmar el compromiso.

Cuando habíamos terminado, la Sra. Krieble borró el compromiso del pizarrón. Luego, rápidamente escribió en letras grandes: DEMAGOGIA.

Nuestra maestra se dio vuelta y sonrió.

—*Esto*, chicos, es la lección de hoy.

¿Qué diablos está pasando? Me quedé petrificada como los demás.

La Sra. Krieble continuó:

—Un demagogo es un líder que, mediante la intimidación y el miedo, obliga a las personas a hacer lo que él dice. Como...

—Como *usted*, Sra. Hitler —agregó un chico desde atrás. Un suspiro de alivio se escuchó en el aula.

—Sí, como él y muchos otros —dijo ella, y rápidamente escribió los nombres de Mussolini, Stalin y otras figuras atemorizantes de la Segunda Guerra Mundial.

—¿Solo nos estaba asustando? ¿Esto no era un examen verdadero?

La Sra. Krieble dejó la tiza y dijo algo que nunca olvidaré.

—Queridos alumnos, quiero que recuerden esto: «Nunca lo sabrán verdaderamente aquí», dijo señalando a su cabeza, hasta que lo experimenten aquí», y se golpeó el corazón.

Ahora comprendíamos el significado de demagogia.

Se me abrieron los ojos. En un breve momento visual, al escuchar una oración corta, sentí que los límites de mi alma se ampliaban de verdad. Fue como si alguien me hubiese mostrado cómo respirar, cómo buscar el verdadero centro.

El conocimiento que solo permanece en la mente es un mero puñado de hechos y cifras. Sin embargo, si puedo experimentarlo, si mi corazón se involucra, ... es algo completamente diferente.

Siempre había sentido una curiosidad natural sobre la vida. Papá me la había inculcado. No obstante, aun cuando memorizaba las constelaciones y las diferentes clases de hojas o devoraba novelas históricas y analizaba los sucesos actuales, sabía que había algo subyacente que fluía como una corriente subterránea. Era consciente de la clase de conocimiento que flotaba en la superficie de la ciencia y la historia, en la astronomía y la matemática, pero también sabía que debía existir un conocimiento diferente, más profundo. *¿Qué había debajo de todo eso?* ¿Por qué se sobresaltaba mi corazón cuando la Sra. Krieble llevaba a la práctica su lección de historia?

Su perspicacia reforzó algo crucial en mí: se suponía que el conocimiento era personal. Tenía que conectarse con el corazón. De repente, en un instante, cuajaron los mundos mecánicos e inconexos de pulmones de vacas y fórmulas de álgebra, las constelaciones y la crisis de los misiles de Cuba. Todo conocimiento apuntaba a algo más profundo y más alto, más grande y más hermoso que los simples hechos de la vida. Tenía que ver con el corazón. No era diferente al estilo de la instrucción de papá. Él me ayudó a comprender las cosas con el corazón.

Sí, había algo mas allá, afuera. Como la llamada silenciosa de esas montañas moradas de Colorado. Ese algo que siempre estaba dándome tirones en el corazón.

Días después sentí que los límites de mi alma se ampliaron todavía un poco más.

«Oye, Jon, ¿quieres venir con nosotros al Club?», era la clase de cosa que esperabas que te preguntara una chica más grande mientras te quitabas las zapatillas de hockey después del entrenamiento. Debía haber estado jugando bien en mi puesto de delantera centro del equipo de menores de hockey de la escuela como para que Betsy, una atleta mayor que yo, se fijara en mí.

«Bueno...», respondí con calculada informalidad. «¿Y qué es el Club?»

Lo descubrí el miércoles por la noche. Por primera vez en años me senté en el piso de madera del salón de usos múltiples de la iglesia metodista unida de San Lucas. No había estado en el interior de esa iglesia probablemente desde que iba a la primaria. Ahora estaba apretada como una sardina, hombro con hombro entre muchos otros adolescentes, todos cantando, aplaudiendo, gritando, silbando e invitando a los amigos que estaban en el borde del grupo con un: «¡Hey! ¡Ven a sentarte con nosotros!» Estaba apretada entre mis compañeras de hockey en el *«Club»*, un programa cristiano de ayuda para chicos de la secundaria, y dirigido por *Young Life* [Vida Joven].

La hora siguiente estuvo llena de diferentes cosas: un par de juegos y una impresionante selección de canciones con buen ritmo sobre el amor y Dios. Reconocí unos cuantos de los viejos himnos de papá, pero aquí mi voz no se unía a las de mis tres hermanas sino a un vigoroso y saludable coro de gente de mi edad. Luego todos se callaron cuando el orador de Vida Joven dio un paso al frente, abrió su Biblia y comenzó a leer un pasaje corto de alguna parte del Nuevo Testamento. No era de la antigua versión King James ni tenía el acento irlandés de papá al decir «Señor», pero era bastante parecido. El simple hecho de verlo abrir la Biblia tocó una fibra íntima de mi corazón. Algo resonaba dentro de mí y mi rostro se encendió. Una fuerza universal estaba entrando en juego.

Esa tarde literalmente corrí a casa desde la iglesia de San Lucas. No veía la hora de subir la escalera trasera a todo vapor hasta mi dormitorio, tomar papel y lápiz, y volcar mis pensamientos en mi Caja. Otras chicas escribían en sus diarios íntimos; yo escribía secretos en fichas y las ubicaba en una caja de cuero de color crema, junto a talones de entradas, apuntes de clase, dijes y tiras de fotos instantáneas. Me senté en el balcón y escribí:

Querida Caja:
Siempre sentí que en cierta manera conocía a Dios, pero esta noche en Vida Joven fue tan hermoso. Fue tan lindo sentarse allí con toda clase de chicos, católicos y judíos, y personas

como yo y tan, bueno... ¡¡fue tan bello!! Hablaron sobre un retiro de fin de semana en Natural Bridge, Virginia. ¡Me voy a inscribir!

No estaba contenta con andar a la deriva en alguna órbita exterior como Urano y Plutón. Y tampoco me iba a perder en un cinturón de asteroides como muchas pequeñas rocas espectadoras. En el momento en que empaqué mis Levis, abrigos, mi guante de softball y me subí al ómnibus que me llevaría a *Natural Bridge* en Virginia, ya había comenzado el trayecto hacia el círculo interior donde estaban los grandes planetas: chicas claves como Betsy, la alumna de decimosegundo grado que me invitó al Club por primera vez, así como sus amigas. Ellas tenían algo que yo quería.

Las montañas de Virginia eran extremadamente frías a principios del otoño, pero mi corazón se calentaba pensando en todos los descubrimientos por venir. El piso de madera de la sala de conferencias era tan duro como el de San Lucas, pero esta multitud era tres veces más grande. Adolescentes de todo el condado de Baltimore habían venido al retiro de fin de semana. Y al igual que en San Lucas, el orador, llamado Carl, se levantó después de la diversión y los juegos para dar un mensaje de la Biblia. Solo que esta vez era del *Antiguo* Testamento.

¿Sabían que Dios los ama, quiero decir, los ama de verdad?

No era una sorpresa para mí. El Dios sobre quien había estado escuchando hablar durante las últimas semanas no era solo muy bueno sino que existía para hacer que mi vida fuera feliz y con más sentido.

»¿Les gustaría llegar a conocerlo?

Yo ya lo conozco, fue mi primer pensamiento, por papá y la Escuela Dominical. Sin embargo, este tal Carl allí al frente... no parecía un pastor o un pariente. Parecía moderno, por eso...

Sí, quiero saber más de Dios.

»Comencemos por los Diez Mandamientos.

Para mí era un lugar extraño por donde comenzar; pero luego los mandamientos se tornaron bastante básicos.

»Probablemente los escucharon desde niños.

Mi mente trajo rápidamente la imagen de Alan Silverstein y Arvin Solomon.

»Bien... Dios entregó estos mandamientos, y los hizo no solo como una guía sino como regla. Creo que podría decirse que un conjunto de reglas.

Un quejido amistoso se elevó desde el suelo.

»Por eso..., continuó Carl, a pesar de que ustedes detestan las reglas, les propongo un desafío. Quiero que cada uno de ustedes compare su vida con cada mandamiento, uno por uno, a medida que los vaya leyendo. ¿Lo entendieron? Esto es parecido a *Verdad o Consecuencia*. Así es que, allá vamos...

Era una competición. Y yo adoraba competir.

»Bien, prueben con este de Éxodo 20: "No tengas otros dioses además de mí. No te hagas ningún ídolo... No te inclines delante de ellos ni los adores".

Esto era demasiado simple. Obviamente se refería a las personas de la India con dioses sicodélicos sobre sus repisas. Yo no adoraba a Alá ni a Shiva ni a Buda. El mío era el verdadero Dios del Antiguo y del Nuevo Testamento. El Supremo Creador judeo-cristiano. Y Jesús era su pariente cercano. No. Aquí no hay ídolos.

No obstante, Carl no había terminado aún.

»¿Qué cosas adoran?, nos preguntó. ¿Ante qué se inclinan? ¿Ante la opinión de otros chicos? ¿Ante el afecto y la atención de un muchacho o de una chica en especial? ¿Qué es en lo primero que piensan cuando se despiertan? Para resumir, ¿qué ocupa la mayoría de sus pensamientos en la vida?, hizo una larga pausa. ¿Lo ocupa Dios?

Esto se estaba poniendo serio.

»Probemos con otro: "No pronuncies el nombre del Señor

tu Dios a la ligera. Yo, el Señor, no tendré por inocente a quien se atreva a pronunciar mi nombre a la ligera".

Me sentía avergonzada. Me preguntaba si el Dios de los Diez Mandamientos me declararía culpable por decir «Jees» todo el tiempo en señal de protesta. Mi tía Kitty una vez me regañó porque decía que sonaba demasiado parecido a «Jesús». Seguramente Dios no sería tan exquisito. No sufriría por esa pequeña cosa.

»"No mates". Eso significa: no odiar a nadie en tu corazón.

Pensé en mi hermana mayor, Linda, y en las peleas que había tenido con ella y mis otras hermanas. Pensé en las ocasiones en que mis emociones estaban violentamente perturbadas y enfurecidas. Las veces en que explotaba como el Vesubio.

»"No robes". ¿Alguna vez no le prestaron atención a alguien cuando se la merecía? ¿Se adjudicaron el crédito por algo que no hicieron? ¿Copiaron en un examen?

De pronto, una prueba reciente en la clase de biología de la Sra. Klingamon vino a mi mente.

»¿Cómo vamos, chicos? ¿Alguien tiene el puntaje perfecto? ¿No? Bueno, sigamos un poco más. Carl continuó leyendo—: No codicies la casa de tu prójimo: No codicies su esposa, ni su esclavo, ni su esclava, ni su buey, ni su burro, ni su *Pontiac*, ni su promedio, ni su excelente nota en química, ni la pareja que consiguió para la fiesta de egresados, ni su popularidad.

Había un silencio mortal en el salón cuando Carl rió con ganas.

»Ja, ja, ja... Inventé esa última parte, chicos. Eso sobre el baile y lo del auto.

Unos cuantos chicos se rieron, quebrando un poco la tensión.

Carl cerró su Biblia y nos miró directamente a los ojos.

—Si ustedes dudan de siquiera uno de estos mandamientos, están fuera de las reglas. Han perdido el tren. Reprobaron la prueba. No han alcanzado la medida. Eso se llama *pecado*.

Allí estaba, la palabra con «P». La palabra que me taladraba cuando tenía cinco años e iba apretujada entre mis padres en el asiento delantero del Buick, de regreso a casa desde el lejano oeste. La palabra que mejor describía mi terquedad y mi obstinada rabia. La palabra que se me metía por debajo de la piel como una astilla cuando les mentí a mis padres. Era la misma palabra que colgaba de mi cuello como una pesada carga cuando fui a esas fiestas en el sótano. Podía luchar contra la culpa a la mañana siguiente, pero el pecado me estrangulaba nuevamente un día después. *Pecado*. Odiaba la palabra.

»Dios es santo y ustedes no lo son, señaló Carl. Puede no gustarles, pueden pensar que es anticuado, pero es lo que nos describe a todos. Es lo que los describe a ustedes. Todos hemos pecado e ido en dirección opuesta a Dios. Y si somos sinceros, ninguno de nosotros realmente lo busca. No, ni uno».

Eso era. Ahora estaba realmente confundida. Habría jurado que todo este tiempo lo *había* estado buscando; pero ahora estaba claro que Dios no me dejaría arreglármelas con Diez Sugerencias. Él quería todo o nada.

Dios ya no parecía ser tan bueno. Era más como el enojado Mago de Oz, murmurando exigencias en crestas de humo y fuego. Me vinieron a la mente las letras que había escrito la Sra. Krieble en el pizarrón: DEMAGOGIA. Parecía injusto.

Cuando terminó la reunión, me tiré el buzo sobre los hombros y salí a caminar en la fría noche otoñal. Quería estar sola. Mientras vagaba por un sendero polvoriento hacia una colina, un extraño hecho me punzó: cuanto más recto parecía Dios, más resentida me volvía yo. *¿Será por orgullo?* —preguntó mi conciencia.

Encontré una piedra grande cerca de un bosque de pinos y me senté sobre ella, enojada. Levanté la mirada al cielo, y detecté Orión hacia el sur bastante cercano al horizonte. Me inundaron los recuerdos. Recuerdos de cuando me sentía más cerca del Creador de esa constelación y de muchas otras. Noches cuando íbamos de campamento a la playa o recuerdos de cabalgatas en la granja *Wakefield. Estoy cómoda con el Dios de los viejos buenos tiempos* —medité—. *No puedo reconciliar aquel Dios con este.*

Sin embargo, no me cuestionaba la existencia de Dios. Mas bien me intrigaba saber cómo era: de qué forma, tamaño y personalidad. Si existía un único Dios, podía ser solo de una manera, ¿verdad? Así es —reconocí para mí. Y dado que el Dios de la Biblia era el único de quien tenía información, decidí ser directa y sincera.

«Si eres tan grande», me atreví a decir en voz alta, entonces «¿cómo puedes entregarnos un puñado de mandamientos que sabes muy bien que somos incapaces de cumplir? Tus leyes son imposibles. Ningún ser humano puede ser perfecto. Exiges demasiado, Dios».

Apenas un minuto después de haber lanzado mi queja a la noche, cuando me detuve a mirar a las estrellas y a escuchar al viento, una débil luz de fe se encendió. Y sabía, bien lo sabía, que Dios estaba a punto de contestar a mi desafío. Estaba convencida de que me encontraría con él.

Un Dios santo y un pueblo obstinado y contradictorio. ¿Cómo encaja todo esto? Esforzaba mi mente como si estuviera en una clase de álgebra, tratando con desesperación de resolver un complejo problema de matemática. De repente, me incorporé de un salto. Fue como si una luz se hubiera encendido frente a mí, y comencé a comprender.

«Por eso vino Jesús», susurré con sorpresa.

Quería asegurarme de haberlo entendido bien. Sentí como si hubiese llegado al final de una confusa ecuación lineal, con solo una o dos constantes y muchas variables. Por eso repasé los pasos en voz alta, contando cada uno con los dedos.

«Cuando nos creaste, nos rebelamos contra tu ley. Bien. Por eso tú, un Dios divino, no nos debes nada a los rebeldes. Bien, eso está claro.

»Sin embargo, eres misericordioso, y no quisiste vernos perdidos; entonces te hiciste como uno de nosotros. Pero tú no mataste, no mentiste, no hiciste trampa, no robaste ni idolatraste a nada ni a nadie. Tú cumpliste los Diez Mandamientos. Tú cruzaste la gran barrera, viviste la vida perfecta...»

Me estaba quedando sin dedos para contar, pero era estimulante solucionar esto desde el interior.

»Jesús vivió una vida perfecta; sin embargo, nosotros no éramos capaces de hacerlo y...

Por un brevísimo instante, como en una visión, no solo sentí que los límites de mi alma se ampliaban, sino también que algo la llenaba. Durante semanas, alguien estaba usando sus manos, por así decirlo, tratando de agrandar mi alma para crear espacio para él. Mi pecho se abrió y entré en otro nivel, y le hablé a este Dios como si fuese una persona real.

»... y por eso Jesús murió en la cruz. El precio del pecado es la muerte, y... alguien recto debía pagarlo, para que yo pudiera ir al cielo y...

Miré hacia las estrellas. Podría jurar que vi sonreír a Dios.

»Y fuiste tú. Fuiste tú todo el tiempo.

Las personas dicen esa palabra, tú, todo el tiempo. Un vecino es un tú y una madre es un tú. Pero nunca había pensado en Dios como en un tú, con todas las letras. Siempre había sido una fuerza benigna, ese promotor de todo con la cara del abuelo Eareckson en esa foto color sepia de fines de siglo. Sin embargo ahora sentía a Dios cercano y real, vivo y dinámico, como si estuviese sentado a mi lado en la roca. Dios era una persona.

De repente el mundo me pareció menos mecánico y fragmentado. Había una persona que lo mantenía unido, un Dios personal, que susurra a través de su creación y habla a través de su Palabra. Este era el significado del llamado que siempre había sentido. Mi conocimiento sobre él ya no flotaba en la superficie de la vida. Había descubierto la corriente subyacente, lo que estaba debajo. Y lo que estaba debajo era un quien.

Todo lo que pude hacer fue dejar correr las lágrimas.

»Gracias Dios. Lo lamento tanto, tanto...»

No pude decir nada más. Una película pasó ante mis ojos, imágenes mías hablándole con irritación a mi madre, juzgando a mi padre, copiando respuestas en una prueba, pateando a aquel cachorro, peleando con mis hermanas... Y lo peor de

159

todo: recordé la espantosa noche en que me levanté de un sillón en una fiesta de sótano, entré en el baño, en el espejo vi mi cara cansada y sollocé «¿quién soy?»

Seguía repitiendo: «Perdóname, por favor, perdóname, por favor». Cuando sentí la presencia de este Dios personal que comenzaba a llenar aquel espacio en mi alma, mi miedo se convirtió en risas. Luego reí con fuerzas y finalmente grité: «¡Hurra!» Y extendí mis brazos lo más que pude.

La primera palabra que vino a mi mente fue *limpia*. Me sentí limpia y fresca. Los pinos y las rocas parecían igual de limpios. También las estrellas. Parecían pequeños puntitos en la irregular cúpula negra, a través de los cuales parpadeaba y fluía la dulce y pura luz del cielo.

Regresé corriendo a mi cabaña, busqué a Betsy, y le conté lo que había pasado, lo que había sentido y oído. Cuando la miraba a los ojos, tuve la sensación de que ahora la conocía de una manera diferente. No como una chica grande de decimosegundo grado de la escuela de *Woodlawn*, ni como una compañera del equipo de hockey de la escuela sino como... un miembro de la familia. Compartíamos algo de otro mundo. Éramos como hermanas. Me pregunté si ella vería lo mismo en mis ojos.

«Y Betsy, es como si conociera a Dios aquí», golpeé mi corazón—, «¡aquí!»

«No es solo algo mental, ¿verdad?», Betsy sonrió. «Él está en tu corazón».

De repente, una imagen de mi niñez de una figurita de Jesús pasó por mi mente: un pequeño policía dirigiendo el tráfico dentro de mí. Sin embargo, ahora era completamente diferente. Esto era *algo real*.

Esa tarde, abrazada a mis piernas y sentada en el piso en la reunión del campamento miré, verdaderamente miré a mi alrededor. Todo parecía distinto. Las luces en el salón parecían más brillantes y más cálidas. Los colores de las ropas de mis amigos eran más vívidos; sus sonrisas, más felices. Hasta las canciones sonaban diferentes. Antes era divertido cantar los himnos y las canciones cristianas, pero ahora, de

repente empecé a comprender las letras por primera vez.
Cantaba con el alma y el corazón los versos de un viejo himno
que sabía mi familia; pero esta vez tenía significado para mí:

¿Cómo en su sangre pudo haber tanta ventura para mí?
¿Si yo sus penas agravé y de su muerte causa fui?
¡Hay maravilla cual su amor? ¡Morir por mí con tal dolor!
¡Hondo misterio! ¡El Inmortal hacerse hombre y sucumbir!
En vano intenta sondear tanto prodigio el querubín.
Mentes excelsas ¡no inquirid! y al Dios y Hombre bendecid.
Nada retiene al descender sino su amor y deidad;
Todo lo entrega: gloria, prez, corona, trono, majestad.
Ver redimidos, es su afán, los tristes hijos de Adán.
Mi alma, atada en la prisión, anhela redención y paz.
De pronto vierte sobre mí la luz radiante de su faz.
Cayeron mis cadenas, vi mi libertad ¡y le seguí!
¡Jesús es mío! Vivo en él. No temo ya condenación.
Él es mi todo: paz, salud, justicia, luz y redención.
Me guarda el trono eternal, por él, corona celestial.

Mientras todos seguían cantando, medité en las estrofas.
Veinticuatro horas antes me habría burlado si alguien me
hubiese dicho que mi alma estaba encarcelada. ¿Encadenada
al pecado? ¡De ninguna manera!, pero ahora, con Cristo sentado en el trono de mi corazón, sabía sin duda alguna que
había abandonado la oscuridad de mi naturaleza. Las cadenas
se habían caído realmente. Pensé en las palabras de la Sra.
Kriemble. «Nunca sabrán algo de verdad hasta que no lo
hayan experimentado aquí», enfatizó ella, golpeándose el
corazón. Dios había entrado en mi corazón y ahora lo
conocía no solo con la mente; lo experimenté en mi corazón.
Tenía un corazón nuevo. ¡Tenía esperanza!

Era un planeta joven ahora atraído por la gravedad de
Dios, girando alrededor de él en una nueva órbita. Jesús era
la estrella luminosa que me encadilaba.

Las paredes de madera de arce de la sala de música de la escuela secundaria de *Woodlawn* vibraban mientras el coro, con fuerza y vigor, y a todo volumen, cantaba el estribillo: «¡Glo... ria in excelsis Deo!»

Eran los días previos al concierto de Navidad de la escuela, y no había ningún chico en el coro que no echara la cabeza atrás y cantara a todo pulmón. Ninguno disfrutaba tanto como yo de cantar ese estribillo que conmovía el alma.

«Sostengan, todos», el Sr. Blackwell golpeaba su batuta de madera sobre la parte superior del piano. «Dije: ¡*sostengan!*» demandó.

Bajos, contraltos, sopranos y tenores cantaban sus diversas partes subiendo y saliéndose de tono hasta finalmente terminar en un desastre.

«Alguna de las contraltos... de la segunda fila... ¡Tú, Eareckson!» —me apuntó con la batuta. «Srta. Eareckson, tú no eres la primera contralto aquí. Se supone que sostengas la nota, querida, y no que la tapes».

No podía evitarlo. Me encantaba esa canción. Esta era la primera Navidad que podía decir sinceramente que sabía de qué se trataba todo. *Gloria in excelsis Deo. Gloria a Dios en las alturas y en la tierra paz a los hombres de buena voluntad.* Buena voluntad para mí. Además, me estaba divirtiendo mucho con todas las variaciones de los primeros tres compases. Todas esas octavas, agrupadas, rogaban que se las entonara como lo haría una estrella de ópera en *La Bohème*.

«Oye, te queremos en la cuerda de tenores», dijo un chico. «Necesitamos chicas grandes con voz fuerte».

Hubo algunas risas, y alguien arrojó una bola de papel.

«¡Bien, es suficiente!» El Sr. Blackwell tomó control antes de que volaran más papeles. Golpeó la batuta hasta que todos hicieron silencio, levantó las manos, asintió con la cabeza en dirección al pianista, me miró y luego con un 1 -2 - 3 - 4 del compás, el coro comenzó de nuevo con *Angels We Have*

Heard on High [Ángeles cantando están]. Esta vez tuve la precaución de acompañar a mis amigas sopranos, guardando el mezzo-soprano estilo Brunhilde con casco de vikingo y todo, para otra oportunidad.

Por la ventana del aula de música veíamos cómo caía con suavidad la nieve, cubriendo de blanco el campus y los árboles, y casi no se veía el campo de atletismo por las ráfagas heladas. El paisaje blanco y congelado me dio ganas de acurrucarme con mis amigos del coro. Cantaba con una sonrisa, parada en el sector de las contraltos, en la mitad superior del anfiteatro que teníamos por aula, rodeada por el sonido, en el centro mismo de la melodía, perdida en la armonía y sintiéndome elevada por esa gozosa unidad que experimenta cada integrante de un coro de ochenta voces en medio de un glorioso estribillo. Tenía un papel que interpretar, y me parecía maravilloso.

Una de las primeras cosas que descubrí como cristiana fue que encajaba. Sabía quién era o, al menos, quién se suponía que era, y la paz y el bienestar que experimentaba brotaban como un torrente en mi canto.

La Navidad del año 1964 significó mucho más para mí que sidra con especias, laureles en los pasamanos de la escalera, velas en las ventanas, o nieve cayendo junto al poste de luz de la esquina. La Navidad era Emmanuel, Dios con nosotros. Dios conmigo. Era la primera vez que le atribuía personalmente a Cristo todo lo que anunciaban los ángeles en cada villancico.

No estaba por el aire, flotando, perdida en el espacio, desconectada o a la deriva.

Había encontrado el centro.

CAPÍTULO DOCE

Ahora bien, es verdad que algunas de las ramas han
sido desgajadas, y que tú, siendo de olivo silvestre, has
sido injertado entre las otras ramas. Ahora participas
de la savia nutritiva de la raíz del olivo. Sin embargo,
no te vayas a creer mejor que las ramas originales. Y
si te jactas de ello, ten en cuenta que no eres tú quien
nutre a la raíz, sino que es la raíz la que te nutre a ti.

Romanos 11:17-18

Arriba, en las montañas al oeste de Maryland, cerca del límite con Pensilvania, está la aletargada ciudad de Hancock. Es un lugar donde se plantan manzanas, donde la meseta Piedmont se eleva para encontrarse con los Apalaches. Y es el hogar de mis tíos Don y Ema. La pequeña casa del tío Don estaba situada cerca de la cima de una montaña, desde donde un huerto se desplegaba hacia abajo como una amplia falda.

Era el otoño del año 1965 y había llevado a mis padres y a unos amigos luchadores de YMCA de papá a Hankock para la fiesta anual de la recolección de manzanas. Estacioné nuestro auto al lado del de tío Eddie, en el límite del huerto, era el número ocho en una fila de diez, con los maleteros abiertos y cajas apiladas a los lados. Papá estaba cerca de los setenta y tenía que caminar lentamente con la ayuda de su bastón canadiense. Mamá caminaba a su lado, entre las hileras de árboles con una gran canasta, recolectando manzanas rojas y maduras de las ramas bajas. Estaba fresco al pie de las montañas de los Apalaches, y me alegré de tener una chaqueta abrigada.

Me metí algunas manzanas en los bolsillos y froté una contra la manga antes de darle un gran mordisco. Estaba justo como

164

me gustan las manzanas: firme, madura y crujiente al morderla. La arrojé después de varios mordiscos y caminé más lentamente, dejando que mis padres se alejaran. Vi que el huerto estaba bien cuidado. La tierra estaba trabajada, los troncos de los árboles tenían fertilizantes y la corteza se veía saludable.

A lo lejos y a un costado del huerto había un bosque de pinos. Al frente de estos pinos, justo en el límite interior del huerto, se alzaban unas cuantas cepas grises y secas. Detecté algo cerca de las cepas moviéndose con la brisa como una bandera almidonada. Cuando me acerqué vi que era un brote de árbol creciendo de uno de los tocones. El tío Don debió de haberlo injertado la primavera anterior. La cepa y el brote formaban un extraño dúo, debajo del solemne cielo: la cepa muerta parecía como una roca, mientras que la pequeña ramita se mecía y se doblaba con el viento, verde y vigorosa, llena de vida y energía.

Me puse en cuclillas y con el dedo toqué el árbol bebé. Mientras recorría la cepa con la mano sentí un hueco allí donde había sido cortado un vástago de manzana silvestre. Alrededor de la base vi otros lugares donde habían brotado otros vástagos, pero estaban cortados, una técnica que utilizaba el tío Don para asegurar la supervivencia del árbol joven. De repente, un fuerte viento resopló entre los pinos y arrancó una o dos hojitas del arbolito. *Considerando los elementos y los vástagos —pensé—, el trabajo de cortarlos no lo hacía el tío Don.*

Me paré, me metí las manos en los bolsillos y miré fijamente al árbol joven y feliz. Me atreví a pensar que no solamente sobreviviría, sino que también algún día tendría brotes y florecería y luego daría frutos. El árbol joven no sabía que se aproximaba el invierno.

Sentí cierta afinidad con el arbolito, como si yo fuera la vulnerable bajo el inquietante cielo de noviembre. Mi antigua vida había sido cortada y dejada atrás para que muriera, y ahora tenía una vida nueva, frágil y fresca, ansiosa por crecer. Yo era el pequeño árbol luchando por dejar salir la paz y la felicidad, la ternura y el amor.

Ya no perseguía la clase de paz que pregonaban los hippies sobre la guerra de Vietnam. Mi paz era diferente. Y mi amor era diferente al de «hacer el amor y no la guerra». La clase de paz y amor que quería en mi vida era aquella que le mostrara a los demás el Dios que yo había encontrado. La paz que acallara una disputa fraternal antes que estallase. La clase de amor que alcanzara a Benjamín Wallace en el pasillo de la escuela cuando los otros lo ridiculizaban porque tenía que recuperar en lectura. Esta paz y amor eran frutos nuevos y tiernos. Eran un poco tímidos y algo inmaduros, pero eran tan reales como el Dios que los estaba haciendo surgir en mi vida.

Sin embargo, yo también era un árbol joven luchando contra los vástagos. Vástagos que seguían tratando de extraer mi energía espiritual y estrangular mi nueva vida antes de que pudiera dar frutos perdurables. A la vista de aquel delicado arbolito, tan delgado y verde, lo suficientemente inocente como para creer que podría sobrevivir en el límite del huerto, a la sombra de altos pinos atemorizantes, me preguntaba si podría o más bien si sería capaz de vivir a la altura de todo lo que había confesado.

Dios tenía que hacer su obra en mí. Así sería la historia de mi vida por el resto de mis años en la secundaria.

En el arrebato de entusiasmo de aquella noche mágica en *Natural Bridge*, Virginia, yo me había incorporado al ejército, había puesto mis manos sobre el arado y había vertido vino nuevo en odres nuevas. En la euforia posterior me dejé llevar por una misteriosa y divina savia que da vida, y experimenté no solo paz y amor sino también un gran entusiasmo por vivir. Me enorgullecía llevar mi Biblia a la escuela y colocarla encima de mis libros en el aula.

Sin embargo, tan pronto como aparecieron los primeros brotes de verdaderos frutos, también crecieron los vástagos.

Eso fue evidente tan pronto como cuando me inscribí para el equipo de natación en el club de campo de *Woodlawn*. Me encantaba levantarme temprano en la mañana y conducir pasando por la laguna de la ciudad y ver a los cisnes nadar en la neblina. Me encantaba zambullirme en la piscina antes de la práctica, porque era todo un deleite calentar los músculos en cada vuelta, estirar el cuerpo, tensarlo y deslizarlo por el agua. Nadar se sentía casi divino.

Sin embargo, cuando salía del agua y comenzaba a bromear con mis compañeros de equipo, me asaltaba otro sentimiento. Me volví extremadamente consciente del cuerpo de los demás, mucho más que antes. Muchachos con sus delgados trajes de baño de nylon allí de pie rodeando su pecho con los brazos, chorreando agua y saltando para entrar en calor. Mientras las gotas de agua corrían por sus músculos, los cuerpos lucían bellos y esculpidos, las piernas largas y delgadas, y los trajes demasiado ajustados. Las chicas, con sus mallas enterizas casi transparentes, estaban paradas, acaloradas y agitadas a pesar del aire helado, con vapor que se levantaba de sus delgados trajes adheridos a sus pechos.

Me pregunté: *¿Los demás me mirarán de esta forma?* Si alguien lo hacía no importaba. Yo estaba mirando. Para ser más precisos... estaba imaginando y *¡plop!* brotó un vástago. Podría haberlo cortado de raíz, pero no lo hice. Secretamente dejé que la sensualidad creciera durante los siguientes años hasta que el deseo se entrelazó en mi alma, llevándome a lugares como el asiento trasero de un auto, donde estranguló mi conciencia y robó mi pureza.

Otros vástagos crecieron mientras estaba en el equipo de hockey de menores en la escuela. Nuestro equipo estaba en las finales, y el viaje en autobús hasta la escuela *Parkville*, la de nuestros rivales, estaba lleno de cantos, aplausos y alegría. La tarde estaba fría y ventosa, perfecta para el hockey sobre césped. Estábamos convencidos de que Dios estaba de nuestro lado.

Justo antes de que el árbitro hiciera sonar el silbato para comenzar el juego, la centrocampista de *Parkville* comenzó a pavonearse en la línea central frente a mí, me miró de arriba abajo y deslizó un comentario sarcástico. No pudiendo dejarlo pasar, le respondí algo profano y estúpido.

De inmediato, otra jugadora de Parkville, diciendo no con el dedo me espetó: «¡Qué bien Srta. Vida Joven! Se supone que ustedes los cristianos no dicen cosas feas como esas».

Su réplica me avergonzó; pero en vez de hacerme tomar conciencia, me puso más loca. Estas tontas de Parkville creen que somos un puñado de religiosas cobardes. Y por el resto del juego, jugué con la energía de la indignación; pero eso no alteró el resultado: perdimos.

Sin embargo, algo cambió. La tierna fruta de paz y felicidad que había disfrutado se enmoheció. Y nació otro vástago de orgullo e ira.

Yo no era incapaz de detener el orgullo, el deseo o la ira. Los vástagos del pecado no son indestructibles, ni capaces de manejarse por sí mismos. El hecho es que, simplemente no busqué las tijeras de podar; no tuve voluntad para decir «no». Y cada vez que dejaba que mis pasiones se apoderaran de mí, el árbol joven de mi alma se marchitaba aún más.

No sé por qué seguía eligiendo mi propio camino en vez de elegir a Dios y sus caminos. Podría atribuirlo a la típica postura egoísta ante la vida que tiene la mayoría de los adolescentes. Sin embargo, lo sabía bien. Comprendía, en verdad, lo que Dios había hecho por mí y todo lo que había ofrecido. Había sentido su paz y su gozo, había experimentado bienestar y felicidad. Sin embargo, dejé que todo terminara siendo asfixiado por los vástagos y la maleza, por las pasiones y el orgullo. Y así negué a Dios. Y negué a la verdadera Joni que él quería que yo fuese.

Eso nunca estuvo más claro que a principios del año 1967. El año anterior le había comprado a mi hermana Linda por 300 dólares su viejo auto *Sunbeam Alpine*, un auto deportivo herrumbrado pero que aún estaba de moda. Estaba chocado y tenía casi quebrado el block del motor, pero para mí era el auto pequeño más emocionante y moderno del estacionamiento de la escuela. Era negro, aunque descolorido y descascarado, y tenía el tapizado de cuero rojo, sin mencionar la cinta aislante que tapaba las grietas y los cortes. Cuando llegaba al estacionamiento por la mañana, escogía el espacio más cercano a la entrada, por donde siempre rondaban mis amigos.

Un día mi madre insistió en que camino a la escuela pasara a buscar al pequeño Eddie. El pequeño Eddie era mi antiguo

168

compañero de juegos en la playa *Rehoboth* cuando íbamos de campamento con el tío Eddie y la tía Lee.

—¡Ay, mamá! ¿Tengo que hacerlo?

—Sí, tienes.

—Pero... ¡él es de décimo grado y yo de decimosegundo!

No quería confesar mi verdadera preocupación: que también era un tonto, flaco, desgarbado, con anteojos gruesos y con un protector blanco de plástico para su regla de cálculos. Eddie ya no era el niño agradable con quien íbamos a las dunas y hacíamos carreras de autos en la arena. Ahora era alto, lángido y se parecía extrañamente a Jerry Lewis en *El profesor chiflado*. Me aterrorizaba la idea de parar en el estacionamiento con Eddie en el auto. En especial los días en que usaba su uniforme de niño explorador. Intenté una última súplica:

—Estoy muy ocupada. Tengo que llegar temprano a la escuela para coro.

—¿Qué dices? —reflexionó mi madre— ¿tienes tiempo para andar con tus amigos, ir a Vida Joven, jugar al hockey, cantar en el coro de la escuela y en el de la iglesia, tomar clases de piano, tocar la guitarra, quedarte después de clase para el club de arte, ir a la biblioteca... y no puedes hacerte de un tiempo extra de cinco minutos para ayudar a tu primo?

—No es mi primo —respondí, como si ese fuera el problema.

—Ustedes dos crecieron juntos. *Siempre* jugaste con Eddie.

—Ya no jueeego con niños, madre.

A la mañana siguiente salí visiblemente enojada de casa, aceleré el *Sunbeam Alpine* y me miré en el espejo retrovisor para desordenar mi cabello. Hoy llevaría a uno de décimo grado, apenas un niño, a la escuela conmigo y eso requería que interpusiera la mayor cantidad posible de años de distancia entre nosotros. Debía lucir como una adulta. Tomé el bolso, saqué mi caja roja de cosméticos *Maybelline*, pasé la lengua por el cepillo seco y lo froté en la máscara negra para pestañas. Me lo pasé por las pestañas, lo guardé en la caja y lo puse nuevamente en mi bolso; luego puse con violencia la marcha en reversa.

Tío Eddie y tía Lee vivían a unas cuantas cuadras por la misma calle. Cuando llegué, el pequeño Eddie no estaba parado esperando en la vereda como le había dicho. Toqué la bocina y miré con impaciencia el reloj. Un minuto después salió tambaleándose tras una pila de libros.

—¡Hola, pequeña Joni!

¡*Uf*! La palabra pequeña me irritaba. Estaba bien cuando éramos más chicos, para diferenciarme de mi padre, pero yo ya no era pequeña. Por supuesto, no había aplicado el mismo parámetro al hijo menor de mi tío Eddie; para mí, él siempre sería el «pequeño Eddie».

—¡*Caray*! ¡Qué auto tan lindo! —comentó, pasando la mano por el asiento de cuero.

Deja las manos quietas —le advertí en silencio—. No quiero que toques el tablero, la radio, el espejo o la manija de la puerta.

El pequeño Eddie siempre iba en bicicleta a todas partes. Imaginé que continuaría usándola hasta que obtuviera su licencia provisional de conducir. A partir de ahí, seguramente se trasladaría en el *Ford Fairlane* de su madre.

Eddie se ajustó los lentes y cruzó las manos sobre la pila de libros que tenía sobre las piernas. El viaje hasta la escuela sería de solo unos minutos, pero con cada kilómetro me retorcía pensando en cómo me vería estacionando en la escuela con mi extraño primo. Entonces tuve una idea.

Cuando llegamos al borde de la propiedad de la escuela me detuve en la banquina. Todavía estábamos al menos a una o dos cuadras del edificio de ladrillo rojo de la escuela secundaria de *Woodlawn*.

—¿Qué ocurre? —preguntó Eddie.

—Nada. Te bajas aquí.

—Pero no hemos llegado a la escuela todavía.

170

—No me importa. Esta es tu parada. Hasta aquí llegamos juntos.

Me crucé por delante de Eddie para abrirle la puerta y nuestras miradas se encontraron. Nunca olvidaré la expresión de su rostro. No era tanto de desconcierto; él sabía que yo pensaba que él era una rata de biblioteca. Tampoco fue de asombro, porque estaba acostumbrado al tormento de los estudiantes mayores que él. Fue una mirada de desilusión.

Eddie y yo teníamos una larga historia juntos, y en muchos aspectos me conocía mucho mejor que la mitad de mis amigos de la escuela. Él me admiraba, al menos hasta este momento. Era el que se sentaba a mi lado en la vieja camioneta verde de mi padre mientras traqueteábamos el polvoriento camino bordeando el río Patapsco, cuando íbamos a la granja para montar a caballo. Habíamos caminado juntos de regreso de la escuela primaria. Habíamos alimentado los cisnes en la laguna de *Woodlawn* en el verano, y patinado allí en invierno. Me había mostrado sus iguanas. Había jugado a las escondidas conmigo y mis hermanas y me había canjeado sus revistas de historietas favoritas. Y conocía de memoria las historias que papá contaba al lado de las fogatas, tan bien como yo.

Habíamos guardado un millón de experiencias compartidas durante años. Y ahora tenía vergüenza de que me vieran con él. Todo gracias a unos chicos con quienes compartía helados o tareas de clase.

Eddie no pronunció palabra alguna cuando descendió del auto. Simplemente metió sus libros debajo del brazo y cerró la puerta de un golpe. Nuestras miradas se cruzaron nuevamente. Sé en que andas, Joni —parecía decirme con los ojos—. Mientras *tú me estás jugando una mala pasada, quiero que te des cuenta de que sé exactamente lo que estás haciendo.*

Miré para otro lado. Puse primera y lo dejé que caminara el resto del trayecto con su cargamento de libros.

Cuando estacioné en mi lugar me miré de reojo en el espejo retrovisor para retocarme el cabello. Si hubiese mirado con mayor atención habría visto algo más: otro vástago. Este era vanidad. ¿Por qué, cuando tenía la posibilidad, cuando sabía qué elegir, seguía escogiendo el camino más oscuro? ¿Por qué no lograba nutrir mi joven alma de cosas buenas y piadosas, de buenos pensamientos, buenas motivaciones, hábitos y acciones?

Para los manzanos era mucho más fácil. Solo sucumbían ante el sol, la lluvia y el dueño del huerto. Los manzanos no se resistían al dueño de la plantación cuando llegaba para cortar los vástagos. No ignoraban al jardinero. Los árboles jóvenes sabían dónde estaban plantados; la obediencia era parte de su naturaleza. Eran sumisos y su obediencia daba frutos.

Yo no. Daba «manzanas» pero al revés. Había juntado un poco de paciencia, la había atado a una gran rama, había cavado un hoyo y la había plantado: ahí estaban los frutos en mi vida. O al menos eso aparentaba. Sin embargo, pronto se pudrieron.

Seguí asistiendo a Vida Joven, pero después, cuando hablaba con Betsy o mis otros amigos cristianos, sentía que mi paz era de plástico. Los frutos en mi vida eran falsos. La felicidad era una careta.

Al ver ahora al pequeño Eddie en mi espejo retrovisor, me lamenté de que nada en mí pareciera genuino. Me sentía más infeliz ahora que antes de hacer ese viaje a *Natural Bridge*.

Un día de principios de abril del año 1967, en una inusual templada tarde de primavera, salí al balcón de mi dormitorio con mi Caja. La luz del atardecer tocaba el suave velo de los verdes retoños en el cercano robledal, y noté que las ramas estaban más cerca que en aquellos días en que me sentaba ahí a rasgar mi guitarra. Deseé poder decir que yo también había crecido tanto. Me senté y escribí en el reverso de una ficha:

Querida Caja:
Estoy cansada de decir que soy cristiana por un lado de la boca y decir otra cosa por el otro lado. Quiero honrar a Dios con mi vida. Por eso Señor, te pido que por favor, por favor, hagas algo en mi vida que la transforme, porque la estoy arruinando. ¡Si voy a llamarme cristiana, quiero vivir como tal!

Debía volver a conectarme con Dios. Debía acercarme a él como a aquel a quien debo obedecer; porque era el dueño del huerto, así también como del árbol, del suelo, de las raíces, de la lluvia, del sol y aun de las tijeras. Tenía que regresar a su savia, que da vida para poder así florecer y crecer. De una vez por todas quería ser la niña de sus ojos.

No sabía de qué manera respondería Dios a mi plegaria; pero sabía que iba a hacer algo.

En realidad no imaginaba que el huerto de tío Don tuviera la clave.

Llegó la primavera y regresamos al pequeño pueblo de montaña de Hancock. En esta estación, el amplio abanico de manzanos se extendía por debajo de la loma como una sábana blanca; hilera tras hilera de árboles, cuajados de perfumadas flores blancas como la nieve.

No hay nada que conlleve mayor magia que perderse en semejante mundo blanco, con la brisa que transporta el perfume de la naturaleza y el sonido de las abejas en plena labor. El huerto del tío Don era el jardín del Edén. Y yo era Eva con Levis y botas de montar, caminando bajo la fresca sombra de los frutales, en unidad con los retoños y las abejas. No había notado grandes cambios en mi vida, y todavía no sabía cómo respondería Dios a mi plegaria. Quizás el cambio vendría con la universidad el próximo otoño; me habían aceptado en el *Western Maryland College*, que no quedaba lejos de la granja. O tal vez ocurriría durante las vacaciones de verano, con el trabajo que había aceptado en Ocean City por la temporada.

Quizás algo grande ocurriría este domingo de Pascua. ¡Este año deseaba tanto celebrar la Pascua de la manera correcta! Mientras paseaba por el huerto, cortaba ramitas y me colocaba pimpollos en la oreja, pensaba en Cristo y en todo lo que hizo por mí. Aquí, entre el trinar de los pájaros y el perfume de los árboles, resultaba difícil creer que el Dios que creó tal belleza era el mismo hombre que una vez yaciera muerto, duro y frío, sobre una roca plana en una tumba. Al caminar por este mundo de retoños blancos, un color apropiado,

173

según creo, para Pascua, me costó recrear los hechos: un cadáver gris en la oscuridad que de repente se da vuelta en su tumba y se para sobre sus pies. Que el Dios del universo haya elegido someterse al castigo por mí, un castigo que lo dejó con clavos en los pies y en las manos. Era tan difícil de imaginar... ¿Dios golpeado por soldados ebrios hasta quedar casi desfigurado? ¿Dios empujado y pateado? Y más que eso, ¿la niña de los ojos de Dios oscurecida por la podredumbre de mi pecado, de mi orgullo, de mi lujuria? Estos pensamientos me mortificaban y me hacían reflexionar.

Dios debe haber estado sonriéndome en aquella plantación de manzanos. Allí se hallaba oculto el secreto de su muerte y de la vida que yo seguía buscando.

El principio de la primavera es la época de los injertos. El tío Don pasaba su mano por la corteza de un manzano, encontraba el lugar justo para pelarlo y hacer un corte inclinado hasta el corazón del tronco. Luego tomaba una pequeña rama, a veces tan pequeña y frágil que solo tenía un par de brotes, y hacía un largo corte con un cuchillo filoso. Colocaba el injerto bien dentro del tronco húmedo del árbol, bien en el centro de la ranura. A veces le ponía pequeños clavos para unir al tronco la rama injertada. Luego cubría la unión para mantener el injerto fresco y húmedo. Semanas más tarde, surgía la nueva vida: de brote a flor y luego a fruto. El tío Don decía que un solo árbol puede dar diferentes clases de manzanas, pero que eso nunca sucede sin una herida tanto en el árbol como en la rama.

John Bunyan escribió:

La conversión no es el proceso fácil y tranquilo que algunos hombres suponen... Es un trabajo que lastima, conlleva una ruptura del corazón, pero sin heridas no hay salvación... Donde hay un injerto existe un corte, el brote debe introducirse con una herida; resulta inútil adherirlo desde afuera o atarlo con una cuerda. Debe colocarse corazón con corazón y espalda con espalda, o no habrá savia desde la raíz a la rama. Y esto, insisto, debe hacerse con un corte.

Dios buscaba mi corazón. Quería más que mi nombre en su libro y mi mano en su arado. Estaba buscando algo más que mi firma en la línea punteada de una póliza de seguro eterna. Ansiaba mi corazón, corazón y alma, brote y rama, retoño, sol, lluvia y suelo... todo.

Había pensado que él ya tenía mi corazón, en especial después de escribir mi plegaria en la Caja aquella primavera. Sin embargo, mis plegarias serían contestadas a su debido tiempo. Pronto aprendería que Dios injerta a aquellos a quienes ama.

Y muy pronto, el injerto significaría una herida. Una herida horrible y espantosa.

CAPÍTULO TRECE

*Yo vivía tranquilo, pero él me destrozó; me agarró
por el cuello y me hizo pedazos; ¡me hizo blanco de
sus ataques!*

Job 16:12

❦

Siempre me he preguntado por qué me rompí el cuello.
No «¿por qué?» en el sentido teológico de «¿Por qué
Dios permite que ocurran cosas malas?» ni tampoco en
el sentido técnico de «¿Por qué no salí de la zambullida lo suficientemente rápido?» Ni siquiera en el sentido de la suerte, como
las veces que me he desplazado en mi silla de ruedas por entre la
gente en un centro comercial, abriéndome paso entre las personas como un pez nadando contra la corriente, tomando
fotografías mentales de sus rostros, preguntándome mientras
pasan: *¿Por qué no ella? o ¿por qué no él?*

Me lo pregunto en el sentido del destino.

Como si... simplemente hubiese estado predestinado. No
porque fuera mala, aunque la disciplina del Señor es algo que
hay que tener en cuenta. Y no porque me hubiera tirado al
agua de manera irresponsable, aunque mi instructor de
seguridad acuática, que me había entregado mi certificado de
socorrista justo la semana anterior, no estaba de acuerdo. Fue
simplemente inevitable.

El primer indicio debió haber sido el hacha que utilicé a los
cinco años. Aún ahora, cada vez que mi familia proyecta las
películas caseras en el viejo proyector de 8 mm., sentados
todos en el sofá, metiéndose palomitas de maíz en la boca y
codeándose entre ellos, gritan: «Aquí viene, miren esto, no
se lo pierdan, no lo podrán creer», como si nadie hubiese
visto antes esa estúpida filmación. De repente, ahí estamos,
mi padre de jeans, tirantes y una camisa escocesa con aspecto de leñador, y yo con mi chaqueta con flecos y mis botas de
vaquero... sosteniendo el hacha. Por el peso que tiene apenas

si la puedo levantar; pero estoy lista y deseosa, porque papá me va a enseñar a cortar leña. No importa que el hacha sea más grande que yo... y más filosa que papá.

«¿Quieren ver a la pequeña Joni? ¡Está tan adorable con esas colitas tontas!»

Nadie se detiene a pensar que mi padre, Dios lo bendiga, fue un tonto al poner un hacha en las manos de una niña de cinco años.

De solo pensarlo casi me quedo sin aliento. Sigo preguntándome: «¿Qué habría ocurrido si...?» En aquel momento, sin embargo, cortar leña era una de las actividades competitivas en la que desesperadamente quería probarme a mí misma contra mis hermanas mayores, de la misma manera que trataba de montar, correr y luchar para ser como ellas. Y por eso allí estábamos, en acción, en imágenes fragmentadas de 8 mm., exagerando la expresión del rostro para la cámara, revoleando juntos el hacha, mientras las virutas de madera saltaban en todas direcciones.

Hubo otros presagios. Estaba decidida, por ejemplo, a montar una vaca salvaje o un caballo bronco en uno de los rodeos que se hacían en el rancho Círculo X. En una de esas lánguidas tardes de verano en que hacíamos rodeos para los campistas de la YMCA, vaqueros de largas piernas que montaban sus caballos detrás del corral común le pasaban resina a sus lazos y doblaban sus sombreros de vaqueros. Algunos se sentaban en la cerca del corral, bebían cerveza *Pabst Blue Ribbon*, escupían tabaco y entretejían historias sobre el mejor bronco o toro Brahma que montaron, y se preguntaban a quién encontrarían en el salón de baile de la Legión Norteamericana aquel fin de semana.

Yo me sentaba en un poste cercano, y los bosquejaba o me enrulaba el cabello de mi colita con el dedo, con la esperanza de que se me pegara algo de su bravura. Los días de rodeo estaban colmados de enlazadas de ganado y cortes, de polvillo flotando y del sonido del corcoveo de caballos que relinchaban y se mordisqueaban en el corral. Había olor a estiércol y a cuero y se escuchaba el sonido de la música sureña montañesa por los altavoces del ruedo. Solo tenía ocho años, pero eso no me impedía seguir a los vaqueros cuando se dirigían hacia allá, y ensuciarme con tierra los Levis recién lavados para que parecieran gastados y desteñidos. Creía que podía montar tan bien como ellos.

Quizás fue inevitable que fanfarroneara con papá antes de un rodeo un fin de semana cuando le pregunté si podía montar las vacas como lo hacían mis hermanas. Me di cuenta de que era peligroso. Eran vacas fuertes y salvajes con gruesos cuernos, que salían de la rampa vociferando y corcoveando, retorciéndose y girando, tratando de tirar de la silla a alguno de los campistas de la YMCA o a alguna de mis hermanas. Mis hermanas no lo habían hecho nada mal. Casi duraron los ocho segundos que las calificaban de haber «montado una vaca».

«¡Papá, yo sé montar, *por favor* déjame montar!»

Mi padre miró hacia la rampa de los corrales de contención para ver si había algún ternero pequeño al que me pudieran subir. No había ninguno. Un vaquero experimentado pensó que yo era inteligente y le aseguró a mi padre que si él sostenía a la vaca de la cola, el animal no podría corcovear mucho. Papá lo miró inquisitivamente pero finalmente decidió que era un plan seguro.

Metieron una vaca en la rampa y un vaquero me subió pasándome por encima de la cerca y lo siguiente que supe fue que estaba sentada sobre un nervioso animal. De repente, me di cuenta de que no era lo que yo esperaba.

—Sujétate de aquí —me dijeron mientras otro vaquero aseguró mi mano a la correa—. ¡Y agárrate fuerte! —me ordenó, cerrando mis dedos bien apretados alrededor de la cuerda—. Solo échate para atrás y tu papá se asegurará de que la vaca no te arroje al piso.

Asentí con la cabeza, un poco temerosa.

—Papá —lo llamé—, ¿estás allí atrás? ¿Tienes agarrada la cola?

—La tengo —me respondió.

El vaquero que estaba encima de la cerca me gritó:

—¿Lista?

Tiré la cabeza hacia atrás, de la forma que había visto hacerlo a los jinetes de toros Brahma, y se abrió la puerta de la rampa.

Todo lo que recuerdo es ver la cabeza de la vaca que subía y mi cuerpo que salía catapultado hacia adelante. Sentí que la cabeza me explotaba cuando chocó contra su cráneo. Me desmayé, me resbalé del animal y caí de cara al suelo lleno de estiércol y polvo. La vaca había abandonado la rampa con tanta rapidez que a mi papá se le había soltado la cola del animal.

Pasé el resto de la tarde en mi litera, con una bolsa de hielo sobre la cabeza. Sin embargo, aún tengo en mi Caja el arrugado pedazo de papel marrón en el que mi padre escribió:

15 de junio de 1958

> *Hoy Joni, mi hija de ocho años, montó una vaca salvaje en el rodeo del rancho Círculo X. Aunque recibió un golpe en la cabeza con los cuernos de la vaca, lo cual le produjo un terrible chichón, montó maravillosamente bien. Su padre, John K. Eareckson.*

Dos veces había sufrido chichones del tamaño de una pelota de béisbol en la frente: uno por esa vaca y otro por montar a Mónica en la granja Wakefield. Los golpes en la cabeza con caballos y vacas no eran más que otra confirmación de que había heredado no solo el nombre de mi padre sino también su ADN aventurero.

Mi madre también aportó su parte de genes especiales del tipo aventurero. Ella no era precisamente una persona tímida y recatada. Adoraba los desafíos, al menos cuando era joven. Esta es la mujer que se negó a usar su nombre de pila «Margaret Johanna» y se hacía llamar «Lindy», por su héroe

Charles Lindbergh. Por qué no eligió admirar a Eleanor Roosevelt o Madame Curie es un misterio para mí. Sin embargo, eligió el nombre de una persona que prácticamente inventó la palabra «aventurero». Sí, esa es mi madre.

Ella fue quien, durante una excursión por el oeste, durante la década de los treinta, aceptó la invitación a subirse en una cesta y descender en el Monte Rushmore sobre la cara de George Washington tallada en la roca. A un obrero con su taladro neumático le había gustado esta mujer atlética y arriesgada y la desafió a ir con él a quitar una pequeña roca de la nariz de Washington. Lindy aceptó el desafío. Pocos creerían que en realidad lo hizo de no ser por la fotografía amarillenta que tenemos de Lindy apoyada sobre el perfil del presidente, taladrándole la nariz.

—Yo seguía a tu padre a cualquier parte —dijo una vez mi madre, parada al lado de la fogata en la playa, arrojando un palito hacia el bosque—. Aunque una vez casi nos matamos.

—¿Vamos a contarles lo del bote? —preguntó mi padre en un fingido susurro. La luz de la fogata hacía brillar sus rostros como si estuviesen iluminados por reflectores de un escenario en un teatro de vodevil.

—¿Qué bote? —preguntaron Linda y Jay.

—¡Sí, cuéntennos lo del bote!

—¡Queremos la historia del bote! ¡La historia del bote!

—Bien, —comenzó mi madre parándose en el centro del escenario— era un gran velero que se encontraba anclado cerca de la costa, en la bahía Chesapeake. Y vuestro padre, aquí presente —papá hizo una reverencia con su sombrero de marinero— junto a otros muchachos de la YMCA jugaban a lanzarse de cabeza desde la cubierta de estribor. Y comenzaron a desafiarse entre ellos a «frotar el casco».

—¿Qué significa eso?

Papá explicó que antiguamente, cuando un capitán quería castigar a un miembro de la tripulación, le ataba las manos a una cuerda del barco, lo arrojaba fuera de borda, y lo sumergía en el agua por debajo del casco, sacándolo por el otro lado. A veces el cuerpo del tripulante se raspaba contra los percebes y salía sangrando, escupiendo y haciendo un esfuerzo por respirar.

—Algunos no podían contener la respiración tanto tiempo y —papá se dejó caer sobre una de sus rodillas y se tomó la garganta— se ahogaban.

—¿Y le hiciste hacer eso a mamá? —exclamó Kathy abriendo grandes los ojos.

—No, por supuesto que no —respondió papá riendo a carcajadas mientras se levantaba y se sacudía la arena.

—Tu padre me hizo señas desde el agua y me invitó a un desafío —continuó mamá—. Él quería que yo me tirara y lo siguiera por debajo del casco hasta el otro lado. Gritó: «¡Vamos Lindy, puedes hacerlo! Cuando estés bien abajo y llegues a la quilla, solo agárrate fuerte e impúlsate desde allí con todas tus fuerzas».

»Me arrojé al agua, dispuesta a aceptar el desafío de tu padre. Luego, estando en el agua, vi las velas balanceándose sobre mí. El barco era gigante y me preguntaba cuánto más habría debajo de la superficie. Tu padre vio duda en mi mirada: "¿No tienes miedo, verdad?" me dijo, y con ello se zambulló bajo el agua.

»Yo estaba muerta de miedo —reconoció mamá —pero no tanto como para no inspirar profundamente. Luego me zambullí hacia la quilla.

—¿Lo lograste? —pregunté.

Una de mis hermanas puso los ojos en blanco. Mamá continuó:

—Pataleé tan fuerte como pude, impulsándome hacia abajo, hasta que se puso más oscuro y frío. No podía ver a tu padre para nada. Estaba muy oscuro, y busqué a ciegas en la oscuridad para encontrar el casco, con la mano solo tocaba barro y los percebes en la madera. Seguí hacia abajo, muy abajo, hasta que los pulmones comenzaron a arderme y el terror se apoderó de mí.

»Finalmente, mis dedos encontraron la quilla. A esta altura,

181

la cabeza me daba vueltas y sentí que me desmayaba; pero reuní las fuerzas necesarias para nadar por debajo del casco, apoyar los pies con fuerza contra la quilla, darme impulso y nadar hacia la luz, hacia arriba. Tuve que exhalar mucho antes de llegar a la superficie; las burbujas estaban por todas partes. Justo cuando pensé que no lo lograría, cuando creí que me ahogaba, sentí un brazo que me sacaba. Era tu padre, sonriendo y sintiéndose sumamente orgulloso de mí.

Traté de imaginar el terror de estar tan abajo, tan sin aliento, rodeada solo de oscuridad. Recuerdo que Kathy una vez me metió la cabeza debajo del agua cuando estábamos jugando a Marco Polo. Fue horrible. La imagen ahora de mi madre debajo del agua durante tanto tiempo fue espantosa.

Mi madre sacudió la cabeza por la historia. Nuestra fogata de la playa le daba un brillo horrible a sus ojos, pero no distinguí si era una chispa de pasión o un destello de furia. Quizás ambos. A menudo me he preguntado si las personas que se desafían entre sí, en competiciones atléticas peligrosas, no se están desplazando en realidad por una delgada línea entre la pasión y la furia. Quizás dudan de sí mismos y albergan la esperanza de que al aceptar un desafío logran probar que no son mediocres. Ahora, al ver la manera en que la fogata formaba largas sombras detrás de mis padres, estaba convencida de que ellos eran gigantes. Un dios y una diosa, grandiosos, que desafiaban a la mediocridad y a las normas.

Abrazada a mis rodillas alrededor de la fogata, tuve la esperanza de zambullirme también en busca de la quilla y poder salir con valentía por el otro costado.

No necesitaba un barco para hacer eso. Yo tenía un caballo.

Augie y yo nos habíamos convertido en experimentados profesionales, él con su montura inglesa y yo con mis botas de montar y la fusta. Una tarde de brisa, a principios del verano, habíamos regresado de trotar por el sendero a lo largo del río Patapsco, donde los árboles de la orilla mecían sus ramas con el viento. El aire del día nos había vigorizado a ambos, y mientras trotaba con Augie de regreso al establo vi a mi hermana Linda y a su esposo Dick. Les conté sobre un árbol caído que bloqueaba el sendero y me jacté de lo fácilmente que Augie lo había sorteado.

—¿Qué tan alto fue el salto? —preguntó Dick.

—Bueno..., no lo sé —me encogí de hombros—. Quizás un metro veinte.

—Te apuesto a que no puede saltar 1,35 metros.

Siempre había pensado que mi cuñado era un estúpido, y ahora lo confirmaba. Dick había visto a Augie saltar en exposiciones de caballos. Y él había estado en el parque de diversiones del condado de Howard a principios de aquel año cuando Augie y yo ganamos una cinta azul.

—Por supuesto que puede saltar 1,35 m.

—Veamos si lo hace. Una sonrisa de serpiente se enroscó en su rostro.

Quince minutos más tarde todos estábamos en la polvorienta llanura de detrás de la casa de Dick y Linda. Dick comenzó a ensamblar una valla con dos soportes blancos unidos por un palo que podía colocarse a distintas alturas. Yo lo observaba. Una ráfaga sacudió las ramas de los árboles que había detrás de su casa, arrastrando miles de hojas crujientes. Mi gran caballo de color avellana levantó la cabeza, apuntó sus orejas hacia la arboleda, relinchó muy fuerte y se sacudió detrás de mí.

Linda se me aproximó y acarició la frente de Augie. «No tienes por qué hacerlo, ya lo sabes», dijo en voz baja. Sacudí la mano con un gesto de «no hay problema».

Cuando Dick hubo colocado el poste a 1,35 metros llevé a Augie trotando hasta la valla. Sacudió las crines, arqueó el cuello y resopló oliendo la valla y sacudiendo las orejas de atrás para adelante. Sabía lo que le iba a pedir, y yo notaba su excitación.

Troté a Augie en un amplio círculo, lo hice dar la vuelta en ángulo recto hacia el salto y clavé mis talones en sus costillas. Augie galopó con confianza hacia la valla mientras yo ajustaba

183

las riendas, me aferraba a sus crines y me inclinaba hacia adelante para unir mi ritmo con el suyo. Volamos sobre la valla. Lo detuve al final de la llanura polvorienta y le grité a Dick:

—¿Lo ves?

Mi cuñado no dijo nada. Luego agregó:

—Entonces veámoslo saltar 1,50 m.

Un salto de esa altura no era para considerar a la ligera. Era tan alto y tan peligroso como los obstáculos de las competiciones nacionales o en los juegos olímpicos. Augie sacudió su cabeza y mascó su freno golpeando el suelo con la pata. Yo no sabía si mi caballo quería saltar más o regresar al establo. La brisa levantó una polvareda cerca de la solitaria valla en medio de la llanura, obscureciéndola por un instante.

Dick repitió la pregunta:

—¿Y bien?

Hice un gesto con el brazo y le dije que la levantara. Lentamente pasamos trotando cerca de la valla, observando su altura y preguntándome si debía alterar el ritmo de Augie esta vez. Decidí tomar más carrera. Me detuve, acaricié su cuello y le susurré:

—Puedes hacerlo muchacho. Puedes hacerlo.

Con ello, palmeé a Augie en el hombro con mi fusta y nos lanzamos hacia adelante. Me encorvé sobre el cuello de Augie y me agarré de las crines un poco más arriba para equilibrarme. El fuerte caballo se serenó a unos cuantos metros de la valla, luego se elevó del suelo y saltó rozando el obstáculo con su pezuña trasera. ¡Uf! aterrizamos a salvo y suspiré aliviada.

Una vez más, Dick no dijo nada. Esta vez, simplemente comenzó a elevar el palo a un 1,65 m. Giró y me miró con su sonrisa torcida.

Debí haber parado entonces. Debí haber saludado con mi brazo y llevar a Augie al establo. Ahora mi caballo agitó la cabeza y tironeó las riendas. Sabía que quería volver a casa. Estaba cansado de saltar y de aquel ejercicio sin sentido. Sin embargo, lo insté a regresar al punto de partida.

No se qué me obsesionó tanto como para aceptar el desafío de mi cuñado. Todo lo que sé es que tenía el corazón en la garganta cuando inspeccioné el obstáculo, tan alto. Pensé que Augie podía hacerlo, pero era un riesgo: era peligroso para él y para mí. Recordé la pequeña fisura que había descubierto esa mañana en la punta de su pezuña. Pensé en su frágil cuartilla y su jarrete. Imaginé lo que ocurriría si chocábamos o si tropezaba y caíamos. A pesar de mis temores no podía retirarme. Debía probar que podíamos hacerlo.

El viento del atardecer rugió de repente por entre los árboles, levantando más polvo. Hice caminar a Augie en círculo varias veces, agachándome cada tanto para frotar su pescuezo. Finalmente, inspiré hondo y lo dirigí hacia el obstáculo. No tenía manera de juzgarlo con precisión a esta altura. Solo esperaba que el ritmo, el tiempo y la distancia a la valla fueran los correctos. A unos pocos metros, de repente, Augie se desvió, me hizo perder el equilibrio y casi me caigo de su lomo. Sacudió la cabeza.

—Tranquilo muchacho —le dije.

—¡Ah...! tu caballo no es gran cosa —Dick se burló.

—¡Déjala en paz! —reaccionó Linda defendiéndome.

—Está bien... —insistí, disparándole una mirada con la que esperaba fulminarlo—. Solo fue un mal comienzo.

Hice andar en círculo nuevamente a mi caballo, ya cansado. Una vez más nos dirigimos hacia el monstruoso obstáculo, y me pregunté si golpearíamos la valla y Augie se lastimaría una pata. El viento y la tierra me lastimaban los ojos y enseguida escondí mi rostro entre sus crines, me sujeté del cuello del caballo y sentí su gran peso elevarse mientras sonaban las pezuñas. Entrecerré los ojos cuando lo sentí elevarse hacia arriba, sobre esa valla a 1,65 m de altura, y lo hizo con un gemido.

Cayó con fuerza del otro lado y casi se le doblan las rodillas. Lo frené lentamente al final de la llanura polvorienta.

Esta vez, no miré por encima del hombro a mi cuñado. No quería ver si estaba subiendo la valla a un impensable 1,80 m, una altura que ni Augie ni yo habíamos saltado nunca. Con el corazón latiéndome con fuerza y mi caballo resoplando, caminé de regreso al establo, dejando a Dick en el polvo.

La suave brisa del día se había disipado ahora, y yo no me sentía más valiente que antes. En este desafío no había habido nada aventurero o emocionante para el alma. A decir verdad, me sentí un poco usada por mi cuñado, como si hubiese sido el centro de una de sus bromas secretas. Mientras me relajaba con el lento sonido de los pasos de Augie de regreso al establo, me di cuenta de que al esposo de mi hermana no le importaba absolutamente nada mi seguridad ni la de mi caballo. Me sentí peor cuando me di cuenta de que yo no había pensado en mi seguridad ni en la de mi caballo. Yo había sido la irresponsable. Había arriesgado demasiado, a mí y a mi noble caballo de pura sangre y gran corazón, en un desafío que era vacío y sin sentido, igual que como me estaba sintiendo.

Pero era un desafío. Y yo no podía rechazarlos.

Cuando desensillé a Augie, el sol se estaba escondiendo detrás de las montañas en el pastizal de heno. Lo refresqué con un vigoroso cepillado y luego le abrí la puerta para dejarlo libre en el campo, le di una palmada en las ancas y lo ahuyenté. Se desbocó y pronto desapareció en la oscuridad del pie de la montaña. El sonido de su galope se desvaneció, pero su persistente relincho hacía ecos mientras buscaba a sus caballos amigos.

Me apoyé sobre la cerca y medité sobre los «¿qué habría ocurrido si...?» por saltar una valla tan alta. Me encogí de hombros y pensé en *Black Beauty* y en los cuellos rotos. Seguramente Dios no permitiría que ocurriera algo así. Sin embargo, me pregunté si permitiría que el peligro me tocara de cerca, tan cerca que pudiera sentir su aliento helado, tan cerca que mi piel se erizara; pero sin embargo no permitiéndole que me hiciera daño alguno.

¿Dios se arriesgaba con nosotros? No de esa clase de riesgos como zambullirse en busca de la quilla o saltar una valla de 1,65 m, sino un desafío divino que sea verdaderamente noble y aventurero. Un riesgo donde él realmente se ocupa de cuidar nuestra seguridad y al mismo tiempo nos proporciona pistas del peligro, como si dijese: No estoy satisfecho de tu mediocridad. *Tengo algo en mente para ti, que está por encima de la norma. ¿Puedes seguirme? ¿No temes, verdad? Ven, tú puedes hacerlo.*

Volví a pensar en la oración que había hecho a principio de año: «Dios, haz algo, cualquier cosa, en mi vida para que yo cambie». Estaba convencida de que Dios estaba por alterar mi vida. No sabía qué haría ni dónde, cuándo o cómo ocurriría.

Si mis oídos lo hubiesen escuchado, habrían sintonizado la señal. Podría haber escuchado a Dios susurrar: *«Tengo algo en mente para ti. Algo por encima de la norma. ¿Puedes confiar en mí? ¿Puedes seguirme?»* Y si hubiese sentido el desafío, creo (sí, lo creo de verdad) lo habría aceptado.

El pronóstico del tiempo anunció que a media tarde estaría sofocante.

Consideré si debía o no acudir a mi cita de tenis. Tenía muchas opciones para elegir aquel sábado de julio de 1967. Podía encontrarme con mi amiga en la cancha o prepararme para ir al segundo cumpleaños de mi sobrina Kay en la casa de los suegros de Jay. Ya le había dicho que no a Kathy y a su novio, Butch, cuando me preguntaron si quería acompañarlos a la playa en la bahía de Chesapeake.

Hiciera lo que hiciera después, tenía una hora o más sin nada que hacer. Así es que decidí teñirme el cabello de rubio dorado intenso.

Una hora después de teñirme el cabello y vestirme, todavía estaba esperando la llamada de mi compañera de tenis. Decidí salir y arreglarme las uñas. Me sorprendió escuchar el escarabajo *Volkswagen* de Kathy resoplando en la calle. Se suponía que ella y Butch habían salido para la playa una hora antes.

—¿Te olvidaste de algo? —le pregunté.

—Sí —respondió bajándose del auto—. ¡Dinero! ¿No te ibas a jugar al tenis?

—No me llamaron, así es que...

Mi hermana hizo una pausa. Luego preguntó:

—¿Seguro que no quieres venir con nosotros?

Fruncí el ceño.

—En realidad, si voy a alguna parte debería ir al cumpleaños de Kay.

—Seguro...

Mientras mi hermana fue a buscar dinero, volví a meditar mis opciones. Me acababa de lavar y teñir el cabello y no quería que se me mojara... todavía no había comprado el regalo para la fiesta... podía ir hasta la cancha de tenis para ver qué ocurría allí... o podía ir a la granja a cabalgar... pero el cabello mojado se vuelve a secar.

—¿Y bien? —preguntó Kathy dirigiéndose al auto.

—Voy con ustedes —decidí.

—¿De verdad? Quiero decir... ¿en serio? —Kathy me miró extrañada—. Nunca vienes con Butch y conmigo a ninguna parte.

Tenía razón. No salía mucho con ella y su novio; pero pensé que, dado que iba a empezar la universidad en el otoño, no tendría muchos momentos más para compartir con mi hermana. Así que corrí escaleras arriba, me puse mi nuevo traje de baño Speedo, del equipo de natación de *Woodlawn* y me subí al asiento trasero del VW.

Cuando llegamos a la playa Maryland estaba tal cual lo había pronosticado el informe del tiempo: sofocante. Mientras Butch fue a buscar una gaseosa de la máquina, Kathy y yo dejamos nuestras cosas sobre toallones de playa y corrimos directamente hacia un tobogán acuático gigante situado junto a la zona en la que estaba prohibido bañarse. El agua estaba fría y oscura, pero más allá la bahía era amplia y azul, y se extendía varios kilómetros. Estaba feliz de haber ido.

188

—Mira, aquí en la escalera hay un letrero —me gritó Kathy desde la base del tobogán. «PROHIBIDO TIRARSE. AGUAS POCO PROFUNDAS».

Mi hermana regresó a la playa. Cuando me di la vuelta hacia la gran bahía azul, vi una balsa anclada a lo lejos. Unos chicos estaban saltando y tirándose al agua desde ella. Decidí ir hacia allá, y después de nadar unos treinta metros, me subí a la balsa. Me alisé el cabello y me paré con los brazos alrededor del pecho.

—Mírame —le gritó un chico a su compañero—. ¡Te apuesto a que no puedes hacer esto! —y se arrojó al agua como una bomba.

Su amigo gritó a continuación:

—¡Obsérvame! —y se tiró de panza.

—¿Ah, sí? —otro tomó carrera y se largó dando un gran salto.

—¡Te desafío!

Yo disfrutaba de los juegos y la diversión de los chicos. Cuando la balsa finalmente se liberó de esos cuerpos escuálidos y salvajes, decidí que era mi turno. Alineé mis dedos del pie en el borde y miré fijamente al agua. Las olas golpeaban el costado de la balsa y brillaban como diamantes.

Sí, estaba feliz de haber venido. También de sentir mi cuerpo, de ser rubia, de estar bronceada y en forma, y lista para comenzar la universidad. *Dios es bueno* —pensé, en resumen. Me alisé el traje de baño, luego estiré los brazos por encima de la cabeza, arqueé la espalda y me tiré con brusquedad hacia donde estaban los chicos. *Miren esto* —pensé, planeando mostrarles una simple zambullida hacia el fondo.

Y me sumergí en busca de la quilla.

DIOS
QUE YO AMO

Tercera Parte

──── Capítulo Catorce ────

Tenme compasión, Señor, porque desfallezco;
sáname, Señor, que un frío de muerte recorre
mis huesos. Angustiada está mi alma; ¿hasta
cuándo, Señor, hasta cuándo?

Salmo 6:2-3

Pensé que era mi hermana Kathy, pero no estaba segura. Era su voz, pero no parecía real. La imagen de la chica mirándome era borrosa por los bordes, y sus palabras sonaban como un disco en 33 p.m., a baja velocidad.

Traté de mover la cabeza, pero estaba trabada en una posición fija. Cuando me estiré mas, sonidos de pernos de metal crujieron adentro. Traté de hablar, pero no podía articular las palabras. Todo lo que escuchaba a mi alrededor eran sonidos de aparatos que hacían «bip».

Inhalé profundamente y reconocí el olor a formol y a alcohol.

«Quée suoerrte que vioui tu cabeeello ruoubiooo», dijo la chica arrastrando las palabras. Su voz sonaba como la de una persona ebria.

Entrecerré los ojos tratando de comunicarme con la mirada. *¿Qué dijiste?*

El rostro de la chica se me acercó.

«Dije: " suerte que vi tu cabello rubio"».

Mi cabello. Se transformó en uno de los dos milagros del que todos hablaban en voz baja aquellos primeros días en el hospital de la universidad de Maryland. Mi escandaloso cabello rubio había flotado en la superficie mientras yo yacía medio sumergida en el agua. El otro milagro fue el cangrejo azul que mordió el dedo del pie de Kathy justo cuando ella salía del agua y se dirigía hacia la playa. En cualquier otra oportunidad, Kathy habría sali-

193

do disparando para escapar de lo que creía que eran miles de cangrejos hambrientos. Sin embargo, esta vez no corrió hacia la seguridad de su toalla, sino que se dio la vuelta para avisar a su hermana pequeña. Su hermana, cuyo cabello amarillo y brillante, flotando en el agua, le hizo notar que algo andaba mal.

Al transcurrir aquellos primeros días en la unidad de terapia intensiva, varios recuerdos asomaron tenebrosos. Recordé haberme zambullido y golpearme contra algo duro, como un tronco. Inmediatamente sentí como una corriente eléctrica que recorría todo mi cuerpo. Noté que los brazos y las piernas de repente se enroscaron en posición fetal. Parecían atados. Traté de moverme pero no pude. Mientras estaba boca abajo, flotando en el agua, las pequeñas corrientes me levantaban, y por la mente me pasaron extrañas imágenes de mi niñez: amigos de la escuela, la Srta. Merson, las cabalgatas, las brownies... Me atacó un pensamiento espeluznante: ¿Así se siente morir? Otra ola me levantó. Luego escuché la voz de mi hermana en la curiosa acústica acuática y me di cuenta de mi espantosa situación. Me estaba quedando sin aire.

Kathy, por favor, encuéntrame. ¡Sálvame! —gritaba mi mente.

«Joni, ¿estás buscando conchas?», sentía el chapoteo y la voz de Kathy que se acercaba.

¡No! Estoy atrapada aquí abajo. ¡Agárrame! ¡Ya no puedo contener más la respiración!

Comencé a ver puntos, sintiendo que todo estaba a punto de oscurecerse. Justo entonces, sentí el brazo de Kathy alrededor de mis hombros, levantándome. Aunque ella me sostenía, yo sentía que me caía... pero justo antes de desmayarme, mi cabeza salió a la superficie. ¡Aire! Aire fresco, salado, hermoso, vital. Atragantada con tanto oxígeno, casi me vienen arcadas.

«¡Gracias, Dios mío! ... ¡gracias!» —tartamudeé.

«¿Estás bien?», preguntó Kathy.

Mi cabeza se desplomó sobre su pecho. Emití un gemido, me sentía mareada y con náuseas. Cuando pestañeé para sacarme el agua de los ojos, las cosas solo se volvieron más borrosas todavía. Observé que mi brazo colgaba del hombro de mi hermana, pero sin embargo, no podía sentirlo. Podría haber jurado que todavía estaba unido a mi pecho. Cuando me estiré para ver hacia abajo, me di cuenta con horror de que mi brazo y mi mano colgaban sin vida. No podía moverlos. Ni siquiera podía girar la cabeza.

«¡No me puedo mover, Kathy, no me puedo mover!»

De repente, Kathy se dio cuenta de que esto era sumamente serio. Se hizo cargo de todo y gritó con todas sus fuerzas: «¡Butch!» Se apropió de una balsa de goma, y entre ella y Butch me colocaron encima, arrastrándola luego hasta la playa y pidiendo a gritos una ambulancia.

En escasos minutos estaba siendo trasladada a la sala de emergencias del hospital de la universidad de Maryland, en el centro de Baltimore. Todo lo que recuerdo de ese lugar es una camilla dura, un pasillo oscuro, una lámpara brillante y una enfermera que se me aproximó con un par de tijeras. Después de quitarme mi anillo de la secundaria, estiró la tira de mi traje de baño Speedo y colocó las tijeras debajo de ella.

«Oiga, ¿q- qué está haciendo? Este es mi traje de baño nuevo. No lo corte. Es flamante. Acabo de comprármelo y es mi favo...»

«Lo siento. Así es el reglamento». Los fuertes tijeretazos hacían eco en las paredes. Sacó los restos húmedos y arruinados de nylon azul y los tiró en un cesto para la basura. El traje de baño no significaba nada para ella. Luego me tapó con una sábana delgada y se marchó de allí.

Sentí que la sábana no estaba colocada bien hasta arriba y temí que mi pecho estuviera expuesto. Sin embargo, no había nada que pudiera hacer al respecto. No me podía mover. Cuando pasaban enfermeros varones cerraba los ojos avergonzada.

Alguien me frotó el brazo con un trozo de algodón, clavándome una aguja después. No sentí nada. La habitación comenzó a girar y sentí otros tijeretazos. De reojo alcancé a ver mechones de cabello rubio. Luego escuché un sonido agudo cerca de mi cabeza. Sonaba como un taladro... *¡Oh, Dios mío...! ¡Es un taladro!* Alguien me sostuvo la cabeza mientras un médico comenzó a taladrar a un costado de mi cráneo.

La habitación se oscureció y el sonido se desvaneció. Ya no importaba que estuviera desnuda en una camilla con la cabeza rapada. El taladro ya no parecía amenazador tampoco. Entré en un profundo sueño.

—Joni, ¿me oyes? — volvió a preguntar Kathy —. Fue tu cabello rubio. Nunca te habría visto si no te hubieras teñido el pelo.

Mi mente comenzó a aclararse. Los sonidos y los «bip» de los equipos, sumados a los extraños aromas de la unidad de terapia intensiva funcionaban en mí como sales aromáticas. Estaba saliendo del estado de confusión.

—¿Qué me ocurrió? —pregunté.

Los rostros de papá y mamá aparecieron al lado del de Kathy.

—Joni, estamos aquí. No te preocupes —dijo mi madre con suavidad—. Ya han pasado uno o dos días del accidente. El lugar donde te zambulliste era demasiado poco profundo. Dicen que te lastimaste el cuello.

Cuando escuché la palabra *cuello* traté de mover la cabeza. No pude. Ni un milímetro. A ambos lados de la cabeza tenía una especie de abrazaderas que la mantenían en su lugar. Me habían inmovilizado.

Sentí que estaba acostada sobre una cama extraña y angosta. Luego me contaron que era una cama ortopédica giratoria *Stryker*, una camilla de lona chata y larga. Cada vez que me tenían que dar vuelta boca abajo, colocaban una lona larga similar sobre mí. Lo hacían para evitar que se me formaran llagas.

Las palabras de mis padres retumbaron en mi cabeza:

—Dicen que te lastimaste el cuello.

Mi cuello. *¿Le pasa algo malo a mi cuello?* Eso podía significar cualquier cosa. Podía significar que me había pellizcado un nervio, una contusión muscular o un esguince de tendón. Cualquier cosa podía ser el problema. Seguramente me recuperaría.

—¿Me pondré mejor, verdad? —pregunté. Esperaba que

196

respondieran automáticamente: ¡Por supuesto!; pero todos parecían estar distraídos con algo en la sala de enfermería.

La unidad de terapia intensiva se transformó en mi asilo durante los tres meses siguientes. Y era paranoico. Las fuertes drogas que le introducían a mi cuerpo me producían terribles alucinaciones. Cada vez que las enfermeras me ponían boca abajo, temblaba violentamente de pánico. Ahí era cuando las veía: patas peludas hendidas. Verdes y feas patas en vez de los pies de las enfermeras. Cerraba los ojos ante los pies con verrugas, porque sabía que pertenecían a los demonios que rondaban por mi cama... Monstruos que suavemente levantaban la punta de la lona de la cama *Stryker*, estiraban y alisaban mis sábanas y ocasionalmente me palmeaban el hombro cuando terminaban de girarme. No podían engañarme con su fingida amabilidad. Sus patas hendidas los delataban.

—Sácalos de aquí, papá —le rogaba.

—¿Sacar qué, tesoro? —me preguntaba cariñosamente.

—A ellos —con los ojos apuntaba al otro extremo de la cama—. ¡A *ellos*! No podía creer que no viera las figuras grisáceas atemorizantes que estaban paradas a su lado. Si yo hasta escuchaba el clac-clac de sus patas sobre el piso.

Una noche, después de que me rotaran boca arriba, tuve el valor suficiente para preguntarle a una enfermera mientras terminaba de ajustar el último tornillo de la cama:

—¿Po-podría por favor fijarse allá detrás de la cortina? Sé que está ahí. Sin embargo, cuando levantó la cortina, el demonio había desaparecido. Más tarde, cuando apagaron las luces, uno de los demonios regresó sigilosamente y colocó un gran bloque de cemento sobre mi pecho. Me desperté, gritando de terror: ¡*Sáquenlo*! Por favor sáquenmelo de *encima*. ¡No puedo respirar!

Una enfermera llegó corriendo y me miró extrañada. Trató de consolarme:

—Joni, son solo tus manos sobre tu pecho. Eso es todo, tenías las manos cruzadas sobre el abdomen. Estás bien. Estás *bien*.

Aquella noche no pude dormir. Estaba segura de que las enfermeras cooperaban con los monstruos.

De vez en cuando las pesadillas se disipaban y me encontraba recobrando un poco de sentido, sentido de normalidad. En momentos más lúcidos, memorizaba los nombres y las funciones de los tubos y equipos en mi sector de la esquina de la habitación. Tal vez si los entendía podría despojarlos de su imagen terrorífica. Cuando las enfermeras corrían las cortinas de mi sector para separarme de los enfermos de verdad, trataba de imaginarme que estaba en mi pequeña carpa. Ocasionalmente, en tardes cálidas, abrían la ventana que estaba justo encima de mi Stryker, así que podía escuchar el ruido de los cascos de los caballos que tiraban de los carros con verduras en la calle.

Mi hermana Jay trajo una pequeña radio para mi repisa de al lado de la cama. Cada vez que alguien la encendía, se escuchaba el éxito del verano, la Oda a Billy Joe: «Era el tres de junio, otro soñoliento día lleno de polvo en el delta... el día que Billy Joe McAllister saltó del puente Tallahatchie». Con debilidad entonaba mi propia versión: «Era a fines de julio, otro soñoliento día lleno de polvo en el verano... el día que la pequeña Joni saltó de la balsa a la bahía».

Cada canción tenía un lado morboso. Mi madre y Jay trataban de levantarme el ánimo, conversando sobre las cosas que ocurrían «afuera». Me contaron cómo se comportaba la pequeña Kay en sus terribles dos años, los cambios que se estaban realizando en la calle *Mayor en Woodlawn*, o cómo la escuela primaria había tenido que ceder su campo para el nuevo bulevar que se estaba construyendo. Hablábamos sobre quién estaba empacando para ir a qué universidad, y sobre cómo estaban *Augie* y *Tumbleweed*.

—Bueno, no tan bien —me dijo Jay en una de sus visitas—. *Tumbleweed* se cayó y... —dudó unos instantes; no estaba segura si debía decírmelo— y ella está... ella está paralizada.

—Está *¿qué?* —dije con incredulidad.

—El veterinario tuvo que hacerle un catéter. Un poco como tú. Lo lamento, Joni. No saben si es permanente o no.

Esto era completamente extraño. *¿Mi yegua y yo, ambas paralíticas?* Mi mente luchaba por comprender, relacionar, identificar. *Necesidad de médicos. Enferma. Caída, incapaz de caminar.* Con un catéter. El paralelismo se detuvo con aquella última palabra: permanente.

Mi parálisis podía ser permanente. La idea daba vueltas en mi cabeza. Repetía: *Parálisis permanente... parálisis permanente...* pero las palabras no tenían vida. Eran totalmente huecas, como si estuviera leyendo un diccionario. No presentaban amenaza, no eran una inminente posibilidad de maldad. Simplemente rebotaban en mi cerebro, llegaban hasta el oído interno y luego morían.

Después de esos primeros tres meses, el personal del hospital comenzó a colgar adornos de Halloween. En cualquier otro momento, me habría sentido bien con la cara de payaso de la calabaza de cartón anaranjado. Sin embargo ahora, la sonrisa desdentada y los vacíos ojos negros me parecían realmente siniestros. Le pedí a mamá que los hiciera quitar.

Las tarjetas con deseos de mejoría disminuyeron, al igual que las visitas. Mi decimoctavo cumpleaños llegó y pasó. Todas mis amigas de la secundaria estaban en la universidad, con empleos nuevos o por casarse. Hacía demasiado frío ahora para tener la ventana abierta, y yo extrañaba los sonidos del verano de los vendedores ambulantes de verduras en la calle. Me alentaban un poco los recientes informes sobre *Tumbleweed.* El veterinario había logrado que se parara y comenzara a andar. Sin embargo, mi alegría se desvaneció de inmediato: yo no me había podido mover ni un milímetro.

—Tengo buenas noticias para ti, Joni —anunció el médico una mañana durante una de sus visitas—. Vamos a realizarte una cirugía muy compleja que estabilizará tu cuello. Significa que podremos liberarte de estas pinzas.

—*¿De veras?* —casi reí ante la novedad... eran grandes noticias. Por fin retirarían las pinzas estabilizadoras que habían estado atornilladas a mi cráneo durante todas estas semanas. Esto era una mejora, un progreso. Estaba progresando... mejoraba.

199

—Hasta quizás te saquemos de aquí y te llevemos a una habitación común —agregó.

Era lo que había estado esperando. De inmediato, mamá y papá infundieron nuevo entusiasmo en nuestra cadena de oración, pidiéndoles (a todos) que recordasen mi operación en sus plegarias. Estaba convencida de que la intervención me ayudaría a caminar. Los demonios habían desaparecido ahora, y seguía pensando en las palabras de Jesús en Lucas 18:27: «Lo que es imposible para los hombres es posible para Dios».

Todo es posible para Dios... todo es posible para Dios... Lo murmuré repetidamente la mañana que me llevaron al quirófano, como Dorothy en El Mago de Oz, que repetía: «No hay ningún lugar como el hogar...». Solo sabía que despertaría caminando, o al menos, siendo capaz de mover las piernas.

La operación fue un éxito. El médico me sacó trozos de hueso de la cadera y los presionó como si fuera cemento entre las cervicales rotas. El injerto prendió muy bien y el médico también me desatornilló los pernos de la cabeza, librándome del fuerte apretón de las pinzas. Cuando me sacaron de la unidad de terapia intensiva, me dieron una cama ¡una cama de verdad! en una habitación privada.

No obstante, lo imposible no había ocurrido. Mis manos y mis pies seguían tan fláccidos y paralizados como antes. Nada se movía del cuello para abajo. Sentada en el centro de mi nueva habitación, miré fijamente el alto techo y escuché el silencio. Los empleados del hospital se desplazaban suavemente y con indiferencia por la puerta y el pasillo. Eran totalmente inconscientes de que la chica nueva de la habitación por donde ellos pasaban estaba totalmente aterrorizada. Ya no había aparatos que emitieran ruidos, sino solo el sonido del calefactor que se encontraba debajo de la gran ventana que resonaba cuando llegaba la calefacción. Y las ventanas eran tan altas que las paredes hacían que retumbaran todos los sonidos.

Mis amigas no perdieron el tiempo, y empapelaron cada centímetro cuadrado con pósteres de Paul Newman en La leyenda del indomable, Steve McQueen en moto en La gran evasión, caballos y un par de grandes láminas de cartón de bananas «Chiquita» que habían pedido en un supermercado.

«¿Ves esa palmera?», me preguntó Jacque, mi compañera de hockey, señalando un póster turístico del Caribe. «Allí nos vamos a ir cuando mejores. Espera y verás».

Estaba cansada de esperar. Estaba cansada de orinar por un tubo y de defecar en la cama, de oler mi cabello apelmazado y de mirar televisión de costado. Estaba harta de «El Precio Justo» y de las telenovelas, de comer acostada y de despertarme a la hora de las rondas matutinas. Cuando venían las visitas, desesperadamente quería decir que sí, me estaba recuperando, y que su visita había valido la pena, y que sus oraciones habían sido escuchadas. No obstante, no podía asegurárselos ni siquiera con una sonrisa; se me habían ennegrecido los dientes por los medicamentos.

El reloj marcaba la hora. Los turnos cambiaban al igual que las sábanas. Las enfermeras anotaban la temperatura, el pulso, la respiración y los c.c. de orina que había eliminado. El intercomunicador, sin pausa, mandaba a llamar a los médicos y anunciaba los horarios de visita, el carrito de la limpieza rodaba por los pasillos y los empleados fregaban los pisos. Conté los azulejos del techo una y otra vez. Estaba harta de que el tiempo no pasara nunca... La nieve acumulada en el antepecho de la ventana me indicó que estaba llegando otra estación.

¿Qué está ocurriendo, Dios? ¿Por qué no me estoy recuperando?

Un espantoso pensamiento se filtró en mi consciencia: *¿Podía ser que... es posible, Señor que esto sea* (miré de reojo a mi mesita de luz y a las cuatro paredes) *que esta sea la manera de responder a la oración que te hice?*

Se me hizo un nudo en la garganta. Esa oración sobre acercarme más a ti...

Mi mente regresó a los retoños en la plantación de manzanos del tío Don y a la agradable tarde de primavera cuando me senté en mi balcón y escribí en el reverso de una ficha: *Querida Caja... Estoy cansada de decir que soy cristiana por un costado de la boca, y decir otra cosa por el otro ... Por eso Dios,*

*te pido que por favor, por favor hagas algo en mi vida que la trans-
forme.*

Inspiré lenta y profundamente para aliviar la tensión en mi
pecho. ¿Podía ser que todas las oraciones de la sala de espera,
todas las plegarias de los amigos de la iglesia y por todo el país
no sirvieran para nada? ¿Podía ser que Dios quisiera que yo
estuviera en esta situación? *¿Sería cierto?*

Rogué mirando al techo como si fuera el cielo. Esperé en
silencio, escuchando el *tic tac* del reloj. El intercomunicador
llamó a un médico.

El vacío del silencio comenzó a sofocarme. Dios, no puedes
hacer esto. Entrecerré los ojos para contener las lágrimas. *No
me refería a algo como esto cuando oré de esa manera.*

Comencé a llorar. Lo detestaba, porque no había nadie
cerca para enjugarme los ojos o sonarme la nariz. Dejé
escapar un largo gemido. Ni siquiera puedo sonarme la nariz.

Faltaban un par de horas para que llegara mi madre. Debo
mantener la mente ocupada —me dije a mí misma— *debo
hacer algo… pensar en algo.*

Miré alrededor de la habitación cuadrada. Mis ojos ya
habían memorizado cada detalle. Luego me di cuenta de que
nunca había notado lo blanco que era todo: la moldura del
techo, los azulejos y las ventanas, hasta las paredes que
asomaban debajo de las láminas. También estaban los médicos con sus blancos guardapolvos de laboratorio, las enfermeras con sus uniformes blancos, medias, cofias y zapatos.
Hasta el aire olía a blanco, era antiséptico. De repente todo
parecía transformarse en un enorme laboratorio desinfectado.
Y allí estaba yo, acostada, desnuda, tapada con una sábana
blanca, esperando… a punto de ser sometida a experimentos.

*Estoy en el centro de una caja blanca y estéril —razoné—.
Atrapada aquí por la fuerza de gravedad. No me puedo mover ni
sentir nada. Solo respiro, como y defeco. Eso es todo.*

Dejé que la idea me intrigara. *¿Se verán las personas a sí mismas de esta manera? No —respondí para mí—. No lo saben,*

porque tienen muchas cosas con qué distraerse. Están ocupados haciendo cosas: trabajando, yendo a la universidad, caminando y corriendo por ahí.

Detuve el experimento por un instante. Y me vi a mí misma en el medio de este drama.

«Pero yo, ajá... soy un conejillo de indias de diferente color, porque no tengo nada». Escupí las palabras hacia el techo en un ronco susurro. «No tengo nada con qué distraerme. ¿Escuchaste eso Dios? ¡Nada!»

Estaba juntando presión. Quizás no podía golpearlo en la nariz, pero pensé que podía azotarlo con mis palabras. Comencé a imaginarme a mí misma en una película de ciencia-ficción. Y que le hablaba a una cámara oculta en el techo:

»Soy un conejito de indias que representa a toda la humanidad. Estoy aquí, en este laboratorio... solo existiendo. Todo esto ocurre para que puedan probar en mí el gran dilema de la humanidad.

»¿Cuál es el significado de la vida, Dios?, proferí entre dientes. ¡Traes a las personas a este mundo solo para respirar, comer, envejecer y morir? ¿Arrojas el dado y paralizas a las personas por el camino? ¿O arrojas un poco de cáncer? ¿O aplastas algunos cerebros en accidentes? ¿Eh? Vomité el siguiente pensamiento:

»¿Por qué no obligo a una de mis amigas a que me traiga la navaja de afeitar de su padre o las píldoras para dormir de su madre? ¿Por qué no poner un revólver a la cabeza de toda la raza humana, si solo estamos aquí para existir? Existir, ¿eso es todo? ¿Es eso todo?»

Lo repetí, con voz más fuerte: *«¿Es eso todo?»* Mis palabras retumbaron en el cuarto.

—Buenos días —saludó mi madre alegremente.

Miré hacia arriba y la vi entrar a la habitación.

— ¿Qué era lo que decías? —preguntó mientras dejaba sus cosas a un lado.

—Nada... —giré la cabeza sobre la almohada.

—¿Te gustaría leer? —preguntó revolviendo su bolso—. Traje unos libros de tu biblioteca. Hay un par de ejemplares de la revista *Seventeen* [Diecisiete] y *The Western Horsemen* [Los jinetes del ˋoeste]. Y veamos aquí... *El Señor de los Anillos* y *algo de Hermann Hesse*... ¿quién es?; y encontré esto de Viktor Frankl, y...

Mi madre hizo una pausa cuando levantó un pequeño libro negro al que a menudo le había sacado el polvo.

—Sé que solías leer este: *Confesiones*, de *San Agustín* — murmuró hojeando un par de páginas.

La cámara imaginaria del techo todavía seguía filmando. En realidad, quería continuar con mi experimento, pero no podía rechazar a mi madre. Siempre luchando contra el tráfico al atravesar la ciudad para visitarme todos los días, siempre buscando una revista o trayendo un paquete de rosquillas o colgando mi palo de hockey en la pared... cualquier cosa que me animara e hiciera las circunstancias un poco más soportables. En realidad, el ver todos sus esfuerzos me retorcía el corazón. Quería aliviar su peso en esta horrible transición, igual que lo había hecho con papá cuando comencé a convertirme en mujer.

Apagué la cámara. Elegí un ejemplar de Diecisiete. Mi madre la abrió en el primer artículo y se ubicó al lado de mi cama. Sostenía la página encima de mi rostro.

—¿Puedes leer bien? ¿La quieres más cerca?

—No, está bien —respondí y comencé a leer el primer párrafo. El pasillo del hospital estaba plagado de los sonidos de las rutinas matinales, pero había silencio en mi habitación, solo se escuchaban las respiraciones de mi madre y la mía. Después de una o dos páginas, mamá cambió de posición. Cuando pasaron otras, se apoyó sobre la baranda con una mano y sostuvo en alto la revista con la otra. Luego la tomó nuevamente con ambas manos. Aunque sus brazos de tenista eran fuertes, esto debió de haber sido extremadamente cansado para ella.

De repente, quise llorar de nuevo. Me alegró que la revista ocultara mi rostro. Temí que si miraba a los ojos de mi madre me desplomaría. Seguí pensando en todas las veces que me había arrastrado a ballet o a las clases de piano, o cuando se tapaba los ojos cuando yo saltaba con Augie y en los muchos veranos en que alimentaba la fogata en la playa y cocía almejas al calor de los leños, susurrando suavemente «Buenas noches» cuando colocaba con prolijidad el mosquitero alrededor de mi catre. Seguí pensando en nuestro hogar en *Woodlawn* y en esas tardes en que yo subía a saltos por la escalera trasera, abría la puerta de mi dormitorio y sentía el aroma fresco de sábanas limpias. La manera en que tocaba la campana de atrás de la puerta para llamarnos a cenar, cómo hacía de nuestro hogar un lugar tan hermoso, cómo preparaba tortas de cangrejo, cerdo asado y chucrut. Recordé las horas que se pasaba arrodillada limpiando la alfombra de tigre y encerando los pisos de madera. Puedo haber sido una obstinada, joven cabeza dura de dieciocho años que hacía cosas a escondidas de mi madre, pero era lo suficientemente humana como para reconocer la amabilidad y el compromiso cuando lo veía. Y no podía dejarlo pasar ahora que la tenía a ella, aquí parada, sosteniendo una revista para mí.

Se me llenaron los ojos de lágrimas y las palabras de la página se volvieron borrosas. Me encontré nuevamente en mi película de ciencias, luchando por contener mis emociones. *Tiene que haber algo más en la vida que solo nacer, comer y dormir, y morir. Debe haber algo más que la mera existencia.* El simple gesto de mi madre de ayudarme tenía que ser parte de la ecuación.

La gente como mi madre hacía compromisos y los cumplía, hacía promesas y las mantenía. Las personas, como no sucede con ninguna otra especie del planeta, pueden llorar, razonar y amar hasta lo indecible. Podían perdonar errores e inspirar lo que es correcto. Las personas eran demasiado importantes como para solo existir. Tenía que haber más. Tenía que haber algo más para mí.

En cierta manera, sentí que mi vida todavía era importante.

A medida que transcurrían las semanas, me zambullía muy a menudo en mi experimento científico. Una y otra vez me sumergía desde la blancura que me rodeaba a la oscuridad de mi interior. Sabía que era importante y que estaba conectada a otros seres humanos y, sin embargo, me sentía terrible-

205

mente sola y aislada. Mi cuello todavía estaba roto y mi parálisis no había cedido, dejándome en estado cadavérico. Y estaba sola en esta terrible situación. Nadie, ni siquiera mamá o papá podían rescatarme.

Una noche me convencí de que estaba más allá de todo rescate. Una vez que la habitación estuvo a oscuras y el pasillo en silencio, comencé a mover la cabeza lentamente, de adelante hacia atrás sobre mi almohada. Esto era sencillo sin el collarín. Entré en ritmo. El movimiento se transformó en desgarradoras sacudidas destructivas que esperaba que rompieran mi cuello aun más. Me detuve al darme cuenta que no me mataría sino que me dejaría todavía más paralítica.

Mi mundo se volvió más oscuro y deprimente. A veces, justo antes de dormirme, me sentía sumergida en el agua y que iba cada vez más abajo, bien abajo, hasta que mis pulmones comenzaban a arder y el terror me atrapaba. *Oh, no —me moría de miedo—. No veo a papá. ¿Dónde está mamá? ¿Dónde está el casco? ¿Y la quilla? Nunca lo lograré. Me voy a ahogar. ¿Cuándo alcanzaré la quilla?*

Una noche, medio dormida, creí escuchar a alguien en mi puerta. Giré la cabeza y vi la silueta de alguien agachado, proyectando una larga sombra en el piso.

Pestañeé. La forma se acercó y mi corazón aceleró un poco. Sabía que se había terminado el horario de visitas. Se suponía que nadie debía estar allí.

—¿Quién anda ahí? —pregunté muy seria.

—¡Shh! —era una joven de mi edad. Al acercarse a la baranda reconocí a Jacque, mi amiga de la secundaria.

—¿Qué estás haciendo aquí? —le advertí—. Si te encuentran te sacarán de una patada.

Jacque apoyó las manos con cuidado sobre la baranda y silenciosamente la bajó. Con cautela se subió a la cama y se acomodó a mi lado sobre las sábanas. Luego comenzó a acurrucar su cabeza en mi almohada, como si nos estuviéramos acostando juntas en un *pijama party*.

Estuvimos así por un largo rato, sin hablar. Me di cuenta de que su presencia había traído un toque de normalidad. Cuando finalmente habló, me susurró que todo este tiempo había estado escondida detrás del sofá de la sala de espera hasta que las enfermeras tomaron su descanso. Reí como una niña de solo imaginarlo.

—*Shh* —rió conmigo, tapando nuestras bocas y tratando de contener nuestras risas.

En la oscuridad podía percibir la silueta de Jacque contra el brillo de la luz del pasillo. Ella movió la mano, en busca de algo allí abajo. Era mi mano. La vi levantar mi brazo, con sus dedos entrelazados con los míos, tomándolos con fuerza y sosteniendo nuestras manos juntas en el aire. Durante un largo rato, ella sostuvo mi brazo en alto, nuestros dos brazos formaban un obelisco en la oscuridad. Se veía como la silueta de una estatua o una especie de monumento conmemorativo. *Un hecho que confirmaba que yo era importante.* No era un cadáver con una terrible existencia. No estaba sola ni aislada; estaba conectada a la raza humana. Estaba conectada a una amiga.

—Jacque —dije suavemente—, ha sido tan difícil, tan terrorífico... Tengo miedo.

Esta era la chica con quien hasta ahora solo había compartido licuados, chismes, palos de hockey, canciones de Vida Joven y novios. Sin embargo, instintivamente, ella sabía cómo proporcionar consuelo a pesar de ser tan joven. En la oscuridad comenzó a cantar con dulzura:

Levantado fue Jesús
En la vergonzosa cruz,
Para darme la salud,
¡Aleluya! ¡Gloria a Cristo!

El antiguo himno tenía un extraño poder. Me tranquilizó y me consoló como la canción de cuna de una madre.

No hablamos mucho durante el resto de la noche. Solo permanecimos acostadas una al lado de la otra escuchando el ritmo de nuestra respiración. Yo encajo —pensé. *Encajo aquí, al lado de mi amiga como si fuéramos piezas de rompecabezas...* aunque yo no pudiera sentir nada.

Por primera vez, estaba bien. Estaba simplemente... bien.

De vez en cuando alguien pasaba frente a la habitación, una sombra que se proyectaba en el piso. Por primera vez en mucho tiempo no me importó que las horas no pasaran nunca. La noche era cálida, y yo evitaba el sueño sintiendo que me había quedado en la casa de una amiga a pasar la noche o tal vez, que estaba recostada bajo las estrellas en la playa, con el barco *fantasma* y su maldición allá lejos, en la mar, mientras escuchaba el ritmo parejo de las olas que desvanecían mis temores.

CAPÍTULO QUINCE

Levántate, recoge tu camilla y anda —le contestó Jesús.

Juan 5:8

«Léelo nuevamente. Solo una vez más».

A Diana le gustaba leerme pasajes de la Biblia. Era una buena amiga de la escuela secundaria, y con frecuencia me preguntaba: «¿Hay algún capítulo en especial que quieras escuchar?»

Siempre le daba la misma respuesta, con lo que suspiraba y buscaba el conocido pasaje. Era una página que repetía una y otra vez en mi imaginación. Y por eso hoy, Diana se paraba al lado de mi cama y comenzaba a leer del Evangelio de Juan:

Había allí, junto a la puerta de las Ovejas, un estanque rodeado de cinco pórticos, cuyo nombre en arameo es Betzatá. En esos pórticos se hallaban tendidos muchos enfermos, ciegos, cojos y paralíticos. Entre ellos se encontraba un hombre inválido que llevaba enfermo treinta y ocho años. Cuando Jesús lo vio allí, tirado en el suelo, y se enteró de que ya tenía mucho tiempo de estar así, le preguntó:

—¿Quieres quedar sano?

—Señor —respondió—, no tengo a nadie que me meta en el estanque mientras se agita el agua, y cuando trato de hacerlo, otro se mete antes.

—Levántate, recoge tu camilla y anda —le contestó Jesús.

Diana cerró la Biblia y bajó su mirada. No sabía qué decir. Nadie sabía nunca qué decir.

El pasaje me atraía como un imán. Al igual que mi experimento científico, este se transformó en una película en mi mente. Cuando el día estaba oscuro y silencioso, me imaginaba en Judea dos mil años atrás en el estanque de Betzatá, con sus veredas ardientes por el sol y sus pórticos. El día estaba seco y caluroso; la multitud en el estanque, inquieta y expectante. Un burro rebuznó. Los perros ladraban. En todas partes las personas se amontonaban unos con otros, murmuraban, se arrastraban y se estiraban para ver si el ángel ya había agitado las aguas.

Me ubicaba entre los enfermos y los paralíticos, algunos de ellos tirados sobre los escalones; otros, languideciendo junto a los pórticos. Entonces, yo estaba tirada en una estera de paja, una especie de catre, contra una pared fresca con sombra. Alguien fue lo suficientemente amable de cubrirme con una capa áspera; pero otros no eran tan considerados, como los que pasaban pisoteándome las piernas. Las moscas volaban, el sol estaba alto y fuerte, y yo esperaba que Jesús viniera pronto.

Finalmente, al atardecer, se escuchaban los gritos de la multitud por encima de los pórticos. Alzaba la vista y veía a la gente que iba en busca de Jesús. Él salía de las sombras a la cálida luz del sol, junto al estanque. Se detenía y giraba, le decía unas cuantas palabras que yo no alcancé a escuchar a un grupito que estaba cerca del estanque y luego se inclinaba para tocar los ojos de un ciego. Por los gritos ahogados que escuchaba, supe que el hombre había recobrado la vista.

De repente, la gente comenzaba a empujarse y a abrirse paso con los codos para acercarse a Jesús. Ellos sabían que él era el sanador. Se arrastraban sobre sus manos y rodillas, con ojos suplicantes, con los brazos extendidos, rogando ayuda. Yo también quería arrastrarme, pero no podía. Otros se me adelantaban, bloqueándome la vista. No tenía a nadie que me arrastrara hasta Jesús.

En mi interior, gritaba a todo pulmón: «Jesús, aquí estoy. ¡No me olvides! ¡Estoy aquí, Señor, por aquí!»

Esperaba que me respondiera, que mirara por encima de sus hombros y me viera. Que le dijera a los otros: «Lo lamento, ella ha estado orando y esperando por mucho tiempo. Debo ir y ayudarla».

Sin embargo, la película nunca terminaba así. Siempre se salía del carrete y se empalmaba con otra cosa: una enfermera que venía a tomarme la presión arterial o la llegada de una visita. Y yo volvía a caer en el estanque de la desilusión. Luego, simplemente esperaba que viniera otra visita, que me preguntara si quería escuchar algo de la Biblia. Entonces pedía el Evangelio de Juan, colocaba de nuevo el carrete en su lugar y rodaba la cinta una vez más.

Oh, Dios, parece que llevara años en este hospital —me preocupaba—. ¿Dónde estás? ¿Por qué no estoy mejorando?

Los médicos del hospital de la universidad de Maryland ya no podían hacer nada más. Decidieron enviarme al hospital Montebello, una institución estatal en las afueras de la ciudad. «Mejorarás allí», me prometieron. «Ya verás».

Todo lo que vi cuando llegué a Montebello fueron muchas personas como yo: tetrapléjicos, parapléjicos, personas cuyos miembros colgaban fláccidos como los míos. Languidecían en el salón, jugaban a las cartas, fumaban o miraban televisión. El lugar tenía un sentimiento de permanencia, como si todos esperaran quedarse mucho tiempo allí.

Me ubicaron en una sala con cinco chicas cuyos problemas iban desde la cuadriplegia a la esclerosis múltiple. Gracias a Dios, me dieron una cama cerca de la ventana. No obstante, la vida era lenta y laboriosa, llena de reglas y reglamentos. Mi rutina se convirtió en la misma cosa de siempre: baño en la cama, mejunje de avena, pastillas, terapia física por la mañana y terapia ocupacional por la tarde. Las semanas pasaban y la rutina se volvió un destino insoportable.

Por la noche veía en mi mente la película del estanque de Betzatá, siempre orando que mis piernas y mis brazos se empezaran a mover. Sin embargo, siempre me desilusionaba que Jesús no pasara entre los otros hasta donde yo estaba. Ni siquiera parecía estar cerca mientras yo permanecía despierta y mis compañeras de habitación dormían. Debe de haber estado caminando por otros pasillos, visitando otras salas, inclinándose para atender las necesidades de otros pacientes. *¿Estás ahí?* —oraba, al borde de las lágrimas—. *¿Acaso te importa algo?* El reloj continuaba con su tic tac y las enfermeras del último turno caminaban silenciosamente por los pasillos.

La terapia ocupacional proporcionó un pequeño cambio de ritmo. La sala de TO siempre estaba llena de actividad con conversaciones y el sonido metálico de las pesas mientras los terapeutas conversaban con sus pacientes alentando a sobrevivientes de un derrame cerebral, algunos con daños cerebrales y otros con daños en la espina dorsal como el mío. La habitación olía a lana y a pintura, a aguarrás y a juncos secos, y la radio siempre estaba sintonizada en WCAO, una emisora cristiana. Tarros de pintura para láminas, pinceles, además de platos y vasijas de cerámica sin cocer llenaban las estanterías de una pared. Al otro extremo de la habitación, cerca del espejo que cubría del piso al techo, estaban las máquinas de escribir, los caballetes y las herramientas para hacer agarraderas y canastas.

«Joni, ¿no puedes hacer algo mejor que esto?», suspiró Chris, mi terapeuta ocupacional mientras sostenía en alto mi más reciente obra de arte. «Sé que no es sencillo sostener la fibra con los dientes, pero estoy segura de que puedes hacerlo mejor. ¡Vamos, tú eres una artista!».

La página estaba completamente cubierta de tinta negra. Había utilizado toda la hora de TO para garabatear con mi marcador de punta de fieltro de arriba abajo, de un lado al otro, hasta que prácticamente llené la hoja. El papel estaba roto en los lugares donde había clavado la fibra con fuerza, y olía a húmedo y tóxico por toda la tinta que había absorbido.

No le respondí a Chris. Solo eché la cabeza hacia atrás y me estiré. Me dolían los músculos del cuello debido a tantos movimientos repetitivos.

«Sé que puedes pintar algo más expresivo que...», buscaba las palabras que describieran su irritación contenida—, que esta cosa... abstracta».

Para mí era muy expresiva. Reflejaba una hora de líneas negras entrecruzadas de enojo que aniquilaban todo vestigio de blanco. Y eso expresaba perfectamente bien el estado de mi mente. Es más, si uno observaba con mayor detenimiento, los pequeños rayones revelaban un modelo: caos. Cuando mi marcador llegaba a otros lugares, repetía los patrones negros haciendo marcas de pequeños mosaicos caóticos en todo el papel.

Era un paralelo perfecto del negro caos de mi vida.

Al igual que el caos que había más allá de las paredes de Montebello. A principios de la primavera del año 1968, el Viet Cong había lanzado su ofensiva Tet a Vietnam del Sur, y Lyndon Johnson envió más tropas a la región. Cada vez que la televisión estaba encendida, veía imágenes en vivo de muchachos de mi edad que corrían hacia una locura de balas y bombas. Era un desquicio, pero era real. Esto sucedía en la televisión, pero en cierta medida, no.

Las universidades de California, la *UCLA* y *UC*-Berkeley se convirtieron en lugares de protestas políticas, y el musical *Hair* debutó en Broadway. Luego vino aquel triste día de abril cuando el disparo de un solo francotirador mató al Dr. Martin Luther King (h.) en el balcón de un hotel de Memphis. Mientras los informes en la televisión se repetían a cada instante, inspiré profundamente y de pronto recordé un informe que había escrito sobre los derechos civiles en la clase del Sr. Lee. Recordé también las palabras del discurso «Tengo un sueño». Y pensé en el viejo Sr. Tom y en papá.

¿Dónde estaban los días más dulces y seguros? ¿Los días en que las crisis nacionales permanecían en las hojas de mis evaluaciones y ensayos, cuando el racismo parecía tener una solución en las leyes o en los sermones del domingo? El mundo, mi mundo, se deshacía más rápido que devanar un abrigo tejido. Los tanques del ejército pasaban rodando por los bulevares de Baltimore, y el toque de queda mantenía las calles desiertas y las persianas de las ventanas, bajas. También hizo que mi familia me visitara con menor frecuencia.

Tenía miedo. Los voluntarios negros gritaban frases en los pasillos de Montebello. Algunos entraban en nuestra sala, agitaban la cabeza y advertían sin dirigirse a nadie en particular: «Los venceremos. Vamos a triunfar».

Durante días, la toalla para mi rostro estaba fría más que

213

caliente. Me alimentaban con más brusquedad que delicadeza. Por las noches me acomodaban las almohadas con rudeza en vez de hacerlo con suavidad. Tres de las chicas en mi sala eran blancas y tres eran negras. Nunca antes había sido tan consciente del color de mi piel.

Se había perdido toda la inocencia, toda razón, toda esperanza nacional. Cayendo en espiral hacia abajo, el espíritu que prevalecía era quemar la bandera y *«Bye-Bye, Miss American Pie»*, como decía la canción. Era también: quiebren la cruz, pónganla al revés y hagan el símbolo hippie con ella. Parecía que Dios hubiera abandonado la música y las artes, los campus de las universidades y al país entero.

Tal vez Norteamérica y yo éramos demasiado obstinados y rebeldes. Quizás habíamos llegado demasiado lejos en el asiento trasero de un auto, y ahora Dios había decidido gastar sus energías en otros, en otras personas que lo merecieran más. Quizás estaba buscando norteamericanos más dóciles, cristianos más obedientes a quienes dedicarse.

¿Estaba Montebello en la pantalla de su radar? ¿O estaba afuera en alguna parte escuchando las oraciones de otras personas sobre cáncer y divorcio, tamborileando con sus dedos en el escritorio hasta que oraran lo suficiente? Tal vez estaba en el Medio Oriente, limpiando lo que había quedado después de la guerra de Yom Kippur para mantener en funcionamiento los engranajes de la profecía.

Hiciera Dios lo que hiciera, yo me aseguraría de que oyera de mí. Captaría su atención con judo mental y le tiraría por la cara algún don o gracia para agregar insulto al daño. Me había dado talento para dibujar y... muy bien... ¡pues iba a usarlo!

Así era en la terapia ocupacional. Dirigía mi silla de ruedas hacia el caballete, estiraba el cuello hacia adelante para alcanzar la fibra negra de punta de fieltro y atacaba la hoja de papel. Rayas, rayas, garabatos, rayas, de arriba a abajo, apretando la fibra contra el papel puro y limpio. *Golpe a la mandíbula, izquierdo, gancho derecho, golpe bajo.* «¡Toma esto y esto!» Luchaba mientras dibujaba.

Finalmente escupí la fibra. *Ya tuve suficiente. Odio pintar con la boca, odio esta silla de ruedas, este hospital, a estas personas, esta estúpida rutina y a...* —me detuve justo antes de decirlo—: *Dios.*

Entonces inventé otras formas de golpearlo. Ya no más con palabras punzantes o líneas desparejas de caos negro sino con tranquilos comentarios sarcásticos, dagas y dardos que se deslizaban hasta el objetivo con controlada precisión. Comencé a fumar, aspirando profundamente el humo del cigarrillo hasta llenar mis pulmones y mantener el humo allí el mayor tiempo posible; mi cuerpo ya estaba dañado de todos modos. O colgaba láminas sicodélicas en las paredes de la sala. Ignoré los himnos de mi niñez y me sumergí en *The White Album* [El álbum blanco] de los Beatles o las canciones de *Cream*: «*¡Ba-da-da-da! ¡Da, da, da, da-da, da!*». Aprendí las letras indecentes de Graham Nash y del grupo The Band, palabras que penetraron tan profundamente en mi confuso cerebro que conocía la letra de *The Weight* de atrás para adelante: «Llegué a Nazaret, me sentía casi muerto...» Sí, esa era yo... excepto que no estaba llegando a Nazaret, me estaba yendo de ahí. Jesús me había abandonado y yo le quería demostrar lo que se sentía. Ahora yo lo iba a abandonar.

Mi resentimiento creció hasta una calurosa tarde de agosto de 1968. Esa fue la noche que otro francotirador disparó el gatillo y asesinó al senador Robert Kennedy. Pestañeé ante las imágenes blancas y negras del televisor que lo mostraban tirado en el piso de la cocina de un hotel en un charco de sangre. Como las imágenes de Vietnam, estas también eran extrañamente grotescas. Miren eso —clavé la mirada en la pantalla—, Robert Kennedy muriendo. Lo mataron. Yo no estaba triste. Ni siquiera estaba horrorizada.

Estaba petrificada.

Tan petrificada como cuando los médicos me dijeron unos pocos días después: «Tendremos que sacarte las uñas». Había empeorado una infección que tenía debajo de las uñas, y tenían que sacarlas, sin más. Me explicaron que un cirujano cortaría la carne viva de cada uña de los dedos de la mano, la tomaría con unas pinzas y simplemente tiraría. Sonaba como algo que los Viet Cong le hacían a los prisioneros de guerra, no a chicas como yo que cuidadosamente limaban sus uñas antes de pintarlas con base, fortalecedor y el nuevo esmalte *Revlon*. Sin embargo, no me preocupaba. No me conmoví. Los médicos continuaron con sus rondas y yo seguí mirando la televisión.

La realidad se estaba volviendo difícil de asimilar. Y cuando eso ocurre es más fácil dejar que otro la viva. Hacía eso a través de los personajes que veía en la televisión. Desaparecía en sus vidas, especialmente en la de *The Prisoner* [El Prisionero]; el hombre de la serie de ciencia ficción que constantemente diseñaba planes para escapar de una isla donde lo tenían cautivo. Cada miércoles por la noche lo veía comenzar un nuevo e ingenioso plan para escapar; pero en cada episodio, una enorme bola blanca (una especie de «Gran hermano» que todo lo veía) lo rastreaba y lo obligaba a regresar. El espectáculo tenía una cruel perversión: los personajes y las circunstancias siempre parecían estar de su lado y obrar a su favor. Sin embargo, una inteligencia superior parecía manipular siempre a esos personajes que terminaban mintiendo y convirtiéndose en enemigos del prisionero.

Casi al final de la temporada, hubo un episodio en particular en el que yo estaba segura de que el prisionero finalmente escaparía de la isla. Habían sido tantos los intentos frustrados durante toda la serie, que estaba convencida de que esta vez lo lograría. En la escena final, el prisionero ingeniosamente engañó a sus captores, trepó una verja y se lanzó al mar. ¡Había escapado! Estaba feliz y sin aliento, mientras nadaba con fuerzas más allá de los ochocientos metros. La libertad estaba a la vista, y la música comenzó a sentirse más fuerte. El prisionero sonreía con cada brazada y sentía alivio.

Luego, de repente, la música comenzó a bajar. La indeseable bola blanca salió con un ruido explosivo del agua. La serie terminó. El prisionero nunca jamás podría escapar.

¿Qué? Mientras pasaban los títulos seguí sacudiendo la cabeza con incredulidad. Había terminado con una nota tan

216

pesimista que yo me estaba asfixiando de desesperación.

—¿Viste eso? —le dije a una compañera que estaba mirando conmigo—. ¿Cómo pudieron hacer eso?

¿Eh? —otra compañera levantó la vista de *The Inquirer*, una revista que estaba leyendo. Para este entonces la publicidad de un jabón en polvo llenaba la pantalla. Pronto mi compañera se entusiasmó con el siguiente programa mientras la otra continuaba hojeando su revista.

—No importa —murmuré para mí. Sin embargo, sí me importaba. Era una locura, pero había sentido algo. Un programa de televisión me había golpeado más fuerte que la idea de las pinzas sacándome las uñas o la imagen de Robert Kennedy muerto. Yo era la prisionera. Mi vida estaba terminando con la misma nota de desesperanza.

Me atrapó el pánico. *Por favor, no puedo vivir como una prisionera. No puedo vivir así.* De repente, la sala tenía olor a muerte. Igual que el hospital. Las cosas no vivían aquí... solo pasaban al tiempo hasta que se marchitaban y morían. Todo se estaba desintegrando, pero nadie se daba cuenta. Solo prendían la televisión para ver un programa tras otro. No lo entendía. *No encajo. Yo no pertenezco a este lugar.*

Era el mismo sentimiento que tenía en el experimento científico, en el que yo tenía el papel de conejillo de indias, y servía de experimento para todas las grandes cuestiones de la vida. *Tiene que haber algo más en la vida que solo nacer, comer y dormir, y luego morir. Debe haber algo más que la mera existencia. Debo tener alguna importancia.*

«Dios, tienes que estar allí arriba», susurré en la oscuridad con un nudo en la garganta—. «Esta guerra loca. Las propagandas. Las personas matándose. Más propagandas. Y luego mis uñas. Todo es tan extraño. No tengo esperanza, estoy sin esperanza, estoy sin esperanza...», repetí una y otra vez.

Miré fijamente al techo.

»Tú tienes que estar allí arriba. Es mejor que alguien esté allí arriba. Mi susurro se transformó en llanto, desesperado, urgente e insistente—. Y a ti te debe, sé que te debe *importar*».

217

Lancé la oración al aire como una pelota de básquet lanzada a la canasta en los segundos finales. No sabía a dónde llegaría, pero sabía hacia dónde apuntaba.

Entonces sucedió algo. En silencio y en calma, allí en las sombras de la sala, sentí que un rayo de luz imperceptible y pequeño penetraba en mi oscuro corazón. De repente me sentí transportada de regreso a aquella fría noche otoñal en Virginia. El rayo era suficiente para iluminar mi pensamiento, igual que entonces. Y ahora, una vez más, mi alma comenzó a ampliar sus límites un poquito, dejando lugar para mi remota y conocida fe.

Los recuerdos comenzaron a aparecer: borrosos recuerdos de Vida Joven y *Natural Bridge*, la roca y los árboles, las estrellas con su frescura y pureza. Entrecerré los ojos tratando de recordar arduamente el piso de madera, la ropa de colores brillantes de todos, el cálido brillo de las lámparas que colgaban del techo. Recordé todo, en especial cuando dije: «No quiero elegir el infierno, Señor. Quiero elegir el cielo».

Miré nuevamente al cielo raso y murmuré:

«Bien, ya he probado lo que es el infierno».

Los auxiliares sanitarios del hospital universitario Johns Hopkins vinieron a buscarme. Me envolvieron con frazadas, me colocaron sobre una camilla y me cargaron en una ambulancia que me trasladaría un corto trayecto hasta el centro de Baltimore. Me iban a sacar las uñas de las manos.

Un joven regordete y pelirrojo con pecas, mascando chicle, se sentó atrás conmigo. Tenía la camisa azul abierta en el cuello y cada vez que agarrábamos un bache su gran cuerpo se sacudía.

«¿Estás bien?», me preguntaba en voz alta por encima del golpeteo de los tubos de oxígeno.

«Sí», le respondía yo. Me era indiferente. Me preguntaba si

sentiría la misma indiferencia por perder las uñas si estuviese parada sobre mis pies.

Continuamos el resto del camino en silencio. Cuando pasábamos por el parque cerca del zoológico de Baltimore, pude ver la punta de los árboles con su follaje en tonos rojos y anaranjados. Era a principios del otoño. Se terminaba otra estación.

Nos detuvimos a la entrada del viejo hospital y cuando se abrieron las puertas de la ambulancia, me asaltó una ráfaga de frío aire otoñal. Los auxiliares sanitarios me llevaron rápidamente en silla de ruedas hasta el interior y me estacionaron frente a un calefactor.

—La clínica está llena en este momento —me explicó el auxiliar sanitario pelirrojo, hojeando las páginas de mi historial clínico—. Vamos a dejarte en el vestíbulo de entrada hasta que te puedan admitir. Escribió algo en la historia clínica y luego se colocó la pluma detrás de la oreja.

—¿Estás bien? —me preguntó una vez más.

—Sí.

—Bueno. Te cuidarán bien aquí —me dijo y luego se marchó.

Giré el rostro hacia el calefactor. Disfrutaba del calor y escuchaba la débil conversación de las personas que resonaba contra el alto techo y las pisadas que cruzaban por el piso de mármol. *Así es que este es el famoso Johns Hopkins* —me maravillé mirando detenidamente los altos paneles de color bordó oscuro y las ornamentadas molduras de arriba que conducían a un cubo de escaleras tras otro. Miré con detenimiento y vi el vitral de la cúpula encima de mí. Luego giré la cabeza para ver cómo era el centro del salón y...

«¡Dios mío!», exclamé por lo bajo. Mi corazón dio un vuelco.

Allí estaba, justo en el medio del hall, se elevaba 4,5 metros por encima de mi cabeza: una enorme imagen de Jesús, tallada en mármol brillante de color crema sobre un pedestal de caoba. Tenía el rostro inclinado y los brazos extendidos en un gesto de invitación: «Ven».

Este era un Cristo resucitado con una túnica que le cubría la mitad del pecho. Se le veían las cicatrices del costado y de las palmas de las manos. Mirando con atención sus brazos extendidos tan amplios, me encontré en su órbita y sentí como si estuviera mirándome directamente a mí. «¡Oh! ¡Ah!», seguía exclamando sin salir de mi asombro.

Forcé la vista para leer la inscripción de la placa de la base de la estatua: «Vengan a mí... y yo les daré descanso».

Un millón de personas podrían haber pasado a mi lado en este largo instante... enormes masas de gente desinteresada, concentrada en sus turnos y compromisos; otros conversando y yendo a la cafetería, haciendo ruido con el calzado sobre el mármol blanco y negro del piso, todos ellos deslizándose por un mundo diferente por completo al mío. Nunca me habría percatado de ellos. En medio de todo esto, Jesús tenía ojos solo para mí.

Sentí que estaba de regreso en Judea dos mil años atrás, recostada en un catre a la sombra de una pared. El día no estaba fresco y ventoso como este, sino que hacía calor, estaba seco y polvoriento. Yo yacía al lado del estanque de Betzatá, y de alguna manera, un hombre regordete, pelirrojo y con pecas me había sacado de entre la multitud y me había ubicado a los pies de Jesús.

«No me olvidaste después de todo», susurré, mirando las manos del Señor. «No me pasaste por alto».

El rostro de la imagen era de piedra, pero estoy segura de que le oí decir: «Te amo. No te preocupes. Si te amé tanto como para morir por ti, ¿no crees que mi amor es lo suficientemente grande como para guiarte por este camino?».

Algo estaba ocurriendo, por primera vez desde que Jacque se acostó a mi lado esa noche y cantó «Levantado fue Jesús»: estaba atrapada en los pensamientos de Dios sobre mí y no en mis pensamientos acerca de él. Me hallaba en un rayo de luz, consumida por su compasión por mí y no por mi ira y dudas sobre él. Mis pensamientos ni siquiera importaban ahora... solo los suyos. Solo su mente y su corazón. Y su mente y corazón se estaban comunicando con claridad, con tanta claridad como en esos momentos visionarios en que andaba a caballo por esos senderos y pasaba rozando las ramas de los árboles, con tanta claridad como en esas noches junto al mar, bajo las estrellas. Y él decía: «Ven a mí... y déjame que te de descanso».

Sí, sí —respondí en mi mente—. Necesito descansar. Solo quiero descansar. Paz y descanso.

Dios era tan inteligente... Durante todo el caos en mi vida, permaneció en silencio por un largo tiempo, muy largo. Y luego... ¡voilà! apareció con una sorpresa ingeniosa, un giro agradable, un giro inesperado pero brillante en los acontecimientos... como esta estatua. Yo había estado tocando con insistencia las puertas del cielo, disparando dagas y dardos, tratando de manipularlo. Ennegrecí con tinta papeles en blanco. Lloré y estuve enojada y traté de lastimar mi cuello aun más en mi almohada por rencor. Y luego, esto. Dios me había respondido, con calma y de una manera increíble.

Estando allí, no traté de analizar mucho más que eso. Simplemente miré el rostro de Jesús y me reconforté en su bendición. No había esperado nada así cuando me ingresaron en mi silla de ruedas en *Johns Hopkins*. Estaba allí para que me quitaran las uñas... una herida; pero ahora estaba pensando en otras heridas, las que dejaron los clavos en las manos del Hijo de Dios. *Esas heridas que fueron por mí.*

Aquí estaba el Dios que comprendía mi sufrimiento.

La clínica envió finalmente a un enfermero a recogerme. Al pasarme por debajo de la imagen, traté de mantener a Jesús en mi vista el mayor tiempo posible, desesperada por aferrarme a este momento sagrado tanto como podía. Las ruedas de la camilla se desplazaban por el piso de mármol, pasándome por debajo de las manos de Jesús, debajo de su boca, debajo de su brazo y finalmente por detrás de su espalda. Cuando la puerta de la sala se cerró detrás de mí, y cerraron las cortinas para prepararme para la operación quirúrgica, me encontraba bien. Estaba bien cuando comenzaron a ponerme yodo en los dedos. Podían quitarme todas las uñas que les hiciera falta. Todo estaba simplemente *bien*.

221

No me dejaron hacer mucho en Montebello la semana siguiente. Las enfermeras no querían que se me salieran las vendas. Sin embargo, todavía podía ir a terapia ocupacional.

—Entonces, Srta. Picasso —me saludó Chris con recelo—. ¿Qué vas a pintar hoy?

—Humm —dudé, apretando los labios—. Se acerca la Navidad.

—El mes que viene —dijo ella un poco más alegre.

—Creo que me gustaría pintar regalos para mi familia —anuncié—. Quizás esos platos de yeso que están allá.

—¿En serio? —preguntó ella, sorprendida—. Entonces pongamos manos a la obra. Los coceremos y serán unos regalos estupendos.

Chris desenroscó las tapas de varios potes de pinturas brillantes y ubicó varios pinceles limpios en un vaso al lado de mi caballete.

—¿Puedes alcanzarlos con la boca?

—Mm-hum —respondí, tomando uno de los pinceles entre los dientes.

Durante la hora siguiente desparramé pintura roja y verde en varios platos chicos y grandes, dando pinceladas anchas y toques delicados. Trataba de hacer la mayor cantidad de platos que pudiera antes de que se acabara mi hora de TO. Cada tanto, me reclinaba hacia atrás para admirar mi trabajo y metía el pincel en diferentes colores para darle a los platos un toque festivo. Realizaba pinceladas rectas y curvas, hacía movimientos rápidos, y agregaba un poco de blanco aquí y dorado por allá. Me movía rápido, trabajaba mucho y con energía.

Volvía a ser una niña, segura y fuera de peligro, estaba sentada en las rodillas de mi padre, junto a su escritorio, pintando para su placer y aprobación, esforzándome por complacerlo. Pensé en la composición, en la equilibrada disposición de cuadrados y círculos que yacían debajo de todo, como los huesos debajo de mi piel, como los cimientos de una casa, como el Señor en mi corazón.

Terminé la terapia en el hospital rancho Los Amigos, al sur de California. Y en abril del año 1969 quedé libre de la rehabilitación. Jay me acompañó en aquel último día para celebrarlo juntas. Me llevó a que me cortaran y tiñeran el cabello, a que me arreglaran las uñas y a que me tomaran una fotografía.

Quisimos terminar el día con algo grande y divertido, así es que decidimos ir a Hollywood. Optamos por un musical que recién habían estrenado en Sunset Boulevard, *Hair*. A ninguna de las dos nos atraía mucho dicho musical, pero esto era California... la loca y salvaje California. Por eso con un «¿por qué no?» y encogiéndonos de hombros, cenamos y fuimos de prisa para llegar al espectáculo a tiempo.

La obra fueron tres horas de caos: humo, guitarras desafinadas, reflectores de luz roja, láminas de moda y carteles de paz. Tres horas de palabrotas en contra de los policías y la guerra, de *LSD y LBJ*, de hacer el amor y cadenas de margaritas. Y luego, en medio de la neblina, los actores y actrices dejaron caer sus ropas teñidas y dieron un paso al frente, desnudos y sin vergüenza.

Lo que ocurrió después no fue ninguna sorpresa: Sonreí. De la manera en que uno sonríe por lástima o tal vez por pena. Nunca estuve tan feliz de sentir repulsión por una obra de teatro.

No pertenezco aquí, no encajo en este lugar.

Y lo sabía con certera felicidad.

CAPÍTULO DIECISÉIS

Pero para ustedes que temen mi nombre, se levantará el sol de justicia trayendo en sus rayos salud. Y ustedes saldrán saltando como becerros recién alimentados.

Malaquías 4:2

Las llamas nos calentaban el rostro y el aire de la noche canadiense nos enfriaba las espaldas. Respiré al calor de los leños ardientes mientras estaba sentada admirando a mi padre, parado en un remolino de humo con el rostro encendido por las llamas. Ya no era el profeta fuerte y autoritario parado junto a la fogata de nuestro campamento. Con sus setenta y tantos años, estaba un poco doblado por la artritis y tenía que apoyarse en las muletas para sostenerse. Sin embargo, todavía podía entretejer una buena historia, y en esta maravillosa noche de fines de verano en Alberta, hiló una narración de mi familia y yo cuando empacábamos las mulas y lo seguíamos a él y a Angus Budreau por los empinados senderos del cañón del río Wind en busca de oro.

Mientras lo escuchaba contar la historia, sabía lo feliz que estaba en estos glaciales irregulares. Aquí estaba en su ambiente; se lo veía siendo él mismo, mucho más que durante el tiempo que estuve en el hospital. Recuerdo que en aquel entonces lo escuchaba llegar por el pasillo con el clac-clac de las muletas. Golpeaba a mi puerta, sonreía y me saludaba: «Ho-laa, Joni», con el mismo acento que tenía desde que era una niña. Se acercaba con dificultad a mi cama con sus vaqueros azules descoloridos, tirantes rojos y una camisa escocesa, sintiéndose fuera de lugar al lado de tanto cromado y sábanas blancas. Sus manos con callos se aferraban a la baranda, manos que habían levantado piedras y cemento todo el día. Y buscaba, hasta luchaba, por encontrar las palabras. No sabía cómo guiar a su hija menor, su compañera, a través de este sendero nuevo y aterrador.

Sin embargo, ya hacía casi dos años que yo había salido del hospital. Era el año de 1971, y este era el primer viaje de mi familia de un extremo a otro del país desde mi accidente. Papá estaba emocionado. Aquí en el parque provincial Jasper, al norte de las Rocosas, se sentía como en casa.

Me recliné hacia atrás en la silla de ruedas, y miré hacia arriba para ver si podía encontrar alguna constelación conocida entre el bosquecillo de abetos Douglas que nos rodeaba. No recordaba ninguna noche más clara que esta. Tampoco era capaz de encontrar Orión debido a la cantidad de estrellas desparramadas en el cielo, estrellas que parecían un pulverizado de pintura blanca sobre terciopelo negro. Estaba saliendo la luna llena. El fuego chirriaba, produciendo chispas que se elevaban hasta el cielo y yo inhalé el aire frío con ese penetrante aroma a pinos.

Habían cambiado muchas cosas en mi vida. La tetraplejia era parte de ella ahora, aunque mi familia y yo escasamente habíamos tomado conciencia de todo lo que eso significaba. No estaba en la facultad de *Western Maryland*, donde había planeado ir al terminar la escuela secundaria. En cambio, había obtenido algunos créditos en la universidad de Maryland por las lecciones de arte que cursaba allí.

No obstante, había otras cosas que no habían cambiado. Aún me encantaba el ruido de la fogata y escuchar las historias de papá. Adoraba beber con sorbete agua del manantial en un vaso de metal, el eco de los pájaros en el bosque antes del amanecer y el sonido de hojas de pino crujientes debajo de mí; bueno..., debajo de mi silla de ruedas ahora. La silueta al atardecer de una montaña lejana y solemne todavía hacía estallar mi corazón. Y era bueno sentir que mi corazón se estremecía por otras razones que no fueran un cuello roto.

Nuestro *Winnebago*, estacionado cerca del pie de la montaña *Whistler*, hacía las veces de hogar, y también era nuestra base de campamento. Una mañana observé a Kathy y a Jay ponerse las botas para dar una caminata hasta lo más cerca de la cima de la montaña que pudieran llegar mientras mamá y papá iban al pueblo por provisiones.

«¿Te importa quedarte sola un rato?», preguntó Jay, colocando mi silla de ruedas debajo de una mesa de picnic. Colocó un libro frente a mí y dobló cuidadosamente la punta de las páginas para que yo pudiera pasarlas. Los músculos de mi hombro no eran muy fuertes y no podía mover ni sentir nada en las manos, pero al encogerme de hombros, y con un movimiento de bíceps podía mover cosas como páginas con la tablilla de mi brazo.

«¡Claro!», respondí, animada por el hermoso paisaje, «estaré bien».

Observé a mis hermanas hasta que se convirtieron en puntos en el polvoriento sendero que bordeaba la montaña. Había brisa y el día era radiante; y yo me dispuse a leer mi libro; pero a la primera vuelta de página me encogí de hombros de forma demasiado brusca. El libro se resbaló de la mesa y cayó al suelo.

Por un momento lo miré fijamente, furiosa por haber calculado mal el ángulo de mi brazo. Suspiré y miré a mi alrededor. Las casas rodantes de los otros turistas estaban en silencio. No había nadie cerca para ayudarme.

¡Caray!, sentí que el resentimiento comenzaba a crecer. *Justo ahora me tiene que ocurrir esto.*

Mi rostro comenzó a acalorarse y sabía que estaba al borde de otro episodio de «sientan compasión de la pobre Joni». Sin embargo, no podía dejar que me emboscara un estúpido libro. No dejaría que la autocompasión me llevara por el cruel y tenebroso camino de la depresión. Tenía más miedo a eso que a mi cuadriplejia.

Y tenía buenas razones para estarlo. En los veinticuatro meses transcurridos desde que terminé la rehabilitación, había experimentado los verdaderos horrores de una depresión profunda. Hubo días, muchos, en que prefería quedarme en la cama y le pedía a mi madre que apagara las luces y cerrara la puerta. Luego, en la oscuridad, dejaba que el continuo zumbido del aire acondicionado me transportara a los días en que podía estar en pie: cuando permanecía erguida en el coro, cantando con voz bien fuerte mi voz de contralto con un montón de aire extra en los pulmones, cuando sentía mis dedos pelar una naranja o los músculos de las piernas me quemaban de tanto correr. Regresaba a cada sensación: los dedos de los pies tocando el barro, los pantalones apretados contra una silla de montar, mis dedos acariciando las cuerdas de una guitarra o desplazándose sobre las frías teclas de marfil de mi piano. Recordaba cada sensación táctil, cada placer sensorial: mi mano sosteniendo la de mi novio, mis labios tocando los suyos, mis dedos tanteando botones, las palmas de mis manos acariciando su espalda desnuda.

Luego, de repente, me despertaba de un sobresalto, y me daba cuenta de que me hundía cada vez más profundamente en el mismo pozo al que yo misma me arrojaba una y otra vez. También sabía que en el fondo de aquel pozo no había ni luz ni aire, y que ese era el maldito lugar en que vivían aquellos demonios, los que solía ver en la unidad de terapia intensiva. Con desesperación arañaba los costados del pozo y le rogaba a Dios que me rescatara para que no me golpeara contra el fondo de piedra donde sabía que perdería mi cordura, mi asidero a la realidad y sería tragada por mis demonios.

Sin embargo, cuando mi madre regresaba para apagar el aire acondicionado y encender las luces, la realidad de fuera del pozo era casi igual de aterradora. Estaba la silla de ruedas. Una vida sin usar las manos ni las piernas, de no sentir nada por debajo de los hombros, de que tengan que sonarme la nariz y limpiarme el trasero. Todo eso era espantoso.

No obstante, no era tan horrible como el fondo de aquel pozo claustrofóbico; por eso, aquella mañana soleada con brisa en el parque provincial Jasper, deliberadamente elegí controlar la autocompasión que me convocaba al borde del abismo.

«Por favor, querido Dios», rogué, «ven y rescátame de esta mesa de picnic», me di en los ojos con la parte superior de mi mano flácida—. «Por favor, ayúdame. Yo sé que puedes».

Unas cuantas hojas se elevaron ante una ráfaga de viento, 227 y escuché el susurro de los árboles. Me pareció que el cielo trataba de hablar. Por eso oré una vez más:

«Si no puedo caminar y recorrer tu maravillosa creación..., hice una pausa y tuve una idea—, ¿me acercarías tu creación? Envía una mariposa, un ciempiés, cualquier cosa... Solo muéstrame que estás aquí».

Respiré hondo y esperé varios minutos. Luego comencé a mirar a mi alrededor nuevamente. Nada se movía. Ni siquiera la rama de pino que estaba sobre nuestro campamento.

Esperé durante media hora o más... busqué algún águila en el cielo, una ardilla en el suelo, una hormiga en la mesa de picnic; pero no se movió nada. El día estaba tan quieto y tranquilo como un día caluroso en la granja.

Pareció una eternidad hasta que mis hermanas regresaron. Se aproximaron, desataron sus pañuelos, se sacaron los chalecos y luego se desplomaron sobre el banco de picnic, donde se quitaron las botas para comparar ampollas.

—¿No era increíble esa vista desde la montaña? —dijeron, excitadas comparando experiencias—, ¿viste aquel ciervo? —Mientras Jay se frotaba la cara y los brazos, se dirigió hacia a mí y me preguntó:

«¿Cómo estuvo todo?»

Miré de reojo el libro en el suelo. Jay lo levantó, lo sacudió y lo puso nuevamente frente a mí.

—No llegaste muy lejos. Agaché la cabeza.

—Lo lamento, Jon —dijo ella con ternura.

—Yo también —dije—. Cuando el libro se cayó al suelo, pensé en ustedes chicas, divirtiéndose. Por eso oré y le pedí a Dios que me acercara su creación, pero no ha ocurrido nada. No he visto ni un ciempiés.

Jay estaba parada, escuchando, sacándose la tierra de debajo de las uñas.

—Bueno, quizás no haya respondido todavía —comentó.

228

—Sí, tal vez —dije con pocas esperanzas. Siempre me

habían dicho que Dios respondía las plegarias. A veces con un sí, otras con un no. Por otra parte, Dios puede tomarse un tiempo antes de responder o puede responder de inmediato, pero de una manera que no es la esperada. Estaba convencida de que Dios estaba escuchando y tenía una respuesta para mí. Ya había pasado lo peor; *pero en verdad parece que últimamente obtengo muchos «no» como respuesta* —pensé.

Aquella noche, después de comer (perritos calientes) en el Winnebago con papá y mamá, Jay se quedó dentro para lavar los platos mientras Kathy encendía una fogata en un hoyo. Íbamos a asar malvaviscos. Mientras las llamas crujían, Kathy me ubicó a un costado del hoyo, lejos del humo, luego se sentó en un tronco, al otro costado y le sacó punta a una rama. Rasgó la bolsa de malvaviscos, sacó un par y los acercó al calor de las llamas. En un minuto estaban calientes, quemados y pegajosos, justo como a mí me gustaban.

Se estaba bien al calor del fuego, y se oían los grillos en el barranco y a Jay tarareando en la casa rodante. Kathy y yo nos unimos a la melodía de Jay y pronto estuvimos cantando un himno. Las infinitas estrellas volvían a brillar esta noche, y detrás de los árboles, la luna aparecía llena y grande. Luego, mientras Kathy atravesó otro malvavisco en la rama, creí ver algo que se movía detrás de ella, en la oscuridad. Entrecerré los ojos, tratando de ver a corta distancia de su espalda. Sí, algo grande y negro avanzaba con lentitud... quizás fuera un perro.

—Kathy —susurré. Mi hermana no me oyó; recién comenzaba la segunda estrofa y seguía con la rama sobre el fuego.

Antes de que pudiera decir nada, el perro gigante se paró lentamente sobre sus patas traseras. *Los perros no hacen eso.* ¡No era un perro! La cosa gigante se detuvo justo detrás de ella y...

—¡Kathy, no te muevas! —mi hermana me miró extrañada. —Hay un oso justo detrás de ti —le advertí con un susurro apremiante.

—Joooni —murmuró—, deja tus tontas bromas.

Sacudió la cabeza y comentó por lo bajo: —qué cabeza de chorlito...

La sombra del oso meneó la cabeza, olfateando malvaviscos. De repente se elevó más alto.

—¡Kathy, escúchame! Hay un oso y está justo *ahí*. —Tenía miedo de hacer cualquier movimiento repentino, por eso dirigí mi mirada detrás de ella. Kathy dejó la rama, se paró lentamente, se dio vuelta y quedó a centímetros de una brillante nariz negra.

—Ay, no... —contuvo un grito. Se sentó nuevamente, tomándose con fuerza del leño.

—Hay un oso justo detrás de mí —susurró, sin mover un músculo. El humo se le iba a la cara, pero ella solo podía entrecerrar los ojos y tratar de no moverse ni un milímetro.

—¡No te muevas. No te muevas! —le advertí entre dientes.

El oso olfateó la espalda de Kathy y gruñó. Se dirigió hacia un costado y centró su atención en la bolsa de malvaviscos que estaba junto a ella. Cuando vio algunos quemados tirados en el suelo, comenzó a lamerlos. Ahora estaba a la luz del fuego y ambas pudimos verlo: pelo negro, cabeza enorme e inmensas garras planas. Mientras masticaba los malvaviscos, le vimos sus dientes brillantes.

Ahora se estaba dirigiendo hacia mí. El oso se movió pesadamente alrededor del hoyo del fuego y comenzó a olfatear los apoya-pies de mi silla de ruedas. ¡No podía creerlo! Tenía un oso prácticamente en mi falda. Estaba helada de emoción y de miedo. Traté de no mover ni la cabeza ni los hombros.

Cuando se dio la vuelta y se acercó a la mesa de picnic, Jay debió haber escuchado nuestro susurro. Abrió la puerta del Winnebago y gritó:

—¿Un oso? ¿Dónde?

Con eso, el animal giró con rapidez y prácticamente tumbó la mesa de picnic. Las ollas y las sartenes volaron por el aire, cayendo ruidosamente al suelo. Atemorizado ahora, el oso arremetió hacia donde estaba Kathy y desapareció en la noche.

—¡Allá va! ¡Allá va! —grité señalando con la cabeza hacia el bosque. Jay y Kathy corrieron en busca de la *Polaroid* y corrieron tras él. A continuación siguió una confusión de gritos y corridas mientras mis padres les pedían a mis hermanas que regresaran. La puerta de una casa rodante se cerró de un portazo y en un momento haces de luces de linternas se entrecruzaron por el bosque. Todo el campamento se había alterado.

—¿Qué ha pasado? —preguntó mi madre sobresaltada.

—Joni y Kathy lo vieron todo —respondió Jay, enfadada, mientras regresaba.

—¿Lo vieron?

Todos nos quedamos levantados hasta tarde repitiendo cada detalle de la visita del oso: cómo Kathy estaba haciendo esto cuando yo dije aquello, cómo se paró detrás de Kathy, cómo se aproximó y se detuvo ante mí.

—Sabía que no me lastimaría —le aseguré a mi madre—. Eso es algo bueno de la silla de ruedas... realmente estaba sentada inmóvil.

Mi hermana y yo fuimos famosas por un instante. Extrajimos cada pequeña porción de emoción sobre nuestra historia hasta que la luna se escondió detrás de las montañas. Era muy tarde cuando mis hermanas me acostaron. Hasta que los grillos no dejaron de cantar allá afuera, tras la ventana de tela metálica, cuando la noche estaba extremadamente en calma, hasta ese momento no me vino a la mente lo siguiente: *¡Caray! Señor, lo hiciste... Contestaste mi oración. ¡Y fue una respuesta de primera clase! No fue ni una mariposa ni un ciempiés. No fue una respuesta pequeña... ¡fue gigante!*

«Un oso»..., susurré en la oscuridad de la noche. No podía esperar hasta la mañana para contarle a mi familia la manera en que Dios había respondido mi plegaria.

Para mí, esto no fue solo mi recuerdo favorito de las vacaciones, algo para contar y recrear en innumerables ocasiones al pasar esa página especial del álbum de fotos. Era una afirmación de la fidelidad de Dios. Él me respondió. El Señor de la creación había respondido. Y fue una respuesta afirmativa tal, un «sí» tan grande, que me hizo olvidar todas las otras veces que había orado y Dios había dicho no. Me di cuenta de que esto era la paz, esa clase de paz sobre la que había leído: «que sobrepasa todo entendimiento [y que] cuidará sus corazones y sus pensamientos en Cristo Jesús».

Él no solo me había dado un oso. Él me había dado paz.

Demasiadas endorfinas debieron haber estado recorriendo mi organismo, porque al día siguiente me desperté antes del amanecer, tan feliz como la noche anterior. Permanecí quieta en la cama, dándole la bienvenida a los sonidos de la mañana que provenían del exterior de la casa rodante. Los pájaros comenzaron a cantar en las copas de los árboles, y la oscuridad adentro de mi habitación comenzó a tornarse gris. Una brisa acarició la punta de los árboles, produciendo un sonido suave y alegre.

Al día siguiente, mi familia y yo abordamos un telesilla que nos transportó a la cima de una montaña irregular, asomada a la reserva salvaje que rodeaba nuestro campamento. Allí, nuestros ojos se encontraron con el grandioso espectáculo de los bosques de un increíble verde oscuro y los picos nevados tras la distante cadena montañosa. El terreno era virgen y escarpado, salpicado aquí y allá de lagos color turquesa que brillaban como joyas. Temblábamos de frío debajo de las chaquetas, un poco por el frío gélido y otro poco por la impresionante vista, mientras expresábamos nuestra alegría a gritos, unos a otros, en medio del rugir del fuerte viento. Lejos del risco en el que estábamos, un águila voló en círculos. Casi un punto en el cielo... hizo un giro y se lanzó en picado, lo que me hizo admirar su gracia y su libertad.

Mi familia hizo lo que siempre hacía en tales momentos: cantar. «Mi corazón entona esta canción, ¡Cuán grande es él! ¡Cuán grande es él!». Las estrofas surgían de nuestro corazón y pulmones con total naturalidad; era lo único que se podía hacer ante tanta grandeza. La escena era simplemente demasiado bella para disfrutarla solos, y compartir un himno era la mejor manera de disfrutarla juntos, la única manera de ponerse en contacto y en cierta manera de ser parte del momento, de la experiencia.

Cuando terminó el himno, susurré un versículo que había

aprendido en Vida Joven: «Los que confían en el Señor... volarán como las águilas: correrán y no se fatigarán, caminarán y no se cansarán».

Yo no podía caminar, ni tampoco correr; pero estaba volando. No podía decir por qué. Estoy segura de que estar en las montañas debajo de un claro cielo azul tenía algo que ver con eso; pero el poder que había repartido aquellos lagos, que había esculpido aquel río y que había aglutinado aquella cadena de montañas era más conmovedor que el paisaje. Era un poder tan personal que cantaba junto a nuestro himno y a la vez tan humano que acariciaba el corazón de una chica sentada, estremecida, en una silla de ruedas. Tan piadoso era que llegaba hasta el fondo del lodo de mis fantasías e inmediatamente me arrastraba hasta la superficie. Estaba volando en mi interior, no meramente por naturaleza o por el obstinado espíritu humano. Estaba simplemente abriendo más mi corazón a Dios.

Tanto, que cuando regresé de Canadá a casa, me sumergí más de lleno en la Biblia. Jay me había invitado a estar con ella en la granja (papá había vendido la mayor parte del rancho Círculo X, y Jay y su hija, Kay, vivían en la vieja casa de piedra de cerca del establo). El marido de Jay la había dejado hacía poco, y todos estuvieron de acuerdo en que mudarme de la calle Poplar sería una buena idea.

Esa vieja casa era una réplica en miniatura de la casa donde habíamos crecido: chimeneas de piedra, techo abovedado, paredes de adobe y pisos de madera. La alfombra india de papá estaba colgada en una pared de la sala y un cuero de vaca colgaba de otra. Además de eso, vivir con mi hermana, el angelito rubio, fue tal y como esperaba que fuese. Jay daba lo mejor de sí para ayudarme en mi adaptación a la vida en una silla de ruedas, y su casa en la granja se convirtió en un cielo dulce y tranquilo.

Por las mañanas, después de darme de desayunar tocino, huevos y café, mi hermana me acomodaba para dibujar o leer. Me dedicaba mucho a la lectura, en especial de la Biblia. Jay ubicaba un atril negro frente a mí, colocaba la Biblia sobre él y ponía una clavija con punta de goma en mi boca para que pudiera dar vuelta las páginas. Pasaba mis días hojeando de aquí para allá, devorando lecturas lo más que podía. Cada verso que leía resonaba con la misma verdad que me había impactado por primera vez en Vida Joven.

Algo surgía en mí cuando encontraba versículos que tenían que ver con sanidades o con promesas de Dios: «Si permanecen en mí y mis palabras permanecen en ustedes, pidan lo que quieran, y se les concederá»; «... y gracias a sus heridas fuimos sanados». Yo no hablaba mucho sobre estas verdades, pero se instalaban en mi subconsciente. Naturalmente, aparecían en mis dibujos. Dibujaba página tras página de cuerpos de personas: mujeres atractivas con brazos y piernas fuertes, con pechos y muslos hermosamente formados; todas ellas estirándose o corriendo.

—¿Se supone que esa eres tú? —me preguntó Jay.

—¿Crees que así luciría si estuviese parada sobre mis pies?

—¡Ojalá yo luciera así! —musitó.

Quizás he aprendido las lecciones que Dios quería enseñarme comencé a considerar. *Lo estoy haciendo bien en esta silla de ruedas. Los pensamientos suicidas han desaparecido. La depresión me toca con menos frecuencia. Toda mi familia está mucho más cerca del Señor. Yo soy un poquito más paciente, y ¡vaya!, creo que me manejo bastante bien sin usar las manos.*

Seguía pensando en esos versículos: «pidan lo que quieran y se les concederá».

Pero... ¿cómo podía pedir que me sanara? Parecía tan... increíble.

Pensé en mi yegua cuando yo era niña, cómo tuve que aprender a atraparla para ponerle el cabestro. Ningún caballo quiere que lo atrapen; si ven que te aproximas, se alejan al galope. Por eso, cuando estaba cerca, me daba la vuelta y me sentaba dándole la espalda. Con seguridad, en unos pocos minutos sentía su cabeza en mi espalda, olfateando y empujándome. Me daba la vuelta con lentitud, acariciaba su frente y luego, con suavidad, deslizaba el cabestro por su cabeza.

Tal vez Dios es así; quizás está esperando que le dé la espalda a mi deseo de un cuerpo bello. O que le dé la espalda a mi intento de atraparlo. Comencé a preguntarme si debía solo liberar mi angustia y simplemente dejarla salir. Quizás, de esa manera, se acercaría por detrás de mí y me otorgaría mi deseo.

Jay y yo escuchamos que Kathryn Kuhlman, una famosa sanadora por fe, iría a la sala de convenciones del Hilton en Washington, D.C. Nos habían llegado relatos de personas que se habían curado de cáncer en Filadelfia, en una de sus cruzadas. Me pregunté si debería ir a su reunión de sanidad en Washington D.C.

Una mañana, cuando Jay estaba realizando con mis piernas los ejercicios para mantener el rango de movimiento, Ernest Angley apareció en televisión. Era un tipo raro, que usaba un peluquín horrible y trajes desgarbados. Jay y yo disfrutábamos bastante de sus payasadas. Mi hermana y yo interrumpimos los ejercicios y observamos cómo las personas dejaban caer las muletas o se levantaban de sus sillas de ruedas, y vimos a muchos que levantaban las manos y declaraban que estaban libres de dolor.

«¿Crees que Dios podría curarte?», preguntó Jay, mirando fijamente la pantalla.

«Tal vez sea la hora», respondí.

Más tarde, al leer el salmo 37, decidí que sí era el momento: «Deléitate en el Señor, y él te concederá los deseos de tu corazón».

Este año me he estado deleitando en el Señor —razoné—. Aprendiendo lecciones, orando más, leyendo más… Tal vez ahora Dios me otorgará los deseos de mi corazón: un cuerpo que funcione. ¡Un verdadero milagro!

Jay y yo llegamos temprano al Hilton y esperamos en una larga fila frente al ascensor para ir a la sala de convenciones. Cuando llegamos allí, nos saludaron los ujieres que nos escoltaron hasta el sector para sillas de ruedas. La gran sala se llenó rápidamente de gente, incluyendo la sección para sillas de ruedas. El murmullo de la sala comenzó a aumentar hasta que finalmente las luces fueron apagadas y alguien comenzó a tocar un piano. El aire se cargó. Todo el mundo estaba tenso y expectante.

Después de que la multitud hubo cantado varios himnos, subieron el volumen de la música y la Srta. Kuhlman salió de detrás de las cortinas y avanzó hasta la luz de un reflector, vestida con una larga túnica blanca. Abrí mucho los ojos, y el corazón me empezó a latir más fuerte. Una persona que había en el escenario leyó varios pasajes de la Biblia, y ciertas personas dieron sus testimonios. Luego apuntaron el reflector hacia una persona situada al final de la sala. El hombre parecía estar experimentando sanidad. De repente hubo otra conmoción en otro sector, y la luz lo iluminó. Luego hubo otro y otro más. Era evidente que muchas personas estaban siendo curadas a nuestro alrededor.

Quienes estaban conmigo en el sector de sillas de ruedas comenzaron a inquietarse. Todos estábamos pensando lo mismo: *¡Oye, por aquí! Aquí, donde están los casos irreversibles. Donde hay parálisis cerebral y esclerosis múltiple. ¿El Espíritu no vendrá por aquí?*

Era igual que en el estanque de Betzatá: toda la esperanza y la expectativa, todos los pensamientos de «Por favor no me dejes de lado» y «¡Por aquí!». Toda la ansiedad de pensar: «¿Nadie me va a empujar hasta allá, adónde está él?». Sin embargo, no quería aferrarme a mi milagro o actuar con insolencia. Quería sacar la ansiedad, dejarla ir y simplemente esperar que Dios quizás se acercara por detrás y me sorprendiera.

Sin embargo, al cabo de una hora, quedó claro que los milagros estaban terminando. «Quizás no ocurren todos de una sola vez», susurró mi hermana para consolarme.

Los ujieres llegaron para escoltarnos antes a los que estábamos en sillas de ruedas para escapar de la aglomeración frente al ascensor. Mientras estaba sentada allí, en el decimoquinto lugar de una fila de treinta y cinco personas en sillas de ruedas, muletas y andadores, observé la fila de arriba abajo. Algo no está bien en este cuadro —pensé.

Algo *estaba* mal. Sabía que mi condición no era por falta de fe o por no creer lo suficiente. Las personas de la sala de convenciones habían orado por mí: «En el nombre de

Jesucristo, sé sana», y yo había luchado por mover las piernas, había luchado por creer. También sabía que no era un problema del poder de Dios o de su habilidad para curar milagrosamente. No, era algo mucho más profundo que eso.

Creía que era todo un asunto de la voluntad de Dios, de su propósito, sus designios, su intención. Sí, me había regocijado en el Señor, y definitivamente Él había decidido no otorgarme el deseo número uno de mi corazón; por lo menos no lo había hecho en los últimos cuatro años desde mi accidente.

Entonces, ¿qué otorgas, Dios? ¿Cuál es tu voluntad?

—Tú sabes por qué no te curaste, ¿verdad? —me preguntó un primo lejano después de mi viaje a Washington—. Es por el tío John.

—¿Mi padre?

—Ya sabes, la familia no habla mucho de eso, pero él se divorció.

No podía creer la estupidez de su comentario. Sabía a qué versículo se refería, Deuteronomio 5:9, donde dice que Dios castigará a las generaciones siguientes por los pecados de sus padres. Sin embargo, él había ignorado el versículo siguiente: «Cuando me aman y cumplen mis mandamientos, les muestro mi amor por mil generaciones».

Cualesquiera fuesen los pecados que mi padre hubiera cometido, Dios los había separado de él tan lejos como está el oriente del occidente. Y también había borrado todas mis transgresiones.

No, no se juega ojo por ojo, diente por diente —le dije a Dios en mis pensamientos—. Pero si no voy a curarme, tendrás que aclararme esto sobre tu voluntad. ¿Qué Dios compasivo no querría sanar a una joven que está en silla de ruedas?

Sabía que la respuesta llegaría con el tiempo. Por ahora, Dios me tenía atada a su voluntad en la granja junto a Jay y su hija Kay. Cada mañana, Kay, de seis años, se sentaba en el borde de mi cama y aprendía a contar con mis ejercicios de estiramiento. Y mi hermana y yo intercambiábamos ropa, probábamos recetas nuevas y hacíamos galletas. Jay era líder de la tropa de niñas exploradoras de Kay, y planificábamos aventuras exóticas, picnics y reuniones para dormir en otras casas.

Las tardes estaban llenas de pintura para mí y de jardinería para Jay. Me incluía en su enlatado de pepinillos y en el sembrado de tomates, hablando conmigo a través de la ventana mientras cuidaba las tiernas plantitas. Sentía que estaba junto a ella, con las rodillas apoyadas en el suelo negro del jardín. Y a principios de la primavera, nuestra casa se convertía en un invernadero: cientos de pequeñas macetas marrones con semillas se alineaban en el borde de las ventanas de la sala. Cuando aparecían los primeros brotes verdes lo celebrábamos. Aquel verano, repartimos entre los amigos nuestros tomates. Había descubierto el significado de «vicario» gracias a Jay, con toda su alegría y sus placeres.

Nuestras noches eran para estudiar la Biblia con amigos o para calentar pequeñas copas de licor de almendras en el hogar y para cantar junto a John Denver. A veces, cuando la luna estaba alta, Jay me llevaba en mi silla de ruedas por la calle River, pasábamos el establo y los arbustos de madreselvas que olían tan dulcemente en la humedad del aire de la noche. Y cantábamos al ritmo de los pasos de Jay: «El cielo... es... un bello... lugar... lleno de... gloria y paz... ... Yo quiero... ver... a mi... Jesús... ¡El cielo... es un bello lugar!».

Una noche de invierno, mientras caía la nieve fuera, mi hermana me vio languidecer al lado de la ventana.

—Apuesto a que te gustaría estar allí afuera —dijo ella, apretándome el hombro. Asentí con la cabeza y me maravillé del bello paisaje invernal que se formaba en el césped de la entrada de la casa. Creo que podemos hacer algo al respecto —dijo Jay y desapareció. Lo siguiente que supe fue que yo estaba sentada fuera, en su patio, envuelta cómodamente en un par de mantas viejas, con los pies tapados y un gorro de lana cubriéndome las orejas. ¿Estás bien calentita? —preguntó, sacudiéndose las manos. Asentí de nuevo, pero esta vez con una enorme sonrisa en el rostro. Me palmeó el hombro y se fue adentro, dejándome sola para que disfrutara de la densa paz invernal.

Arriba, las viejas lámparas de la calle de papá hacían que todo brillara y girara en un remolino, y casi me echo a llorar ante tanta belleza. Vi que mi respiración se transformaba en pequeños cristales, y le presté atención al susurro de la nieve al caer. Incliné la cabeza hacia atrás y dejé que los copos se pegaran a mis pestañas y de vez en cuando soplaba la nieve de mi manta. Luego de un rato, Jay asomó la cabeza por la puerta:

—¿Ya quieres entrar?

Negué con la cabeza y rogué:

—Déjame un ratito más.

Esa noche, después de cobijarme en la cama y apagar las luces, la detuve antes de que saliera de mi cuarto.

—¿Jay? —mi hermana se giró hacia mí—. Gracias. Gracias por todo.

—Buenas noches, Grundy —me sonrió y me tiró un beso.

Jay ayudaba a que mis amigos se sintieran como en casa alrededor de mi silla de ruedas y les hacía sentirse cómodos. Siempre generosa y hospitalaria, tendía un largo mantel de algodón a cuadros rojos sobre la mesa, encendía velas y colocaba grandes tazones con maní y espárragos cocidos al vapor que eran de su huerta, las mejores papas horneadas calientes de este lado de Idaho y hamburguesas que te hacían agua la boca. Después del postre, colocábamos las sillas alrededor del hogar y cantábamos hasta la medianoche.

Le debía tanto a mi hermana... más de lo que jamás podría expresar. En mis momentos de mayor fragilidad, ella estaba a mi lado para engatusarme y persuadirme de mi desaliento con manteles, gracia y una amistad que solo las hermanas pueden compartir.

Una noche de verano del año 1972, casi un año después de nuestra excursión a Washington, D.C., Jay y yo nos sentamos juntas en la galería trasera a disfrutar de la luna llena. Mi hermana colocó su mecedora al lado de mi silla de ruedas para poder ayudarme con mi taza de té. No hablamos mucho. Solo

239

mirábamos las luciérnagas volar sobre el arroyo y escuchábamos el crujir de su mecedora.

—¿Recuerdas el verano pasado cuando aquel oso tonto se presentó en nuestro campamento? —me preguntó riendo.

—¡Claro que sí! Y a ti con la *Polaroid*.

—¿Recuerdas que dijiste que ese oso era una respuesta a tu oración?

—Sí —respondí, no sabiendo a dónde quería llegar con eso.

—Bien, he estado pensando. Hubo mucho más en todo eso que simplemente el envío de Dios de un oso en vez de una mariposa.

—¿Qué quieres decir?

Siguió meciéndose y haciendo crujir la mecedora con su cabello rubio siguiendo el ritmo. Finalmente dijo con suavidad:

—A mí me parece que si Dios pudo responder una pequeña oración como: «Acércame tu creación», puede responder grandes plegarias. Las cosas grandes, como las oraciones sobre el futuro.

Esperé, preguntándome a qué se refería. ¿Estaba pensando en la pequeña Kay, criándose sin su padre? ¿O en mí, en lo que haría, dónde viviría finalmente y si lograría encontrar un empleo?

—Como plegarias por... —escogió las palabras con cuidado—, una cura más profunda.

Me maravillé ante la sabiduría de campo de mi hermana. Todo este tiempo, había experimentado paz y descanso en la granja, había progresado con mis dibujos, había sacado buenas calificaciones en mis clases en la universidad de Maryland, adonde me llevaba Diana. Mi vida con Jay se había transformado en algo tan normal que en ocasiones ni siquiera era consciente de mi silla de ruedas. Y ahora, desde una pequeña perspectiva, Jay me estaba insinuando que tal vez, solo tal vez, Dios me estaba dando los deseos de mi corazón después de todo.

Con los grillos cantando debajo de los sauces y la luna brillando sobre el cabello dorado de Jay, elevamos nuestras voces en un antiguo himno:

> Hay una fuente sin igual
> De sangre de Emmanuel,
> En donde lava cada cual
> Las manchas que hay en él.

No necesitábamos un salterio, ni tampoco un violín. Yo deslizaba mi armonía por debajo de su melodía, y nuestras voces suaves se mezclaban con la noche, haciendo que nuestra adoración a Dios fuera tan dulce como el jazmín estrella. Una vez más, la paz y la seguridad inundaron mi corazón. Y era suficiente. Estaba bien.

Han pasado muchos años desde aquellos días de la granja, pero aún hoy, cuando Jay y yo nos juntamos, casi siempre volvemos a entonar aquel himno favorito. Y cuando damos las notas altas, regreso a aquella noche de verano en la galería y observo el cabello rubio de mi hermana que acompaña el ritmo de su mecedora. Fue la noche en que cantamos sin partitura, como ángeles con los pies firmemente apoyados en las nubes.

Fue la noche en que Dios se me aproximó por detrás y me sorprendió. Fue la noche que me di cuenta de que me había curado.

CAPÍTULO DIECISIETE

Es más, todo lo considero pérdida por razón del incomparable valor de conocer a Cristo Jesús, mi Señor. Por él lo he perdido todo, y lo tengo por estiércol, a fin de ganar a Cristo y encontrarme unido a él. No quiero mi propia justicia que procede de la ley, sino la que se obtiene mediante la fe en Cristo, la justicia que procede de Dios, basada en la fe. Lo he perdido todo a fin de conocer a Cristo, experimentar el poder que se manifestó en su resurrección, participar en sus sufrimientos y llegar a ser semejante a él en su muerte.

Filipenses 3:8-10

D esplazándome lentamente en mi silla de ruedas por el pasillo del hospital Santa Inés, doblé hacia la derecha en dirección a la sección de cáncer. Detestaba estar de regreso en un hospital, pero esta vez, era de visita. Había ido a ver a mi viejo amigo el Sr. Cauthorne.

Me mordí el labio, deseosa de tener palabras para él y de ser fuerte. Me habría gustado que él no estuviera en ese lugar. Me habría gustado que estuviera de regreso en su propiedad, ensillando su gran pura sangre para ir a cabalgar conmigo. Yo montaría a Augie, y juntos cabalgaríamos, cabalgaríamos y cabalgaríamos con el viento, como expertos detrás de los sabuesos. O patearíamos montículos de barro en el sendero junto al Patapsco, saltando de la orilla del río hacia el camino al costado de su gran establo rojo y su mansión con columnas blancas. Yo dirigiría a Augie hacia la tranquera de madera de los pastizales de Cauthorne, lo apuraría con mis talones, asiría sus crines y saltaríamos sobre la verja con facilidad. Pero eso era entonces... Augie había muerto, y Alex Cauthorne, debido al cáncer, iba a morir también.

Me detuve fuera de su habitación para ordenar mis pensamientos antes de entrar. Cuando entré, yacía en la cama, delgado y débil, tapado con una sábana blanca; su apuesto rostro lucía pálido y cadavérico. Se lo veía tan fuera de lugar allí, en esa habitación gris y triste, y mas aún porque tenía puesta una bata floreada del hospital.

Siempre amable, el granjero-caballero estiró su flaca y venosa mano hacia mí. Tembló un poco y sonrió en medio de su dolor. Nuestros ojos se humedecieron. Sabía que, mientras me miraba, no me veía en mi silla de ruedas. En su mente me saludaba con el brazo desde su galería mientras yo cabalgaba por el camino que bordeaba su granja. Y yo no lo veía en su lecho de muerte, más bien, estábamos sobre nuestros caballos de raza, trotando por los campos, con los ojos humedecidos por el frío aire de noviembre.

—¿Recuerda aquel Día de Acción de Gracias, Sr. Cauthorne?

—Sí —dijo él, sonriendo débilmente—. Te veías bastante importante en aquel caballo tuyo... Él pasaba esas verjas de una sola vez... como si estuviera saltando vallas pequeñas.

Sus palabras evocaron imágenes que trajeron calidez y color a la gris habitación. Y entonces, como lo hacen los jinetes, relaté para él cómo mi gran caballo pura sangre entraba en una arena y tranquilamente se pavoneaba y hacía cabriolas en el lugar, sin tirar nunca de las riendas, y movía las orejas de atrás para adelante a la espera de mis órdenes, bien atento, porque había cientos de ojos mirándolo. Describí cómo nunca tenía que tirarle a Augie de la cabeza, sino solo sostener la brida con firmeza contra su boca, con las riendas bajas y tensas. Cada vez que quería que avanzara, solo tenía que apretar las rodillas y ¡zum! allá íbamos directo a la primera valla, la segunda, giro a la derecha, una valla de tres palos, hacia la izquierda un charco de agua, de regreso para el otro lado, saltos por un complicado laberinto de vallas. Casi nunca se atemorizaba.

El viejo hombre estaba en silencio pero feliz. Por un instante había sido transportado más allá de las cuatro paredes de su habitación.

—Apuesto a que extrañas a aquel caballo —dijo con tristeza.

—Sí, es verdad.

Movió su cabeza para seguir al recuerdo un poco más. Era un poco extraño... nuestras experiencias siempre habían estado centradas en caballos. Nunca tuvimos razones para discutir sobre otra cosa que no fueran tendones doblados y pezuñas quebradas, las riendas y las bridas más apropiadas o comentar que yo montaba cada vez mejor. Ahora estábamos aquí, y ya no éramos más personajes de la revista National Velvet. Más bien estábamos en una habitación que olía a hospital, yo paralítica y él defendiéndose de la muerte; ambos un poco extraños y un tanto nerviosos sin saber de qué más hablar. Y el reloj seguía con su tic-tac.

Finalmente recordé el propósito de mi visita.

—Le he traído un regalo —hice un gesto hacia el libro que estaba envuelto sobre mis rodillas—. Es una Biblia.

—Ahh —sus cejas se elevaron y se estiró lentamente para alcanzarla.

—Cuando estuve en el hospital a veces leía el Salmo 23 —le dije.

Se volvió a recostar mientras yo recitaba de memoria: «Jehová es mi pastor; nada me faltará. En lugares de delicados pastos me hará descansar; junto a aguas de reposo me pastoreará. Confortará mi alma; me guiará por sendas de justicia por amor de su nombre. Aunque ande en valle de sombra —tartamudeé, de muerte, repetí, con suavidad, insegura de cómo continuar...

—»No temeré mal alguno —murmuró el Sr. Cauthorne.

Alcé la cabeza y luego...

»Porque tú estarás conmigo —dijimos al unísono—; tu vara y tu cayado me infundirán aliento. ... Ciertamente el bien y la misericordia me seguirán todos los días de mi vida, y en la casa de Jehová moraré por largos días (RVR60)».

El Sr. Cauthorne había hecho las paces con Dios. Parecía entender que había tenido una vida rica y que había vivido con felicidad todos los días asignados. Ahora, tal y como era de esperar de un hombre viejo, sabio y amable, no tenía miedo. Había puesto su fe en Cristo, y había aceptado la voluntad de Dios en su vida. No, no solo la había aceptado, sino que había abrazado la voluntad de Dios.

Cerró los ojos y se quedó dormido. Tenían razón: no estaba lejos de las puertas de la muerte. Se ve tan en paz —le dije en mis pensamientos— y me pregunto...

Me pregunto si aceptar la muerte no es más sencillo a veces que tener que aceptar la vida.

Alex Cauthorne murió unas semanas más tarde y, con él, la belleza y la grandeza de su hermosa y antigua mansión. Vendieron los caballos y alquilaron el lugar. Poco después un asentamiento urbano comenzó a invadir las afueras del campo. Las columnas de la casa y la galería fueron invadidas por hiedras y enredaderas, y comenzaron a crecer hierbajos alrededor del establo. Finalmente vendieron el lugar al parque estatal.

Podrían haber vendido también mi niñez. La mitad de mi problema en aceptar la vida era ver mi pasado marchitarse y morir mientras el tiempo se metía entre mis recuerdos y yo. Para mí, el Sr. Cauthorne seguía siendo el hombre vestido con una chaqueta de caza roja y botas de cuero. Pepper y Augie todavía nos esperaban para que les pusiéramos las monturas. Podía sentir las riendas y el olor del cuero, respirar el aroma del heno fresco recién cortado y del alimento dulce del comedero. La parte realmente dolorosa era ver que estos recuerdos se desvanecían como las viejas filmaciones caseras. Mientras más se alejaba el presente del pasado, más sombrías y borrosas se volvían aquellas imágenes.

Sin embargo, no tenía derecho a sentirme mal. Había otros que estaban peor, que apenas si tenían tiempo de atesorar años, apenas si tenían recuerdos de la niñez. De esas personas fue de quien aprendí a aceptar mi vida.

Mi sobrina de seis años, Kelly, era la hija menor de mi hermana Linda y, como la típica machona de la familia granjera, le habían dado muchas responsabilidades en la casa y el establo. Kelly se había convertido en una niñita fuerte, ingeniosa e independiente.

Un día papá notó que Kelly cojeaba cuando recorría el sendero de entrada a la casa y arrastraba un poco un pie. Linda la llevó de inmediato al hospital. Nos sorprendimos y nos aterrorizamos cuando el médico descubrió un enorme tumor canceroso en su cerebro. La cirugía podía hacer poco, y en un mes Kelly estuvo parcialmente paralizada de un lado de su cuerpito. Después de una larga estadía en el hospital, el médico sugirió que la lleváramos a casa. Sus cuidados requerían más tiempo del que Linda podía dedicarle, por eso papá y mamá abrieron su casa de *Woodlawn* para ayudar a Kelly las veinticuatro horas del día.

Ahora había dos sillas de rueda en nuestra mesa: la mía, tamaño adulto, y la miniatura de Kelly. Toda la familia le brindaba amor y atención a Kelly, y cuando empeoró hicimos todo lo que estaba a nuestro alcance para que estuviese lo más cómoda posible. Papá se sentaba durante horas al lado de su cama y compartía sus múltiples interpretaciones de *Ricitos de oro y los tres osos*. Fue sorprendente ver el cambio en Kelly, en su espíritu y actitud. Ya no era la muchachita machona reservada e independiente de antes. Se había transformado en una niña dulce y sabia que memorizó casi todo el diálogo de la historia de Ricitos, jugaba a las tacitas durante horas con su prima Kay y, sobre todo, dejaba volar su imaginación cuando pensaba en el cielo. La noción del cielo la fascinaba por completo y no podía esperar a que llegara el fin de semana, cuando podía ir a la Escuela Dominical y aprender más.

Kelly se agotaba fácilmente durante las últimas semanas y pasaba cada vez más tiempo en la antigua habitación de Kathy y mía, la que tenía los ángeles. Igual que hacíamos nosotras, desde la cama, Kelly miraba los rostros sonrientes de los tres ángeles que la observaban durante toda la noche. Una noche, Jay y Kathy me llamaron para que me acercara al pie de la escalera. «Escucha», dijeron en voz baja mientras se apoyaban en el pasamanos.

«Cristo me ama, me ama a mí, su Palabra dice así...», Kelly

estaba cantando casi en un susurro desde su habitación a oscuras. Nuestros ojos se llenaron de lágrimas. El ritmo de la cancioncita que provenía de arriba de las escaleras nos transportó a otro mundo, donde los niños de seis años se recuestan con leones y corderos, y donde los pequeños niños los guían por el camino.

Sin embargo, hubo otra cosa que me conmovió mucho más profundamente.

—Me gusta tu silla de ruedas, tía Joni —me dijo Kelly con voz suave una noche. Las dos estábamos sentadas a la mesa esperando a que vinieran los otros.

—¿En serio?

—Sí —dijo ella, dedicándome una adorable sonrisa—. Quiero una como la tuya cuando crezca.

Me tomó desprevenida. Todo lo que pude hacer fue sonreír y sacudir la cabeza ante esos pícaros ojos con espesas pestañas, con ese cabello marrón cortado por la cirugía, y las pecas que parecían desparramarse sobre su nariz y mejillas cuando se reía. Kelly se encogió de hombros, se inclinó hacia adelante en su silla de ruedas y repitió:

—¿Puedo tener una como la tuya?

Tragué saliva. A sus ojos, mi silla de ruedas era un deseo mayor que el de una colección de muñecas de Mi pequeño pony o un hermoso juego de té para ella y Kay. Mi silla de ruedas era una fiesta, un pasaporte a la aventura. Kelly creía que mis ruedas me habían inscripto en un club muy especial, un club de donde ella quería ser miembro. Sin embargo, no parecía tener ni idea del precio que uno tiene que pagar para ser parte de ese club. Parecía que descontaba el dolor y la parálisis, la desilusión y los sueños rotos. Ella ignoraba por completo el lado oscuro, ni siquiera lo consideraba. Todo lo que añoraba era una posibilidad de ser como yo, de identificarse conmigo, de conocer más a la tía Joni.

Sin embargo, algo más estaba ocurriendo. Esos ojos tan sabios la delataron. Kelly quería que yo deseara mi silla de

247

ruedas tanto como ella. Mi sobrina no estaba solo admirándola, ella quería que yo hiciera lo mismo. Todo el tiempo había estado tratando de animarla, de contarle historias y de jugar con ella, e incluso hasta de ser un ejemplo para ella. Me había equivocado. *Ella* me estaba guiando a mí. De la boca de esa niña, Dios me estaba mostrando cómo abrazar su divina voluntad.

—Tu silla de ruedas es más bonita que la mía. Me gusta más la tuya —dijo nuevamente.

Y tú deberías hacer lo mismo también —parecía decirme. Kelly sabía, al menos parecía saber, que yo todavía estaba atrapada en un pantano de sueños rotos. Sentía que yo seguía luchando con el lado oscuro, que no sabía muy bien cómo aceptar dónde estaba sentada. Para ella, sin embargo, era un juego de niños. La vida había sido difícil en la granja, sus padres discutían mucho, y hasta antes del diagnóstico de cáncer no podía uno acercarla a un juego de té. Sin embargo, su sufrimiento la había impulsado a los brazos de Jesús, y su manera tierna y franca de aceptar (¡no! de abrazar) su divina voluntad le había abierto las compuertas de bendición de los cielos. Todo lo que mi sobrina quería ahora era hablar de Jesús y de su cielo, donde tendría jirafas como mascotas y comería todo el helado que quisiera, un lugar donde montaría ponys grandes, le pondría ketchup a todo, hablaría con mamá y papá oso, jugaría con el osito y se convertiría en adulta en un instante.

—Me alegra que te guste mi silla de ruedas —dije finalmente—. Y me agrada que quieras una como la mía cuando crezcas.

—¡Qué bueno! —añadió ella, prácticamente dando un brinco de alegría.

—Pero Kelly... pronto no necesitarás una como la mía. Ni siquiera necesitarás la tuya.

Ella asintió con la cabeza; comprendía muy bien a qué me refería. Por eso le pregunté en tono bajo y serio:

248

—Kelly, cuando veas a Jesús, ¿le dirías por favor «hola» de mi parte? ¿No lo olvidarás?

Ella sonrió, se encogió de hombros y movió la cabeza en señal de afirmación.

Más adelante, esa misma semana, Kelly le dijo a su madre:

—Mamá, quiero ir a casa.

—Pero, tesoro... ¿ya no quieres estar más en la casa de la abuela y el abuelo? —Linda le preguntó.

—No, quiero ir a casa con Jesús —susurró con voz ronca—. ¿Me preparas la maleta?

Eran casi las dos de la madrugada de una noche muy oscura. Yo estaba en la habitación justo debajo de la de ella y oía pasos arriba y conversaciones en voz baja. Tal y como lo había pedido Kelly, la familia estaba colocando a su alrededor sus animales de juguete favoritos y preparando una valija con sus tejanos y vestidos. Todos sabían que iría al cielo en cualquier momento, pero yo no podía subir los angostos escalones para despedirme como los demás. Permanecí despierta, mirando fijamente por la ventana en arco y me esforzaba por escuchar la conversación silenciosa que tenía lugar encima de mí.

Luego, de repente, vi pasar por la ventana como un relámpago, una forma dorada y brillante.

«¡Ahhh!», grité con fuerza.

Era un halo resplandeciente que pareció subir desde el suelo. Mis ojos rápidamente buscaron un auto que podría estar pasando por ahí cerca, pero no había nada allá afuera.

Un instante después, Jay avisó desde la escalera: «¡Kelly se ha ido!»

Algunos de los miembros de la familia bajaron. Cuando les conté exactamente lo que había visto, se dejaron caer en las sillas, sorprendidos. Mientras nos poníamos de acuerdo en cuanto a la hora en que había ocurrido, Jay jadeó:

—Eso ocurrió exactamente en el momento en que ella estaba orando: «Si muero antes de despertar, ruego a Dios que lleve mi alma».

—Fue real —seguí repitiendo—. Ocurrió de verdad.

Nos dimos cuenta de que yo debía haber visto un espíritu celestial, tal vez un ángel, enviado para escoltar a casa el alma de Kelly.

—Sí, «aunque ande en valle de sombra de muerte —recitamos juntos en un susurro, el familiar salmo 23, como si estuviéramos pronunciando una bendición—, no temeré mal alguno, porque tú estarás conmigo».

No podía aceptar la realidad de la muerte de Kelly, ni la del Sr. Cauthorne. En un momento, estas personas vigorosas y felices estaban aquí, y de repente, ya no estaban. En un instante estaban luchando, y al siguiente abandonaban la vida y abrazaban la muerte. O quizás era todo al revés: dejaban de luchar, para abrazar la vida. Una clase diferente de vida, del otro lado de un velo delgado y transparente; la vida que era invisible, y sin embargo real como una roca sólida.

Tampoco podía aceptar la realidad, la realidad transparente como el cristal, la absoluta certeza de aquel otro mundo. Yo había visto realmente su poder e influencia. Esos animales de juguete colocados alrededor de la cama de Kelly no eran solo deseos. No eran un deseo nostálgico o una vaga esperanza de algo en el más allá. Eran un verdadero paso de la tierra de la muerte a la tierra de la vida. Y yo había probado la alegría de esa tierra a través del cambio de vida en Kelly y a través del rostro en paz del Sr. Cauthorne. Lo había leído en 2 Corintios 4:16-18:

> Por tanto, no nos desanimamos. Al contrario, aunque por fuera nos vamos desgastando, por dentro nos vamos renovando día tras día. Pues los sufrimientos ligeros y efímeros que ahora padecemos producen una gloria eterna que vale muchísimo más que todo sufrimiento. Así que no nos fijamos en lo visible sino en lo invisible, ya que lo que se ve es pasajero, mientras que lo que no se ve es eterno.

Miré mis piernas paralizadas y repetí: «Lo que se ve es pasajero...». Luego levanté la vista y dije: «...lo que no se ve es eterno».

Siempre había admitido que el cielo era parte de lo que significaba ser cristiano. Sin embargo, era algo que había permanecido oculto en el párrafo catorce de la página tres de una póliza de seguros eterna. Había existido solo como parte de la cultura de mi fe, más bien del tipo mental, más que un verdadero reino que traspasaba el presente, introduciendo su poder y esperanza en todo. Eso cambió en mí con la muerte (¿o debería decir vida?) de Kelly. Todo cambió desde que vi aquel ser brillante espiritual y descubrí los versículos de 2 Corintios. Quería fijar mi vista en cosas eternas. Y quería tener más fe para creer más, la clase de fe descrita en Hebreos: «La fe es la garantía de lo que se espera, la certeza de lo que no se ve».

Quería estar segura, quería tener esperanza, quería tener la certeza de algo que no podía ver. Sabía que necesitaba una gran fe para aceptar la vida en una silla de ruedas.

Querido Señor: ¿Alguna vez será una fiesta esta silla de ruedas? ¿Un pasaporte a la aventura? ¿Alguna vez podré ignorar el lado oscuro? ¿No hacer caso del dolor y la parálisis, como si no valiera la pena tenerlos en cuenta?

Sentí, igual que Kelly, que estaba en un club muy especial. En un club con el que, hasta ahora, no quería tener mucho que ver. Me gustara o no, sin embargo, yo era miembro, inscripta en la comunión del sufrimiento de Cristo.

«Joni, estás en el camino correcto; estás avanzando en la dirección correcta. Esta silla de ruedas es tu posibilidad de identificarte con Cristo», me dijo Steve Estes.

Steve era prácticamente un experto en la Biblia aunque fuera tres años menor que yo. Y él era justo la persona que yo estaba buscando. Diana había hecho su mayor esfuerzo por ayudarme con mis preguntas, pero sabía que necesitaba más ayuda. Por eso me presentó a su amigo de la iglesia, Steve, un adolescente alto, medio larguirucho pero increíblemente adorable. Después de que Diana nos presentó, Steve prometió venir a casa con frecuencia para ayudarme a estudiar la Biblia. La única condición era que no faltara *RC Cola* (su gaseosa favorita) y los emparedados de tocino, lechuga y tomate de mi madre.

Aquel verano, me sumergí en la Biblia con Steve a mi lado, entrenándome y guiándome en cada vuelta de página.

—Esta silla de ruedas es tu pasaporte para ser como Cristo, para conocerlo mejor —enfatizó, mientras hojeaba su gran Biblia de tapas negras de atrás para adelante, buscando versículos.

Sentí que el temor se alzaba dentro de mí.

—Escucha, una vez le pedí a Dios que me acercara más a él —señalé—, y mira lo que obtuve. Miré hacia abajo, a mi silla de ruedas—.

—¿Es esta la manera en que responde?

—No tengas miedo —dijo Steve con suavidad—. Él está respondiendo. Apoyó su mano en el brazo de la silla de ruedas. —Esto es parte de su voluntad. Escucha este versículo en Filipenses —y leyó lo siguiente—:

Es más, todo lo considero pérdida por razón del incomparable valor de conocer a Cristo Jesús, mi Señor. Por él lo he perdido todo, y lo tengo por estiércol, a fin de ganar a Cristo ... a fin de conocer a Cristo, experimentar el poder que se manifestó en su resurrección, participar en sus sufrimientos y llegar a ser semejante a él en su muerte.

No entendí a dónde quería llegar.

—Joni, no te lamentes por haber orado pidiendo estar más cerca de Dios —añadió Steve—. Todo vale la pena por conocerlo. Todo lo demás es una pérdida en comparación, ambos sabemos eso. Y aquellos que conocen mejor a Dios son los que comparten su sufrimiento.

—Con razón tiene tan pocos amigos —dije en broma.

—Kelly era su amiga —refutó Steve.

Bajé la vista avergonzada. Él continuó:

—Piensa en lo que está haciendo tu silla de ruedas. Es como, bueno, un taladro, que está rompiendo todas tus rocas de resistencia. Te está arenando hasta el centro, aniquilando todo el orgullo y la independencia. Es como un perro pastor mordiéndote los talones y conduciéndote a la cruz. Joni... — hizo una pausa para mirarme fijo a los ojos— esta silla de ruedas te está preparando para el cielo. Como Kelly se preparó. Y considerando que este mundo nunca cumple sus promesas, considerando que siempre nos va a desilusionar, tu silla de ruedas no es algo malo. Hasta se puede convertir en una bendición.

Estábamos llegando a alguna parte. Dentro de mí, en alguna parte, me sonaba a cierto. Tantas veces había sido tan estoica, avanzando lentamente dos pasos hacia adelante y tres para atrás con la cabeza en contra de los vientos de la voluntad de Dios (que sin embargo, estaba relacionada con mi silla de ruedas). Mi familia se daba cuenta de eso cuando obstinadamente me negaba a comer o me ponía de mal humor o sentía resentimiento cuando pasaba frente a un gran espejo. Hasta Kelly lo había notado en mí. Muchas veces no me había atrevido a creer que mi silla de ruedas podía ser un pasaporte a la alegría. En vez de eso había reprimido mi esperanza, le había puesto bridas a mi corazón y había frenado mis pensamientos, amarrando mis sueños. No saldría de allí, jamás me liberaría. No me daría permiso para creer que la felicidad del Señor era lo suficientemente grande como para fascinarme y cautivarme, a pesar de tener un cuerpo fláccido, sin vida. Lo que había hecho era rendirme ante una situación: mi condición, y mi corazón siempre parecían endurecerse cada vez un poco más. O lloraba y terminaba sintiéndome derrotada.

—Nunca aceptarás tu silla de ruedas —dijo Steve, sirviéndose más refresco. Tomó un sorbo y luego agregó: Nunca te adaptarás, ni la sobrellevarás, ni siquiera cederás ni te someterás a ella.

Se me hizo un nudo en la garganta. él había dicho lo que yo nunca había querido reconocer. Pero... ¿adónde quería llegar?

Steve tomó otro trago, se limpió la boca, y añadió con énfasis:

—Pero tú puedes abrazar a Dios.

Comenzaba a comprender... Eso creo.

253

—Piensa en un sufrimiento mayor: su sufrimiento. Luego agregó: A medida que lo pienses, no puedes evitarlo y lo abrazas. Y cuando lo abrazas a él, lo menos que puedes hacer es amar su voluntad.

Eso significó algo. Se trataba de estar segura de algo que esperaba, de algo que no podía ver. Eso, reconocía ahora, era tener una fe más grande. No la fe en mi capacidad de aceptar una silla de ruedas, sino la fe para abrazar a Cristo, para confiar en él a pesar de... ¡no! debido a mis problemas.

Nuevamente recordé la primera vez que probé el poder del evangelio aquella noche en las montañas de Virginia. *¿Cómo podía dudar de quien dio la vida por mí?* Recordé a mi amiga Jacque cantándome en el hospital, la estatua en el *Johns Hopkins*, mi agradable vida con Jay en la granja, Kelly y, como siempre, las estrellas sobre la fogata cuando acampábamos. Todo era parte del camino al que Jesús me había conducido hasta ahora. *¿Cómo no podría creer en Él?*

Steve se había reclinado hacia atrás, y observaba todo esto que pasaba por mi mente. Le sonreí, *lo había entendido.*

—¿Me das un sorbo? —le pregunté. Cuando Steve acercó el vaso a mi boca, le guiñé el ojo amistosamente. No solo me había conectado con lo que él estaba diciendo, sino que también me había conectado con el libro abierto sobre la mesa. Sabía que sería mi pasaporte a la aventura. Y sabía que me iba a poner en contacto con una fiesta porque mi fe estaba en el lugar correcto, o más bien, en la persona correcta.

—Vamos —dijo Steve, dando una palmada sobre la mesa. Era casi la medianoche y mi familia estaba en la habitación contigua viendo la película de trasnoche, pero eso no nos detuvo. Una luna pálida y llena nos invitaba a salir, y Steve abrió la puerta lateral, inclinó hacia atrás mi silla de ruedas y me llevó a toda velocidad hacia la noche: yo en dos ruedas y él resoplando y empujando. El círculo amarillo producía largas sombras sobre los árboles, era una noche muy parecida a aquellas en que papá nos llevaba a cabalgar. Steve me llevó a saltos en mi silla de ruedas hasta el jardín de la entrada de la casa, y me estacionó en un amplio sector con luz de luna, el sector de césped más amplio y luminoso.

Se retiró hacia atrás, extendió ampliamente sus brazos y soltó un aullido de coyote:

—¡Aú-aú-auuuú!

—Estás loco —reí— ¡estás completamente loco!

Eso solo lo incitó aún más. Con el rostro inundado por la luz de la luna, echó la cabeza hacia atrás nuevamente:

—¡Aú-aú-auuuú!

Era la cosa más ridícula que había visto en años; pero no había tenido esta clase de diversión loca desde las bromas de la secundaria. Por eso, con la despreocupación propia de un niño, como cuando jugaba a indios y vaqueros montando a pelo y con los brazos desplegados como alas, como aquellos días en que me paraba sobre mis pies, me recliné hacia atrás lo más que pude en la silla de ruedas, eché la cabeza hacia atrás y le aullé a la luna:

—¡Aú-aú-auuuú! —aullamos como un par de coyotes felices.

—¡Aú-aú-auuuú!

—¡Aú-aú-auuuú!

—¡Aú-aú-auuuú!

Estaba grabando recuerdos, nuevos recuerdos, frescos y felices. La noche, los árboles altos y oscuros que producían sombras irregulares, las estrellas como joyas, el tintineo de los llamadores, la luna que seguía ascendiendo... todo era etéreo y angelical, como si Steve y yo hubiésemos atravesado un velo delgado e invisible y tocado el gozo celestial. Quizás nuestra fe había rasgado ese velo y el cielo había derramado toda la felicidad sobre nosotros en una bendición.

Esa noche fui a la cama sintiéndome segura y satisfecha. «Buenas noches», le escuché susurrar a papá. ¿O fue Dios?

Mis pensamientos en ese mundo de semiinconsciencia justo antes de dormirme me transportaron a otros momentos felices... lugares donde la distancia y el tiempo no habían desvanecido los paisajes, los sonidos ni los aromas. Una vez más, estaba sentada sobre mi gran caballo a punto de salir al ruedo. Lo sentía debajo de mí, pavoneándose y haciendo cabriolas en su sitio, sin tirar nunca de las riendas, y moviendo las orejas de atrás para adelante a la espera de mis órdenes. Apretaba mis rodillas contra él y ¡zum! comenzaba a trotar hacia la primera valla, ansioso de responder a su jinete, que llevaba las riendas. Volábamos por encima de la primera valla, la segunda y la tercera, saltando un complejo laberinto de vallas y arbustos. No dudó ni se atemorizó ni una sola vez. No importaba si comprendía o no el trayecto que tenía delante; no le interesaba cuán duras parecieran las piedras de las paredes. Simplemente adoraba saltar. Y dado que confiaba en mi juicio, le encantaba cumplir mi voluntad. Su confianza en mí era total y absoluta, y estaba siempre deseoso de obedecer al instante. Complacerme era la alegría de su gran corazón.

¡Ah! cuánto deseaba agradar a Dios con todo mi corazón: desatar la brida y los frenos, soltar los nudos y las amarras, y sentirme libre. Sería libre para creer que su paz y su alegría podían pesar más que el lado oscuro de mi sufrimiento. Dejaría que me guiara, que me permitiera entrar en la aventura de conocerlo y de complacerlo. Confiaría en su juicio en el camino que me había trazado. Mi confianza en él sería total y absoluta, y sería la alegría de mi corazón.

Solo era un sueño todavía; pero estaba segura de lo que esperaba y de lo que apenas podía vislumbrar.

Para hacer lo que de antemano tu poder y tu volun-
tad habían determinado que sucediera.

Hechos 4:28

━━◆◆◆━━

Alma Redemptoris Mater, quae pervia caeli
Porta manes, et stella maris, succurre cadenti,
Surgere qui curat, populo: tu quae genuisti,
Natura mirante, tuum sanctum Genitorem

No tenía idea de lo que significaban esas palabras, pero Diana y yo y un grupo de amigos lo cantábamos igual que en la escuela secundaria. Habíamos aprendido la antigua antífona en coro, y ahora, mientras reavivábamos la armonía y la melodía, mezclábamos nuestras voces como si estuviésemos trenzando una cuerda, llenando toda la sala del melancólico himno en tono menor. La música era sublime y elegante, algo que nos transportaba con intenso asombro mientras cantábamos con la cabeza hacia atrás y los ojos cerrados. Era una antífona apropiada para las grandes catedrales. Lo sé, porque nuestro público también estaba cautivado. Allí estaban sentados: un hombre sin hogar y un par de marineros.

Era viernes por la noche, y estábamos en la enorme sala de espera de la vieja estación de trenes de Pensilvania en la calle Charles. El salón de piso granítico era cóncavo y estaba prácticamente vacío. De no ser por el traqueteo de los trenes que pasaban ocasionalmente debajo de nosotros, podríamos haber estado en una catedral. Hasta se percibía ese olor a humedad y moho que se mezclaba con el aroma a aceite de limón de los bancos de madera. Nuestro pequeño grupo había encontrado una esquina tranquila debajo de las columnas de mármol y el magnífico tragaluz abovedado. Habíamos venido a este lugar a cantar.

Era una de las cosas que yo todavía podía hacer, y hacerla bien. Nunca había dejado de hacerlo.

Una vez mis padres le rogaron a un especialista de California que viniera a la institución estatal para examinarme. El experto se paró junto a mi cama, y me pinchó con un alfiler en los pies y los tobillos para tratar de determinar si tendría posibilidades de mejorar. Lentamente recorrió mi cuerpo preguntándome: «¿Sientes esto?» y yo negaba con la cabeza. «¿Y esto?»; otra negativa. Llegó hasta mi cadera, luego el pecho y yo seguía sin sentir nada. Sin embargo, quería asegurarle que podía hacer mucho más de lo que indicaba su alfiler. Por eso, cuando ni siquiera sentí el pinchazo de cerca de la clavícula, exclamé: «No lo siento. ¡Pero... pero puedo cantar! ¿Quiere escucharme? ¡De verdad que puedo hacerlo!»

Siempre encontraba alguna canción: los himnos y las canciones de Vida Joven, canciones de vaqueros o de marineros, canciones de amor que aprendí de escuchar a mi madre cantar junto con Arthur Godfrey de la emisora CBS o cualquiera de las veintiséis canciones de cuna que ella sabía de memoria. También me sabía las canciones de los viejos discos de Kathy con los musicales de Broadway, todas las de los Beatles y los Beach Boys que estaban en el ranking de los diez primeros en la emisora cristiana WCAO. ¡Incluso cantos en latín del coro de la secundaria! Y en especial este: *Alma Redemptoris Mater*», compuesto en el siglo XI por Herman Contractus, más conocido como Herman «el lisiado». Me gustaba esa.

No era infrecuente que Diana y yo buscáramos a unos cuantos amigos del coro los fines de semana por la noche solo para juntarnos a cantar. A veces ocurría en la sala de mis padres, con piso de madera y techo alto, otras veces en el vestíbulo de entrada vidriado de un centro comercial... en cualquier lugar que produjera eco. Este viernes por la noche en concreto alguien sugirió que probáramos la acústica de la vieja estación de trenes porque probablemente a esa hora estaría desierta de todas maneras.

No nos desilusionamos. Cuando nuestro pequeño coro terminó la última nota, maravillosa, nos detuvimos a escuchar cómo resonaba en las bóvedas del techo. El vagabundo bebió un trago de su bolsa de papel, se secó la boca y sonrió. Los marineros sonrieron abiertamente y aplaudieron un poco. Un barrendero que pasaba asintió con la cabeza, recostado contra su escoba. Éramos una sensación.

Luego apareció un guardia uniformado.

—Bien, bien, basta con esto —dijo con rudeza—. Esto no es ninguna iglesia. Este es un lugar de trabajo y ustedes, jóvenes, deben abandonar el lugar.

—Ohhh, ¿de verdad? —murmuró Diana en tono de broma.

Al guardia no le pareció gracioso.

—Ya he hablado lo suficiente. Levanten sus cosas y retírense. Y tú —me apuntó amenazador— regresa eso a donde lo sacaste.

—¿Usted se refiere a su silla de ruedas? —preguntó Diana.

—Sí, me refiero a la silla de ruedas —dijo como si nos estuviéramos burlando de él—. ¡Levántese de ahí, señorita, de inmediato!

Esto era demasiado gracioso para ser real.

—Señor, ojalá *pudiera* levantarme, pero no puedo— respondí—. Es mía.

—No sea insolente conmigo. Eso pertenece a este lugar. ¡Devuélvala ahora!

En medio de aquella locura, debo haber parecido tan «normal» que este hombre pensó que podía levantarme y caminar.

—Señor, mi amiga es paralítica de verdad —dijo Diana y lo demostró levantando mi mano fláccida—. ¿Lo ve?

Todavía no estaba convencido. Pensaba que éramos solo un grupo de adolescentes rebeldes que estábamos bromeando.

—Es cierto, señor, soy paralítica —dije tratando de mantener una mirada firme—. Hablo en serio.

De repente, él se sonrojó.

259

—Bien, bien, solo salgan de aquí... todos —terminó diciendo espantándonos con las manos.

Mientras Diana aceleraba el motor, mis amigos me tiraron en el asiento delantero del auto, y haciendo chirriar las ruedas del auto salimos del estacionamiento, acelerando en cada semáforo verde de la calle Charles. Bajamos las ventanillas y yendo derecho a casa dejamos que la brisa de la noche se llevara la estela de nuestras risas. Yo estaba sentada a la misma altura que mis amigas, intoxicada por la música y la diversión de la noche, habiendo disfrutado tanto y con tanta felicidad que ningún pensamiento triste podía entrar en mi cabeza. ¡Y cómo había engañado al guardia!

Ojalá mi sobrina Kelly pudiera haberlo visto. Fue una verdadera fiesta, ¡con silla de ruedas y todo!... mi pasaporte a la aventura.

«¡Aú-aú-auuuú!», aullé y el resto del grupo se unió.

Estaba creando recuerdos nuevamente.

Siempre había mirado al pasado, a los días de mi niñez, como la mejor época, gratos recuerdos de otros tiempos y otro lugar. Sin embargo, ahora estaba viviendo nuevos momentos agradables y también surgían como sensaciones eternas. Esta noche desbordaba alegría, y era mucho más que alegría terrenal. Llevaba el perfume de otro mundo, un mundo de eternidad.

Dios sabía que lo necesitaba. Era el año 1974, y habían pasado siete duros años entre mi accidente y la vida que tenía ahora. Me había aferrado a una cuerda y había escalado los muros del pozo cubiertos de barro, me había patinado y resbalado, encontrando estabilidad por poco tiempo; me había detenido para tomar aire, me había enjugado la frente y había escalado más alto. Y ahora, mi séptimo año era un jubileo. Había alcanzado una llanura amplia y espaciosa y Dios debe de haber sabido que necesitaba descansar y refrescarme. La vida era dura, sí, pero la gracia de Dios era más firme. Y a los períodos crueles le seguían grandes momentos de bendición... momentos que eran tan... *sencillos* y *cotidianos*.

Una mañana de verano, Jay y yo decidimos ir a tomar el té con una amiga mayor, la abuela Clark, a su gran casa, situada en un extremo de la calle principal. Abrimos la puerta de tela metálica de la cocina y recibimos la bienvenida del aroma a torta recién horneada. La abuela Clark había colocado un mantel de lino hermoso y blanco sobre la mesa, ubicada al lado de una ventana abierta donde una brisa suave agitaba las cortinas de encaje, que permitían que entraran los aromas a rosas. Mientras Jay y yo sorbíamos té *Green Earl* en tazas de porcelana, la abuela Clark se reclinó hacia atrás, alisó el mantel y habló sobre el cielo. Sus palabras estaban llenas de añoranza, casi con dolor.

De repente, una ráfaga hizo flamear las cortinas como banderas y ella puso la mano en alto contra la ventana, sonrió y miró con atención. El aire hizo un remolino alrededor de la mesa, y los rayos de sol multicolores bailaron sobre el mantel haciendo que nuestro espíritu se aligerara y girara a un ritmo vertiginoso. El momento fue hermosamente extraño y se desvaneció tan rápido como llegó, dejando a su paso el mismo perfume del cielo.

Esos momentos estaban tan llenos de eternidad que olvidaba mi silla de ruedas o, al menos, me reía de ella. Una tarde de verano, Diana y yo, con otras amigas, llegamos a la playa de *Ocean City* justo cuando el sol se estaba poniendo y comenzaban a surgir las multitudes de la noche. Fuimos con la silla de ruedas hasta la calle 18 y Boardwalk, en el límite de la zona de los cafés del final de la ciudad. Aun a esa distancia se oían las risas de la gente que estaba montada en el carrusel y los gritos de terror de otras en la montaña rusa, y se olía el aroma a papas fritas calientes y saladas.

Diana me ubicó cerca de las columnas mientras ella y los demás se sentaron en ellas, y así disfrutamos nuestro pasatiempo favorito de las tardes en la costanera: comer nubes de azúcar y ver pasar a la gente. Ciclistas y patinadores esquivaban a gran velocidad a padres que empujaban cochecitos y a parejas mayores que caminaban tomadas del brazo. Chicas adolescentes vestidas con tejanos y camisetas cortas se pavoneaban luciendo su bronceado mientras sus

261

novios rondaban a su alrededor. Los papás llevaban a sus pequeños sobre los hombros y las madres caminaban detrás, de dos en dos, conversando relajadas. La mayoría de los transeúntes nos miraban al pasar, y a veces, cuando sus miradas se encontraban con la mía, yo les sonreía.

Sin embargo, después de casi media hora, todas comenzamos a sentirnos un poco incómodas. Era evidente que todos me miraban. Entonces fue cuando Diana chasqueó los dedos y sonrió dando a entender: «¡Tengo una idea!» Saltó de la columna, corrió hasta el hotel y cuando regresó, dejó caer un montón de cosas. Me empujó hasta el medio del paseo entre la corriente de personas.

—¿Qué estás haciendo? —exclamé.

Sin contestarme, Diana me colocó una manta sobre las piernas, tomó mi mano y colocó mis dedos fláccidos alrededor del mango de un jarro de metal.

—Si la gente quiere mirar, los vamos a hacer pagar —declaró y volvió a sentarse en la columna, dejándome sola en el paso de la gente.

No podía creer lo que había hecho.

—Diana, ¿quieres dejar esto? —dije mirándola irritada.

¡Clic! Sorprendida, miré hacia abajo y vi una moneda de veinticinco centavos girando en mi jarro. Miré a mis amigas de reojo por encima del hombro, anonadada y ¡Clic! otra moneda de veinticinco. ¡Las personas creyeron que estaba pidiendo limosna!

Me encogí de hombros y seguí la actuación, pidiendo: «Caridad con los pobres». Mis amigas se retorcían de la risa.

—¡No te rescataremos hasta que consigas lo suficiente para la pizza! —se burlaron.

Sus burlas produjeron expresiones de sorpresa en los transeúntes, lo cual, a su vez, dio como resultado más monedas de veinticinco.

Más tarde, cuando terminamos la última porción de pizza de

salami, nos preguntábamos si la gente habría dado las monedas por jugar o si verdaderamente habían sentido lástima de mí.

—¿A quién le importa? —dije yo, tragando mi último bocado y lamiendo la salsa del dedo de mi amiga—. ¡La limosna paga! Salimos de la pizzería y nos unimos al flujo de gente que caminaba por el paseo marítimo que corría a lo largo de la playa. Nuestro buen humor hacía juego con las luces de neón y los sonidos circenses del órgano de la calesita.

Una vez más, mi silla de ruedas había sido un pasaporte a la aventura. Habíamos entrado en otro momento sencillo, común y corriente, y al transitarlo descubrimos una gracia oculta... una gracia que podía bastar, expiar y compensar todo lo que pudiera haber perdido. Sea aullando como un coyote por alguna nueva verdad redescubierta en la Biblia o uniendo mi voz a la de los otros en una antigua antífona en latín, los momentos seguían susurrando: «Resiste. Un día te sumergirás en una alegría como esta. La satisfacción te empapará, la paz te acompañará y durará para siempre».

Estos momentos ocurrían cada vez con mayor frecuencia. Y uno a uno, creaban un collar de perlas que conectaba un día al otro con alegría y confianza, que me ayudaban a ver cómo podía ser vivida la vida. No sabía como explicarlo, tal vez ese fuera mi jubileo. Eran actos de Dios; ir en su búsqueda ya no era algo extraordinario, era parte de mi rutina diaria.

Era muy común que me encontraran frente a una Biblia con una clavija con punta de goma en la boca, hojeando el libro de tapa a tapa, buscando y estudiando. Seguía la guía de Steve, aprendiendo a abrazar a Dios más que a la autocompasión. Mis estudios bíblicos con él los viernes por la noche se incrementaron durante la semana porque lo bombardeaba cada vez con más preguntas:

«¿Las cosas ocurren por casualidad?»

«¿Mi accidente fue solo eso: un accidente?»

Hacía mucho tiempo que había dejado de preguntarme ¿por qué?, enojada, con el puño cerrado. Ahora hacía la misma pregunta «¿por qué?» con sincera curiosidad, con una profunda necesidad de saber. Botellas vacías de *RC cola* llenaban la mesa mientras buscábamos y estudiábamos hasta tarde en la noche, Steve siempre inclinado sobre su Biblia con un lápiz en la mano, marcando este versículo y aquel otro, y yo siempre reclinada hacia adelante pidiendo: «Déjame ver eso...».

No me importaba hasta qué hora ardieran las velas... siempre tenía energías. Una noche, mientras el calor del hogar se diseminaba por toda la habitación, yo estaba leyendo y estudiando cuidadosamente el capítulo 12 de la carta a los Romanos.

—Steve, mira —noté—, aquí dice que la voluntad de Dios es «buena, agradable y perfecta». ¿Cómo puede Dios permitir tanto sufrimiento?

Steve se apoyó sobre la mesa con el ceño fruncido. Se quedó con la mirada perdida, tamborileando suavemente con sus dedos y repitiendo en voz baja mi pregunta. Luego levantó la mirada... se había dado cuenta de algo.

—Joni, veamos tu pregunta de esta manera —reflexionó—. Permíteme preguntarte: ¿Crees que fue la voluntad de Dios que Jesús sufriera?

Lo miré desconcertada, considerando si era o no una pregunta engañosa. Steve cambió de táctica.

—Bien, piensa en esto: Satanás fue quien le dio la idea a Judas de que traicionara a Jesús. Y fue Pilatos el que llevó a cabo aquel juicio falso. Seguramente fue el diablo el que debió de haber incitado a esos soldados ebrios a que golpearan a Jesús, le arrancaran la barba y lo azotaran con palos. ¿Quién sabe qué más le hicieron en aquella habitación? ¿Y qué de esa multitud en las calles que gritaba por su sangre? ¿Cómo pueden esas cosas ser la voluntad de Dios?

Me atrapó en esta.

Steve levantó sus dedos y verificó un listado mental.

—Traición. Injusticia. Tortura. Asesinato. Hizo una pausa, como para permitir que las palabras produjeran un impacto en mi interior. Joni, decimos que la cruz fue parte del plan de

UNA VIDA CAMINANDO CON JESÚS

Dios, pero... —hizo una nueva pausa, quizás esta vez por él— ...pero olvidamos que incluía cosas malas como estas.

Era un pensamiento aleccionador. No entendía cómo Dios podía permitir la tortura, en especial esa clase de tortura, en su voluntad para alguien, y menos para su propio Hijo. Entendía que el diablo estaba involucrado... ¿pero Dios?

—Escucha lo que dice aquí —prosiguió Steve desplazando su dedo por una página del libro de los Hechos—. «se reunieron», se refiere a Judas y el resto, «para hacer lo que de antemano tu poder y tu voluntad habían determinado que sucediera».

Cerró su Biblia y me miró directamente a los ojos.

—Joni, Dios no retiró su mano del timón ni por una billonésima de segundo. Él permite cosas que odia, que realmente odia, para lograr algo que ama. Permitió que el diablo instigara a la crucifixión porque tenía en mente nuestro bien. El peor asesinato del mundo se transformó en la única salvación del mundo. Sabía que esto no era una lección común. Entonces, ¿qué te dice esto? —preguntó Steve, reclinándose hacia atrás y cruzando las manos detrás de la cabeza.

Uní los puntos. *Dios permitió algo que odiaba, mi cuadriplegia, para lograr algo que amaba, mi creciente necesidad de Él.*

—¿Quieres decir que esta parálisis no fue para nada un accidente? —le pregunté.

Steve dejó transcurrir un breve instante.

—¿Tú qué crees? —me retrucó y comenzó a juntar las botellas vacías de gaseosa para llevarlas a la cocina.

—Yo pienso, es decir, creo que Dios no retira su mano del timón ni por una billonésima de segundo.

Dejé que esa verdad se adentrara en mí.

Un grito inmediato provino de la cocina:

—Es demasiado tarde para convocar al grupo de coyotes.

De todas maneras, había sido un momento extraordinario.

Mi accidente bajo las aguas del mar... no había sido una moneda lanzada en el cosmos, ni una vuelta en la ruleta del universo; había sido parte del plan de Dios *para mí*.

Ese simple hecho pudo disipar mis temores acerca del futuro. Dios controlaba la situación, y me había llevado hacia una llanura amplia y espaciosa. En el año 1974 me había elevado hasta una planicie más alta. Así que en aquel año, el de mi jubileo de descanso, hice algo extraordinario: abracé la voluntad de Dios.

Le mostré a Steve el versículo que había marcado hacía mucho tiempo atrás, sobre la sanidad física: «Deléitate en el Señor, y él te concederá los deseos de tu corazón».

—¿Y entonces...? —preguntó Steve—, ¿lo hizo?

—¡Ahh! —respondí— él ha hecho eso y mucho más. Sí, me ha otorgado el deseo de mi corazón. Él... se entregó a sí mismo.

Mi año de jubileo fue extraordinario también en otro sentido. Comencé casi sin pensarlo con muestras de mis trabajos artísticos en unos cuantos festivales locales. Hasta que un día un canal de noticias de Baltimore contó mi historia, y ¡pum! pronto me encontré en el estudio del programa *The Today Show* en Nueva York, cara a cara con Bárbara Walters. Miré fijamente el decorado de la NBC detrás de la presentadora mientras ella señalaba mis cuadros, que estaban detrás de mí, colgados de una pared.

«Cuéntanos de dónde sacas la inspiración —me preguntó—. «¿Te llamarías una persona religiosa?»

Yo tartamudeaba en mis respuestas, maravillada por lo que estaba sucediendo. La entrevista finalizó cuando autografié un dibujo con una pluma en la boca y salí del estudio durante una pausa comercial. De regreso a casa, me di cuenta de que no tenía ni idea de en qué me había embarcado. Todo lo que sabía era que, ya de regreso, seguía escuchando la pregunta: «¿Cómo haces para que ocurra eso?»

Por supuesto, el punto era que yo no era quien hacía que eso sucediera. Simplemente ocurría, como si fuera algo más en esta serie de cosas comunes. Me sentí incómoda cuando mis amigas hicieron un gran alboroto sobre el programa matutino transmitido en cadena nacional. Y me sentí igual la semana siguiente cuando un editor me llamó por teléfono.

—Vi su entrevista con Bárbara Walters —comenzó—. Me gustó lo que dijo.

Busqué en mi mente, tratando de recordar. *¿Qué dije?*

—Srta. Eareckson, —siguió el editor— usted le dijo al mundo que no es una persona religiosa.

—Es verdad —afirmé.

—Bien, ¿podría explicarme ese comentario, por favor?

Me sentí como en una evaluación en la clase de la Sra. Krieble. Pensé en todo lo que había aprendido con Steve Estes y finalmente comenté:

—No creo que el cristianismo tenga que ver con la religión. Se trata de una relación. Una relación con Jesucristo.

—Pero, ¿acaso su cuadriplejia no la afectó en cuanto a eso?

Sabía hacia dónde apuntaba. Él suponía que mi discapacidad debería haberme apartado de Dios y haberme vuelto amargada, en vez de acercarme a él.

—Sí, verdaderamente afecta mi relación con el Señor— respondí—. Me hace tener más necesidad de él.

Hubo un largo silencio del otro lado de la línea.

—Bien, Joni —dijo él por fin— ¿puedo llamarte por tu nombre de pila, Joni? Nos gustaría que compartieras este punto de vista con otras personas.

A la semana siguiente había un contrato en mi buzón. Jay abrió el sobre y colocó el documento legal justo frente a mí sobre, la mesa del comedor. Ahora esto sí era algo fuera de lo común, la idea de un libro sobre mi vida era tan absurda... Con mi clavija para la boca, abrí el contrato. Su lenguaje era tan incomprensible como lo que me esperaba en el futuro si firmaba en la línea punteada.

Esto requería una conversación con Steve, aunque él ahora estaba lejos, en la universidad.

«¿Crees que debería hacer esto?», le pregunté.

Hubo una larga pausa del otro lado. No podía decir si Steve estaba sorprendido o si esto era algo que debía decidir por mí misma.

«Asegúrate de guiar a las personas hacia la Biblia», dijo finalmente. «La historia de tu vida no puede cambiar a nadie, pero la Palabra de Dios sí».

Seis meses después, en la misma mesa del comedor, estaba sentada mirando fijamente un manuscrito. Era extraño pensar que mi vida, caótica y turbulenta, en especial mis últimos ocho años en una silla de ruedas, estuviera condensada en un fajo de papel de quince centímetros de ancho por veinticinco centímetros de largo y ocho centímetros de alto. Comencé a leer: «El fuerte sol de julio se ponía hacia el oeste y daba un cálido resplandor rojizo a las aguas de la bahía Chesapeake».

Sentí un cosquilleo en el estómago. *¡Cielos!, espero estar haciendo lo correcto.*

En el otoño del año 1976 apareció un libro de tapa dura llamado simplemente Joni. Sentí el olor a tinta fresca sobre las páginas flamantes y me maravillé de cómo había ocurrido todo. Eso es todo lo que pude decir sobre el libro, solo... había ocurrido.

Y esto puede ser lo más parecido a dar a luz a algo —pensé. Sonreí, sabiendo que otras personas eran ahora responsables de su crianza. «Ahora, dije para mí, puedo regresar a mi vida normal en la granja».

Sin embargo, antes de que eso sucediera, recibí una llamada telefónica de Billy Graham.

Jay prácticamente dejó caer el auricular. «Quiere que compartas tu historia en una de sus cruzadas», exclamó con la voz quebrada. Luego cubrió el teléfono con la mano y agregó en un susurro: «¿Puedo ir?»

Era una fría noche de octubre cuando Jay y Kathy empujaban mi silla de ruedas hasta el campo del *Pontiac Silverdome*, cerca de Detroit, Michigan. Un tanto deslumbradas por el brillo de las luces del estadio, girábamos la cabeza en todas direcciones para captar la subyugante escena. El estadio estaba repleto de miles y miles de personas.

«Por aquí, chicas», señaló Judy Butler. Ella era secretaria de uno de los miembros del equipo de Billy Graham, y su autoridad, combinada con su acento británico, nos orientó a donde debíamos dirigirnos.

Judy nos condujo hasta nuestros asientos en el escenario, y Billy Graham se acercó a saludarme. Nunca había estado tan cerca de alguien tan famoso, excepto quizás Barbara Walters. Sin embargo, no tenía motivos para estar nerviosa. El Sr. Graham apretó mi hombro, y me tranquilizó de inmediato con su calidez y sinceridad.

Esa noche, antes de que hablara el Sr. Graham, tuve ocho minutos para compartir mi historia frente a la enorme multitud. Había trabajado mucho las semanas anteriores para condensarla y terminé mi narración con esta corta frase: «Aun la gente paralítica puede caminar con el Señor». Me desconcertó la oleada de aplausos.

Después de que el Sr. Graham terminara su sermón, continuó con su práctica habitual de invitar a las personas a que se alejen de su pecado y abran su corazón a Cristo. Sorprendida, observé cómo cientos de personas comenzaron lentamente a bajar de las gradas del estadio y a circular por los pasillos hacia el campo. Sin embargo, yo sabía exactamente lo que estaban sintiendo y pensando. Recordé con claridad aquella primera noche cuando, con catorce años, decidí dejar mi propio camino y seguir a Jesús. Mientras observaba aquel mar de gente frente a mí, me costó creer que eso hubiera ocurrido hacía poco más de una década.

Mira todo lo que ha sucedido en mi vida desde entonces. Y ahora, Señor, ¿me has traído hasta aquí?

Cuando todo terminó, Judy se enfrentó a un gran desafío: controlar de cerca que mis hermanas y yo llegáramos hasta el auto. Jay, Kathy y yo éramos como niñas en una tienda de caramelos... corríamos de vuelta hacia el estadio, observábamos a la gente, echábamos mano a los *croissants* del sector verde y curioseábamos dentro de los camiones de producción. Cuando Judy por fin nos reunió y consiguió meternos en el automóvil, se desplomó en el asiento trasero y dijo al conductor: «A casa, James, y ¡no escatimes esfuerzos!»

Esa noche, en el hotel, me miré en el espejo del baño y me pregunté: «¿Por qué estás tú aquí y no otra persona?» No sabía la respuesta, pero comenzaba a darme cuenta de que habían depositado en mí una confianza especial, algo que sabía debía tomar con delicadeza, tratar con respeto y devolvérselo a Dios cuando terminara toda la fanfarria.

Sin embargo, esta no mostraba signos de disminuir. En un abrir y cerrar de ojos, el libro Joni fue publicado en francés, en alemán y en otros idiomas[1], y me pidieron que viajara a Europa para contar mi historia. Yo nunca había cruzado el océano en avión, y mientras Jay y yo preparábamos las valijas, me preocupaba: ¿Cómo voy a vaciar mi bolsa de drenaje? *Y esas bandejas de los aviones son tan pequeñas y estrechas... ¿seré capaz de comer con mi tenedor curvo, sujeto en la tablilla del brazo?*

Parecía que mis tranquilos días en la granja se iban a terminar.

Cuando el viaje estuviera más avanzado se nos uniría Kathy, pero por ahora, Jay y yo, junto a mi amiga Betsy, de Vida Joven, partíamos hacia Europa. Me levantaron de la silla de ruedas, me depositaron en el asiento del avión y amontonaron almohadas y mantas para mantenerme en el sitio. Éramos un feliz grupo de veinteañeras y cantábamos la famosa melodía de «¿Cómo los retendrás en la granja si ya han estado en París?»

Llegamos a Austria, y tocamos el suelo con mis ruedas. Nuestra primera parada fue en medio de una tormenta eléctrica, para pasar la noche en un castillo medieval frío y húmedo.

«¿Por qué no pueden alojarnos en un hotel?», les pregunté a Jay y a Betsy en voz baja, mientras me sacaban del auto bajo una lluvia torrencial. ¡Lindo problema! Los editores nos hacen llegar hasta aquí... al menos deberían encontrarnos un alojamiento con ascensor».

270

[1] Entre ellos el castellano (N. de la editora).

El castillo tenía un acento definitivamente «medieval»: altos muros de piedra, torres y una puerta de madera maciza igual a la de *La novia de Frankenstein*. Llegamos tarde, debido a la tormenta, y tuvimos que esperar afuera bajo la lluvia mientras el propietario, a quien despertamos, buscaba lentamente en una gran argolla con llaves la que abría la puerta. Finalmente esta se abrió con un chirrido. Allí estaba él, con ropa de dormir, murmurando algo en alemán que denotaba su irritación.

Nuestra intérprete, un Arnold Schwarzenegger en versión femenina, llevó nuestro equipaje hasta el segundo piso. Cuando reapareció, nos señaló dónde estaba nuestra habitación.

—Por esas escaleras —nos indicó.

Betsy me llevó en la silla de ruedas hasta una estrecha escalera de caracol que había en una esquina.

—¿Se refiere a esta... esta cosa? ¿Estos diminutos escalones retorcidos? ¿Usted pretende que *nosotras* —se señaló el pecho— carguemos a Joni hasta allá *arriba*?

Como si fuera una señal, se vieron relámpagos que produjeron un aura pálida sobre la escalera circular. Parecía una torre que conducía a la guarida de Drácula.

—Ustedes los amerricanos son fuerrtes. Podrrán hacerlo —se limitó a decir la intérprete. Acto seguido, giró sobre sus talones y caminó con energía hacia su habitación para descansar.

No teníamos alternativa. Entonces, Jay me tomó por detrás y Betsy me sujetó las piernas, las tres nos apretujamos en la entrada de la escalera caracol. Jay y Betsy subieron los primeros peldaños con vacilación, dado que casi no podían ver el camino con el tenue brillo de la luz en la pared. De vez en cuando se volvían a ver relámpagos que iluminaban la escalera. Cada peldaño crujía, y a mitad del trayecto comenzamos a reírnos, lo que hizo que Betsy me soltara. Tuvo que sentarse.

—¿Qué estás haciendo? —susurró Jay.

—Paren, no puedo respirar —grité de la risa.

—¡No podemos detenernos, nos atoraremos!

Pero Betsy ya estaba de costado, desternillada de la risa.

La puerta de una habitación de arriba se abrió con un cruji-do y dejó escapar un rayo de luz en señal de protesta. Alguien dijo algo suavemente en alemán.

—¡No hay prrro-blema , no hay prrro-blema! —murmuró Jay, simulando un acento alemán.

La puerta se cerró y la escalera se oscureció nuevamente. De ahí en adelante fui arrastrada como una bolsa de papas por mis transportistas, que no cesaban de cacarear mientras mi trasero golpeaba en cada peldaño.

Me arrastraron hasta la cama, mientras la lluvia azotaba fuertemente sobre el techo, sumándose a la ya tenebrosa atmósfera. Jay y Betsy desempacaron mientras yo miraba a mi alrededor, explorando nuestra habitación al brillo de la lámpara que había sobre la mesa. El cuarto tenía enormes ventanas con celosías desde el piso hasta el techo, coronadas por molduras y acompañadas de cortinas ondulantes y transparentes. Cuando alumbraban los relámpagos, fuertes ráfagas de viento inflaban las cortinas, elevándolas como si fueran fantasmas gigantes.

«Uuu-u-u-u», me amenazó Jay, inclinándose desnuda sobre mí después de salir sigilosamente del baño. Y susurró con voz tenebrosa como si fuera un vampiro: «¡Te atraparé!»

Justo en aquel momento se produjo otro relámpago y se cortó la luz. Solté un grito agudo que helaba la sangre. Una voz llamó desde afuera en la punta del pasillo:

—¿Qué estarr mal? ¿Qué estarr mal?

Escuchamos pasos apurados hacia nuestra habitación y luego un imperativo toc-toc en la puerta. Jay se asustó y tomó una sábana para cubrirse.

—¿Qué ha sucedido? —dijo el hombre con voz autoritaria cuando ella abrió la puerta—. ¿Por qué ustedes gritando? —preguntó mirando fijamente con enojo a este grupo de tontas y ruidosas chicas norteamericanas que habían llegado bastante tarde con demasiado equipaje.

—¡Ah! Este... —tartamudeó Jay mientras se ajustaba la sábana alrededor del cuerpo— ehh... fue solo que... era Drácula.

El hombre la miró con escepticismo.

—¿Drá-cu-la?

—Sí, pero... pero ya está todo bien ahora —siguió Jay—. Se acabó, se fue. Y movió el brazo señalando el interior de la habitación. ¿Ve? Se fue... en serio...

El hombre miró todo alrededor cuidadosamente hasta que estuvo satisfecho. Luego miró fijamente a Jay, murmuró un «¡Humm!» y se retiró caminando pesadamente por el pasillo hasta su cama.

Mi divertida hermana, desnuda, saltó a la cama que había a mi lado, mientras Betsy se acurrucaba en la suya, junto a la ventana abierta.

—¿Saben lo que somos? —reflexioné en la oscuridad bajo el ruido de la lluvia que caía—. Somos locas y tontas. Un grupo de locas norteamericanas.

—¡Pero nos estamos divirtiendo! —acotó Betsy.

—Siempre y cuando Drácula no nos atrape... —dije en un susurro con voz grave.

Eso hizo que comenzáramos a reírnos de nuevo, lo que a su vez dio paso a un torrente de recuerdos de nuestra infancia compartida. Jay y yo le contamos a Betsy sobre el «hombre lobo» que vivía en el ropero de Linda, y revivimos las historias de papá sobre el barco fantasma. Recordamos La criatura de la laguna negra y uno que otro «cuco» que alguna vez nos asustó hasta que finalmente nos dormimos. A pesar de la lluvia, el extraño mobiliario, el brusco propietario y las bromas sobre vampiros sentí una inmensa alegría de estar con mi hermana y con mi amiga. La presencia de Dios en todo esto era algo celestial.

Estaba sucediendo de nuevo. Este momento común y corriente, como lo es un pijama party entre chicas, me había hecho sentir una vez más como si mi silla de ruedas no existiera.

Cuando regresamos a casa, sin embargo, me estaba esperando algo no tan común. Joni se iba a llevar a la pantalla grande.

«¿Quieren producir una película sobre ti?». La noticia se desparramó rápidamente en *Woodlawn* y *Sykesville*, y la gente comenzó a suponer que ahora yo tenía todo bajo control, que jamás experimentaba períodos de depresión o frustración. Después de todo, ¿por qué, si no, querrían personas como Billy Graham hacer una película sobre esta chica confinada a una silla de ruedas?

No podía culpar a nadie por pensar de esa manera, pero (¡por supuesto!), estaban equivocados. La verdad era que yo sabía que siempre lucharía... siempre me sentiría débil y necesitada de Dios. Y eso estaba bien. Se suponía que así debía ser. Se suponía que yo dependía de él. Me había dado cuenta, gracias a Steve Estes, de que solo si reconocía mi debilidad y mi dependencia de Dios, lograría obtener su divina fortaleza. Y *sobre* eso querían hacer una película.

Lo extra-ordinario acerca de eso era que ellos querían que yo hiciera el papel de Joni.

Lo único que yo había «protagonizado» era la producción del Club de caballos y perros de ¡Oklahoma!; había sido una de las brujas de Macbeth en la preparatoria, una india junto a Kathy como vaquera en el desfile de caballos y una manzana en mi presentación de ballet. Y muchas veces había vendido dentífrico al frente del espejo del baño. Y ¡ah, cierto! simulé ser una pordiosera en la costanera. Y eso era todo. ¿A quién quería engañar? Yo no sabía nada de actuación.

Si la protagonista verdadera interpreta un papel real, —me pregunté— ¿produciría un impacto verdadero en las personas reales, con problemas reales? Señor, no sé qué hacer.

«Sé que si acepto, mi vida cambiará para siempre», le dije seriamente a Steve, a Jay, a Kathy, a mi familia y a mis demás amigas. Si aceptaba, tenía miedo de que fuera el fin de los «momentos de coyote» bajo la luz de la luna o de los momentos a medianoche en una estación de trenes. Significaba el fin de aquellas tardes comunes y corrientes en que nos sentábamos con Jay en la galería a cantar himnos. Desaparecerían todos los días tranquilos y felices de la granja.

Mudarse a California por seis meses sería un cambio enorme. Pensé en papá, que ya acarreaba setenta y ocho años sobre sus espaldas. Pensé en mi querida madre, a quien me había acercado mucho más después de mi accidente. *¿Quiero de verdad que mi vida cambie? ¿Volverán después las cosas a ser normales?*

Estaba en una encrucijada. Un camino era aburrido y predecible: podía estar en la granja, continuar mis clases en la universidad de Maryland, y tal vez convertirme en una verdadera artista en unos pocos años. Un camino común.

El otro camino era cualquier cosa menos común. Ni siquiera estaba segura de poder llamarlo camino. Lo imaginaba más como que Dios estaba parado en el monte Pikes, señalando hacia un páramo lejano y diciendo: «¿Ves eso? Ve y marca un sendero». No tenía idea de lo que había allí afuera. ¿Hacia dónde llevaría? Después de la película Joni, sería yo la misma... Joni?

Era un dilema extraordinario. Así es que se lo pregunté a la persona con quien siempre había compartido mis preguntas.

La respuesta de Steve llegó en un sobre marcado «Columbia, Carolina del Sur» donde él estudiaba en un seminario bíblico.

«He podido guiarte a ahondar en la Palabra de Dios, Joni, escribió; pero, en cuanto a la voluntad de Dios respecto a este tema, no puedo decirte qué hacer...

Esto debes decidirlo tú».

CAPÍTULO DIECINUEVE

Porque así dice el Señor omnipotente, el Santo de Israel: «En el arrepentimiento y la calma está su salvación, en la serenidad y la confianza está su fuerza».

Isaías 30:15

Unas manos bronceadas se toman del borde de la balsa y con un movimiento ágil, la joven saca el cuerpo del agua. Se sube y se alisa el cabello rubio hacia atrás y lo recoge en un pequeño nudo. Tira de los elásticos de su traje de baño y se sacude el agua de ambas piernas. Con otro movimiento ágil, dobla las rodillas, balancea los brazos y se lanza al mar de una zambullida. Su cuerpo corta la superficie del agua. Ella está debajo.

«¡Corten! Se imprime!», grita el director desde un bote de goma que flota por allí cerca.

Sus gritos me traen de regreso a la realidad. ¿O será la realidad esa zambullida que acabo de presenciar?

No, no era real... porque la chica que lo hizo es una actriz y yo estoy sentada en la costa, rodeada de grúas y miembros del equipo de filmación. Acepté lo extraordinario y me mudé a California para interpretar mi papel en la película Joni.

Ahora es mi turno. Me colocarán en el agua para continuar desde donde dejó la actriz. Sentada en la playa, la brisa levanta la toalla de mi regazo, dejando que se vea mi bolsa de drenaje y mi catéter. Mi corsé está atado por encima de mi traje de baño, así puedo respirar mientras espero. La tira de mi traje de baño se resbala de mi hombro, pero no la puedo levantar.

«Bien, estamos listos para Joni. ¡Tráiganla aquí afuera!»

Los miembros del equipo ubican las luces y los reflectores,

y el equipo de cámaras y de sonido está flotando cerca de la balsa. Los auxiliares sanitarios me levantan y me llevan hasta el agua, donde pasamos por delante de los operadores de cámaras, los técnicos de sonido y el director. Todos se ven un poco nerviosos.

«No hay de qué preocuparse. Lo harás bien», grita el jefe de utilería desde la costa.

«Terminaremos en un instante», el camarógrafo asistente hace señas con el brazo desde la grúa de arriba. La actriz que recién completó la escena de la zambullida se mete más en el agua y observa con atención. El director trata de encontrar un asiento cómodo en el borde del bote desde donde pueda verlo todo.

Los auxiliares sanitarios me colocan de espaldas en el agua fría. Tiemblo un poco y floto, ligeramente sostenida desde abajo por sus brazos. Estamos esperando que todos estén en posición.

La cámara comienza a rodar, al igual que el sonido. El director hace señas con la cabeza, respiro profundamente y los auxiliares sanitarios me dan vuelta. Estoy boca abajo y con la acústica del agua escucho al director gritar: «¡Acción!»

Lucho por escuchar a la actriz que hace el papel de Kathy gritar mi nombre. Escucho el chapoteo en el agua, su débil voz llamándome... pero los segundos pasan. La bahía está fría y oscura, y mis pulmones tienen sed de aire.

Tengo miedo. Casi comienzo a mover la cabeza (una señal predeterminada para indicarle a los auxiliares sanitarios que necesito ayuda). Trato de aguantar un poco más. *Puedo hacerlo... no, no puedo. No puedo respirar. ¡Necesito aire!*

Al segundo siguiente, la mano de «Kathy» me toma de los hombros y me saca del agua. Escupo y lucho por respirar. Estoy verdaderamente luchando y atemorizada, pero espera... ¡Ah, cierto! Se supone que debo actuar.

«Kathy... no me puedo mover. No... no siento nada», logro decir mis frases a borbotones.

277

La actriz dice su parte, tratando todo el tiempo de sostener mi pesado cuerpo. Comienza a llevarme hacia la orilla. Una cámara en una grúa nos sigue. Un técnico de sonido que sostiene un micrófono jirafa camina junto a nosotras por el agua. Las personas de la orilla toman notas, y los electricistas inclinan los reflectores.

«¡Corten! ¡Se imprime!»

Todo el equipo y el reparto lanzan un suspiro de alivio, incluida yo. Los auxiliares sanitarios me levantan de los brazos de «Kathy» y me llevan de regreso a mi silla de ruedas, donde Jay y Judy Butler (de la Asociación Billy Graham, a préstamo para ayudarme) rápidamente me frotan con toallas secas.

La escena vino y se fue sumamente rápido. La realidad que acabamos de filmar ahora está en la distancia, grabada prolijamente en una tira de celuloide y guardada en una lata. El director de equipo grita: «Toma diez» y los cocineros del camión de provisiones traen la comida. Todo el mundo gira alrededor del café y las rosquillas. Miro de reojo a la balsa, ahora solitaria, aún anclada lejos de la orilla, meciéndose lentamente con suaves vaivenes.

—¿Quieres una rosquilla? —pregunta mi madre, balanceando el plato de papel mientras me abraza. Ella y mi padre han venido hasta el sur de California para verme filmar los primeros días de la película Joni en la bahía posterior, detrás de la playa Newport—. —Toma —me ruega mi madre una vez más—, muerde un poquito.

—Mamá, no puedo —niego con la cabeza—, ¿recuerdas? Me dijeron que debía perder peso.

El director está preocupado porque me veo muy rellena para las siguientes escenas en el hospital y me sugirió que permaneciera lejos del sol y que dejara las rosquillas.

Durante los días que siguieron, no desayuné y almorcé poco mientras filmamos las escenas del hospital en un estudio en Burbank. Después de la filmación del viernes, Jay, Judy y yo comenzamos nuestro camino de regreso a la casa alquilada a siete u ocho cuadras de distancia. Cuando habíamos hecho una cuadra más o menos, nos dimos cuenta de que estábamos cerca de un restaurante de sopas y ensaladas.

«Comamos ensalada esta noche», salté.

La cena de esa noche fue lechuga y tomate sin aceite ni sal, media papa al horno sin mantequilla, gaseosa dietética y definitivamente sin postre. Desde aquel día decidimos hacer dieta.

—Oigan, tengo una idea — dice Jay un sábado mientras íbamos en auto por el bulevar Ventura—. He visto una tienda de camisetas... Ustedes saben... de esos que realizan inscripciones de todo tipo. Se acerca al borde de la acera y estaciona el automóvil. Ella y Judy desaparecen dentro de la tienda.

Observo en la vidriera los diferentes modelos de camiseta, colores y leyendas. Al poco tiempo, Jay sale y anuncia:

—Joni, ahora tienes la respuesta perfecta para esos chicos del equipo que quieren meterte rosquillas en la boca.

Levanta en alto una camiseta que dice: ¡NO ME DEN DE COMER!

Y enseguida agrega:

—Como tú no eres la única que tiene que bajar de peso... —y saca de repente otra remera de la bolsa que dice: A MÍ TAMPOCO. Judy aparece por detrás de ella, mostrando una amplia sonrisa y también saca una remera que dice: NI A MÍ. Por último, mi amiga Betsy, que sabe cómo ocuparse de mí y a veces suplanta a Jay, muestra también una camiseta: YO TOMARÉ SUS PORCIONES.

Las camisetas logran su cometido. Al igual que la adrenalina de la película. Los kilos comienzan a desaparecer en mí y me siento saludable, delgada y con energía; pero sobre todo, me siento concentrada.

Estoy en la cama una noche, pensando en el extraordinario atajo que he tomado en mi vida. Las ventanas de nuestra pequeña casa alquilada están abiertas, y dejan entrar el fresco y húmedo aroma a gardenias del patio. Desde mi cama miro fijamente mi silla de ruedas, vacía, puesta en el rincón de la habitación. Medito sobre las veces que ha sido mi ene-

279

miga, una prisión o un pozo lleno de barro. Sin embargo, durante los últimos dos años, se ha convertido en un pasaporte a la aventura. Y ahora, con mis pantalones colgados en su respaldo y mi corsé y mis tablillas para los brazos sobre el almohadón de su asiento, se ve como una extraña amiga. Ha sido una severa maestra de la cual he aprendido muchas lecciones, fue tutora en la paciencia y la perseverancia. Ahora Dios iba a utilizarla para mostrarle a otras personas que ellas también pueden confiar en él en sus debilidades ¿Quién sabe cuántos miles de personas verán la película y sentirán que se eleva su espíritu? Desde mi punto de vista, la silla de ruedas viene a ser un extraño pero hermoso... «regalo» —digo suavemente en la oscuridad.

Me ha enseñado muchas cosas buenas. Tanto que no puedo llamar a mi parálisis un «sufrimiento». *Es un regalo —creo— ¿no es así, Señor? Como dice la Biblia: «Porque a ustedes se les ha concedido no sólo creer en Cristo, sino también sufrir por él».* Esa silla de ruedas, estacionada allí en la oscura esquina de la habitación, era un regalo.

A la mañana siguiente no desayuno tampoco y me dirijo temprano al estudio. Hoy filmaremos más escenas de hospital.

«Oye, se te ve muy bien» , sonríe el director, admirando mi cara y mi cuello más delgados.

Estoy feliz de que mi dieta esté comenzando a notarse. Calculo mis calorías para el día: ensalada sin condimentos, café sin crema, mañana tampoco habrá desayuno ni rosquillas en el estudio. Quizás un almuerzo liviano y una pequeña porción de pollo a la parilla de cena mañana por la noche. *No tengo tanta hambre, de todos modos —reconozco.* Vivo de la energía; tengo tanta energía por los nervios que me cuesta conciliar el sueño esa noche.

Los días se convierten rápidamente en semanas, y bajo más de peso. «Oye, vamos, nos estás dando trabajo extra», bromea la señora del guardarropa. «Tenemos que achicar todas tus camisas y jeans para estas escenas». En mi interior estoy complacida.

Por la tarde no me relajo; sino que me concentro en aprender el guión del día siguiente.

—¡Mira un poco esto! —observa Jay, reclinada en un sofá, comiendo una manzana mientras hojea mi guión para la semana siguiente. Hay una escena de besos aquí y adivina con quién.... Se incorpora para mostrarme la página, con una sonrisa parecida al gato de *Cheshire* en Alicia en el país de las maravillas.

El guión describe la escena en menos de media página. Yo tengo que decir un par de frases. Cooper, el actor que hará el papel de mi novio, tiene aún menos diálogo. El resto es acción. Solo media página para todos aquellos recuerdos de cuando mi novio venía al hospital estatal de Montebello. No había lugar para estar a solas. La terraza estaba llena de visitas y el auditorio era zona restringida. El único lugar al que podíamos escapar de mi sala de seis camas era el ascensor. Tomábamos uno vacío, oprimíamos el botón del tercer piso y luego el botón de parada entre dos pisos. Allí teníamos mucha privacidad; hasta que una enfermera supervisora nos descubría.

—Me agrada que hayan incluido eso en el guión —le comento a Jay—. Le agregará un momento divertido a todas esas escenas sombrías del hospital.

—Sí, y tú tendrás toda la diversión —acota mi hermana revolviéndome el cabello.

¿Pero será realmente divertido? ¿Hacer una escena de besos delante del equipo de filmación con un actor a quien apenas conozco? Cooper es lindo, muy lindo, pero no sé nada de él más allá de la fotografía de prensa de veinte por veinticinco centímetros, colgada en la pared de mi camarín junto a la de los otros miembros del reparto. No he besado a nadie en años. Esa noche, mientras estoy sola, practico los mejores besos que puedo recordar... sobre mi muñeca.

Durante los días que siguen nos juntan a Cooper y a mí con frecuencia para realizar diversas escenas. Siempre me pregunto qué estará pensando: *¿Ya ha leído lo que sigue en el guión? ¿Tendrá los mismos pensamientos tontos que yo acerca de la escena del ascensor? Probablemente no. Él es un actor de*

Hollywood… *y debe besar a actrices protagonistas todo el tiempo*.

Llega el «día del beso» y vamos a un escenario real en un hospital. Equipan un ascensor con luces de estudio, micrófonos y cables. La gran cámara es montada sobre un trípode en una esquina. Cooper camina detrás de mí. «¿Crees que entraremos allí?» Se hace un disparo de menta fresca en la boca.

Cuando todo está listo me empujan hasta una esquina del ascensor. El director empuja a Cooper hacia mí y nos resume nuestras pocas líneas. «Recuerden, ahora ustedes dos son novios. Este es el hospital Montebello y estamos en el año 1968, ¿de acuerdo? El resto saldrá naturalmente», dice sonriendo.

Cooper se desliza con cuidado junto a mí, fijándose cuán cercanos nos vemos en la lente. La secretaria de rodaje toma su portapapeles y acerca un taburete a escasos centímetros de nosotros. Ella está lista para grabar cada palabra y movimiento para los editores, quienes compaginarán la filmación en una sola escena.

«¡Acción!»

El actor gira hacia mí, me acaricia la mejilla y me toma de la barbilla. Sus labios rozan los míos, y de la nada, siento una sacudida en mi interior. La falta de familiaridad de sentir labios sobre los míos se esfuma de inmediato, y me olvido por completo de las luces y de la cámara. El director indica un corte, y Cooper suelta su abrazo, dejándome en la mitad de la emoción. La secretaria de rodaje sobre el taburete nos abanica con el guión… se está poniendo caluroso bajo las luces.

—¡Cielos!, besas bien —ríe Cooper, palmeándome la mano.

—Bien, hagamos otra toma —dice el director.

Una vez más, Cooper se inclina sobre mí, solo que esta vez soy más rápida para responder. Me sorprende lo fácil que me resulta relajarme con su beso. Y permanecemos un poco más después del «¡Corten!»

—No necesitamos otra toma, ¡eh! ustedes dos —interrumpe el director y todos ríen. Miro de reojo al camarógrafo y a la secretaria de rodaje y me río con nerviosismo. ¿Lo saben? ¿Acaso notaron que no fue todo actuación?

Aprieto mis labios, y están calientes. Mi interior se revoluciona de pasión... otro sentimiento extraño. Enseguida surge la culpa, y el ardor se desvanece. Sonrío, un poco temblorosa aún; después de todo, Dios sabe que no he besado a nadie en una década. Cruza por mi mente la idea de que probablemente no bese a nadie más por otra década y mi sonrisa se desvanece rápidamente.

Esa noche, en nuestra pequeña casa, ansío darme la vuelta en la cama, pero no puedo. Estoy inquieta, irritada, echa un manojo de nervios. Sigo ensayando el beso como un disco rayado, hasta que un músculo del cuello comienza a dolerme mucho. Golpeo la cabeza sobre la almohada. Aparecen toda clase de emociones perturbadoras: *¿Cuándo me volverán a besar? ¿Alguna vez me amarán? ¿Me amarán de verdad? ¿Alguna vez me casaré?*

Parece que me va a explotar la cabeza. Comienzo a repensar la idea de que la cuadriplejia sea un don. La sensación de sentirme atrapada me oprime la garganta. Odio no poder moverme. Un huracán de emociones entremezcladas entra en conflicto y me mantiene despierta hasta pasada la medianoche. Quizás sea la cafeína —supongo—. O que estoy agotada. Apenas han pasado dos meses de la filmación y estoy peligrosamente delgada y exhausta.

El director advirtió que una vez que comenzara la película, estaríamos en una pendiente resbaladiza (jerga cinematográfica que significa «acción rápida, imparable y cuesta abajo»). Tenía razón. Las primeras ocho semanas habían sido un comienzo denso, como vivir la vida en una constante ilusión.

Al día siguiente, encuentro un momento tranquilo en el jardín del estudio para mirar el guión que han puesto sobre mi falda, abierto en una página nueva. Yo no escribí estas líneas, pero son mías, y en cierta manera estoy actuando; y sin embargo no lo estoy. El guión es acerca de mi vida hace diez años, pero las escenas me resultan demasiado cercanas para mi comodidad. Frente a la cámara estoy furiosa: «¡No soporto no poder usar mis manos!» Horas más tarde, en un restaurante, me encuentro diciendo la misma frase cuando se me cae al piso la comida de la cuchara curva. Cosas como esta, estos actos fallidos del cuerpo y de la mente comienzan a suceder demasiado seguido. *¡Debo recordar por qué estoy aquí, por qué estoy haciendo esta película!*

De repente, el sol comienza a calentar mucho el jardín y está muy fuerte; siento escozor en la piel, debido a la ansiedad. La sombra de un árbol pequeño, de un macetero que está por allí cerca, ofrece un poco de alivio. Reconsidero mis pasos en el último año, pienso en Diana y Steve, en la granja, en Jay, Kathy y Linda, y *me pregunto: ¿Por qué se sienten tan distantes? ¿Por qué estoy tan llena de ansiedad?*

Había estado orando, concentrada principalmente en el equipo de trabajo, en los actores y en las personas que puedan sentirse inspiradas con esta película pero... ¿orar por mí? Muchos cristianos me habían advertido del ataque espiritual masivo que se enfrenta al rodar una película en Hollywood, aunque fuera una película cristiana; pero no me lo había tomado con mucha seriedad. No había estado orando pidiendo abrigo y protección como debí hacerlo. Había asumido que mi pasado estaba tan atrás que no podría tocarme. Ahora no estoy tan segura. ¿Tengo que volver a aprender lecciones de identidad? No creo que pueda... estoy tan cansada. ¿Y la Biblia? Casi no la he abierto en las últimas tres semanas. ¡Ah, sí! Cada mañana, de camino al estudio, repasé mentalmente unos cuantos versículos conocidos, versículos memorizados hace mucho tiempo; pero nada nuevo, nada reciente. Hay muchas cosas comenzando a deslizarse por esta pendiente resbaladiza.

«Joni, ¿tienes un minuto?», Rob, el asistente del director, me saca de golpe de mis pensamientos. Estamos en el plató, y rápidamente borro el cansancio de mi rostro y cambio de marcha, pasando a «filmación». Rob me lleva a la cabina de proyección y desparrama partituras sobre el piso alfombrado. Se sienta al piano y comienza a jugar con una melodía.

—¿Qué opinas de esto para el final de la película? —me pregunta y comienza a tocar la canción:

Padre, libra mi alma, que como nube al viento irá,
fuerte y fiel para seguir hasta que llegue el fin.
Por el camino donde voy, contigo siempre estoy

Veo más de tu reino y podré saber quién soy.
Gracias te doy porque a tu Hijo nos das,
y por el gran misterio de orar,
y de la fe dudar y aún creer que tú estás ahí.

Rob gira hacia mí cuando termina la canción.

—El director quería que la escucharas —me comenta—. Quiere saber tu opinión.

—Me gusta —opino dubitativa—; pero ¿puedes volver a cantar esa parte que dice «Gracias te doy ... y de la fe dudar y aún creer que tú estás ahí»?

Rob busca las partituras y toca esa parte nuevamente en el piano. Sonríe misteriosamente y dice:

—Jon... —y hace una pausa como si estuviera dudando de hablar—, ... tú sabes, es posible dudar y sin embargo creer. Los cristianos pueden dudar, lo sabes. Dios es lo suficientemente grande como para manejar nuestras preguntas.

No me gusta su respuesta. Dudar es una debilidad. ¿No dice ya la Biblia que un hombre que duda es como una ola en el mar, llevada hacia adelante por el viento en un momento y al siguiente empujada hacia atrás?

Sin embargo, aunque detestaba admitirlo, me describía a mí perfectamente. Esa escena del beso con Cooper... —seguía pensando preocupada. No podía, por nada del mundo, quitarme el sentimiento de aquel beso, aun siendo falso. Me sentía como en todos aquellos ardientes viernes por la noche con mi novio de la secundaria. Y ahora estaba rememorando esas escenas más de lo que quería admitir. Estaba desenterrando cada placer sensual que podía, y recreándolos una y otra vez. Tanto es así, que sentí que estaba de nuevo en aquella habitación a oscuras con el ruido del aire acondicionado, hundiéndome más y más en el viejo pozo.

Me doy cuenta de que está aumentando la distancia entre la imagen que muestro y el caos que experimento. Digo una cosa y siento otra. Tengo todo bajo control en público, pero a solas, soy una persona incapaz de funcionar. Es como si estuviese viviendo una película, como si estuviese hecha de celuloide, así de chata y frágil. Sin embargo, son tantas las personas cargadas de expectativas y han invertido tanto en esta película que me siento obligada a mantener una careta de paz y confianza en mí y en Dios. A decir verdad, me estoy marchitando por dentro, me estoy desconectando de la Joni exterior que se relaciona tan bien con todos.

—¡Jay! ¡Judy! —llamo con urgencia en la voz. Me he despertado en medio de la noche con un dolor que me martillea la cabeza. Sé que algo está muy mal en mi cuerpo.

Jay entra tambaleándose en la habitación:

—¿Qué ocurre? —ve pánico en mi mirada—. ¡Oh, Joni, estás sudando a mares!

—Creo que es el catéter. Debe estar bloqueado o doblado o algo. Respiro profundamente tratando de controlar el ritmo de mi corazón. Jay retira con rapidez mis mantas y me coloca de costado. Mi cama está empapada. Había bebido dos litros de agua antes de ir a la cama, una parte necesaria de mi rutina nocturna. Está claro que no me deshice de ese líquido, y que tengo disreflexia (una reacción peligrosa en personas con daños en la espina vertebral, que puede resultar en una hemorragia cerebral).

—Voy a cambiarlo —dice Jay—, no tenemos tiempo que perder. Revuelve la cómoda en busca de un catéter nuevo, jeringa y tijeras. Todavía siento el golpeteo en la cabeza, y sé que me está subiendo la presión sanguínea. Trato de no pensar en cosas como un ataque al corazón.

En unos minutos Jay inserta el catéter nuevo.

—Vamos, vamos... Drena, vejiga, drena —repite Jay con nerviosismo, controlando mi sonda urológica vacía para ver si fluye la orina.

—¿Qué ocurre? ¿Por qué no está funcionando?

—¡No lo sé, no lo sé! Ya he controlado todo. Este catéter debe estar estropeado.

286

Ahora detecto pánico en el rostro de Jay. Ella está al tanto de lo peligroso que puede ser esto. Los médicos ya nos lo habían advertido, y también habíamos leído al respecto en libros de medicina; pero esta era la primera vez que sucedía.

Siento como si una correa ceñida me apretujara la cabeza.

«Oh, Dios mío, perdóname, perdóname», murmuro, pensando que estoy a las puertas de la muerte y necesito hacer enmiendas. «Por favor no dejes que ocurra esto».

Jay busca a tientas el teléfono y llama al director de traslados de la película.

«¡Consiga auxiliares sanitarios para Joni, rápido!»

«Gloria a Dios... gloria a Dios...» , repito en tanto me lo permiten mi dolor y mi respiración dificultosa. Espero... que lleguen los auxiliares sanitarios o que deje de subir la presión o que me estalle el cerebro.

Mientras me llevan de urgencia al hospital, cede un poco la presión de mi cráneo. Mi vejiga debe de estar drenando. Sé que estoy empapando las sábanas y la camilla, pero no me importa. Estoy feliz de no tener un ataque al corazón. En urgencias me colocan un catéter nuevo, y me monitorean la presión sanguínea durante una hora para asegurarse de que todo está estable.

Cuando nos envían de regreso ya son las 2:30 de la mañana. Bromeo con Jay y Judy sobre lucir «llena de vida y energía» en unas cuantas horas, para el programa de filmación de la mañana.

«No puedes hablar en serio», Jay responde, sorprendida. «¿No crees que deberías tomarte el día libre? La producción puede esperar. A nadie le importará, Joni».

Comprendo su preocupación, pero sé que me sentiré mejor si no me quedo acostada preocupándome por lo que podría haber sucedido.

«Bien, hagamos un compromiso», digo yo. «Dormiremos y luego podemos preguntarle al director si nos deja comenzar a filmar al mediodía».

De vuelta en la cama, apresurada, digo una oración corta para darle las gracias a Dios. Después de todo, tengo que dormir para la actividad del día siguiente. Resisto la culpa y espero que él entienda.

Ese mismo día, más tarde, cuando llegamos al plató, el equipo está inusualmente en silencio. No hay ningún «¿Cómo anda todo, muchacha?» Es evidente que se enteraron de mi emergencia de mitad de la noche. Supongo que se me debe notar cansada, por eso Judy me pone unas gotas en los ojos para tapar la irritación. Como el tiempo es oro, nos apresuramos con la primera toma del día: Escena 648, una escena de casi el final de la película, donde me doy cuenta que la vida ya nunca sería la misma.

JONI. «Estoy bien. Todavía puedo sentir».

Corte a Jay

JONI. (continúa) «Y creo que estoy viva. Solo quiero estar sola un rato».

Después de filmar la escena, rechazo de manera cortante la sugerencia de Judy de tomar una siesta o terminar temprano. Ella y Jay simplemente no entienden. Tengo trabajo que hacer. No puedo decepcionar al reparto ni al equipo. Puedo manejar la presión.

Es más, parece que manejo la presión durante toda la filmación de la película: más de seis meses. El último día, la compañía productora hace una gran fiesta para celebrar la finalización. Por todas partes hay bandejas con bocaditos, junto con botellas de espumante sidra de manzana y tazones de ponche. Todos ríen y brindan por el impacto que se espera que tenga la película en las personas que la vean.

Cordialmente estoy de acuerdo y hago un gran esfuerzo para agradecerle su ayuda a cada actor y miembro del equipo. Sin embargo, por dentro, detrás de mi sonrisa, estoy terriblemente exhausta. He gastado hasta la última gota de energía y no veo la hora de volver a casa. No a la pequeña casa alquilada en Burbank, sino a la granja de Maryland.

En el vuelo TWA de regreso al este, me reclino contra el reposacabezas y pienso en lo que tengo por delante. La película ya no es más parte de mi vida. Otras personas se harán cargo de aquí en más: editores, procesadores de color, músicos y técnicos. Finalmente será entregada a los promotores y distribuidores. La gente va a orar por el efecto que produzca en los que la vean y porque el mensaje de la película, tal cual lo predijo Billy Graham, cambie vidas.

Sin embargo ahora, la careta de esa muchacha de diecisiete años en la pantalla y sus experiencias de hace tanto tiempo, debían ser retiradas. De alguna manera debo retomar desde donde dejé hace un año atrás.

Horas más tarde, se ven desde el avión los campos cubiertos de nieve del oeste de Maryland. Nuestra granja será como una postal con montones blancos amontonados contra la casa de piedra, con sus ventanas iluminadas con velas. Los caballos, con sus mantas de invierno, estarán golpeando con sus patas cerca del abrevadero del establo y los pinos vestidos de blanco darán el perfecto marco a toda la escena.

Jay nos conduce desde el aeropuerto a través de la nieve semiderretida de la autopista hasta que llegamos al camino de acceso a la granja. Una vez dentro de la casa, eché un vistazo a mi alrededor, a mi estudio, donde todavía está parado mi caballete de arte. Mi escritorio y mis libros están tal cual los dejé, junto a una pila de cartas que necesitan de mi atención. Los frascos de conservas que contienen mis pinturas y pinceles esperan mi retorno. Mi bloc de dibujo está abierto sobre el caballete. La página está en blanco.

Estamos a finales del invierno del año 1978, y extrañamente, yo también me siento en blanco.

Al día siguiente decido volver a conectarme desde donde había dejado las cosas . Las llamadas telefónicas de los amigos no producen nada: algunos están trabajando, otros aún están en la escuela, algunos tienen compromisos para las vacaciones... Steve Estes aún está en la facultad, y el informe meteorológico pronostica una fuerte lluvia para esa noche.

Decido que tengo que regresar a mi caballete. Han pasado meses desde que pinté algo. Estoy fuera de forma y de práctica y cuando comienzo a dibujar, todo se ve mal. Cada vez que quiero apretar el lápiz contra el papel me empieza a doler violentamente el cuello. *¿Por qué no puedo relajarme? ¿Qué me pasa?*

Pasan unos días, y todavía me resulta difícil dibujar. Tampoco puedo concentrarme para leer. Una noche, en la cama, dejo pasar el tiempo viendo una vieja película de Burt Lancaster, *El hombre de Alcatraz*. La historia de su vida en prisión me impacta muchísimo y se me hace un nudo en la garganta cada vez que uno de sus pajaritos revolotea fuera de las rejas de la ventana de su celda. La cámara enfoca el rostro del ornitólogo mientras observa a sus preciados amigos salir volando desde las rejas, luego enfoca hacia el interior, luego hacia afuera nuevamente. Resulta fácil leer lo que dice su rostro: ¡Cuánto deseo ser libre para volar lejos!

Una vez más, una película me golpea de cerca... demasiado cerca. El pánico y la claustrofobia me oprimen el pecho y tengo problemas para respirar. Me atrapa el viejo terror de yacer de espaldas y no poder moverme.

—¡Jay, ven pronto! —respiro con dificultad.

En unos segundos Jay está allí.

—¿Qué ocurre?

—¡Incorpórame, incorpórame! —Jay coloca sus brazos a mi alrededor y me sienta.

—Apriétame el abdomen. ¡Ayúdame a respirar!

Lo hace. Un minuto después se evaporan el calor y el pánico.

—¿Qué sucedió? —pregunta Jay, recostándome lentamente.

—No lo sé —jadeo—. Es que... siento... como si... estuviera en una cárcel.

Jay me mira fijamente durante un rato mientras me acaricia el cabello hacia atrás y dice suavemente:

—Estás bien. No te preocupes.

Unos cuantos días después insisto frente al caballete, pero tengo muy poco éxito. Me pregunto si he perdido mi talento o si estoy demasiado abatida como para volver a ser creativa. Ensucio la mitad de un bloc, y mi antiguo elemento de perdición, el pánico, comienza a surgir. Miro enojada mis poco convincentes esbozos de amateur que se burlan de mí desde el bloc de papel. *¡Ni siquiera puedo trazar una línea recta!*

De repente, el miedo me aplasta.

«Jay, comienzo a llamar a media voz a mi hermana, pero no tengo aliento. Escupo el lápiz de mi boca y permanezco con los ojos bien abiertos ante las líneas temblorosas sobre el bloc. Siento como si me estuvieran empujando hacia un abismo. Lo siguiente que supe fue que estaba apoyada con el hombro contra el caballete y con el brazo extendido, barriendo todo lo que estaba sobre el escritorio: el bloc, los lápices y los libros; todo cae volando, y golpea contra la pared y el piso. El ruido alarma a Jay, que estaba pasando la aspiradora en la habitación contigua.

»¡No puedo dibujar! ¡No puedo hacer nada!, grito histéricamente. Jay está parada, pasmada, mirando el desorden en el piso con los brazos y los ojos abiertos visiblemente intrigada.

Sacudo la cabeza y digo gimoteando:

«No sé quién soy... No sé quién soy... No sé quién soy... Me chorrea la nariz y miro a mi hermana con un gesto de impotencia y repito: No sé quién soy...

El verano del año 1979 parecía entrar majestuosamente con el aroma a brotes de manzanos. Junio no es época de manzanos florecidos en Maryland, pero lo parecía. Yo volvía a ser aquel árbol joven, delgado y verde, pero haciéndome un poco más fuerte cada día. De vez en cuando, después de aumentar unos kilos, sentía la punta filosa del injerto que punzaba en lo profundo en el tronco húmedo de mi alma.

Hacer la película no fue el proceso lento y tranquilo que yo había imaginado. Mucho más tarde me di cuenta de que me había deprimido seriamente durante los últimos meses de la filmación; pero eso era entonces. Ahora estaba recuperando peso y descansando. A veces me encontraba tarareando un antiguo himno: «Jesús estoy descansando, descansando en el gozo de saber quién eres... Estoy descubriendo la grandeza de tu amoroso corazón». ¡Ah, cuánto necesitaba descansar! Descubrí en las palabras de Isaías mi mayor necesidad: «Porque así dice el Señor omnipotente, el Santo de Israel: "En el arrepentimiento y la calma está su salvación, en la serenidad y la confianza está su fuerza"».

Con el descanso vino el arrepentimiento. Durante el año de filmación habían brotado un montón de vástagos. Y al igual que mi tío Don en su huerto, hice un inventario de lo que valía la pena conservar y de lo que se debía arrancar. Cosas como ignorar la Palabra de Dios... oraciones escasas... abrigar la henchida idea de mi propia importancia... y sobre todo, sentir que podía conducir mi vida en «piloto automático». Me arrepentí de todo y le pedí a Dios que me diera sus fuerzas.

La película Joni siguió su vida propia. Se tradujo a quince idiomas diferentes y fue vista por millones de personas en todo el mundo. Cuando la gente presenciaba la lucha de una jovencita por solucionar sus dificultades y ganar confianza en Dios, cientos de miles acudían a Jesucristo por primera vez.

Esa noticia me dio una tremenda lección de humildad. Sabía que todo era obra de Dios y para nada mía; todavía estaba aprendiendo las lecciones contra las que luchaba en la película. Por eso, cada vez que me pedían hacer la continuación, yo contestaba: «No, no habrá un *Joni II*, o *El regreso de Joni*, o *El hijo de Joni*, o *Más allá del universo de Joni*». Estaba feliz de haber marcado... un hito que nunca volvería a visitar.

Marqué, sin embargo, un nuevo hito: uno tan importante como cualquier otro en mis veintinueve años. Me identifiqué con esa frase de la canción de Rob, aquella que en un principio me disgustaba: «Gracias te doy... y de la fe dudar y aún creer». Quizás no la entendí en aquel entonces, pero ahora sí.

Señor, gracias por ser tan grande como para ocuparte no solo de mis dudas sino también de mis pecados. Te bendigo por perdonarme.

Otra frase de la canción de Rob completó el hito. Decía: *«Por el camino donde voy, contigo siempre estoy. Veo más de tu reino y podré saber quién soy».* Había encontrado la respuesta a mi lastimosa súplica.

Algo dentro de mí había muerto durante el proceso de filmación de la película. Era la Joni que creía que era, la que tenía todo espiritualmente bajo control, capaz de manejar las presiones. Una vez que murió aquella Joni, cuando arranqué ese vástago de raíz, descubrí algo más: cuanto más me acercaba a Jesús, más descubría quién era, en lo bueno y en lo malo. Y más descubría quién se suponía que era.

Y allí estaba, la verdadera Joni. No la falsa, no la imagen de la película, sino una persona de carne y hueso. Tranquila y en paz, la «Joni» que se suponía que fuera, comenzó a desplegarse. «Por el camino donde voy, contigo siempre estoy. Veo más de tu reino y *podré saber quién soy».*

Descubrí quién quería Dios que yo fuera. La que papá siempre deseó que fuera, mientras me hablaba a través del mosquitero... la que mi madre deseaba que fuera, mientras me metía en la cama debajo de los tres ángeles. La respuesta a mi clamor de «¿Quién soy?» parecía venir en una brisa perfumada de un bosque de pinos o con un olorcillo a brotes de manzanos en la primavera, susurrando esta verdad: *Porque tú moriste, ahora tu vida está escondida con Cristo en Dios.*

Quien yo soy... es algo que está escondido en Cristo.

La silla de ruedas es un regalo después de todo. Es incluso un pasaporte a la aventura. Y lo mejor está por venir.

El DIOS QUE YO AMO

Cuarta Parte

CAPÍTULO VEINTE

Y si el Espíritu de aquel que levantó de los muertos a
Jesús mora en vosotros, el que levantó de los muer-
tos a Cristo Jesús vivificará también vuestros cuerpos
mortales por su Espíritu que mora en vosotros.

Romanos 8:11 (RVR60)

≪ ¿No sabía que iba a morir en aquel témpano de hielo?, pregunté con inocencia. No podía quitarme la imagen de la vieja mujer esquimal, sentada en medio de una turbulenta tormenta de nieve.

Papá nos había llevado a mis hermanas y a mí a ver una película llamada *The Savage Innocents* [Los dientes del diablo], pero ninguno de nosotros sabía que contenía esa escena tan perturbadora. Una anciana abuela esquimal estaba demasiado débil para emigrar con su familia, atravesando una región inhabitada cubierta de nieve. La dejaron atrás para que muriera.

«Simplemente sabía que había llegado su hora, tesoro», trató de explicar mi padre. Me tomé con fuerza de la mano de papá mientras caminábamos de regreso al auto. Me preguntaba cuántos años más le faltaban a él para ser tan viejo como aquella anciana esquimal.

Hablamos al respecto camino a casa, y aunque no recuerdo las palabras de mi padre, sabía que si él hubiese sido esa curtida anciana, papá habría elegido el mismo camino. Nosotras, sus hijas esquimales, le habríamos rogado y suplicado, pero al igual que la mujer de la película, se habría cruzado de brazos, habría gruñido y se habría sentado sobre el témpano de hielo. Así era él; nunca temió la muerte, ni siquiera cuando estuvo frente a ella en el monte Pikes.

Hasta la primavera del año 1990 no volví a recordar aquella película de la abuela esquimal. La imagen de la anciana señora había sido nuestra más temida pesadilla mientras crecíamos y mis hermanas y yo siempre la habíamos alejado de nuestras mentes. Sin embargo ahora, nuestro padre, a sus noventa años, se estaba muriendo. ¿Cómo podía papá ser tan viejo? ¿Cuándo sucedió? 1990... ¿Adónde se fueron los años?

Era la hora de *la puesta de sol y estrella vespertina*. Estaba a punto de ver a *su Guía frente a frente; estaba a punto de cruzar la barra.*

Significaba la campana del crepúsculo para un millón de recuerdos, todos los que papá estaba a punto de llevarse con él.

¿Recuerdas cuando me sentaba a tus pies con mi libro para pintar y trataba de copiar tu manera de pintar? ¿Cómo me alzabas con las manos para subirme a Thunder? ¿Aquellas veces en la playa en que me ajustabas el chaleco salvavidas anaranjado, para que pudiera montar las crestas de las olas? ¿La manera en que pronunciabas «Señoor» y cantabas armoniosamente «Deja que sigan brillando las luces más tenues»?

Recuerdo la noche en que me despertó un zumbido que provenía de los árboles frente a la ventana de mi dormitorio. Papá y yo nos asomamos por sobre el antepecho de la ventana mientras él apuntaba con su linterna a la oscuridad. Allí, presencié la maravillosa migración de una especie de langostas, cuando luchan por salir de la tierra y trepan por los árboles para aparearse. «Esto solo sucede una vez cada siete años» —exclamó papá maravillado.

Recuerdos como estos comenzaban a verse descoloridos como las fotografías. Ahora tenía miedo de que todas las imágenes desaparecieran con mi padre. Esto no *puede ser verdad. Mi papá va a morir pronto.*

Nuestra hermosa y rústica casa, la casa con los ángeles pintados y llena de miles de ecos de pequeños pies jugando a las escondidas, fue puesta a la venta. El regalo que mi padre había construido para la familia, la gran casa de ladrillo y madera con chimeneas enormes y techos abovedados, de alfombras de oso y campanas para llamar a cenar en la puerta trasera y con el camino de entrada sobre el cual dibujábamos la rayuela con tiza... todo iba a desaparecer. A mi madre le resultaba demasiado difícil cuidar a papá en esa enorme casa llena de recovecos.

Mamá se mudó con papá a Florida, donde papá fue internado en una casa de reposo pequeña y agradable, y ella se alojó en la casa de tío Eddie, que estaba a un par de cuadras. Cada mañana, mamá caminaba hasta allá desde la casa de mí tío para atender las necesidades de papá, y regresaba a la noche, en cuanto lo acostaban. Mis hermanas y yo los visitábamos a menudo, y estirábamos las visitas tanto como nos era posible para ayudar en lo que pudiéramos.

Mi madre hizo exactamente lo mismo que había hecho por su madre, por tía Lee cuando tuvo cáncer, por Kelly, y por mí durante mis meses en el hospital: dedicarse por entero a papá y al personal de la casa de reposo a través de múltiples actos de compasión y comprensión. Si había un bingo por la tarde en el estrado, ella se aseguraba de que todos los pacientes fueran invitados. Cuando el servicio dominical vespertino estaba anunciado en la pizarra, mamá se aseguraba de triplicar la asistencia. Nadie más que ella era merecedora de la placa de «Voluntario del año» que recibió de manos del director del establecimiento.

Sin embargo, no había nada que mi madre pudiera hacer para evitar el invasivo espectro de la muerte. El cuerpo de papá, esquelético y marchito, no era ni la sombra de su anterior físico, tan fornido, y una constante serie de pequeños ataques al corazón continuaban opacando su semblante luminoso. Solo de vez en cuando brillaba su intrépido espíritu en sus ojos azules.

Mientras yo me sentaba al lado de su cama, mirándolo por encima de la baranda, me sentía muy agradecida por todas las veces que él me había animado en aquella institución estatal, cuando yo creía que estaba condenada. Él se paraba al lado de mi cama, golpeando con sus nudillos sobre la baranda, y me susurraba con lágrimas que brotaban de sus ojos: «Joni, cada día estás mejorando, más y más...».

En lo profundo de mi corazón yo deseaba que tuviera razón.

Esperaba que el médico le hubiese dicho algo que yo no sabía, que la parálisis disminuiría pronto y que realmente mejoraría. Desde un punto de vista pragmático nunca ocurrió; pero esa no es la manera en que papá decidió verlo. Mirando hacia atrás, él tenía razón. Cada día mejoraba... quizás no por fuera, pero sí por dentro.

«Oh, Johnny», le susurré a mi padre, «ojalá te pusieras mejor».

Yo observaba cómo subía y bajaba la sábana que lo cubría debido a su respiración dificultosa y pensé en todas las otras veces en que él me había alentado después de mi accidente. Se sintió sumamente orgulloso la noche del estreno de la película Joni en el centro cívico de Baltimore en el año 1979, y no podía creer que tuviera la oportunidad de conocer a Billy Graham. Mi padre me alentaba a medida que recobraba mis fuerzas y, con la ayuda de Judy, comencé un ministerio que se ocupara de la avalancha de cartas, invitaciones y consultas provenientes de todo el mundo. Llamamos a esta joven organización *Joni and Friends* [Joni y sus Amigos].

Me dio luz verde cuando me mudé a una casa al sur de California e instalé una oficina en las cercanías. Él estaba feliz de verme tomar clases de pintura con Jim Sewell, el director artístico de la película Joni. Me aplaudió cuando anuncié que estaba aprendiendo a manejar una camioneta. Y apenas si guiñó un ojo cuando le dije: «¡Y no tiene volante!» No obstante, sobre todas las cosas, yo estaba agradecida de que llegara a vivir lo suficiente como para llevarme al altar.

Nadie fue más alentador que mis padres cuando, en el año 1980, les presenté a un joven llamado Ken Tada, a quien había conocido en la iglesia. A ellos les agradaba, pero no podían evitar preguntarse qué era lo que le atraía a este joven, fuerte y buen mozo, de su hija, confinada a una silla de ruedas.

En el verano del año 1981 decidimos ir de campamento juntos para conocernos mejor. Mamá y papá no le quitaban los ojos de encima a este joven japonés-norteamericano mientras colocábamos el equipaje en mi camioneta. Con Ken al volante, o más bien frente a la palanca, atravesamos el valle de San Fernando hasta la meseta del desierto norte, pasamos la pequeña ciudad de Mojave, salimos de las llanuras cálidas, dirigiéndonos hacia el otro lado de las frías Sierras Altas. Cuando llegamos al monte Mammoth, encontramos nuestro pequeño lugar para acampar, cobijado bajo su sombra. Armamos nuestras tiendas de campaña entre dos lagos color turquesa, al pie de un bosque de pinos ponderosa.

La artritis de papá no le permitía clavar las estacas de la tienda, así es que, sentado a distancia, observaba cómo Ken movía con asombrosa habilidad la parte plana de su hacha. Luego acompañé a mi padre a recorrer los alrededores del campamento en busca de troncos y piñas para el fuego. Mi silla de ruedas era el carro perfecto para arrastrar ramas pequeñas y papá sonrió cuando notó que Ken se acercó para ayudar.

«¿Le gustaría ir a pescar al lago mañana?», preguntó Ken. Papá sonrió. A pesar de todas sus aventuras al aire libre, mi padre en realidad no había ido mucho de pesca.

A la mañana siguiente, Ken alquiló dos botes en el embarcadero del lago George: uno para mis padres y Judy y otro para nosotros dos. Le tomó solo unos minutos calzar una silla de playa en la proa, y mis padres lo miraron asombrados mientras observaban a Ken levantarme habilidosamente de la silla, situada en el borde del agua, y colocarme en el bote. Empujamos nuestros botes y el motor nos desplazó lentamente hacia la orilla opuesta del lago, donde nos habían dicho que había peces grandes y gordos.

Una vez que elegimos el lugar, Ken amarró las proas de nuestros botes. Luego comenzó a colocar carnadas en dos cañas de pescar y utilizaba palabras como «lanzar» y «recoger el cordel». Mis padres lo miraban como si estuviese hablando un idioma extranjero. Preparó una caña para mí también y lanzó la línea lejos hacia un lugar sombreado.

—Listo —dijo, alojándola en mi silla—. Esta es para tu pez.

—Pero yo no la lancé. Lo hiciste tú —protesté.

—Sí, y tampoco recogerás el pez; pero tú la sostienes y observas, y eso hará que sea tuyo.

Nuestros dos botes eran arrastrados por la corriente en el lago ondulado por el viento mientras conversábamos y bebíamos gaseosas. Luego, de repente, mi madre rompió la calma con un grito. Un pez estaba saltando y luchando en su cordel y ella se dio vuelta para no mirar. Ken sonrió y gentilmente le explicó cómo recogerla. Mi madre, obedientemente, hizo girar la manivela para recoger el cordel, pero aún se negaba a mirar. Ken atrapó por ella la trucha con una red, y nosotros tratamos de ocultar nuestra emoción para que los pescadores que había a distancia, que miraban hacia nuestro lado, no pensaran que éramos novatos.

Me designaron «guardián de los peces». Ken ató las truchas por sus branquias con una cuerda, utilizando una pinza de metal y las sujetó a mi tablilla del brazo. Dejé la mano colgando en el agua y observaba a mis peces cautivos nadar junto al bote que se mecía en la corriente. Sentí lástima por ellos y les puse a cada uno un nombre con la esperanza de persuadir a Ken de que comiéramos carne para la cena en vez de filetes de pescado.

No había nada más relajante que escuchar el agua chocar suavemente contra el bote y sentir su suave balanceo. De tanto en tanto, yo observaba a Ken, que estaba sentado frente a mí, concentrado en la superficie del agua donde desaparecía su cordel. Su grueso cabello negro enmarcaba sus ojos rasgados de color marrón oscuro. Siempre tenía una sonrisa y su espalda era fuerte. Y a juzgar por la manera en que había manejado esta expedición campestre hasta ahora, también era paciente. Su carácter parecía tan calmado y sereno como este lago. Conoce al Señor. *Y ama a mi familia. ¡Humm!*

Habíamos estado saliendo durante casi más de un año. Este era el hombre que me conoció cuando hablé en una cena de Vida Joven, cerca de Los Ángeles, y me invitó a cenar. Cuando estuve confinada en la cama durante un mes debido a las llagas, Ken instaló mi caballete de arte sobre mi cama para que pudiera seguir pintando. Y fue Ken quien me persuadió a subir al Matterhorn en Disneylandia. Me sentó en el vagón, saltó y se ubicó detrás de mí, me tomó de la cintura y eso es todo lo que recuerdo. Mantuve los ojos cerrados y grité durante toda la vuelta. Ahora me buscaba entre el público de *Racquetball World* cada vez que competía en un torneo. Habíamos forjado una rápida amistad y, últimamente él había comenzado a lanzar indirectas de matrimonio.

«Muy bien, atentos todos... ¡voy por el segundo»!. Mi madre estaba comenzando a involucrarse en esta aventura de pesca y arrojó su cordel para pescar otra trucha. Mientras tanto, Ken y yo notamos que mi padre, de espalda a nosotros, parecía preocupado. Ocasionalmente, lo escuchábamos murmurar y lo veíamos mover la cabeza de un lado a otro. Finalmente, Ken se cruzó a su bote para investigar y, con consternación, levantó una maraña de nudos enroscada en el carrete de papá. Mi padre, que era zurdo, había recogido la línea al revés y mi madre, Judy y yo estallamos en carcajadas que recorrieron todo el lago. Ken le dijo no a papá con el dedo y procedió a desenredar la maraña mientras hicimos un alto para almorzar y disfrutar del sol, el paisaje y los emparedados.

Una hora después, Ken seguía trabajando ininterrumpidamente y con paciencia, tirando un poco por aquí y pasando otro poco de cordel por allá. Mi madre insistía en que lo dejara y descansara, pero él estaba concentrado en su tarea. Y mientras más lo veía trabajar, más me impresionaba.

Después de haber atrapado una ración de peces, Ken se estiró para soltar la amarra que unía ambos botes. Mientras nos alejábamos, mis padres y Judy ni se dieron cuenta; ya que estaban entretenidos arrojando el cordel y recogiéndolo, y narrando historias de peces.

Ken se sentó cerca de la popa, deslizó los remos en el agua y remó con suavidad hasta que estuvimos a cierta distancia de los otros. Cruzó los remos sobre sus piernas y dejó que el bote quedara a la deriva. Giramos lentamente en el agua hasta que la cabeza de Ken eclipsó el sol del atardecer lo que provocó un brillo dorado alrededor de su rostro. No podía distinguir sus rasgos, solo sus anteojos oscuros y la blancura de su son-

303

risa. Se veía atractivo con su chaleco de pesca, sus pantalones cortos marrón claro y un pañuelo rojo atado alrededor del cuello.

—¿Quieres escuchar algo que he estado escribiendo en mi mente? —me aventuré.

Ken asintió con la cabeza.

—Es una canción. Aún no la he terminado pero dice algo así como...

*Oh, Sierras Altas, agujas del tiempo coronadas de blanco,
con praderas alpinas pinceladas de pinos.
Todos alaban al Dios que te creó así, como a las secoyas.
Cuéntame tu misterio, Sierras Altas, solo a mí.*

—Es hermoso —murmuró Ken en un susurro. Luego, sin perder un segundo, agregó: Te amo, Joni.

—Sonreí pero no respondí.

—Desde que te vi hace un año, esa vez que hablaste en aquella cena.

Levanté mi brazo del agua, arrastrando la línea de peces para que los viera.

—No cambies de tema —dijo él.

Dejé caer mi brazo nuevamente en el agua.

—Bueno, ¿sabes qué? —le dije—. Yo también te amo.

Ahora le tocó a él sonreír y no decir nada. Dejamos que la corriente arrastrara el bote, y disfrutamos del silencio y la compañía mutua. Después de un rato, Ken volvió a hablar.

—Podría funcionar, ¿sabes?

Lo miré inquisidoramente.

—He estado observando a Judy ayudarte todos estos meses. Sé que puedo hacer las cosas que ella y los demás hacen por ti.

—¿Hablas de matrimonio?

—Nuestra vida juntos... —comenzó a decir. La idea me erizó la piel. Noté que a él también.

... podría ser un verdadero ministerio para el Señor. Se

reclinó hacia adelante y me apretó los dedos de los pies. Sacudí la cabeza con cautela.

Acabas de decir que me amas...

—Sí, pero... —sonreí nerviosamente— bueno..., el matrimonio es un gran paso. Quiero decir, soy tetrapléjica. No puedo usar ni las manos ni las piernas. Está la discapacidad y... y... y *Joni y sus Amigos* y...

Era la clase de conversación que uno sueña tener durante toda la vida, y de repente, cuando llega, uno tartamudea como si nunca hubiese pensado en el matrimonio. Llevar adelante el matrimonio es una cosa, pero llevarlo adelante siendo tetrapléjico es algo completamente diferente. No significaba un alivio sino, por el contrario, sumergirse en medio de la acción. Sacrificarse una y otra vez. Pensar en el otro constantemente, noche y día. Tener que encontrar cosas que verdaderamente *pudiéramos* hacer juntos.

No quería que el «sí» a Ken dependiera de que pudiera encontrar la respuesta a todas estas preocupaciones. No sería un «sí», si estaba lleno de condiciones.

El verano le dejó paso al otoño, y una tarde lluviosa de noviembre del año 1981, Ken entró en mi taller. Hizo una pausa para admirar la maceta de geranios rojos que estaba pintando. Había rojo en todas partes: pomos de rojo, manchas en la alfombra, pinceles teñidos, pruebas de color colgadas en la pared, óleo en el lienzo... Colocó su mano sobre la parte superior de mi caballete, suspiró y giró hacia mí.

«¿Joni, quieres casarte conmigo?»

De repente, la habitación brilló con la cálida atmósfera del color rojo. La situación casi me dejó sin aliento antes de que pudiera responderle a Ken: «Sí».

Durante los ocho meses siguientes, hasta el 3 de julio de 1982, todo el tiempo lo pasé preparando mi matrimonio. Las despedidas de soltera eran parte de ello, y en la primera comencé sintiéndome extraña en mi voluminosa silla de ruedas entre tantos regalos tan delicadamente envueltos y decorados. Todo estaba apilado alrededor de los reposapiés de

305

mi silla, y dos hijas de unas amigas tuvieron el honor de abrir cada regalo por mí.

La gente había enviado ollas y sartenes, un molinillo de café, fuentes y una tabla de planchar. Una de las niñas luchaba para sacar una plancha de su caja y utilizó ambas manos para levantarla para que todos la vieran. Luego se dio vuelta hacia mí y preguntó con sinceridad:

—¿Cómo puedes usar esto, Joni? Tus manos no funcionan.

La habitación quedó en silencio.

—Bueno, utilizaré esa plancha igual que utilizaré esas manoplas para horno que están allá.

—¿Cómo es eso? —preguntó la pequeña bajando la pesada plancha al suelo.

—Pidiendo prestadas las manos de alguien. Cómo te estoy pidiendo prestadas las tuyas para abrir estos regalos.

Ella se quedó pensativa un instante hasta que pareció satisfecha. Cuando se dio vuelta hacia la siguiente caja, envuelta en papel de seda, se escuchó un suspiro de alivio generalizado. Pronto la niña levantó un exquisito camisón largo de satén negro. Nuevamente todo el mundo guardó silencio. Noté su incomodidad.

—No se preocupen, señoras —dije sarcásticamente— otras manos cuidarán de esto. Y todas se rieron a las carcajadas.

Me di cuenta de que esto era memorable. En cierta forma Dios me había llevado no solo a abrazarlo a él y a su voluntad sino también a cubrir los temores de las otras personas.

Después de abrir los regalos, se sirvieron galletas y ponche, y llegó la hora de que yo hablara. Observé detenidamente a todas esas mujeres tan maravillosas, amigas nuevas que había conocido desde que me había mudado a California después de filmar la película, y decidí hacer una confesión.

—Cuando tuve el accidente, hace quince años, tenía temor a la idea del matrimonio. Creo que uno de mis mayores temores en aquel entonces, aunque les parezca ridículo, era tener una despedida de soltera. Tenía tanto miedo de estar sentada en una habitación llena de mujeres y de no poder abrir mis propios regalos, de no ser capaz siquiera de desatar los moños.

En ese momento, se dejaron de juntar las copas de ponche. Varias chicas salieron de la cocina. Miré fijamente la caja con papeles de regalo rotos al lado de mi silla de ruedas.

«Tenía tanto miedo de que si me regalaban una plancha, todos sabrían que no podría utilizarla... pero como lo promete la Biblia: " amor perfecto echa fuera el temor". Y puedo decir que siento ese amor por parte de ustedes, de cada una de ustedes.

Miré a la madre y a la hermana de Ken, a mis nuevas amigas de California, a mis hermanas y a unas cuantas amigas de la secundaria que venían del este.

»Y, agregué, mirando de reojo al salto de cama negro, puedo amar lo que Dios está haciendo en mi vida, aunque mis manos no puedan sostener una plancha».

Nuestra boda fue diferente a cualquier otra, estoy segura. Comenzó en el salón nupcial de la iglesia, donde mis amigas me colocaron en un sofá. Tenían que mover mi cuerpo paralizado por aquí y por allí para colocarme mi voluminoso traje de novia. Una vez que me pusieron el corsé, prendieron los botones y me colocaron en mi silla de ruedas, acomodaron mi traje cuidadosamente sobre una tela metálica que cubría las ruedas, para que la tela no se enganchara en los rayos.

Cuando comenzó a escucharse la música del órgano, hice rodar mi silla hacia la puerta, deteniéndome un instante al frente de un gran espejo. Parecía una carroza del «desfile de las rosas».

Se abrieron la puertas de vidrio de la iglesia y me ubiqué en la entrada de la nave, respirando hondo para tranquilizar mis nervios. Papá lucía espléndido con su traje gris y su corbata *Windsor*. Nunca lo había visto vestido tan formalmente ni él a mi tampoco. Me sonrió de una manera especial, como diciendo: *Ya no eres mi pequeña compañera ni mi vaquera. ¡Y estoy feliz!*

Me incliné hacia su oído, y entre la música del órgano le expliqué en un susurro un poco fuerte que yo me desplazaría lentamente para que él pudiera ir a la par mía. Él le entregó una de sus muletas a Judy y se tomó del apoya brazo de mi silla como sostén.

«Te casas con una persona buena, tesoro», me dijo.

Desde donde me encontraba, podía ver a John MacArthur, el pastor de la iglesia y a Steve Estes parados al frente. Steve había viajado en avión desde Pennsylvania para ayudar en la ceremonia, y no pude evitar sonreír mientras recordaba imágenes de nuestro estudio de la Biblia junto a la chimenea, hojeando las páginas, bebiendo gaseosa y aullando nuestro deleite en el Señor. *Eso fue diez años atrás —noté— y aquí está él ahora: es pastor, está casado y lleno de hijos. Ahora está listo para declararnos a Ken y a mi «marido y mujer».* En cualquier otro acontecimiento, yo habría hecho mi aullido de coyote.

Justo antes de que comenzara la marcha nupcial, miré hacia abajo a mi traje. «¡Ajjj!» —me quejé. Había pisado el dobladillo y había dejado una gran marca de grasa de la rueda. No ayudaba que mi vestido colgara amontonado y torcido. Y aunque mi silla estaba disfrazada, las ruedas y los cambios todavía eran visibles a través de la tela metálica. El ramo de margaritas no estaba en el centro de mi falda porque mis manos no podían sostenerlo. No era una novia perfecta de fotografía.

Detestaba las marcas de grasa. Antiguas batallas comenzaron a acudir a mi mente al recordar las manchas de mi alma. A menudo me había preguntado, aun después de los increíbles acontecimientos de los últimos años: ¿Cristo ve algo agradable en mí? Sabía que me había purificado de mi pecado, pero aún no estaba limpia. Me había justificado frente a Dios, pero tenía mucha santificación que hacer antes de dormir. Estaba en su casa, pero lejos del hogar. Mis ojos habían sido abiertos, pero como cualquier otra persona, solo veía parcialmente como a través de un cristal oscuro. Me sentía tan... indigna. Y me sentía así especialmente ahora, sentada a la entrada de la nave.

Cuando mi última dama de honor terminó su recorrido, los tubos del órgano comenzaron a sonar más fuerte y moví mi silla centímetro a centímetro para acercarme al último banco, deseosa de encontrar la mirada de Ken. De repente lo divisé al frente, parado muy atento, se lo veía alto y elegante con su esmoquin. Bajé la mirada, mi rostro ardía y mi corazón palpitaba con fuerza. Era un manojo de nervios, algo que nunca había sentido antes. Cuando levanté la vista de nuevo, lo vi estirarse para poder ver la nave, para verme. Nuestros ojos se encontraron y, fue sorprendente, desde aquel momento, todo cambió.

No me importaba ya cómo lucía. Me olvidé por completo de mi silla de ruedas. ¿Manchas de grasa? ¿Flores? Ya no me sentía fea o indigna. El amor en los ojos de Ken borró todo. Yo era la novia pura y perfecta, su novia. Eso es lo que él vio, y eso es lo que me hizo cambiar.

Camino al aeropuerto, le pregunté a mi esposo si había visto las manchas de grasa en mi traje. Me preguntaba si se sintió extraño al ver que su novia estaba lejos de ser la foto perfecta de Emily Post.

«¿Te diste cuenta que las margaritas se habían resbalado de mi falda? ¿Y de la marca de rueda sobre el dobladillo?»

Él movió la cabeza para decir que no.

«No, solo pensé que estabas magnífica. En serio».

Él no lo sabía, pero Ken acababa de elevarme a un plano más alto. Aquel día, el día de nuestra boda, me ayudó a acercarme un poco más al cielo.

Al igual que mi silla de ruedas. Una vez más, mi silla se estaba convirtiendo en un extraño pero hermoso regalo, mi pasaporte a la aventura. Me enseñó que no está tan mal sentirse indigna, aun en el día de tu boda. Y un día, en una brillante mañana eterna, todos las manchas de la vida terrenal serán purificadas con una simple mirada de los ojos de Dios. Seremos transformados para siempre por su mirada. Y mi rostro se enrojecerá, mi corazón latirá con fuerza. Y será más de lo que alguna vez soñé, más de lo que alguna vez esperé.

—Papá, ¿recuerdas el día de mi boda, años atrás? —dije suavemente, tratando de no despertarlo. Las enfermeras caminaban silenciosamente por el pasillo, y ocasionalmente alguien hacía un anuncio por el intercomunicador.

»Tú me entregaste a Ken. Tú le entregaste tu princesa a otro rey. Todos los sueños y esperanzas que tenías para mí se están haciendo realidad».

Estuve sentada allí por un largo rato, contándole de Ken y todo lo que sucedía en *Joni y sus Amigos*, la gente que había conocido, los lugares donde había viajado.

»Tenemos un verdadero equipo ahora, papá, le susurré, y dentro de unos meses vamos a llevar a cabo el "Primer congreso internacional de la iglesia y la discapacidad".

Papá no respondía.

»Y el mes entrante iré a la Casa Blanca. ¿Puedes creerlo?

Me di cuenta de que mi padre, aun si estuviese despierto, probablemente no podría conectarse con ninguna de mis aventuras.

»Gracias por ayudarme a encontrar el centro. Por mostrarme cómo ser una luz tenue. Estoy dejando que mi luz brille, papá. Estoy señalando el camino a la seguridad del puerto divino.

Con suavidad comencé un antiguo himno que Anna Verona le había enseñado a sus muchachos, el que papá, a su vez, le había enseñado a sus hijas alrededor de la fogata. Y mientras cantaba, el capitán John roncaba suavemente.

En un período de menos de dos semanas su salud había desmejorado drásticamente. Mi madre y mis hermanas habían colocado almohadas en su cama, tratando de que estuviera cómodo. Entonces, el 17 de mayo del año 1990, recibí una llamada telefónica de Kathy: *finalmente nuestro padre había cruzado la barra.*

Su voz estaba llena de pena y, sin embargo, entrelazada con gozo.

—No podrás creer lo que sucedió, Joni. Por primera vez en días, papá giró hacia mamá y abrió mucho los ojos. Los había tenido cerrados durante tanto tiempo, pero ahora se los veía tan azules... Me refiero a un azul que nunca antes había visto. Y sus mejillas ya no estaban hundidas. De repente, su piel grisácea se volvió rosada y se le llenó la cara.

»Y luego sonrió... ah, ¡Dios mío!, con la sonrisa más dulce que nunca haya visto. Nos miró una a una, como si estuviese viendo más allá de nosotras. Esbozó una gran y amplia sonrisa nuevamente y luego languideció por un momento en este increíble brillo. Debió de haber sido el brillo de la presencia de Dios, porque luego murió. Te digo, Joni, fue un milagro».

Luego, mi madre, mis hermanas y una amiga terapeuta ocupacional se tomaron de las manos alrededor de su cama y cantaron la doxología. Mis hermanas se lanzaron de inmediato a los pasillos, contándole a la gente: «Papá acaba de ir al cielo para estar con el Señor. ¡Papá se ha ido al cielo!»

Semanas más tarde, después del funeral de papá, Kathy, mi madre, Ken y yo hicimos un viaje a Colorado Springs. Mientras nuestra camioneta subía hasta la cima de la montaña, atravesando el pueblo, tuvimos la primera vista de esa cadena montañosa gigante e imponente, con cumbres que reposaban como gigantes silenciosos. Encontramos la salida hacia el viejo y polvoriento camino que conduce a la cima del monte Pikes. Ya en la cumbre, Ken me ayudó a salir del auto y me colocó en la silla de ruedas.

El día estaba brillante y azul y se veían las crestas de las nubes debajo de nosotros. El paisaje no había cambiado desde que éramos niñas: la cadena Sawtooth todavía estaba hacia el sur y Denver hacia el norte. Y allí, cerca de un pequeño almacén, descansaba una pila de piedras que por pocos metros Johnny Eareckson no había encontrado en aquella ventisca del año 1933.

Los cuatro encontramos un lugar especial cerca del borde de un precipicio. Miles de metros debajo de nosotros se extendían valles verdes y dorados, mosaicos de praderas dibujados por el sol y las sombras de las nubes. El viento gélido azotaba nuestros cabellos y Kathy y mi madre sostenían con fuerza sus gorros de lana. Un águila planeaba por las cercanías mientras Ken abrió el Libro de oraciones y leyó:

Al Dios Todopoderoso que le ha agradado en su sabia providencia, llevarse de este mundo el alma de nuestro amado padre, John Eareckson, por lo tanto entregamos su cuerpo a la tierra; la tierra a la tierra, la ceniza a la ceniza, el polvo al polvo; en esperanza segura y cierta de la resurrección a la vida eterna, mediante nuestro Señor Jesucristo; a cuya venida en gloriosa majestad, ... la tierra y el mar darán sus muertos; y los cuerpos corruptibles de los que duermen en El, serán transformados y hechos semejantes a su cuerpo glorioso...

Ken pasó a un versículo de Romanos y nos leyó esta promesa: «Y si el Espíritu de aquel que levantó de los muertos a Jesús mora en vosotros, el que levantó de los muertos a Cristo Jesús vivificará también vuestros cuerpos mortales por su Espíritu que mora en vosotros» (RVR60).

Luego cerró el libro.

«Bien, mamá», añadió, «es tu turno».

Con ello, mi madre se acercó más al borde. El viento azotaba mechones de su cabello gris y ella vaciló un poco. Sin embargo, el frío no le hizo perder la sonrisa... ni las lágrimas. Ken sacó un frasco pequeño, lo abrió y colocó un puñado de las cenizas de mi padre sobre la palma abierta de mi madre.

Ella volvió hacia el precipicio, hizo una pausa y lanzó las cenizas al viento. Yo observaba con los ojos llenos de lágrimas, mientras una ráfaga llevaba las cenizas de mi padre hasta las nubes. La ceniza a la ceniza y el polvo al polvo.

«Esta es la última excursión que hago contigo, capitán John», dijo mi madre con voz segura. Sin temor al futuro, se hizo sombra con la mano sobre los ojos y se despidió agitando el brazo.

*Ahora bien, el Señor es el Espíritu; y donde está el
Espíritu del Señor, allí hay libertad.*

2 Corintios 3:17

——————¿Vas a usar todos esos paquetes de mantequilla? —
era una pregunta extraña la que nos hizo Jan, nuestro contacto alemán. Ya casi habíamos terminado de desayunar y Ken y yo, junto con Jay y Judy, nos apresuramos para abandonar nuestro hotel de Amsterdam. Nos dirigíamos al aeropuerto y a un viaje que nos llevaría a través de varias fronteras hasta Rumanía. Allí esperábamos encontrarnos con oficiales del gobierno en nombre de Joni y sus Amigos, pero el verdadero interés de nuestra visita era la iglesia cristiana y las personas con discapacidades.

Nuestro viaje tenía todos los preparativos de un plan peligroso, ya que estábamos en el año 1982, y el dictador comunista Nicolae Ceausescu aún ejercía un dominio despiadado en el país.

—¿Y estos tarros de jalea? —siguió Jan y sacó unos cuantos de la canasta y los puso sobre nuestra mesa.

—¿Qué ocurre con la mantequilla y la jalea? —preguntó Ken, limpiándose la boca.

Nuestra amiga alemana hizo una larga pausa y luego sonrió.

—Ya verán —contestó—. Solo asegúrense de poner unos cuantos en sus bolsillos antes de que salgamos del restaurante.

Yo estaba más preocupada por los pasaportes que por los paquetes de mantequilla, pero Ken tomó los pequeños paquetes y los tarros y los apiñó bien en el fondo de mi bolso de mano. Antes de partir, nos dimos maña para sacar unos cuantos jabones del hotel y una vez que estuvimos en el aeropuerto, compramos una pequeña lata de café alemán.

Cuando abordamos el viejo avión de Aeroflot, nos sentimos transportados a una película antigua de James Bond. Los uniformes de las azafatas eran de los '60, y en vez de escuchar música funcional por el intercomunicador, nos ubicamos en nuestros asientos con el sonido de Heartbreak Hotel, de Elvis Presley. Los procedimientos de seguridad eran nulos y detectamos a una azafata que escondía cartones de cigarrillos Kent en uno de los compartimentos superiores.

—Apuesto a que eso es para el mercado negro —susurró Ken.

Mientras sobrevolábamos Alemania y Austria, nos maravillamos ante el magnífico paisaje verde salpicado de ordenados pueblos y prolijos setos. A mitad de nuestro vuelo, sin embargo, el mundo de abajo se transformó en marrón óxido. Aun desde una altitud de 15.000 pies podíamos ver que los pueblos eran pobres y sucios, las carreteras eran puro polvo y llenas de baches.

—Acabamos de cruzar el Telón de acero —comenté.

Una azafata nos lanzó una mirada feroz.

—Shhh — advirtió Judy — se supone que no debemos decir eso.

El sol se estaba poniendo cuando aterrizamos en Bucarest. Al mirar por la ventanilla, Ken apenas si pudo contenerse cuando divisó sobre la pista de aterrizaje vehículos blindados y soldados con armas.

«Señor, debe guardar su cámara», dijo bruscamente la azafata. «No se permite tomar fotografías».

Nuestro avión rodó por la pista hasta la terminal, un edificio viejo, gris y en ruinas. Me bajaron en andas por las escaleras, después de lo cual tuvimos que regatear con los oficiales de inmigración; más tarde nos enteramos de que querían un soborno, una coima. Encontramos nuestro equipaje sobre un portaequipajes oxidado y viejo, y una vez que estuvimos fuera del aeropuerto contemplamos un mundo diferente.

Nuestra reciente estadía en Holanda parecía como de un planeta lejano, y Norteamérica... otra galaxia. Estábamos en Rumanía, una tierra asolada y devastada, donde el antiguo gran bulevar que conducía a Bucarest estaba lleno de baches y poblado no tanto de autos sino de carros tirados por caballos, cuyos conductores parecían tristes y abatidos. Los antiguos postes de alumbrado a lo largo del bulevar no estaban encendidos. Las únicas luces de toda la ciudad, parecían ser los faroles en las esquinas, pero no todos funcionaban. Las pocas personas que vimos parecían sombras fantasmagóricas vestidas de gris. Lo mismo que los edificios.

Mientras viajábamos por el bulevar, imaginé la ciudad en el año 1800, cuando era parte de la gloriosa Europa Central. Comenzó a sonar una melodía en mi mente parecida a un vals de Strauss, e imaginé a vizcondes y condesas paseando en lustrosos carruajes negros tirados por caballos de paso elegante. Vi a señoras con vestidos con enaguas paseando por la acera con sus sombrillas. Los pequeños parques situados tras verjas de hierro forjado estaban llenos de personas disfrutando meriendas campestres, así como de niños jugando, estudiantes leyendo libros y enamorados sentados bajo los árboles. Imaginé flores amarillas y rojas y carros de lavanda en las esquinas de las calles, además de hombres brindando en bares al aire libre.

Sin embargo ahora, calle tras calle se veían estos mismos parques y edificios barrocos antiguos y magníficos derrumbándose y cubiertos de mugre. Había basura y perros callejeros por todas partes. Una auténtica nube, densa y oscura, flotaba sobre la capital que alguna vez fuera radiante, enrarecida por el hollín y el olor a gasolina con plomo.

Íbamos camino al Hotel Intercontinental, donde nos habían ordenado que nos alojáramos. Creíamos que sería un lugar agradable, bien iluminado, que podría hacer honor a su nombre. Sin embargo, también se trataba de un edificio sucio y sombrío, aun cuando había sido construido en la década del cincuenta. Nos dieron una habitación en el segundo piso, cerca del final del pasillo, que era bastante agradable.

Habíamos sido advertidos por Jan de que tuviésemos cuidado antes de hablar en la habitación. Primero teníamos que abrir ambos grifos de agua en el baño para que el ruido de la cañería al llenarse evitara que los micrófonos ocultos captaran nuestras voces. Aun en nuestra propia habitación, no podíamos pronunciar el nombre de ninguno de nuestros contactos cristianos.

Cuando Judy comenzó a quitarme el abrigo, Ken dijo por lo bajo y con urgencia:

«¡Miren!», observamos mientras él trataba de quitar el espejo de la pared, situado encima de la cómoda. No se movía. Trató de espiar por detrás de este, pero sin ningún éxito. Se hizo a un costado, saliéndose del espejo y articuló en silencio—: Es parte de la pared.

Nos miramos entre nosotros, sorprendidos. Luego recordamos la extraña puerta de la habitación al lado de la nuestra: no tenía número. Nos dimos cuenta de que estábamos, en verdad, en otro mundo; un mundo lleno de ojos y oídos que no se ven.

Al día siguiente nos levantamos temprano para encontrarnos con personal de la embajada norteamericana, así como también con líderes de los ministerios de sanidad y educación de Rumanía. «Queremos llevarla a una escuela de rehabilitación para niños», dijeron autoritariamente los rumanos. Durante el viaje les hicimos preguntas pero no parecíamos poder penetrar bajo sus máscaras de sospecha y secreto.

Cuando llegamos, fuimos escoltados hasta una habitación llena de adolescentes con uniformes azules, sentados derechos y en silencio. Uno me mostró su aparato ortopédico de la pierna y otro su brazo amputado. Judy, Jay, Ken y yo nos miramos entre nosotros, perplejos. ¿Estos eran los discapacitados?

«Y ahora iremos a otro centro de rehabilitación».

Cuando llegamos noté los bordillos de la vereda, altos y peldaños elevados en la entrada. «¿Cómo puede este ser un lugar para personas discapacitadas?», susurré.

Nos estaba esperando un hombre alto y musculoso. Le

habían asignado que me subiera por los escalones. Adentro, los sucios pasillos estaban iluminados por unos pocos focos de luz que colgaban del techo. Nos llevaron a una de las tantas habitaciones laterales con azulejos blancos y nos mostraron unas cuantas prótesis y anticuados aparatos ortopédicos para piernas. En otra, una película de los años '40 sobre soldados heridos en la guerra, que proyectaron sobre una sábana clavada en la pared. Yo continuaba luchando para ver por los pasillos, mientras pensaba: *¿Dónde están las personas en sillas de ruedas?*

Hacia el final de nuestra visita, algunas personas discapacitadas, una en una silla y las otras con muletas, fueron escoltadas hasta el pasillo para conocernos. Aunque traté de mantener una conversación alegre, eran tímidos y temerosos. Era evidente que todos no veían la hora de que nos fuéramos de allí.

Regresamos al automóvil en silencio. Me recliné sobre el codo y contemplé por la ventanilla una vez más, recordando las lecciones que había aprendido sobre el comunismo tantos años atrás en clases de historia moderna y contemporánea. Recordé el miedo que le tenía a las personas de detrás del Telón de acero, como si fueran de una raza diferente, todos fuertes y fornidos, como esas imponentes esculturas leninistas de granjeros sosteniendo hoces y obreros empuñando martillos. Estaba segura de que estaban listos para salir en tropel a través de la frontera, si pudieran, para sofocar a occidente.

Esa tarde nos subimos al pequeño auto rojo de nuestro contacto anfitrión, el pastor Sarac. Nos había invitado a cenar en su casa y después, yo hablaría en su iglesia. Tomamos una ruta indirecta, hasta que finalmente atravesamos dos grandes tranqueras de madera hacia un pequeño patio. Su casa estaba a la izquierda; su iglesia bautista, al lado.

Yo seguía sorprendida por los acontecimientos del día, así que le pregunté al pastor Sarac:

—Había tan poca gente discapacitada allí... Debería haber más. Si ellos no están en esos lugares de rehabilitación, entonces ¿dónde están?

—Ojalá pudiera contártelo —dijo con tristeza. Parecía

saber más de lo que decía, pero se notaba claramente que era reacio a hablar más. Una vez que apagó el motor, permaneció sentado en el auto. Me preguntaba por qué no descendíamos. Finalmente, se dio vuelta para advertirnos: Por favor, no hagan estas preguntas en mi casa. Está bien aquí en el auto. Sabemos que aquí adentro —sus ojos registraron el interior del vehículo—, estamos seguros. Nadie nos escucha; pero en mi casa, no lo es. Hace unas semanas atrás, vinieron unos obreros. No sabemos qué nos dejaron.

Asentimos obedientemente con la cabeza y todos suspiramos profundamente antes de seguirlo al interior.

Nos sentamos a un costado de la mesa mientras que nuestro anfitrión se sentó al frente. Todos sonreían con incomodidad en la mesa, hasta que Ken en silencio sacó un tarro de jalea de su bolsillo y lo colocó sobre el mantel de lino. El pastor Sarac miró rápidamente a su esposa. Jay y Judy hicieron lo mismo que Ken, vaciaron sus bolsos de tarros de jalea, pequeños paquetes de mantequilla y jabones de hotel. Ken puso los objetos en una prolija línea, y detrás de ella otra fila de jaleas, un par de barras de caramelo y la latita de café. Los ojos de la esposa del pastor Sarac se iluminaron con un brillo especial.

—Esto es muy amable de su parte —dijo con afecto nuestro amigo pastor. En silencio, dividió la comida entre las familias representadas en la mesa.

Debemos compartir —concluyó con una tierna sonrisa.

Después de la bendición, dos mujeres mayores vestidas con faldas largas y pañuelos en la cabeza sirvieron fuentes ovaladas con pollo al ajillo, salsa humeante y cebollas. Más tarde supimos que estas mujeres y otras más de la iglesia se habían turnado en una larga fila de alimentos para asegurarse de conseguir dos pollos y unas cuantas cebollas.

Afuera comenzó a llover.

—Debemos apurarnos para entrar en la iglesia —dijo el pastor, limpiándose las manos con su servilleta.

—Pero la reunión es a las nueve —le recordé—. Todavía es temprano.

—No lo creo, hermanita —sonrió.

Cuando salimos nos quedamos atónitos ante la imagen que teníamos delante. Llovía a cántaros sobre el mar de personas. Había hombres mayores apiñados junto a sus esposas, obstruyendo el camino que conducía a la entrada de la iglesia, también había jóvenes madres con bebés en brazos, padres con niños de la mano, todos sonreían y me miraban con asombro en los ojos, inconscientes del aguacero.

«Hola, hola», los saludé alegremente, mientras Ken y yo intentábamos avanzar entre la multitud. «Por favor, no tienen que darme la bienvenida aquí afuera con este aguacero». Jay y Judy le daban la mano vigorosamente a cada uno y seguían insistiendo: ¡Gracias, sí, por favor, entremos a la iglesia! Nadie se movía, excepto para hacer lugar para mi silla de ruedas.

Una vez dentro de la iglesia, descubrimos por qué. El lugar estaba repleto de gente. La gente mayor estaba amontonada en los bancos, mientras que los más jóvenes estaban parados en los pasillos, hombro con hombro, de tres en tres. En las escaleras que conducían al entrepiso, los niños estaban amontonados como sardinas y la sección de arriba parecía doblarse bajo el peso de muchos más. El aire era caliente y húmedo y cuando miré para ver si las ventanas estaban abiertas, me saludaron niños y adolescentes sonrientes sentados en cada uno de los antepechos. Detrás de ellos, aún había más personas paradas bajo la lluvia, empujándose para poder ver.

El pastor Sarac dijo unas cuantas palabras en rumano y los guió a cantar un himno. Nunca había escuchado una alabanza tan dulce y vigorosa, y mientras la música era cada vez más fuerte, mis ojos se llenaron de lágrimas.

Esta era la iglesia perseguida.

Después de las presentaciones, Ken acercó mi silla hasta el frente, y yo giré para mirar a la multitud por primera vez. Como si tuviesen una indicación convenida, las mujeres y los niños comenzaron a acercarme flores y las ubicaron sobre mi falda y alrededor de mi silla de ruedas. Mi alma se conmovió hasta un punto que nunca había sentido antes, y sin embargo, no fue solo por el gesto. A mi derecha e izquierda, recostados sobre delgados colchones y mantas, y sentados en sillas de ruedas caseras hechas con partes de bicicletas, había hombres y mujeres con piernas y columnas torcidas. Quizás habían tenido polio o tal vez sufrían de espina bífida. Reconocí parálisis cerebral en una o dos personas. Mis ojos permanecieron unos instantes sobre una mujer joven de baja estatura que se apoyaba sobre un bastón. Todos ellos se esforzaban para ver a su semejante norteamericana.

Había pensado en hablar sobre la confianza y la obediencia a Dios, con la esperanza de usar la historia de mi viejo caballo pura sangre, Augie, como ejemplo. Trataría de describir cómo, estando en el ruedo, mi caballo siempre confiaba en mí, quien llevaba las riendas, que su obediencia era completa y absoluta a pesar del complicado laberinto de vallas puestas ante él. Sin embargo, me di cuenta de que estas personas utilizaban los caballos para otras cosas.

—Al entrar en su ciudad —comencé— me fijé en muchos caballos que andaban con paso cansado, tirando de carros con cargamento pesado. Me encantan los caballos y he estado cerca de ellos toda mi vida. Estas personas parecían felices al saber que yo también tenía un caballo viejo y un carro con ruedas de auto allá en Norteamérica. Estos caballos de ustedes son obedientes, permanecen en el camino recto y angosto mientras trabajan, responden a su conductor, se detienen y dan la vuelta cuando él se los ordena. Un caballo se somete a quien sostiene las riendas en su vida. Eso se llama confianza y obediencia.

Después de hablar durante una hora, resumí mi charla en este versículo: «Así pues, los que sufren según la voluntad de Dios, entréguense a su fiel Creador y sigan practicando el bien». *Entregarse a Dios es confiar en él. Seguir practicando el bien es obedecerlo.*

Mientras hablaba, trataba de establecer contacto visual con la mayor cantidad de gente posible. Sin embargo, mi mirada regresaba hacia la joven de baja estatura que se encontraba cerca de la ventana, apoyada en un bastón. Sus húmedos ojos negros brillaban con inteligencia y parecía estar pendiente de cada palabra. Después del encuentro, me quedé a saludar a muchas personas, pero daba rápidos vistazos a la joven con el bastón, que esperaba con paciencia al final de la hilera.

Finalmente se aproximó cojeando.

—Oh, Joni —dijo María en inglés—, siempre supe... siempre sentí que nosotras éramos muy parecidas, como una sola en el Espíritu de Cristo.

Con torpeza levanté mi brazo en un gesto que decía: «Abracémonos», y ella apoyó su bastón contra mi silla para abrazarme. Mientras escondía mi rostro en el hombro de María, lloré al pensar que tenía más en común con esta chica de Rumanía que lo que tenía con los vecinos de mi barrio de California.

María se echó hacia atrás con respeto cuando se aproximó el pastor Sarac.

Esta es una amiga muy especial —me dijo, apoyando su brazo sobre el hombro de María—. Ella ha traducido el libro tuyo y de Steve Estes «Un paso más» y lo hizo todo en su máquina de escribir en su casa. Mi rostro se iluminó.

María se sonrojó un poco. Nos acompañó en el auto hasta el hotel y nos explicó cuánto la había conmovido la edición rumana de Joni. Entonces alguien le dio un ejemplar en inglés de Un paso más, el libro donde Steve y yo detallamos las lecciones que había aprendido de nuestros estudios de la Biblia años atrás.

—Tenía que traducirlo a nuestro idioma —dijo María—, porque muchas personas aquí necesitan saber que Dios tiene control de las cosas. Este hecho cambió mi vida. He aprendido nuevamente que mi cojera y baja estatura no son nada de qué avergonzarse.

Estaba exhausta cuando llegamos al hotel pero quería escuchar más.

—Entra y tomemos un café juntos —invité a María y al

pastor Sarac. Todavía caía una tenue llovizna. Con felicidad, María avanzó cojeando hasta la puerta de entrada del Hotel Intercontinental pero se detuvo cuando vio al portero.

—¿María? —le pregunté. Sus ojos se pusieron serios y un poco temerosos. Miraba al portero y de nuevo a mí.

—¿Ocurre algo malo?

El pastor Sarac, quien todavía sostenía un ramo de flores, se inclinó hasta mi oído.

—No permitirán que ella ingrese aquí, Joni. Está lisiada.

Me quedé con la boca abierta.

—No permiten que se vean a personas como ella en un lugar como este.

Estaba anonadada, luego sentí indignación.

—¿Y yo? Yo soy como ella —dije en voz alta para que el gerente del hotel me escuchara.

—Por favor... —me advirtió nuestro pastor amigo—, recuerda lo que dije en el auto. Aquí las cosas son diferentes.

Regresé en la silla hasta la llovizna para abrazar a María una vez más y despedirme.

—Ellos pueden pensar que no eres digna, pero Dios piensa lo contrario —dije con la voz ahogada—. Como tú dijiste, Él está en control. Él permite lo que odia para que su poder pueda manifestarse en personas como tú y yo. ¿Me escuchas?

Deseaba pasar con mi silla por encima de los pies del portero, pero sabía que eso solo traería problemas para María y su iglesia. La observé desaparecer en la noche, y luego me quedé escuchando el gotear de la lluvia. Miraba detenidamente el bulevar, percibiendo los horripilantes edificios oscuros y silenciosos, y sentí el hedor a hollín y a humo de gasolina con plomo. Las montañas envueltas en neblina de Transilvania se erigían justo detrás de la ciudad y ahora un comentario en broma de Jay durante el viaje regresó a mi mente con una horripilante ironía: esta es la tierra de Drácula, el príncipe de las tinieblas.

De regreso en nuestra habitación, mi hermana se puso detrás de las orejas su cabello húmedo.

«Casi me aplastan al salir de la iglesia», dijo soltando un suspiro. «La gente estaba desesperadas por tocarte, Joni, y se lo pasaron empujándose para entregarme estas pequeñas. ¡Mira esto!», exclamó sacando de su bolsillo montones de pedazos de papel prolijamente doblados. Dispersó las notas sobre la cama.

También a Ken y a Judy les habían entregado notas, y todas juntas formaban una impresionante pila sobre la cama. Nos sentamos y comenzamos a leer las breves historias redactadas por estas personas en un inglés vacilante. Todos pedían esperanza o ayuda, algunos querían que les escribiéramos cartas, otros que les enviáramos noticias. Unos pocos pedían información sobre la cura del retraso mental o daños en la columna vertebral, ataques al corazón o daño cerebral: «¿Puede ayudar a un hijo mío con parálisis espasmódica?» «Mi hija necesita una silla de ruedas, por favor».

Después de un rato nos miramos sabiendo lo que teníamos en mente. Éramos conscientes de que habíamos visto algo que pocos occidentales sabían. Y todos sentimos lo mismo: era como si alguien nos hubiera colocado una manta sobre los hombros, un peso de responsabilidad.

Sin agua corriente para ahogar nuestras palabras, los cuatro nos juntamos al frente del espejo y oramos: «Señor, las personas discapacitadas que conocimos esta noche no son sino unos pocos de muchos miles más que sabemos están allí en alguna parte. Por favor, utilízanos para llegar a ellos con tu amor».

De regreso en casa y a nuestro equipo de Joni y sus Amigos nos dimos cuenta de que teníamos mucho que aprender, en especial cuando me enteré de que las autoridades habían interrogado a María y le habían confiscado su máquina de escribir después que yo escribiera para agradecerle haber traducido Un paso más. Nuestro viaje terminó siendo el primero de varios detrás del Telón de acero. Y en cada viaje nos volvíamos un poco más diplomáticos, recabábamos más información y llevábamos más ayuda. En una ocasión, esa ayuda vino en forma de unas tablillas para los brazos de una adolescente tetrapléjica de Polonia. Otra vez fue un almohadón para un asiento para alguien en Checoslovaquia. Con cada visita sembrábamos semillas de esperanza y hacíamos brillar una luz de aliento.

Algunos lugares, sin embargo, eran casi indiferentes a la esperanza.

En un viaje decidimos visitar Auschwitz, el campo de exterminio nazi en Polonia. La esperanza parecía muy distante mientras Ken me pasaba en mi silla de ruedas por debajo de la pesada puerta de hierro hacia las barracas de ladrillos pelados, alambres de púas, horcas, torres de vigilancia y restos en ruinas de las cámaras de gas, hornos y chimeneas del crematorio. Recorrimos un pequeño museo cerca de la entrada y pasé largo rato sentada frente a una vitrina que contenía enormes montones de anteojos, bastones, muletas, zapatos y aparatos ortopédicos, audífonos... Al lado de las pilas había una gran cantidad de amarillentos libros de registros, llenos de polvo que prolijamente registraban los nombres de miles de personas discapacitadas, a quienes les habían sacado estos aparatos.

Leí una placa que explicaba que a principios del holocausto los equipos médicos de Hitler buscaban cuidadosamente en las instituciones a personas discapacitadas. Anotaban en especial a aquellos que no tenían familiares o que no recibían visitas. Estos desafortunados eran arrastrados a la fuerza por la noche, los cargaban en vagones para ganado y los enviaban al este, a las cámaras de gas. Sí, las primeras víctimas del holocausto eran personas con discapacidades mentales o físicas. Personas como María y como yo.

Después de nuestra experiencia en Auschwitz, viajamos una corta distancia hasta Birkenau. Aquí, trenes repletos de judíos y disidentes eran dejados en la noche helada. Los niños eran agrupados por un lado, sus madres llevadas a culatazos hacia otro. Los hombres eran separados en grupos de viejos y jóvenes. Prácticamente todos ellos, millones de personas, terminaban en un lugar: el incinerador, ahora derrumbado y cubierto por las malezas al final del campo de concentración.

Pensé en Arvin Solomon y Alan Silverstein, de la escuela primaria de Woodlawn. Arvin y Alan, que solían venir a clase los días sagrados judíos con sus kipás. Traté de imaginar a niños como ellos, niños que jugaban a la pelota, que participaban de competencias de deletreo, que tomaban helados y que jugaban con niños como yo, siendo desnudados y llevados a la muerte en este lugar. Y recordé la vez que nuestro sexto grado demostró alegría cuando escuchamos la noticia de la captura de Adolf Eichmann. No teníamos ni idea, ni la más remota idea de nada.

Nos detuvimos ante un monumento nuevo y enorme que recientemente había sido construido junto a las ruinas del incinerador de ladrillo. En el medio, tallada en la piedra, había una sola palabra: *Recuerden*.

Durante un largo rato permanecí allí tratando de recordar, haciendo un esfuerzo por rememorar la angustia de mi propio sufrimiento. Lo que se sentía al cuestionar a Dios, llevarlo a juicio, al exigirle que rindiera cuentas de todas las injusticias y todas las desilusiones. Traté de sentir nuevamente la amargura de cuando, hacía tantos años, no podía creer que Dios fuera bueno y sin embargo permitiese que ocurriera algo tan horripilante como una parálisis. Las personas que visitan este lugar deben sentirse de la misma manera —pensé.

Sin embargo, me daba cuenta de que también para muchas personas, personas como yo, era al revés. Echábamos una perorata contra Dios por el mal que tenemos que soportar pero prácticamente ni parpadeamos ante la maldad de nuestros corazones. Mientras miraba por encima de mis hombros los incineradores de ladrillo, recordé que Dios, al permitir todo esto, solo había permitido que los hombres continuaran con su propia maldad.

Qué espantoso es el enemigo de las almas de los hombres, —comencé a orar— y qué oscuros son nuestros propios corazones. Y con cuánta desesperación necesitamos ser rescatados. El pecado es un monstruo que constantemente nos acecha y se entremezcla con cada uno de nuestros pensamientos. Si no fuera por tu mano de gracia y misericordia, Oh Señor, que contiene el torrente de maldad, viviríamos en un perpetuo holocausto. Cuánto necesita este mundo de tu ayuda y de tu esperanza, mi Dios. Sin ti estamos perdidos, sin ti somos corruptos.

Examiné una vez más el vasto campo. Nada había quedado en pie. Las vías del tren y los durmientes estaban podridos y salidos de su lugar y el poco alambre de púas que quedaba estaba oxidado. Sin embargo, algo me sorprendió: las pequeñas y frágiles margaritas que tapizaban las onduladas hectáreas donde una vez reinaron las cámaras de muerte y las barracas. Estas pequeñas margaritas bailaban y se balanceaban con el suave viento estival, meneándose hasta donde alcanzaba la vista. Y su presencia, tan fuera de lugar, me conmovió más que cualquier otra cosa. Saludaban como miles de pequeñas banderitas felices demarcando ese territorio en reclamo para su verdadero Soberano.

Años más tarde vimos un espantoso informe televisivo en el programa 20/20 de la compañía emisora norteamericana ABC, que revelaba precisamente dónde habían estado todos los discapacitados durante nuestra primera visita a Rumanía. Los rostros hundidos de niños desnudos, algunos sordos, otros ciegos o con discapacidad mental, miraban fijamente a la cámara desde inmundas cunas y frías jaulas. Era evidente que el mal que había sido desatado en Auschwitz y Birkenau no había disminuido. Todavía estaba presente en estos orfanatos, y quién sabe en cuántas instituciones más.

Las imágenes nos sorprendieron tanto que Joni y sus Amigos lanzó un programa llamado *Wheels for the World* [Ruedas para el mundo] que nos llevaría de regreso a Rumanía con sillas de ruedas, terapeutas físicos y con los ojos, los oídos, las mentes y los corazones más abiertos. Sería la primera respuesta tangible a las plegarias que Ken, Judy, Jay y yo habíamos hecho frente a aquel «espejo» del hotel. Y no sería la última.

Con el programa Ruedas para el mundo, que entregaba sillas de ruedas y Biblias, y un fuerte deseo de hacer brillar la luz en la oscuridad, sentí que *Joni y sus Amigos* estaba comenzando a hacer flamear miles de pequeñas banderitas felices, reclamando el territorio de la discapacidad y la desilusión para el reino de Dios.

Nuestra camioneta estaba atascada en medio de una larga caravana de vehículos, que se desplazaban a paso de tortuga hacia la frontera para regresar a Austria desde Rumanía. Una cierta aprensión reinaba en la camioneta a medida que nos aproximábamos a las amenazadoras torres de observación y las paredes de cemento inmensas que nos separaban de occidente. Los guardias portaban ametralladoras y se paseaban de punta a punta por los carriles de circulación, mientras otros estaban parados sosteniendo correas con grandes pastores alemanes.

—Miren —Ken señaló con la cabeza, sus ojos apuntaban a una extensión plana de arena a lo largo de las elevadas paredes y las verjas hechas con cadenas—. No hay marcas de pisadas sobre esa arena. La mantienen limpia para que si alguien se acerca a la valla, puedan seguirle el rastro.

—Shhh —nos advirtió nuestro guía—. Hablen en voz baja. Nos estamos aproximando al cruce, así es que no digan nada sobre la seguridad. No miren por la ventanilla ni tampoco a los guardias en las torres. Solo hablen entre ustedes y traten de no llamar la atención.

—¿Por qué hacer silencio ahora? —pregunté en un susurro—. Estamos al menos a cincuenta metros del puesto de control.

El guía contestó en voz muy baja:

—¿Ven aquel vidrio negro en las torres? Apuntan con micrófonos altamente sensibles a los autos para escuchar lo que dicen. Ahora, silencio —dijo dando por terminada la conversación. Mantuvo ambas manos sobre el volante, mirando al frente mientras todos nosotros conteníamos la respiración.

Una hora más tarde apagamos el motor en el puesto de control. Los guardias tomaron nuestros pasaportes, miraron debajo de la camioneta con espejos, nos formularon preguntas, nos hicieron abrir nuestras valijas y revolvieron en detalle nuestros bolsos. Me preguntaba si dirían algo sobre el jarrón de cristal de Bohemia (Checoslovaquia) que había comprado por 12 dólares, o las Biblias que todavía teníamos. Finalmente, después de media hora, con rudeza nos hicieron una señal con el brazo para que continuáramos.

A medida que las torres espías se perdían de vista detrás de nosotros y otra visita a Rumanía pasaba a la historia, medité sobre lo que le ocurre a una cultura cuando Dios es expulsado de ella. Habíamos presenciado el alma oscura y quebrantada de un país donde los débiles son olvidados, los lisiados son dejados de lado, los viejos y los pobres, abusados; y la corrupción se desparrama en todos los estratos de la sociedad. La maldad no tiene control, todos sospechan de sus vecinos deshaciendo así todo vestigio de decencia.

Sin embargo, también vimos lo opuesto. Presenciamos el poder salvador del evangelio cuando se desparrama como sal, conservando y sosteniendo la vida que queda. Había despertado el apetito por la bondad de Dios aquí, y nos maravillamos al ver que la vida de Cristo traía luz a los ojos sombríos y tristes, esperanza a los corazones débiles y paz a las almas atribuladas. Vimos lo que ocurre cuando la verdad eterna quiebra el poder del príncipe de la oscuridad.

Ahora el Telón de acero estaba empezando a resquebrajarse, y la esperanza, la luz y la paz divinas estaban comenzando a despertar los corazones bajo dictadores aun tan crueles como el de Rumanía, Nicolae Ceausescu. Recordé las palabras de la Sra. Kieble: «Los demagogos siempre terminan en las aguas estancadas de la historia».

El alambre de púas de la opresión se encontraba ahora a más de dos kilómetros detrás de nosotros. Y enseguida, mientras llegábamos a la cima de una pequeña montaña, se desplegó ante nuestros ojos el paisaje de los hermosos campos austriacos, llenos de granos dorados y maduros que se extendían más allá de lo que alcanzaba la vista. Sin decir una palabra, todos bajamos nuestras ventanillas, dejamos que el viento nos desordenara el cabello y comenzamos a cantar la mejor canción de libertad que sabíamos:

Oh, hermosos cielos espaciosos,
de olas de granos ambarinos
de majestuosas montañas moradas,
sobre las fructíferas planicies.
¡Norteamérica! ¡Norteamérica!
que Dios derrame su gracia en ti,
y corone tu bondad con hermandad,
¡De mar a brillante mar!

CAPÍTULO VEINTIDÓS

*Dios justo, que examinas mente y corazón, acaba
con la maldad de los malvados y mantén firme al
que es justo.*

Salmo 7:9

« Hoy, 8 de diciembre de 1987, ocurrió un gran avance
histórico anunció el reportero. Mikhail Gorbachev y el
presidente Reagan firmaron el tratado INF (eliminación de
misiles nucleares de medio alcance), que significa no solamente el descarte de dos clases de sistemas de armamento en
Europa, sino que también le permitirá a cada nación realizar
inspecciones in situ en las instalaciones militares de ambas.
El mundo se está transformando en un lugar más seguro».

En la Unión Soviética, Gorbachev estaba promocionando el
glasnost y la perestroika, devolviendo los derechos de posesión de
tierras privadas, disminuyendo la censura e instituyendo elec-
ciones libres. La historia estaba en una ruta rápida, una pendiente
resbaladiza que llevaba hacia cambios radicales, no solo en la
Unión Soviética sino también en Europa Oriental, ya que las
tropas soviéticas se estaban retirando lentamente de Polonia y
Rumanía. Cada vez que veía las noticias sobre líderes solidarios
en Polonia o ciudadanos rumanos agitando banderas, yo pensaba
en María y en las otras personas cojas o ciegas que aquella noche
habían ido a la iglesia del pastor Sarac. Oré para que pronto, muy
pronto, los vientos de libertad trajeran cambios para ellos.

Aquel cambio entró como un vendaval en el año 1989.
Aun en la intimidante China, los estudiantes universitarios
realizaban marchas que rápidamente se transformaron en
grandes manifestaciones en la plaza Tiananmen de Pekín.

Cuando viajé a Manila para participar en el Congreso de
Evangelización Mundial de Lausanne, me sorprendió ver a

pastores de la República Popular China y de la Unión Soviética. «Demoramos tres días para llegar aquí —dijo un pastor ruso emocionado, tomando mi mano—. *¡Tres días!* Pero lo logramos, ¡alabado sea el Señor! ¡Lo logramos!».

¿Qué estaba haciendo Dios?

Hablé en la histórica cruzada de la Asociación Billy Graham en Hungría. Sentía el aire húmedo de julio mientras avanzaba en mi silla de ruedas hacia el inmenso estadio de fútbol en Budapest, y a las cuatro de la tarde miles de personas ya llenaban el estadio. Había corrido el rumor de que muchas de esas personas que inundaban las gradas eran refugiados de Rumanía y de Alemania Oriental, que habían cruzado la frontera. Mientras aguardaban la posibilidad de derecho a tránsito hacia Austria, habían venido a escuchar al gran evangelista.

El viento agitaba los inmensos nubarrones que flotaban sobre el estadio, y con cada rugir de los truenos en la distancia, todos podían sentir que aumentaba la presión barométrica. También se podía sentir otra presión que crecía: las expectativas de todos estaban al rojo vivo. El sentimiento era casi palpable: algo va a suceder. Algo está a punto de manifestarse.

Mientras recorría el estadio con los ojos y escuchaba las risas, los aplausos y el canto espontáneo, podía sentir... *libertad.* Vi la euforia en cada rostro, en cada canción y en los brillantes rayos del sol que, como en un cuadro, irrumpían a través de las nubes para derramar bendiciones celestiales en aquel encuentro. Sacudí la cabeza maravillada.

Mientras seguía llenándose el estadio, controlé el sonido, ensayando una canción cristiana que había aprendido en Hungría. Cuando Judy me retiró del escenario me preguntó:

—¿Regresamos a la habitación verde, dentro del estadio?

Miré a la multitud y vi algo que nos hizo detener la marcha.

—No puedo, Judy —dije—. Mira, mira alrededor de los accesos.

Reunidos en el piso del estadio había personas ciegas,

cojas, hombres y mujeres con muletas y en sillas de ruedas y padres sosteniendo a sus hijos discapacitados. Cientos, tal vez miles de discapacitados se arrastraban hacia el gigante estadio a través de todos los accesos. Algunos se sentaban en las gradas, pero la mayoría no podía subir los escalones, por eso se quedaban en el camino. A muchos los habían llevado hasta allí familiares o amigos, otros eran arrastrados sobre esterillas de paja y colchones, sobre los cuales colocaban con ternura a sus hijos o padres mayores. Pronto estas personas dibujaron una línea en todo el perímetro del estadio.

—¿Cómo llegaron todos hasta aquí? —le pregunté a un organizador.

—La Asociación Billy Graham les proporcionó pases libres en todos los trenes y autobuses —me explicó—. Ellos sabían que estas personas no podrían llegar aquí de ninguna otra manera.

Judy y yo permanecimos en la plataforma del estadio, mirando a estas personas a quienes había estado dedicando mi vida en Joni y sus Amigos. Hasta este momento yo había viajado aproximadamente a veinticinco países, llevando cientos de sillas de ruedas a las Filipinas y ministrando en Checoslovaquia, Alemania Oriental, Polonia, Rumanía y otros países donde sabía que las personas como yo estaban a menudo en el peldaño más bajo del escalafón social. Ahora tenía que estar con ellos.

Me desplacé en mi silla de ruedas por la pista perimetral para darles la bienvenida a estos amigos, para aprender sus nombres y de dónde venían y para identificarme con sus situaciones. Ellos me contaban: «Leímos su libro en búlgaro», o «Su historia está en ruso... alemán... polaco... lituano. Les respondí a varios: «Escuchen con atención al Sr. Graham esta noche. Su mensaje es sobre la libertad; la libertad que pueden encontrar más allá de una silla de ruedas».

Unas pocas horas más tarde, la asistencia al estadio excedía las 110.000 personas. Era la reunión pública evangélica más grande que se hubiera llevado a cabo en la Europa Oriental gobernada por los comunistas. Cuando enfilábamos hacia la plataforma, se vieron relámpagos en la distancia, se perfilaban nubes y el viento resoplaba. El encuentro comenzó con un canto de un coro, y tan pronto como terminaron de cantar, un director de orquesta se levantó y golpeteó con su batuta. La orquesta húngara prestó atención; cada arco, trompeta, flauta y clarinete se alistaron; y el director comenzó a dirigirlos.

La música incrementó el volumen lentamente, y al principio no reconocí qué obra era. Estaba claro, sin embargo, que no se trataba de una ejecución más. Vi rodar una lágrima por el rostro de un violinista y lo mismo le sucedió a un violonchelista. Los músicos estaban tocando con una pasión fuera de lo corriente, y mientras me esforzaba por escuchar, algo muy fuerte y familiar me sobresaltó: estaban tocando los dulces y conmovedores compases de Bach «Despertad, la voz nos llama».

Mientras las banderas se agitaban por encima de las cabezas, comencé a cantar junto a la orquesta. Me sabía cada frase de memoria. Y mientras agregaba armonía a la melodía del violín, me vi transportada a la sala de coro forrada en madera de la escuela secundaria de *Woodlawn*. El Sr. Blackwell siempre había puesto énfasis en los clásicos y se aseguró de que todos aprendiéramos esta canción para el coro. Su belleza me había hecho llorar entonces y me hizo llorar ahora.

¡Gloria a Él! cantad, querubes
por sobre las más altas nubes
con arpas de sonora voz.
¡Doce perlas los portales
de las moradas celestiales
que al fiel creyente abiertas son!
Jamás se contempló,
ni oído humano oyó
tanto gozo.
A disfrutar id y a cantar
el aleluya sin cesar.

Me sentía tan bien, tan libre para cantar... Y la libertad que sentí en el aire hacía juego con el amplio espacio de mi corazón. ¿Cómo es que me trajiste aquí, Señor? —me preguntaba mientras recorría con los ojos la impresionante vista de decenas de miles de personas—. *¿Quién soy yo, para estar aquí en este gran momento de la historia? ¿Quién soy para ser administradora de este regalo?*

No podía explicarlo. Lo único que podía hacer era compartir lo que sabía: la verdad liberadora de que la libertad tiene un precio doloroso. Lo había visto aquella noche en Rumanía, frente al Hotel Intercontinental, cuando las lágrimas de María se mezclaron con la lluvia. Y lo había visto con mis propios ojos la primera vez que miré con atención la cruz y comencé apenas a comprender el enorme precio que Jesús había pagado por mi libertad. Había aprendido que no puedes usar una corona si no soportas una cruz, que si nuestro Salvador había aprendido la obediencia a través del sufrimiento, nosotros debíamos esperar lo mismo.

Sí, algo ocurrió aquella noche, algo sí se manifestó. Más de 35.000 personas corrieron (no caminaron, sino que corrieron) para abrazar a Cristo por primera vez. Ellos creyeron, cuando Billy Graham leyó de la Biblia: «Donde está el Espíritu del Señor, allí hay libertad».

Sin embargo, no todos celebraban los cambios. En el otoño recibí un premio en Washington, D.C., del Instituto Nacional de Rehabilitación, y cada ganador de un premio tenía que elegir una embajada extranjera que lo honraría con una cena especial.

«Bueno», me preguntó Ken, «¿a qué embajada te gustaría ir?»

Acababa de ver unas escenas en televisión de berlineses reunidos en grandes grupos delante de la Puerta de Brandenburgo. Me conmovieron las imágenes de jóvenes alemanes que realizaban vigilias a la luz de las velas frente al Muro de Berlín, en protesta por los veintiocho años que su ciudad había estado dividida.

Parecía que la decisión ya había sido tomada. Le dije a Ken:

«Vayamos a la embajada de Alemania Oriental».

Llegamos temprano a la casa del embajador. Las altas e impresionantes columnas de la vieja mansión georgiana daban toda la impresión de importancia política. Tan pronto como entramos, nos condujeron rápidamente al estudio y nos invitaron a ver televisión hasta que regresara el embajador. Cada canal que veíamos mostraba multitudes, jóvenes y viejos, que se dirigían hasta la Puerta de Brandenburgo, agitando banderas y aplaudiendo.

Al poco tiempo llegó el embajador y entró bruscamente al estudio donde estábamos sentados. Nos saludó brevemente y luego explicó que recién regresaba de grabar *El informe MacNeil-Lehrer* en la televisión pública.

—Debemos cambiar de canal —dijo y procedió a sintonizar el servicio de difusión público (PBS).

Ken y yo nos sentamos con el embajador a ver la entrevista de Robert MacNeil. El periodista le preguntó:

—¿Y cuál es su reacción ante el gran número de manifestantes que estamos viendo en su país?

El embajador, parado al lado nuestro, observó con atención su respuesta en la pantalla.

—Es solo una moda pasajera —dijo él, visiblemente incómodo bajo las fuertes luces del estudio—. Esto morirá. Esto desaparecerá. Ya lo verán.

Mis ojos iban de la pantalla al embajador. Estaba viendo un viejo guardián de una antigua era, anticuado y pomposo, tratando con desesperación de aferrarse con uñas y dientes a un imperio que estaba colapsando. El embajador y otros líderes comunistas como él no podían creer, no podían concebir que sus regímenes estuvieran cayendo. Vi el temor dibujado en su rostro; él debía saber que sus días estaban contados.

Y lo estaban. Tres días después, el 9 de noviembre de 1989, Alemania Oriental abrió el Muro de Berlín y permitió que sus habitantes cruzaran libremente de una a otra zona de la ciudad.

334

Los berlineses treparon al muro con botellas de champaña, y bailaron y agitaron banderas hasta tarde en la noche. Las familias corrieron hacia lo que una vez habían sido puntos de control altamente custodiados y se reunieron por primera vez en décadas. Los guardias de la frontera estaban parados observando mientras los berlineses pulverizaban con mazas el despreciado muro. Al poco tiempo, Ken y yo nos encontrábamos al pie del mismo muro, con un martillo en la mano de mi esposo.

En diciembre, el régimen rumano también colapsó. Cuando escuché la noticia, recordé los rostros hambrientos y ansiosos que había visto en aquella calurosa noche de lluvia en Bucarest. Y mis pensamientos volaron a María. Sonreí ante la idea de que tal vez entraría, con la frente en alto, en el Hotel Intercontinental.

Era el año 1991 cuando llegamos a Moscú. Nuestro viaje vino por medio de otra invitación del Dr. Graham, quien me pidió que hablara en el evento que tendría lugar en aquella ciudad. Gorbachev se había ido hacía mucho tiempo, y la antigua Unión Soviética se mostraba, en términos generales, bastante abierta. Nuestro equipo de *Joni y sus Amigos* colaboraba en hospitales, en orfanatos y entre los grupos de discapacitados. Algunos de estos grupos habían sido organizados por madres de niños discapacitados, incluso uno ubicado en un centro de arte que quedaba en una vieja casa de ladrillos al final de una callejuela angosta. Las madres nos invitaron a sentarnos en círculo en los bordes de una pequeña habitación mientras los niños disfrutaban de un grupo de baile ruso.

El espectáculo comenzó con el grupo puesto en el medio. Eran hombres altos, fuertes y bien parecidos, y las mujeres estaban vestidas con trajes de campesina de brillantes colores y botas negras. Cuando comenzó la música, el grupo empezó lentamente a formar un círculo, a aplaudir, bailar y cantar. Aceleraban el ritmo a medida que las mandolinas tocaban más rápido, más fuerte, más rápido, más fuerte, y así los bailarines giraban en círculo hasta que se transformaron en un remolino de color y sonido.

Esto era más que una danza, era un terremoto de botas golpeando el piso, un tornado de colores titilantes, una sinfonía de canto y alegría, que nos mantenía pegados a las paredes con el impacto magnífico de sus alegres sonidos. Me di cuenta de que era la primera vez que había experimentado la belleza de la verdadera danza. Los bailarines se entregaban por completo, de corazón, sudor y alma, creando algo trascendente, algo que jamás se repetiría. Y nos dejaron jadeando, sin aliento, como ellos. Estábamos presenciando la pasión y la poesía, el sentimiento puro del corazón eslavo, brotando desde adentro gracias a la danza.

El día anterior a la Misión de Billy Graham, llevamos sillas de ruedas al Hospital 19, una famosa institución rusa de la cual había escuchado hablar en nuestro país cuando tuve el accidente. Se rumoreaba que el hospital era líder en la investigación de la cura de daños en la médula espinal. Y ahora, unos veinticuatro años después, no veía la hora de entrar para verlo con mis propios ojos.

Pero eso era entonces... en el año 1991 era una historia diferente. Cuando miramos en los sombríos pasillos y nos mostraron equipamiento médico muy anticuado, la reconocida reputación del hospital no tardó en irse a pique.

—¿Dices que eres tetrapléjica? —me preguntó una terapeuta cuando nos desplazábamos por el pasillo.

—Sí, brazos y piernas. Me accidenté hace más de veinte años.

—¿Me dejas que te vea las manos? —me preguntó. Las colocó con ternura entre las suyas, y las frotó y las masajeó. Fue un hermoso gesto, aunque yo no sentí nada. Después de acariciarme la palma durante un momento, me dijo:
—Quiero que trates de mover este dedo cuando tire suavemente de él.

—¿Perdón? —pregunté con incredulidad.

—Concéntrate solo en mover este dedo —repitió con suavidad.

Traté de explicarle que mi médula espinal había sido seriamente dañada, pero movió la cabeza en señal negativa.

336

—Mira a estas personas —dijo, señalando a algunos parapléjicos que se impulsaban por sí mismos en sillas de ruedas—.

Si ellos pueden hacerlo, también tú puedes.

Estaba sorprendida, pero una luz comenzó a brillar en mi interior. Era evidente que la terapeuta del Hospital 19 rara vez veía a personas tetrapléjicas; las personas como yo, simplemente no sobrevivían. Estos terapeutas solo habían trabajado con parapléjicos, y su idea de rehabilitación era enseñarle al paciente a que «pensara» en sus dedos para que se movieran. Era una técnica sumamente ingenua.

Cuando llegó la noche de la Misión de Billy Graham, la escena en el estadio era prácticamente un calco de la experimentada en Budapest unos pocos años atrás. Las multitudes entraban a raudales, en tal cantidad que los organizadores se vieron forzados a cerrar las puertas. El gentío continuaba presionando desde afuera, hasta que finalmente se escuchó un grito, un gran alboroto de alegría desde los alrededores del estadio porque se encendieron pantallas gigantes en los accesos, para que aquellos que no habían podido ingresar pudieran ver y escuchar.

Mi intérprete era un estudioso de la Biblia llamado Oleg Shevkun, un joven con un extraordinario manejo del inglés. También era extraordinario en otro sentido: Oleg era ciego. Juntos nos sentamos en el escenario con Billy Graham mientras el coro del Ejército Nacional Ruso (el infame Ejército Rojo) estaba parado bien erguido con sus uniformes marrones, cantando «El Himno de Batalla de la República». El impresionante y enérgico coro hizo brotar lágrimas de los ojos ciegos de Oleg mientras se oía entonar a todo pulmón: «¡Gloria, gloria, aleluya!»

La ocasión no pasó inadvertida para Ken, quien me susurró: «Esta semana se cumple el decimotercer aniversario de la crisis de los misiles de Cuba».

Ahogué un grito. Al escuchar el resonante coro de estos soldados rusos, me di cuenta de que estábamos presenciando, sintiendo, experimentando un momento histórico, que trascendía todo lo que sabíamos de nuestro propio mundo hasta este momento. Estaba frente al apogeo de los tiempos, algo que era perfecto y, sin embargo, completamente imposible, una cosa sencillamente indescriptible.

337

Después, el Dr. Graham se paró y con poca estabilidad avanzó hasta el púlpito. El mal de Parkinson se estaba apoderando de él. En aquel momento, Oleg se inclinó hacia mí y comentó:

«Joni, piensa qué increíble es que esta noche Dios esté utilizando a un chico ciego y a una muchacha paralítica para alcanzar a mi nación, de once husos horarios».

Miré de reojo al Dr. Graham y le respondí:

«Oleg... esta noche Dios está utilizando a un chico ciego, una muchacha paralítica y a un hombre mayor que padece Parkinson, para alcanzar a tu nación».

Cuando el Dr. Graham hubo predicado y realizado la invitación, miles y miles de personas abrieron su corazón a la libertad en Cristo. Medité sobre los mismos pensamientos que había tenido en Budapest: Señor, esto es tan importante. No soy capaz de administrar lo que me has entregado, la responsabilidad que tengo ante mí. ¿Por qué soy yo quien está aquí sentada al lado de Oleg y detrás de Billy Graham y no otra persona?

Aquel mismo sentimiento me asaltó cuando asistí al estreno de la película Joni en un teatro de arte cívico en el interior del Kremlin. Este es el Kremlin —seguía pensando—, donde había gobernado Krushchev. *Todas esas veces que practicábamos la rutina de cubrirnos debajo de nuestros bancos en la escuela primaria en caso de invasión... y ahora, ¡están proyectando una película cristiana en el Kremlin!*

Se apagaron las luces, la multitud hizo silencio y una vez más vi a la actriz bronceada balancear los brazos y lanzarse al agua. Me vi flotando boca abajo, vi a la actriz que hacía de Kathy que me tomaba del pecho y me sacaba del agua, escupiendo y respirando con dificultad. Sin embargo, esta vez era en ruso. La película había sido doblada y yo «hablaba» en un idioma extranjero.

Observé por encima de la baranda del palco de aquel sitio atestado y vi a la multitud que observaba la pantalla gigante. No podía soportarlo más. Si mis manos hubieran funcionado, me habría cubierto el rostro. *¡Esto es demasiado! Oh, Dios* *dices que «A todo el que se le ha dado mucho, se le exigirá mucho». No puedo soportar esta clase de responsabilidad.*

Sabía que la verdadera responsabilidad de la administración de esta clase de evento tan poderoso requería de una vida completamente consagrada. Y esa precisamente no era yo. A veces deseaba que Dios me diera menos libertad. A veces esperaba a que me forzara a hacer lo correcto, que me convirtiera en santa. Así sería mucho más fácil.

Sabía que Dios me estaba pidiendo que tomara decisiones. Él estaba mostrándome muros en mi vida que él quería derrumbar; no muros del tamaño del de Berlín como el confinamiento a una silla de ruedas, sino pequeños: el orgullo que levantaba su fea cabeza, la tentación de enumerar mis logros, mi espíritu competitivo aún feroz y el constante deseo de hacer las cosas a mi modo. Ahora Jesús estaba con una maza en mis odiados muros, para hacerme recordar que su libertad no significa simplemente: «Obedece mis reglas», sino *«Obedéceme a mí»*. Este era el Dios de quien me estaba enamorando: el Dios cuyos mandamientos no eran una carga, el Dios que estaba cambiando mi corazón.

En el verano del año 1990 me encontraba en el parque de acceso a la Casa Blanca como miembro del Consejo Nacional sobre Discapacidad. Estábamos allí para que el presidente George Bush firmara la histórica Ley de Discapacidad para los Norteamericanos (ADA) que había redactado nuestro comité.

Más tarde, ya en el hotel, en una pequeña recepción, nuestro pequeño grupo instó al director ejecutivo a que dijera unas palabras.

«Vivimos en un gran momento de derechos y privilegios; es una magnífica época para estar vivo, para ser libre. Sin embargo recordemos..., hizo una pausa y se aclaró la garganta, como si el siguiente pensamiento lo asfixiara. Esta nueva ley podrá aumentar las posibilidades de trabajo, pero no va a cambiar el corazón del empleador, proporcionará nuevos elevadores en los autobuses pero no cambiará el corazón del conductor, asegurará que haya rampas de acceso en los cines y restaurantes pero no cambiará el corazón de los camareros».

Se detuvo y recorrió la habitación con la mirada, para hacer contacto visual con todos nosotros.

«Brindo por los corazones transformados», dijo y levantó su copa en silencio.

Por los corazones transformados.

Sus palabras fueron todo el recordatorio que necesitaba: El evangelio trata de corazones transformados.

Cuando los vientos de cambio finalmente amainaron al final de la década, muchos europeos orientales quedaron frustrados. Algunos estaban enojados por las demandas de la democracia. Ellos habían creído que la libertad garantizaba derechos ilimitados. Ahora tenían que aprender que no podían disfrazar sus resoluciones personales como «derechos» en un intento de hacerlas pasar como dignidad.

El verdadero cambio ocurre solo en el corazón. Y este cambio proviene del Espíritu de Dios. Pensé nuevamente en las palabras del apóstol Pablo: «Donde está el Espíritu del Señor (en mi corazón o en el mundo) allí hay libertad».

CAPÍTULO VEINTITRÉS

Hermanos, no pienso que yo mismo lo haya logrado ya. Más bien, una cosa hago: olvidando lo que queda atrás y esforzándome por alcanzar lo que está delante.

Filipenses 3:13

«Enviaron el resultado de la prueba, Joni», dijo el especialista por teléfono. Tragué saliva, en espera de la noticia—.

«Es... es negativa», dijo con un suspiro.

Mi corazón se desplomó.

«Escucha siguió diciendo no tiene nada que ver con el daño de tu médula. Simplemente eres esa clase de mujeres del tipo A que no pueden concebir».

Las palabras me golpearon como una metralla. Desde que nos habíamos casado, hacía siete años, Ken y yo habíamos tratado de formar una familia. Ahora, en vísperas de mi cuarenta cumpleaños, en octubre del año 1989, habíamos recibido la noticia final.

Llamé a Ken a la escuela durante su receso para almorzar.

«No estoy embarazada», le conté como atontada.

Siempre había oído hablar de la angustia que sufren las mujeres estériles. Ahora el dolor en el corazón por ese tema golpeaba nuestro hogar. Recordé los animales de peluche, los cuentos para niños y los juegos que había guardado en los estantes superiores de nuestro ropero. Pensé en el bosquejo que había diseñado para transformar mi estudio de arte en una pequeña habitación para el bebé, en cómo amarraríamos un asiento para bebé a una tabla sobre mi falda en mi silla de ruedas. Pensé en las amigas que había reclutado para ayudarme y en los pequeños conjuntos color celeste que había

341

guardado al fondo del cajón de mi cómoda.

Las personas se casan para tener familia. ¿Cómo manejaremos esto Ken y yo?

Grandes y silenciosas lágrimas rodaron por mis mejillas.

El dolor pesaba esa noche, como una densa neblina, mientras Ken y yo estábamos en la cama. Hablamos de cosas cotidianas, pero la mayor parte del tiempo, dejamos que hablara el silencio. Aunque no podía sentirlo, sabía que él sostenía mi mano y me consolaba el ritmo parejo de su respiración.

«Entonces», preguntó con suavidad mi esposo «¿hacia dónde nos dirigimos ahora?»

Durante muchos años había sentido que este momento tendría que llegar. Hasta ahora, el camino había sido predecible: Joni se casa, Joni tiene un bebé; mi daño en la médula espinal era solo un bache en el camino. Ahora se bifurcaba como uno de esos cruces de autopistas interestatales que terminan en el aire, a la espera de que alguien venga y trace el kilómetro siguiente.

¿Hacia dónde continuaría nuestro camino?

O tal vez, no era una bifurcación en el camino sino un nudo vial, que me hacía doblar hacia otra autopista interestatal con cientos de diferentes intersecciones que conducen a todo el mundo, y cada kilómetro tiene carteles publicitarios donde están los rostros de miles de personas que había conocido durante todos estos años.

Muchos de esos rostros eran de niños. Recordé a la muchacha filipina que arrastraba las piernas porque caminaba con las manos. A la niña ciega de Polonia que estrechaba un ejemplar ajado de *Un paso más contra su pecho y que dijo efusivamente: «¡Esto cambió mi vida!»*.

También estaba aquel duendecillo rubio que conocí en Hungría, en nuestro viaje a través de aquel país, Alemania Oriental y Checoslovaquia. Fuimos desde Wittenberg, donde hablé en la iglesia de Martín Lutero, a Leipzig, donde hablé en la iglesia de Bach[1]. Llevábamos el evangelio de una iglesia a la otra y nunca estábamos menos de dos horas en cada una. Así es que

342

[1] Se trata de la iglesia de Santo Tomás, de la que J.S.Bach fue organista.

cuando llegamos a la última parada, una gran iglesia sobre una colina que daba a Budapest, Hungría, yo estaba exhausta. Llegué a la iglesia temprano, pero la gente ya estaba allí, amontonada en los bancos. Me tomó años llegar hasta el frente de la iglesia y oré con fatiga: *Señor Jesús, dame palabras frescas que decir aquí.*

Dios respondió. La reunión terminó siendo un hermoso programa y después, mientras lentamente me abría paso en la nave, entre la multitud, me detuve a saludar a las personas con el poquito húngaro que sabía.

De repente, una niña rubia se abrió paso con los codos, hablando con excitación en húngaro y saltando sobre los adultos a su alrededor. Los hombres y mujeres hacían un paso al costado, divertidos por la urgencia de la niña.

«No te entiendo», le imploré con una sonrisa. No importaba. Ella me abrazó con fuerza, rompió en lágrimas y seguía susurrándome.

«¿Qué dijo?», le rogué a todos. «¿Cómo se llama?»

Nadie respondió a mi inglés. Finalmente, la niña de cabello rubio me soltó, colocó algo sobre mi falda, y, secándose los ojos, se retiró hacia atrás en la multitud.

«Espera», le dije, «¿cómo te llamas?» —Busqué a mi intérprete entre la gente, pero cuando volví a mirar, ella había desaparecido. Observé lo que había dejado en mi falda. Era un pequeño conejo de felpa verde descolorido, con una cinta un poco gastada alrededor del cuello. Se notaba que había sido hecho a mano. Y también me di cuenta de que había sido el compañero de juegos de la niña por mucho tiempo.

Dejé el conejo de felpa sobre mi falda y de regreso al hotel lo bauticé con el nombre de Rabbie. Mientras íbamos a saltos por carreteras llenas de baches, miré fijamente su cuerpo raído y me pregunté qué manos lo habrían cosido, qué clase de secretos le habría susurrado en la oreja la pequeña, si lo habría llevado de paseo para mostrarle paisajes nuevos, y si tendría una hermana mayor que se burlaba de ella por su conejo amigo. Me pregunté cómo sería la habitación de la niñita. ¿Su papá le leería cuentos de hadas de un gran libro rojo? ¿Compartiría una cama con una hermana? ¿Se acurrucaría con su amigo de felpa debajo de las frazadas?

Tal vez estaba exhausta. O quizás me lamentaba de ser obsesiva, una personalidad muy del tipo A como para concebir. A lo mejor era culpa, sabiendo que mis rigurosos viajes probablemente habían interferido con mi capacidad de tener un bebé con Ken. Cualquiera fuera la razón, algo en el conejo y la niña despertaron en mí un profundo deseo.

De repente, solo quería traer al mundo una niñita, una niña como mi amiga rubia húngara, que aprendiera a confiar, a maravillarse y a apreciar los regalos de Dios. Una niña que disfrutara de acampar en la playa, de montar a caballo y de jugar a indios y vaqueros. Una niña que se sentara conmigo debajo de las estrellas y aprendiera las constelaciones, y que se sentara a mi lado mientras pinto y preguntara: «¿Qué es una composición?». Una niña a quien pudiera enseñarle las diferentes clases de árboles y pájaros, y leerle Black Beauty. Una niña a quien no le importara vestirse con un vestido de encaje para los conciertos de piano, y a quien le agradara que yo me sentase y la escuchara practicar la «Tarantela». Cantaríamos armoniosamente himnos y canciones y nos sentaríamos en un balcón a escuchar los grillos de la noche.

—Eso es todo lo que quiero —le dije a Ken en voz baja. Se dio vuelta en la cama para mirarme.

—Pero eso no sucederá.

—¿Qué es lo que no va a suceder? Una familia —respondí con nostalgia. Mis esperanzas y sueños de tener una familia... tengo que dejarlos ir.

Ken me acarició el cabello con la mano.

—Tenemos que mirar al futuro —suspiré.

Ahora la autopista interestatal me llevó a otra intersección. Esta me llevaba de regreso a momentos con otros niños. Pensé en Nicole en su silla de ruedas para niños de color rosa, con serpentinas de bicicleta en los mangos. La conocí en unos de los retiros familiares que *Joni y sus Amigos* había estado realizando con familias afectadas por la discapacidad. Eran cinco días de paseos en silla de ruedas, natación, artesanías, estudios bíblicos y momentos de oración. Durante una reunión social en la que estábamos comiendo helado una tarde, me acerqué en mi silla de ruedas para visitar a la pequeña Nicole, pelirroja, en su silla de ruedas; Tiffany, su amiga, y Raquel, estaban paradas a su lado con aparatos ortopédicos en las piernas. Pronto estuvimos jugando al pillapilla; al pillapilla en nuestras sillas de ruedas. Al rato, un chico con andador se sumó al juego con su hermana, luego un chica con síndrome de Down y su hermano. Reíamos mientras zigzagueábamos entre las piernas de los adultos, reíamos cuando nuestros pedales se chocaban entre sí, como si estuviéramos en los autitos chocadores.

Después de que el helado comenzara a derretirse, el director del retiro miró su reloj y trató de llevar a las familias de regreso a las cabañas; pero los niños y yo seguíamos jugando. Estábamos tan concentrados en el juego que perdí la noción del tiempo.

Cuando finalmente nos dijimos buenas noches, Nicole se acercó para abrazarme. Apretamos nuestras acaloradas mejillas y en el abrazo me mecía y arrullaba. En medio de nuestro abrazo, me di cuenta de que ella me había retirado demasiado del respaldo de mi silla. Perdí el equilibrio y estaba apoyada sobre su hombro.

Pasó todo un minuto.

—¿Ya hemos terminado de abrazarnos? —pregunté.

—¿Por qué? —dijo ella, con la voz ahogada en mi abrigo.

—Porque cuando hayamos terminado, tendrás que empujarme hacia atrás contra el respaldo de mi silla.

Nicole salió de nuestro abrazo y comenzó a reír. Con la fuerza de una niña, trató de empujarme contra mi silla.

—¿No puedes sentarte tu sola? —me preguntó.

—No —contesté tratando de levantar mi cabeza de su hombro—, y por eso necesito tu ayuda.

—¡Hey! —se alegró con asombro—, ¡puedo hacer algo por un adulto!

345

Cuando ya nos habíamos deseado las buenas noches, me di cuenta de que ese momento había sido como estar en el cielo. Fue otro instante sencillo lleno de alegría, que me susurraba: «Aguanta. Un día te sumergirás en una alegría como esta. Y durará para siempre».

Esa noche, antes de entrar en mi cabaña, miré hacia arriba a las estrellas y le agradecí a Dios por llenar el vacío no solamente con él sino también con niños. Me estaba conectando con chicos y chicas que tenían espina bífida, parálisis cerebral, autismo, daños en la médula espinal, síndrome de Down y osteogénesis imperfecta. Los alentaba desde el costado cuando ingresaban con alegría en cada juego, ante cada zambullida en la piscina, con cada oportunidad de montar a caballo... Y mi corazón se inundaba de emociones placenteras cuando levantaban la mirada y exclamaban: «¡Mírame!» y «¡No, mírame a mí!». Como si yo fuera una mamá.

El dulce recuerdo de Nicole y su abrazo comenzaron a disipar la pena que todavía flotaba sobre nuestra cama, mientras Ken y yo seguíamos despiertos en la oscuridad. Y un pensamiento genial comenzó a nacer: aunque no pudiéramos concebir nuestro propio bebé, disfrutábamos de los hijos de otras personas.

—¿Todavía me estás sosteniendo la mano? —pregunté.

Ken la levantó para que pudiera ver. Inspiré profundamente y continué:

—Si no podemos tener nuestra propia familia —propuse—, entonces ¿por qué no ampliamos nuestro concepto de «familia»?

Giró su cabeza en la almohada.

—¿De qué estás hablando?

—Bueno, ¿no podrían ser... tus alumnos? Interesarnos por ellos, invitarlos aquí a comer asados, seguirles el rastro durante sus estudios universitarios...

Él se quedó pensando un instante.

—Mm-hum —musitó.

—Y mira todos los países que hemos visitado —continué—. Los simposios que realizamos en Europa, las sillas de ruedas que fueron entregadas y los orfanatos para niños discapacitados... Quizás no tengamos nuestros propios hijos...

—Pero tenemos los niños de todo el mundo —Ken redondeó el pensamiento.

—Sí, niños discapacitados.

Ken miró al techo, pensativo.

—Entonces —susurré en la oscuridad—, ¿por qué no invertimos nuestro tiempo y nuestras energías en ellos? Oh, Ken —dije mientras él se acercaba más a mí—, dediquémonos a los niños. ¿Podemos, por favor? ¿Podemos acaso amar a los niños de todo el mundo?

De repente, la bifurcación en el camino no parecía tan intimidante. Esa noche Ken y yo decidimos no vivir una vida, sino miles, ofreciéndonos para el servicio en la obra del reino, sin importar dónde nos enviara Dios. A la semana siguiente regalé la mayoría de los animalitos de peluche y los juguetes de mi ropero, y tiré a la basura el bosquejo de mi estudio de arte transformado en habitación para el bebé. También regalamos el par de conjuntos celeste. Decidimos concentrar nuestras energías en *Joni y sus Amigos* y en las conexiones que podíamos tener con otros niños y niñas.

Mientras lo hacíamos, Dios llenó mi corazón con más y más niños.

Conocí a la pequeña Hannah Slaight y a Joey, su hermano, en nuestro retiro familiar de *Joni y sus Amigos* cerca de Chicago. La luna estaba alta, la noche era cálida y soplaba una brisa suave. Acababa de salir en mi silla de ruedas de la reunión inicial. Localicé a Hannah y a Joey en sus veloces y pequeñas sillas de ruedas y, observando la larga y suave pendiente que conducía a las habitaciones, los desafié a una carrera.

«¿Una carrera?», preguntó Hannah.

«Sí», dije en un tono competitivo. Podía ver el interrogante en sus rostros a la luz de la luna.

«¿Nunca han corrido una carrera en sus sillas?», negaron con la cabeza un poco avergonzados.

347

Deben tener sus sillas desde menos tiempo del que pensé. Antes de que pudiera decir «Preparados, listos, ya», salieron volando hacia adelante, riendo y mirando de reojo hacia atrás por encima del hombro. Tuve que llevar mi silla a «alta velocidad» para alcanzarlos. Como todo el camino era en bajada alcanzamos demasiada velocidad y casi chocamos entre nosotros cuando llegamos al final. Éramos tres campistas felices, jugando y divirtiéndonos bajo la luz de la luna.

Casi no me di cuenta del poco tiempo que hacía que estos dos niños estaban en sillas de ruedas. Un año antes, Hannah y Joey corrían por las escaleras de arriba abajo, preparándose para el primer día de campamento de la iglesia, junto con sus hermanas menores, Hope y Haley. Los cuatro niños cantaban una canción de campamento mientras sus padres, Jim y Janet, conducían la camioneta por una calle. Apenas a tres kilómetros y medio de su casa, un conductor ebrio los chocó de frente a 150 km/h. La menor, Hope, murió en el acto. Haley sufrió terribles heridas en el rostro y tuvieron que realizarle una fusión ósea en su columna quebrada. Jim y Janet sufrieron quebraduras múltiples y golpes internos. Las columnas vertebrales de Hannah y de Joey quedaron aplastadas por el impacto. Nunca volverían a caminar.

Cuando alguien me envió un recorte de diario con la noticia de la familia Slaight, les escribí una carta, y les sugerí con amabilidad que se inscribieran en el próximo retiro familiar de *Joni y sus Amigos*. Jamás se me habría ocurrido que ese retiro podía ser la respuesta a las oraciones de los *Slaight*. Hannah, de nueve años de edad, tímida, delicada y aún insegura, había estado orando para poder hallar una amiga con daño en la médula... alguien que comprendiera lo que se siente al perder la capacidad de caminar a tan corta edad. El primer día del retiro, Hannah tuvo su respuesta. Conoció a Abbey, de once años, también en silla de ruedas.

La «madre» que había en mí las miraba con ternura mientras Hannah y Abby se estacionaron al lado del lago. Parecían estar haciendo collares de margaritas. Una brisa agitó el cabello de Hannah ¡se las veía tan felices! Las niñas reían y se mostraban sus progresos. Me pregunté si Hannah se lamentaría por no poder volver a bailar en puntas o jugar al «quemado» como los otros niños en el recreo. ¿Sentía la carga del accidente sobre sus hombros? No lo parecía mientras observaba a las niñas que arrojaban margaritas al lago. *¿Entonces, dónde está tu ira, Hannah? ¿Dónde está el Dios irascible y malicioso?*

Tragué saliva y suspiré. Ver a las dos pequeñas ignorar el lado oscuro y disfrutar la bendición de la alegría en los placeres más pequeños (con su «me ama-no me ama» junto al lago) me hizo sentir sumamente orgullosa de ellas. Y sumamente orgullosa de Dios. Él estaba tratando de aliviarles el dolor, luchando por secar sus lágrimas, por hacerles la carga más ligera, por mitigar el dolor de su corazón y enseñarles el camino hacia la paz, la alegría y la felicidad. Dios estaba poniendo todo de su parte.

Y vi algo en Hannah que yo no tenía cuando tuve el accidente. Ella estaba poniendo todo de su parte también. Al día siguiente, le comentó a su madre: «Me preguntaron por qué daba gracias y dije que daba gracias por mi discapacidad. Esta vez, *realmente* lo sentía. ¡He conocido a tantos amigos que están peor que yo y son tan felices! Si ellos pueden sentirse agradecidos y felices, ¿cómo puedo quejarme yo? Tengo mis brazos, puedo alimentarme sola... Por primera vez, doy gracias por la discapacidad que tengo».

La pequeña Hannah, con su sabia y dulce manera de ser, me estaba enseñando algo sobre la verdadera sabiduría. Esta no se encuentra en poder entender por qué Dios permite que sucedan las tragedias. La verdadera sabiduría se encuentra en confiar en Dios cuando no puedes entender las cosas. Nunca hice eso cuando aterricé por primera vez en mi silla de ruedas. A menos de un año de estar paralítica, chocaba mi silla contra una pared, estrellándola de atrás hacia adelante, una y otra vez, hasta que el plástico comenzó a romperse, todo para fastidiar a Dios. Sin embargo, eso no era lo que hacían Hannah y Nicole. Estas eran niñas que pasaron por alto la etapa de fastidiar a Dios. Estas eran niñas que florecerían como jóvenes mujeres que podían caminar por fe y abrazar a Dios dando gracias voluntariamente.

Dios, eres sorprendente —sonreí para mí misma, mientras veía a Hannah y a Abby abandonar su juego para desplazarse en sus sillas hasta la glorieta—. *Tu gracia y tu poder para sostener a estas niñas me avergüenzan.*

Ocurrió nuevamente durante un viaje que tuve que hacer de vuelta al este por una consulta médica. Judy y otra amiga, Francie, me llevaron al centro de Baltimore para un control urológico en el hospital de la universidad de Maryland. Después de la consulta, me paseé en mi silla de ruedas por algunos pasillos conocidos. Las paredes resonaban con los mismos sonidos: los pasos amortiguados de los zapatos de las enfermeras, voces en el intercomunicador, el crujir de los carros de jugo al rodar. Deseaba visitar mi antigua habitación, pero las reformas y la pintura nueva habían cambiado todo. Habían pasado más de treinta años y ya no existía la sala de terapia intensiva donde había pasado tantas semanas.

«Sé de un lugar que apuesto a que todavía está igual», comenté.

Subimos a la camioneta, viajamos un kilómetro y medio hasta el otro lado del centro y estacionamos al frente del hospital *Johns Hopkins*.

«Síganme», les dije a mis amigas, mientras nos encaminábamos por el laberinto de pasillos hacia la parte más vieja del hospital, la parte central.

«¿Dónde está el antiguo vestíbulo de entrada?», le pregunté a un guardia de seguridad. Con Francie y Judy detrás de mí, rodaba en mi silla hacia adelante, ansiosa por ver si el vestíbulo había cambiado. Di la vuelta a unas escaleras revestidas con paneles de caoba y me desplacé hasta el suave piso de mármol. Conducía al viejo y grande salón que recordaba, el que tenía el alto cielo raso abovedado. Allí en el medio se erguía la imagen del Cristo de mármol. Hacia la izquierda estaba la misma pared revestida con paneles donde el paramédico pelirrojo me estacionó sobre la camilla, hacía tantos años atrás.

«Me trajeron aquí para extraerme las uñas de las manos», le dije a mis amigas. Estaba tan deprimida y me sentía tan perdida en aquel momento... Les expliqué cómo solía imaginarme sentada en el estanque de Betzatá, esperando a ser sanada, a que Jesús apareciera. No veía ninguna mejora y le rogaba al Señor que viniera en mi ayuda, que se mostrara de una forma real; pero parecía que Jesús me dejaba de lado. Eso fue hasta que me trajeron aquí, dije en voz baja, mirando con detenimiento a la imagen. Me ubicaron justo aquí, a sus pies.

Me movilicé en mi silla hasta la base de la imagen y leí las conocidas palabras: «Vengan a mí... y yo les daré descanso». Los brazos de Cristo todavía estaban desplegados, aún llamando con un gesto silencioso y dando la bienvenida. Y por un instante, mientras las enfermeras y las visitas me pasaban rozando, me perdí en el recuerdo de lo que se sentía siendo una adolescente, tan joven y atemorizada. Lo que se sentía al luchar contra la amargura, pensando que Dios me había abandonado, que seguramente mi condición era más trágica que la de cualquier otra persona. Lo que era buscar una amiga que comprendiera lo que se sentía al perder la capacidad de caminar a una edad tan temprana.

En la esquina del vestíbulo había un escritorio de madera con un gran libro forrado en cuero. Me aproximé hasta él y vi que los visitantes habían dejado por escrito sus impresiones. Después de ver la estatua. Mientras recorría los nombres, me di cuenta de que eran de todas partes del mundo. Algunas pocas personas habían escrito oraciones. Uno o dos daban gracias. Le pedí a Francie que tomara la pluma y escribiera lo siguiente por mí:

«Hace más de treinta años una jovencita atemorizada de diecisiete años quedó paralítica en un accidente de natación. Durante su rehabilitación fue traída a este hospital para una operación quirúrgica de poca importancia. Colocaron su camilla a los pies de esta imagen y esa fue una respuesta a sus oraciones. Una oración que le demostraría que Dios no la había olvidado, que aún le importaba. Estoy feliz de decir, años más tarde... que a él todavía le importa».

Una hora después, sentadas en el bar del hospital, una mujer se me aproximó y me preguntó:

—¿Es usted... Joni?

Asentí con la cabeza.

—Mi nombre es Glenna —se presentó—. ¿Qué está usted haciendo aquí?

—Estuvimos en otro hospital más temprano esta mañana, pero quise mostrarles a mis amigas la imagen de Cristo. ¿Ya la ha visto?

—¡Ah!, no puedo creer que sea usted —expresó con entusiasmo, apretándose las manos—. Sus libros me han ayudado tanto... He venido aquí desde Ohio, con mi hija, Ángela, que tiene espina bífida. Estamos esperando a que la sometan a otra operación. Ha estado aquí muchas veces para eso.

En un instante, solo por un segundo, vi a mi propia madre en esta mujer. Pensé en mi mamá cuando iba a diario a pie al hospital para verme. Y vi la misma desesperación, aferrándose a la esperanza como al delgado hilo de una cometa.

—¿Tendría usted tiempo...? ¿Cree que podría por favor subir hasta el quirófano y ver a mi hija?

No dudé ni un instante. Tan pronto como terminamos el almuerzo, tomamos el ascensor hasta el cuarto piso para ver a Ángela. Me desplacé en mi silla a través de un pasillo colorido y doblé a la derecha hacia su habitación. La chica tenía cabello castaño claro y una tierna sonrisa, y se veía medio soñolienta con muchos tubos que entraban y salían de su cuerpo. Cuando le dije: —Hola, me llamo Joni». Sus ojos se iluminaron.

—Sé quien eres —dijo ella con voz débil pero feliz—. Te escucho en la radio todo el tiempo.

Vi una silla de ruedas para niños en la esquina. Era negra y rosa y se parecía a una silla pequeña de carreras con respaldo bajo. Comenté lo moderna que se veía.

—Sí —coincidió ella— y le regalé mi última silla de ruedas a *Ruedas para el mundo*. Quería que algún otro niño la tuviera, algún niño de África o de otra parte.

¡Tú otra vez, Señor; bendiciéndome con el valor de un niño!

Dios estaba utilizando a Ángela (igual que lo hizo con Nicole y Raquel, Hannah y Joey, y aquella pequeña niña rubia húngara) para llenar mi vacío. Ahora me daba cuenta de que prácticamente no existía ese vacío. Estaba tan orgullosa de Ángela como lo estaría una madre, una madre espiritual. Era todo lo que podía hacer para no explotar de alegría por esta firme decisión de una niña con espina bífida, que se tomaba de la gracia, de la esperanza en Cristo, pensando todo el tiempo cómo poder ayudar a otro niño.

Antes de partir del *Johns Hopkins*, no pude evitar hacer una última visita a la imagen. Mientras estaba sentada en la esquina, mirando a la gente apurada, sacudí la cabeza con incredulidad y me pregunté adónde se habían ido los años. Rara vez había pensado, pensado de verdad, en aquellos días difíciles en que mi madre y yo luchábamos con las operaciones y los catéteres, pruebas de sangre y el apremio de las llagas. Miré las uñas de mis manos ahora, pequeñas y de color azul pálido por llevar años sin usarlas. *Señor ayúdame a recordar aquel dolor* —dije en voz baja.

Al mirar la imagen de Cristo que aparecía ante mí, inalterable en su pacífica magnificencia, hice un esfuerzo por revivir las viejas imágenes... recuerdos de cuando quedé paralítica como Nicole y Hannah, cuando tuve que enfrentar otra operación como Ángela. Recordé el rostro del auxiliar sanitario pelirrojo y las vendas llenas de sangre sobre mis uñas aquel día; pero no podía revivir el verdadero horror. Sentada ahora a los pies de Jesús, las películas imaginarias que trataba de proyectar estaban llenas de interrupciones y de espacios en blanco... en ninguna parte aparecía el doloroso drama de tres décadas atrás.

El tiempo es resbaladizo. El pasado siempre se ve diferente a lo que fue «en aquel entonces». Uno elige solo unas pocas escenas interesantes de perdurable importancia de todo lo que sucede. En el año 1968, mientras yacía en esa camilla, mirando fijamente a la imagen de mármol, simplemente no tenía la actitud que tenía ahora. Todo lo que tenía en aquel entonces era un pequeño trozo de esperanza del tamaño de una semilla se mostaza, un hilo de cometa delgado y rasgado. No había

353

manera de que pudiera comprender cómo terminaría todo. En el pasado, buscaba un camino que me sacara del dolor... y no lo encontraba. Pero precisamente hoy, el día que conocí a Angela, tantos años después, podía ver todo el sistema de la autopista interestatal, con todas sus salidas, nudos y accesos. Y podía ver los carteles a lo largo del camino, muchos carteles... y todos llenos de rostros de niños.

Estoy feliz de no poder recordar el dolor —pensé mientras nos alejábamos de Baltimore. Todo lo que quedaba eran los resultados, las cosas de perdurable importancia; cosas como la empatía que sentí por Ángela. Me di cuenta de que era la empatía y el valor, el aliento y la actitud celestial, que se elevaban y permanecían como un sendero de piedras sobre aguas turbulentas. Estas son las cosas que me llevaron al otro lado del sufrimiento, al presente, al lugar donde tengo un sentimiento de llegada donde soy más *yo misma* de lo que era cuando lloraba: «¡No sé quién soy!»

El Dios a quien yo amo constantemente trata de enseñarme la vida de esta manera. Él está implantando de forma tenaz la perspectiva del futuro en mi presente, como una voz que me aconseja: «Esta es la manera en que todo va a terminar. Así es cómo será todo cuando llegue el fin: mejor aún. Lo prometo». Es un sentimiento que continúa separando lo que perdura de lo que debe abandonarse al costado del camino. «Dichoso aquel a quien tú, Señor, corriges», dice la Biblia. Y bendito aquel a quien Dios disciplina; aun si la bendición es una herida.

No recuerdo quién terminó con el par de conjuntos celestes. Tampoco recuerdo el nombre del especialista en fertilidad que nos trató a Ken y a mí. Muchos amigos de mi edad tienen hijos que están cursando su segunda especialización o que ya tienen sus propios hijos. No extraño ser abuela o madre. Aquellos sueños, también quedaron al costado del camino. Casi ni recuerdo el bosquejo que había dibujado para transformar mi estudio en la habitación del bebé; parecía una foto descolorida en mi memoria. Eso es porque Ángela, Hannah, y el resto de los niños en sus sillas de ruedas siguen llenando mi corazón, me mantienen concentrada en lo que es importante: la paz y la felicidad, el valor y el compromiso. Me muestran, cuando a veces dudo, que Dios es maravilloso para inspirar lealtad en medio de tanta pérdida. Y como estos niños me ayudan de esta manera, los atesoro, oro por ellos y los abrazo como si fueran propios.

La prueba está apoyada contra el velador, al lado de mi cama. Allí está acurrucado el pequeño conejo de felpa verde descolorido con una cinta gastada alrededor del cuello. El raído conejo continúa su vigilia en mi mesita de noche para recordarme que no me olvide de los niños, que siempre los recuerde. ¡Dios me ha dado tantos hijos!

Porque así es el reino de los cielos.

«Deberías haber visto hoy a papá», dijo Ken, al sacarse la bolsa del hombro y dejarla sobre la mesa de la cocina. «¡Le hice comer un plato lleno de sushi y beber media taza de té verde!»

Era un domingo a la noche, y Ken había regresado a casa después de ayudar a su mamá a cuidar a su padre enfermo, en Burbank. La operación de tres bypass de papá Tada, seguida de sucesivos derrames cerebrales, lo habían dejado completamente dependiente.

«Es una sensación tan extraña», dijo Ken, estoy haciendo por él las mismas cosas que él solía hacer por mí».

El padre de Ken había sido un empresario japonés siempre fuerte, alto y serio en la industria de importaciones y exportaciones. Fue un maestro duro con convicciones budistas, y mis recuerdos más claros de él siempre eran verlo vestido de manera impecable con un traje cruzado y con una gran corbata negra lustrosa. Al principio, papá Tada no se tomó con alegría el que su hijo saliera con una chica tetrapléjica, pero con el tiempo muchas cosas habían cambiado. Su amor hacia mí había crecido, pero su salud había empeorado. Ahora, años después, había cambiado sus trajes por pijamas y su auto moderno por una silla de ruedas.

También había cambiado algo más.

«Hoy le leí todo el sermón del monte», dijo Ken, sonriente. La dura coraza religiosa exterior de papá Tada había comenzado a resquebrajarse ante la presión de tantas dolencias. Sin embargo, lo que más lo doblegaba era la presión del amor de su hijo. Fin de semana tras fin de semana, durante casi cuatro años, Ken abandonó sus excursiones de pesca por el placer de ayudar a su padre y darle de comer. El hombre ya no podía ignorar tan extraordinaria compasión y cuidados. Y ahora, si Ken por casualidad olvidaba la lectura de la Biblia, su padre lo codeaba ligeramente para recordárselo.

Un día, cuando Ken terminó de limpiar la boca de su padre al final del almuerzo, lo miró profundamente a los ojos y le dijo:

«Te amo, papá», dijo con el rostro enrojecido.

Su padre dijo apenas moviendo los labios:

«Yo también te amo».

El padre se había convertido en el hijo... y el hijo en el padre. Y en este extraño cambio de papeles, en este intercambio padre-hijo, también se llenó un vacío en el corazón de Ken. Finalmente recibió mucho de lo que había perdido en su infancia: la tierna caricia de un papá y sus palabras de cariño. El papá también recibió algo: abrió su corazón a Cristo antes de morir.

El Dios que Ken y yo cada vez amábamos más y más era una paradoja. Continuaba cerrándonos puertas para que pudiéramos encontrar una ventana abierta. Y siempre, la ventana tenía un paisaje mucho, pero mucho mejor.

CAPÍTULO VEINTICUATRO

De generación en generación se extiende su miseri-
cordia a los que le temen. Hizo proezas con su
brazo; desbarató las intrigas de los soberbios. De
sus tronos derrocó a los poderosos, mientras que ha
exaltado a los humildes. A los hambrientos los
colmó de bienes, y a los ricos los despidió con las
manos vacías.

Lucas 1:50-53

M e encontraba recluida detrás de una puerta cerrada, pegada a mi computadora, cuando Judy entró
violentamente en mi despacho agitando un ejemplar del periódico USA Today.

—Mira lo que acabo de leer en el almuerzo —dijo ella—.
¡Podemos ganar esto! ¡Sé que podemos!

—¿Ganar qué? —pregunté, sin levantar la vista.

—Es un concurso, el concurso *Bridge the World* [Unir al
mundo] organizado por las aerolíneas KLM —dijo ella—.
Con motivo de la celebración de su 75 aniversario, patroci-
nan un concurso de composiciones. El premio es de veinticinco pasajes de avión gratis, y todo el espacio de equipaje
necesario, para volar a cualquier parte que uno quiera para
«unir al mundo» y salvar las diferencias entre las personas.
¡Todo lo que tenemos que hacer es escribir un ensayo de 750
palabras, explicando cómo utilizaríamos los pasajes y el viaje
para «unir al mundo»!

Judy estaba sin aliento mientras sostenía el periódico para que
yo lo leyera. Miré por encima de mis anteojos para examinar el
aviso de página completa del concurso, e interiorizarme de todos
los detalles y de la fecha de cierre. Cuando terminé, miré a Judy
y sonreímos al mismo tiempo. Estuve totalmente de acuerdo:

357

—¡Podemos ganarlo!

Nos dirigimos rápidamente hacia la entrada, donde pescamos a John Wern, director de *Ruedas para el mundo*, para mostrarle el aviso. A esta altura, *Ruedas para el mundo* se había transformado en un ministerio internacional. Por medio de este programa recolectábamos sillas de ruedas usadas, las hacíamos reparar en las prisiones y reclutábamos fisioterapeutas cristianos para viajar con nuestros equipos al exterior, donde entregábamos las sillas de ruedas a niños y adultos discapacitados pobres y también regalábamos Biblias y ofrecíamos capacitación para el ministerio entre los discapacitados en las iglesias locales.

—John, mira esto —dije golpeando el periódico con la mano—. Fácilmente podría escribir cómo nuestro ministerio une al mundo a través de las diferencias por discapacidad en todo el planeta.

Mientras él leía el aviso, la misma pícara sonrisa se dibujó en su rostro.

—Vamos, John —le dije—, seguramente tú puedes usar esos veinticinco pasajes gratis. Puedes ir a cualquier parte del mundo con sillas de ruedas y Biblias. Entonces, dinos... ¿sobre qué país escribo?

Se frotó la barbilla y respondió:

—Conozco el lugar preciso.

A principios de año, John había llevado un equipo de *Ruedas para el mundo* en un viaje a Ghana, en África occidental. El equipo había viajado al norte de Accra, la capital, para llegar a la ciudad de Kumasi, y el viaje no había sido sencillo. El clima era caluroso, húmedo y opresivo y las calles de tierra estaban llenas de baches. Para empeorar las cosas, una guerra civil estaba haciendo estragos justo al norte de la ciudad y eso convirtió al viaje no solo en cansado sino también en peligroso. Sin embargo, los patrocinadores africanos nos habían contado que las necesidades de los indigentes en aquella región eran desesperantes.

«Encontramos un pabellón de cemento con techo de chapa, así es que desplegamos las sillas de rueda allí», nos contó John». Tan pronto como terminamos de armar todo, una fila de gente comenzó a meterse ahí a raudales. Supimos de inmediato que había más personas necesitadas de sillas de ruedas de las que disponíamos. Las madres habían caminado muchos kilómetros, cargando a sus hijos discapacitados en mochilas sobre sus espaldas. Venían esperanzadas y con expectativas. Joni, se me partió el corazón al tener que decirles que ya no teníamos más sillas.

John luego nos contó acerca de una mujer africana que había cargado a su hijo discapacitado, de doce años, sobre sus espaldas.

«Era negra y hermosa», nos describió, «pero los años de trabajo pesado habían grabado profundas arrugas en su joven rostro, y su espalda estaba doblada por el peso de su hijo». Cuando John le dijo que se habían acabado las sillas, ella sonrió impávida. «No importa» dijo con aire de seguridad. «Ustedes regresarán. Nos traerán mas sillas».

John se sintió frustrado por la seguridad con la que hablaba. La miró dubitativamente.

Sin embargo, la mujer simplemente asintió con la cabeza y, con una sonrisa aun más amplia, repitió: «Sabemos que regresarán».

«Frente a esa inmensa desilusión», John nos dijo, sacudiendo la cabeza con incredulidad, esas mujeres africanas tenían tanta esperanza... Habían recorrido todos esos kilómetros solo para descubrir que habían venido en vano. Y sin embargo, no estaban enojadas sino que tenían aquel aire de tanta seguridad y decían: «Oraremos para que regresen. Dios los enviará de vuelta con más sillas de ruedas».

—Entonces —dije yo—, ¿qué les dijiste?

—Les prometí que regresaríamos.

—¿Por qué dijiste eso? —balbuceé y me quedé boquiabierta—. Ghana no está en el cronograma. Otro viaje a África no está dentro de tu presupuesto. Todas esas familias quedarán desilusionadas, y...

359

me detuve. Los tres nos miramos de manera cómplice. Luego, casi sin decir palabra, me dirigí en mi silla hasta mi oficina, me detuve frente a la computadora y comencé a escribir.

Las palabras fluían con facilidad. Presenté mi caso al comité del concurso de KLM, solicitando que asignaran los pasajes y el espacio de carga a Ruedas para el mundo para que pudiéramos regresar a Kumasi:

> *Estimados amigos de KLM: Las personas discapacitadas de aquí, en los Estados Unidos tienen de todo; algunos de nosotros, hasta dos sillas de ruedas. Sin embargo, existen personas necesitadas que viven en África y que sobreviven en las calles y se arrastran en el polvo porque no tienen sillas de ruedas. ¿Por favor, nos ayudarían a unir el tremendo abismo que existe entre las personas como yo, aquí en este país, y nuestros amigos de allá? ¡Un regalo de veinticinco pasajes y espacio libre de carga nos permitirá marcar una diferencia tremenda en sus vidas!*

Un par de horas después el ensayo estaba terminado y lo enviamos por correo a la casa central de KLM en Amsterdam, Holanda.

Dos días después, Ken, Judy y yo abordamos el KLM 747 con destino a Budapest, donde *Joni y sus Amigos* llevaría a cabo una conferencia para líderes en discapacidad en Europa oriental. Tuvimos que hacer trasbordo en el aeropuerto Schipol, Ámsterdam, y mientras atravesábamos la terminal, vimos carteles del concurso «Unir al mundo» por todas partes. Había uno en cada acceso, con globos y banderines. Con cada puerta que atravesábamos, mi confianza crecía, y levanté mi vista hacia Ken y le dije:

«¿Ves eso? Vamos a ganarlo».

«Sí, claro», me respondió con indiferencia, »y yo soy Ed McMahon de la Agencia Distribuidora de Noticias Sweepstakes...»

Sin embargo, Judy y yo permanecíamos impávidas, al igual que John Wern. Tratábamos de convencer a nuestros compañeros de trabajo de que teníamos posibilidades de ganar, aunque no fuera sencillo. Algunos se burlaban e insistían con que las probabilidades estaban en nuestra contra; pero nuestras esperanzas aumentaron cuando recibimos una carta con un impreso de la oficina del concurso en Amsterdam. Decía: «Han sido seleccionados como finalistas».

Me desplacé en mi silla por la oficina, contándoles a todos:

«¡Somos finalistas! Estamos en la ronda final».

Unas cuantas cabezas se asomaron de pronto por sobre los paneles divisorios de la oficina, y una o dos personas se acercaron a examinar el formulario (uno incluso hasta pasó el dedo húmedo sobre la firma para constatar que era verdadera). No obstante, la mayoría se encogió de hombros y regresó a sus computadoras.

«Ver para creer», fue la respuesta imperante.

No tuvieron que esperar mucho tiempo. Varios días después recibimos una llamada telefónica con la noticia: mi ensayo había ganado.

Casi salto de mi silla de ruedas. De 15.000 participantes de todo el mundo, mi pedido para transportar sillas de ruedas a Kumasi había sido elegido como uno de los ganadores del gran premio. Ahora teníamos plena libertad para comenzar a preparar los planes para regresar a África.

En junio de 1995 nuestro equipo de veinticinco personas llegó a Amsterdam, donde fuimos saludados y felicitados por los ejecutivos de KLM que tenían regalos, camisetas y cámaras de fotos gratis para nuestro viaje. Luego, en un par de horas, partimos con destino a África en un avión de KLM cargado de sillas de ruedas para niños discapacitados, como así también otros equipos para personas ciegas y discapacitados mentales.

Mientras volábamos hacia el sur sobre el desierto del Sahara, contemplé la interminable extensión de arena rosada. Exótico y hermoso, se extendía más allá de lo que alcanzaba la vista, iluminando desde abajo las nubes con un suave brillo rosado. Me recliné contra la ventanilla y sentí curiosidad por las personas que conocería en este nudo de la autopista interestatal en que Dios nos había puesto. Seguía pensando en las familias de esa pequeña ciudad de Kumasi. Recordé las fotografías que había visto de las chozas con techos de hojas de bananeros y las pequeñas casas hechas de latas oxidadas. Pensé también en los niños y las niñas con parálisis cerebral, que llevaban años recostados sobre esterillas de paja en oscuras esquinas, y en los rumores y tabúes atribuidos a estos niños por los brujos, quienes insistían en que sus enfermedades eran una maldición de los espíritus endemoniados. *Demasiada oscuridad y pobreza desgarradoras —seguí dándole vueltas al asunto.*

Cuando nuestro avión de KLM aterrizó en el aeropuerto de Accra y se deslizó por la pista, contemplé el área circundante. Los bordes de la pista eran viejos y estaban rotos, con hierbajos que crecían entre las grietas, y una terminal pequeña que estaba destruida. Cuando nos detuvimos sobre la pista me di cuenta que no tenían tubos de acceso a los aviones. En vez de eso, un par de hombres africanos sin uniforme, acercaron escaleras portátiles hasta la compuerta del avión.

Al salir del avión, respiré hondo el aire húmedo y caluroso. Se podía oler el mar a solo unos kilómetros de allí y también el aroma a tierra húmeda. Entre tanto, árboles selváticos y enredaderas se asomaban por la alambrada que rodeaba el aeropuerto. Luego, de repente, nuestro equipo escuchó aplausos, risas y música proveniente del otro extremo del aeropuerto. Me di la vuelta sorprendida hacia uno de los hombres sin uniforme que empujaba las escaleras portátiles. Sonrió y con alegría me informó: «Es una fiesta de bienvenida para usted».

Cuando partimos de la terminal, el sol ecuatorial se había puesto detrás de la selva, tiñendo las nubes en el cielo con amplias franjas de anaranjado y rojo. Los colores no perduraron mucho tiempo. Como estábamos en el ecuador, la noche se instaló rápidamente, sumiéndonos en una oscuridad tropical sibilante que hacía que los tambores sonaran exóticos y misteriosos. Salimos de la vereda de la destruida terminal, nos dirigimos hacia un gran círculo de africanos felices, y nos encontramos en medio de un culto de adoración. Varios autos estaban estacionados en ángulo y sus faros delanteros proporcionaban suficiente luz para ver. En medio de la penumbra, se apreciaban los destellos de colores brillantes, de collares y de faldas que se balanceaban. Algunos de los bailarines eran visibles por la luz de los faros de los autos, mientras otros aparecían como siluetas en la noche. Era una mezcla de luz y oscuridad, color y sombra, música monótona y un entrecortado de palmadas sincopadas, y pronto estuve rodeada de mujeres hermosas y altas, que se balanceaban, meciéndose y batiendo palmas a ritmo tribal, mientras un amplio círculo de tamborileros y hombres bailaban alrededor de ellas. Era una celebración cautivante y primitiva, y no me atreví a moverme. Mi respiración se agitó y los latidos de mi corazón se aceleraron, pero al final me entregué al momento y escondí mis inhibiciones occidentales, meneando la cabeza, sonriendo y balanceando los brazos al ritmo de la danza.

«¡Bienvenidos a África donde nuestro Dios es más grande!», dijo un pastor con los brazos bien abiertos.

La fiesta duró aproximadamente treinta minutos. Después, mientras se descargaban del avión las sillas de ruedas y las provisiones, nos alojamos en un hotel cercano al aeropuerto. Casi no pude dormir esa noche. *Estamos en África* —susurré en mi almohada. Los sonidos de las ranas y los grillos, y los gritos agudos de los animales llenaban la noche al otro lado de mi ventana, y deseé que papá estuviera allí. Le encantaría esto —seguía pensando.

También pensé en las sorprendentes circunstancias que nos habían traído hasta ese lugar. *Señor, gracias por hacer honor a las esperanzas de esas mujeres en Kumasi que le hicieron prometer a John que regresaría. Eso fue dos años atrás. Ha pasado tanto tiempo… Solo hace un par de meses, parecía algo imposible. ¡Pero aquí estamos! Y todo es gracias a ti, Señor Jesús, y a un concurso increíble. ¿Quién lo hubiese creído?*

Nos separamos en grupos y nos desplegamos hacia diferentes pueblos a lo largo de la costa. Yo formaba parte de un equipo que llevaba varias sillas de ruedas y equipamiento médico para una pequeña clínica en las afuera de Accra, que trataba a pacientes de SIDA. Nos recibió un médico británico y varias enfermeras y médicos residentes africanos, quienes nos condujeron hasta un modesto edificio construido con bloques de cemento. El sol del mediodía era opresivo, pero una vez en el interior, los pasillos de cemento sin ningún decorado eran frescos y húmedos.

«Hay una mujer a la que me gustaría que conociera», dijo el médico, guiándome hasta una habitación al final del pasillo. «Su nombre es Vida. Ella es una prostituta, y está muriendo de SIDA».

Me desplacé en mi silla hasta su habitación. Era como todas las otras habitaciones de la clínica: bloques de cemento sin pintura; limpias, pero peladas. Vida, esquelética y cadavérica, yacía incómoda debajo de una sábana delgada. Con la mano apoyada en la frente, noté que estaba dolorida.

«Vida, hemos venido a traerte algunas cosas —le dije en voz baja mientras me acercaba con mi silla de ruedas. Una amiga colocó perfume, dentífrico, una pastilla de jabón y varios artículos más en su mesita de noche.

Esbozó una sonrisa y me extendió su mano. Yo no podía tomarla, así es que simplemente apoyé mi mano sobre la suya. Sus ojos permanecían fijos en mi rostro, y yo comencé a cantar una canción africana que aprendí la primera noche que llegamos.

Deposita tu aflicción en Jesús, porque él se interesa por ti.
Deposita tu aflicción en Jesús, porque él se interesa por ti.
Más alto, más alto, más alto, más alto, más alto, más alto…
Más alto, más alto, eleva más alto a Jesús.

Permanecí junto a su lecho durante un largo rato, y así sus ojos pudieron embeberse de esta extraña visita de piel blanca en una silla de ruedas. Traté de imaginar las circunstancias que la habían traído hasta esa situación. Precisamente aquel día, había leído algo sobre una hilera de puestos con techo de paja detrás del mercado, donde las prostitutas se vendían a cincuenta centavos por hombre.

Me mordí el labio mientras estudiaba el rostro de Vida. No era una mujer atractiva, quizás tenía unos treinta años; a un lado de su rostro tenía cicatrices tribales y sus ojos se veían cansados e hinchados. Me pregunté durante cuántos años se habría estado vendiendo a sí misma. Cuando le conté mi historia de cómo me había roto el cuello, ella se estremeció de pena. *¿No es esto impresionante, Señor? Esta mujer se está muriendo, y sin embargo su corazón se conmueve por mí.*

—¿Conoces a Jesús? —le pregunté, señalando a mi corazón—. ¿Vida, lo conoces a él, *aquí*?

Ella asintió con la cabeza. El médico nos dijo después que la familia de Vida la había desheredado y que no recibía visitas ni tenía amigos.

—Su visita hoy fue todo un mundo para ella —dijo él—. Y no se preocupe por Vida. Dios la cuidará.

El calor es opresivo, el SIDA corre de manera descontrolada —pensé cuando nos íbamos—. Los que sobreviven a la polio se arrastran por las veredas, los niños son abandonados debido a su parálisis cerebral, la pobreza es interminable.

Sin embargo, los africanos que se aferraban a Dios, muchos de ellos como Vida y otros discapacitados, estaban llenos de alegría. Las palabras del médico seguían resonando en mis oídos: «Dios la cuidará».

Aquí, en el África subsahariana, parecía que las personas más débiles eran las que más necesitaban apoyarse en Dios; y cuanto más lo hacían, mayor era su felicidad. *Es tan diferente en Norteamérica* —pensé. En occidente pensamos que Dios existe para hacer que nuestras vidas sean felices, más significativas y sin problemas. El sufrimiento es una palabra odiada, y hacemos lo que sea para erradicarlo, medicarlo, esquivarlo, o aislarlo; construyendo hospitales e instituciones que alivien el sufrimiento. Sin embargo en Ghana, la gente parecía estar más dispuesta a acudir a Dios con pobreza espiritual, con las manos vacías, y tomar de su mano lo que tuviera para ofrecerles.

—Aquí la fe de los cristianos es tan grande...», le dije a Ken por teléfono aquella noche. «Y sin embargo, tienen tan poco».

Descubrí que mi fe creció más en África, no por la experiencia de los demás, sino por la mía propia. Una tarde, los ejecutivos de KLM hicieron arreglos para que me encontrara con el presidente de Ghana. Después de una conferencia de prensa, nos sentamos con el presidente Rawlings en su jardín tropical, debajo de un árbol sin forma, repleto de musgo. Los guacamayos y los loros hacían eco en la espesa selva detrás de la puerta de entrada y filodendros tan grandes como orejas de elefantes colgaban desde las ramas. De vez en cuando una brisa del océano cercano agitaba el aire pesado y cálido, trayéndonos aromas de frutas y flores.

—Este castillo que ve aquí —dijo el presidente Rawlings, señalando los blancos muros saturados de sol detrás de él—, fue construido por los ingleses en el siglo XVII. Aquí tenían a nuestra gente atada con cadenas a la espera de los barcos de esclavos.

No había signos de amargura en su voz; él entendía que todos considerábamos que la esclavitud era mala. Simplemente estaba narrando la historia de su tierra.

—Y el Sr. Lincoln fue todo un presidente —dijo desplegando ampliamente sus brazos.

Después de beber unos refrescos, el presidente *Rawlings* preguntó si había algo que él pudiera hacer para ayudarnos con nuestra misión en Ghana.

—A decir verdad, sí —respondí, un poco sorprendida ante su ofrecimiento—. La idea de todo este viaje comenzó con la promesa que le hicieron a una mujer en Kumasi.

—¿Kumasi? Hemos estado luchando contra los rebeldes al norte de allí.

—Bueno, nos gustaría mucho ir allí... a mí en especial —le comenté—. Sin embargo, me dicen que el camino está lleno de baches muy grandes e incluso que no existe en algunos lugares, y el viaje sería demasiado difícil para mí.

Sin dudar, el presidente se dio la vuelta hacia su asistente y habló en su idioma nativo. Después de deliberar por unos momentos, el presidente *Rawlings* giró hacia nosotros y anunció:

—Mañana tendrán a la Fuerza Aérea a su disposición.

Era difícil que mi fe *no* creciera en Ghana.

Sin embargo, había al menos una persona más cuya fe era aun mayor.

Al día siguiente, mientras esperaba para abordar el avión con destino a Kumasi, John Wern, ya iba camino al norte, por el largo camino lleno de baches. El plan era que él llegara antes que yo y organizara las sillas de ruedas para su distribución. Una vez que estuvo allí y comenzó con el proceso de descargarlas, una mujer con un hermoso vestido tribal colorido se le aproximó. Tenía en sus fuertes brazos a su hijo discapacitado.

—¿Me recuerda? —le preguntó a John, esbozando una amplia sonrisa. John miró por encima de su tablilla sujetapapeles mientras la mujer de espalda torcida sostenía a su hijo sobre la cadera. Usted tiene algo para mí —dijo con una sonrisa segura—, sé que lo tiene.

John abrió los ojos cuando la reconoció.

—Sí, sé quién eres —respondió sonriente—. Insististe en que debíamos regresar. Dejó la tablilla, asombrado.

—Y aquí estamos. ¿No es increíble?

—¿Increíble? —repitió ella con el ahora familiar acento afro-británico—. ¿Por qué? Sabía que regresaría. Oramos para que así fuera.

Su tono era tan práctico que lo tomó a John desprevenido. Ella no tenía noción de todas las palancas y roldanas que Dios había utilizado para hacernos regresar a su país. Ella no sabía nada del certamen... y aún si lo hubiese sabido, no le habría sorprendido que lo ganáramos.

—Dios siempre responde nuestras oraciones —continuó

ella —. Sabíamos que lo traería a usted nuevamente aquí.

Estábamos en África, donde la gente está convencida de que existe un Dios grande; pero una vez más, él parece ser más grande con las personas que más lo necesitan.

África me mostró que Dios se siente atraído hacia los débiles, hacia los necesitados y está cerca de aquellos que reconocen su pobreza de espíritu, como la mujer que caminó más de tres kilómetros hasta Kumasi con su hijo sobre sus espaldas. África me enseñó que Dios siempre derrama con generosidad su gracia sobre aquellos que se consideran indignos, como Vida y otros que conocí en la clínica para enfermos de SIDA. Y África me hizo interpretar las palabras de Jesús con una nueva profundidad: «Dichosos los pobres en espíritu, porque el reino de los cielos les pertenece», y «Escuchen, mis queridos hermanos: ¿No ha escogido Dios a los que son pobres según el mundo para que sean ricos en la fe y hereden el reino que prometió a quienes lo aman?»

Las imágenes de aquellos cristianos felices que conocí en África se mantienen intactas en mi mente con el paso de los años, mucho más que otras. Sus contornos no se han borrado con la nostalgia sino que permanecen nítidos y definidos. La vida en África es dura, injusta y dolorosa en su pobreza, y no hay nada de sentimental en la clínica para pacientes con SIDA. Es difícil ver algo romántico en el largo viaje a pie de una mujer, cargando sobre sus espaldas a un niño que pesa. En África la gente requiere de corazón a Dios, porque sabe que lo necesitan terriblemente.

Varios meses después del viaje de KLM, cuando ya estaba reinstalada en mi casa de Norteamérica, todavía seguía hablando de Ghana en todas partes cada vez que tenía la oportunidad. De una conferencia a otra, contaba las historias de las personas que conocí: del niño africano que se arrastró sobre sus manos cinco kilómetros para llegar hasta donde estábamos distribuyendo las sillas de ruedas, de las brillantes y amplias sonrisas de los devotos creyentes, del canto y los tambores, de los aplausos, el balanceo y la danza de los miembros de una tribu que celebraban a Dios. Y dondequiera que hablase, recordaba a Vida.

Durante un receso en una de esas conferencias, me apresuré a ir al baño. Mientras esperaba en la fila, mis ojos recorrían los mostradores de frío mármol italiano y los grifos de bronce, las toallas prolijamente dobladas y los pequeños jabones sobre platillos con forma de conchilla. Una mujer muy bien vestida, me vio por el espejo mientras se pintaba los labios y exclamó:

—Oh, Joni, siempre te ves tan entera, tan feliz en tu silla de ruedas. ¡Ojalá tuviera yo tu alegría! —varias mujeres a su alrededor asintieron con la cabeza—. ¿Cómo *lo logras?* —preguntó mientras le ponía la tapa a su labial.

Miré de reojo a las mujeres, todas muy prolijamente vestidas y repletas de joyas y noté sus trajes *Jones of New York* y sus prolijas uñas rojas de manicura. En esta conferencia estaban representados los barrios cercanos más ricos. Entonces cruzó por mi mente la imagen de Vida y su curtida piel oscura que se extendía sobre sus delgados huesos.

—¿Quieres saber cómo lo hago? La verdad es que, *yo no lo hago.*

Algunas cejas se arquearon.

—Es más, ¿me permiten que les cuente con sinceridad cómo me desperté esta mañana?

Ante eso, varias mujeres se apoyaron sobre la mesada para escuchar.

—Un día normal para mí es como sigue —inspiré profundamente y proseguí—. Después de que Ken parte hacia su trabajo a las 6:00 de la mañana, me quedo sola hasta que escucho abrirse la puerta de calle a las 7:30. Es una amiga que viene a levantarme. Mientras la oigo preparar café, generalmente oro así: «Oh Señor, mi amiga está a punto de darme un baño, vestirme, sentarme en mi silla, cepillar mi cabello y mis dientes y sacarme de la habitación. Sin embargo, Jesús, no tengo fuerzas para enfrentar esta rutina una vez más. No tengo recursos. No tengo una sonrisa para empezar el día; pero tú sí. ¿Puedo tomarla prestada? Te necesito con urgencia, Señor. Tengo necesidad de ti con desesperación».

De repente, las mujeres delante de mí se relajaron. Por la expresión de sus rostros, me di cuenta de que debajo del maquillaje y de las joyas, también cargaban su cruz. Estaban exhaustas, algunas con el corazón magullado y entumecido. Y tenían curiosidad por saber más.

—¿Entonces, qué ocurre cuando tu amiga atraviesa la puerta del dormitorio?

—Giro la cabeza en la almohada, suspiro, y le brindo una sonrisa que viene directamente del cielo. No es mía... es de Dios. La alegría que ustedes ven hoy —dije haciendo un gesto hacia mis piernas paralíticas—, fue dura de ganar esta mañana.

El baño estaba en silencio.

—Señoras, es la única manera de vivir. Es la manera cristiana de vivir. Y tal vez las personas verdaderamente discapacitadas son las que no necesitan tanto a Dios.

Sabía que la mayoría de esas mujeres regresarían esa tarde a sus hogares, a trituradoras de basura descompuestas; a maridos indiferentes, a tobillos hinchados y a pies doloridos. Si Dios quiere, se acordarían de recurrir al Señor con desesperación y urgencia a pedir su bendición. La lección que las mujeres de Kumasi me enseñaron volvió a mi mente muchas veces desde entonces: cuanto más débiles somos, más nos debemos apoyar en Dios... y cuanto más nos apoyemos en él, descubriremos que él es más fuerte.

*Despreciado y rechazado por los hombres, varón de
dolores, hecho para el sufrimiento. Todos evitaban
mirarlo; fue despreciado, y no lo estimamos.*

Isaías 53:3

Llegó el 30 de julio de 1997, no con una torta de
aniversario sino con una magdalena glaseada con
una vela encima .

—Pide un deseo —dijo Ken en broma. Había querido
recordar mi treinta aniversario del accidente con un poco de
humor. Después de todo, no existen muchas personas que
celebren haberse roto el cuello.

Sin embargo, ambos sabíamos que yo seguía aprendiendo
de mi silla de ruedas. Y que me hacía continuar apoyándome
cada vez más en Dios.

—Apúrate, la cera se está derritiendo sobre el glaseado —
Ken me urgió, chupándose los dedos.

No sabía qué pedir como deseo. *¡Caray!, ya habían pasado
tres décadas desde que me rompí el cuello... desde que terminé la
escuela secundaria....*

—¡Lo tengo! —anuncié, mientras Ken colocaba el
pastelito casi sobre mi rostro—. Deseo que me acompañes a
la reunión número treinta de la escuela secundaria.

—¡Uy! —murmuró—. ¿De veras te gusta ir a esa clase de
cosas?

—Sí —declaré—, y te quiero allí a mi lado, para que mis
amigas puedan conocerte por fin.

Me brindó una sonrisa desdeñosa mientras yo soplaba la vela.

Habían pasado años desde que no me había puesto en contacto con mis compañeras del coro, del los clubes, de Vida

371

Joven, de hockey y de lacrosse[2] . Y estaba ansiosa de ver a las chicas que más permanecieron junto a mí después del accidente, principalmente a Jacque y Diana. Se me escapó una carcajada mientras pensaba en esa vez que me tiraron como a una bolsa de patatas en el asiento delantero del Camaro de Jacque. No éramos demasiado conscientes de la necesidad de usar cinturones de seguridad, y cuando frenamos en un semáforo, prácticamente me deslicé hasta el suelo.

Eso me hizo recordar la vez que Diana se sentó conmigo en un bote del juego *Piratas del Caribe, en Disneylandia.* Íbamos flotando de lo más bien hasta que escuchamos el ruido de una catarata adelante y alcanzamos a ver al bote que nos precedía que caía por la catarata. Diana saltó encima de mí, apretando su cuerpo contra el mío, y juntas gritamos todo el camino hacia abajo hasta que finalmente caímos al fondo de la catarata. Nunca más volví a subir a aquel juego.

Aquellos eran días despreocupados y, por supuesto, los días anteriores a esos no habían sido tan felices. Recuerdo esa noche hace tanto tiempo cuando, como una atemorizada adolescente de diecisiete años, yacía boca arriba en una sombría habitación de un hospital preguntándome si Dios me había abandonado. Los pasillos estaban oscuros y había finalizado el horario de visitas. Entonces Jacque, mi amiga, con quien compartía licuados, palos de hockey y novios, se metió en la cama a mi lado. Instintivamente sabía qué era lo único que me reconfortaría y, en medio de esa oscura noche, ella cantó:

> *Levantado fue Jesús*
> *En la vergonzosa cruz,*
> *Para darme la salud,*
> *¡Aleluya! ¡Gloria a Cristo!*

Durante las tres décadas pasadas, cada vez que alguien me preguntaba «¿En qué momento ocurrió el cambio decisivo?» yo describía aquel momento. Fue la mejor cosa que alguien pudo haber hecho para una muchacha paralítica. Acostada

372

---

[2] Se trata de un deporte tradicional de los indios de América del Norte. (N. de la T.)

en la cama durante largas horas, había recitado versículos sobre los propósitos de Dios relacionados con el sufrimiento, pero sus verdades nunca llegaban a la esencia de mi angustia. Las respuestas y las razones, por más buenas que fueran, no llegaban al problema en donde dolía: en mis entrañas y en mi corazón.

Le preguntaba a Dios «¿por qué?» como una niña mirando hacia arriba al rostro de su padre. En aquel momento no buscaba tanto respuestas sino a un papá; una imagen Todopoderosa de mi propio padre, que me levantara, me palmeara en la espalda y me dijera que todo iba a salir bien. Mi muda súplica era por confianza, confianza Paterna, de que mi mundo no era un caos de pesadillas. Necesitaba un Papá más grande que mi propio padre, que me cobijara y se diera a sí mismo.

No me di cuenta en aquel entonces, pero mi Padre celestial estaba haciendo precisamente eso. Estaba siendo mi Roca y mi Libertador, cada vez que Diana me leía el Salmo 18. Estaba siendo mi Consejero Admirable, cuando leía Isaías 9. No lo entendía al principio, pero si Dios es verdaderamente el que está en el centro del universo, manteniendo todo junto, unido para que no se separe; si en él vivimos, nos movemos y somos, como dice Dios en Hechos 17:28, él no puede darnos una respuesta, una razón o un regalo mayor que entregarse a sí mismo.

Eso es lo que Jacque me ayudó a comprender aquella noche. Dios no daba palabras, él daba la Palabra: a Jesús, herido y sangrante que fuera levantado en la cruz.

Llamé al director del comité de reuniones de la escuela secundaria para hacer las reservas y preguntar quién más iría. Cuando pregunté sobre mis amigas de hockey, hubo una larga pausa en el otro extremo de la línea.

—Joni, me imagino que no estás enterada...

—¿Enterada de qué?

—De la noticia que corre. El hijo adolescente de Jacque, Josh, realmente tenía muchos problemas. Y... Joni, el chico se quitó la vida.

373

Me quedé sin aliento ante la noticia.

Después de colgar me inundó una marea de recuerdos. Cómo, en el autobús de regreso a casa, después de los partidos de hockey, Jacque y yo cantábamos hasta quedar afónicas. Cómo, cuando estábamos en el último año de secundaria nos escapábamos de clase y nos íbamos en auto a Washington, D.C. a comprarnos una cerveza. Cómo ella, Diana y las otras habían permanecido a mi lado para aprender mis rutinas de baño y cama, y los ejercicios para las piernas. Y lo feliz que Jacque estaba el día de su boda.

Sentí que grandes lágrimas comenzaban a rodar por mis mejillas mientras pensaba en toda la inocencia, toda la ingenua despreocupación que marcaron nuestros días de la secundaria. Nunca podríamos haber anticipado, cuando nos dirigíamos hacia las duchas después de las prácticas de hockey, que nuestras vidas estarían marcadas por la muerte y la discapacidad.

Traté de llamarla por teléfono, pero no pude comunicarme. Tenía que hacer algo. Deseaba poder ingresar en su angustia como ella lo había hecho conmigo. Por eso le escribí una carta:

> *Estimada Jacque: Ken y yo planeamos ir a casa para la reunión y espero que podamos vernos. Si así fuera, me gustaría sostener tu mano, como tú una vez lo hiciste cuando estuve en el hospital, y te cantaría dulcemente, como una vez me cantaste «Levantado fue Jesús…». No sé qué más decir… Deseo que Jesús sea tu consuelo. Y, como en el hospital, espero que sientas lo que yo sentí y lo que todavía recuerdo hasta estos días: paz; no respuestas sino paz. ¿Recuerdas aquella noche hace más de treinta años? Yo nunca la he olvidado.*

Semanas más tarde, Ken y yo estábamos en Baltimore, sentados frente a Jacque en una reunión privada. Ella sentía que no podía enfrentar todas las preguntas de los ex compañeros, por eso pasó por casa antes de que nos fuéramos a la fiesta. A pesar de que sus ojos estaban tristes, los treinta años que habían pasado, un divorcio, y la muerte de su hijo no habían podido borrar el dulce y joven optimismo de su sonrisa.

Cuando le pregunté cómo estaba, mi amiga se puso seria. Asió con fuerza una cruz que le colgaba del cuello. Era de oro mate con bordes biselados y pendía de una cadena fina y delicada. Jacque la sostenía mientras decía con calma: «Odio lo que ocurrió. No puedo hablar con Dios. No puedo orar. Estoy enojada; pero aún necesito estar conectada con él».

La reunión fue en cierta forma cautivante aquella noche. Fue bueno ver a todos, hasta a Benjamin Wallace, quien solía simular que era un auto de carrera corriendo por los pasillos. Mientras observaba a mi alrededor, vi que los cabellos rojos se habían vuelto grises, y los rubios mostraban raíces oscuras. Ya no había cortes de cabello al rape ni corbatas, y la mayoría de los hombres estaban panzones y un poco calvos. De tanto en tanto surgía el tema del hijo de Jacque.

Cada vez que el DJ ponía una canción de las de nuestra época de los Supremos, las favoritas que Jacque y yo solíamos bailar, recordaba su rostro, que había visto esa misma tarde. Y volvía a mi mente la manera en que ella sostenía la cruz de su cuello; no como un objeto bello o una hermosa joya sino como lo que en verdad era: sangre seca y derramada, rumores y odio punzante. La cruz que sostiene Jacque ya no es una delicada joya, no es una respuesta ni una razón, sino el lugar donde Dios se dio a sí mismo.

Jacque está descubriendo lo que eso significa. Igual que su amiga paralítica.

CAPÍTULO VEINTISÉIS

A veces nos castiga con el lecho del dolor, con frecuentes dolencias en los huesos.

Job 33:19

El sol se escondía, derramando una bruma rosa pálida sobre los campos de Alemania. La hilera de molinos de viento, de sauces y de vacas pastando en la distancia daban la impresión de que éramos parte de un cuadro, el escenario perfecto en el cual todo estaba bien en el año 1997. Los cisnes se desplazaban por el canal y blancas garzas cruzaban por la pradera. Estábamos en la tierra natal de Jan, nuestra buena amiga, y relajados en su mesa adornada con velas, porcelanas y tulipanes, mientras conversábamos y cenábamos. De repente noté que no podía permanecer más en aquella postal y anuncié:

«Discúlpenme, pero debo abandonar la mesa. Debo recostarme».

La mesa quedó en silencio.

«Por favor», susurré ansiosamente a Ken y a Judy, «tengo que recostarme».

Una dolorosa punzada entre los omóplatos me apuñalaba como una daga. Lo había soportado la mayor parte de la noche, pero en cierto momento entre la comida y el postre, se había tornado insoportable.

Encontraron un sofá en una habitación contigua, me recostaron, me desabrocharon el corsé y me colocaron almohadas debajo de la espalda. Respiraba profundamente y trataba de aliviar lo que sentía, como un punzón enterrado entre los hombros. Judy trató de hacerme sentir lo más cómoda posible. Mientras esperábamos y escuchábamos la débil conversación en la habitación contigua, yo me mordía los labios con nerviosismo. Esta era la primera vez que el dolor había logrado atraparme. Lo había intentado antes, pero yo había logrado poner «al mal tiempo buena cara» y seguir adelante. Ahora no podía más... ya era algo intolerable. Al escuchar risas provenientes de la otra habitación, temí que la vida que estaba comenzando a disfrutar, se me estuviera yendo de las manos.

Siempre había vivido con incomodidad generalizada, como por ejemplo, con un constante estado febril. En los últimos seis meses, sin embargo, me contracturaba y me contorsionaba más a menudo en mi silla, me excusaba más temprano en las reuniones largas y me acostaba a las ocho en vez de a las nueve. Despertaba a Ken con más frecuencia en mitad de la noche para que me diera vuelta en la cama.

«El sufrimiento es como un perro pastor que te mordisquea los talones y te conduce hacia el Pastor, decía yo con seguridad desde un escenario a una gran audiencia—. Déjenlo que los conduzca a los brazos del Salvador». Lo decía a conciencia; pero cuando regresaba a la habitación del hotel y miraba al espejo, veía los ojos de una mujer preocupada. *¿Podré dormir esta noche? ¿El dolor será igual de fuerte mañana?*

—Solicitemos un turno con el médico tan pronto como regresemos a casa —dijo Ken.

—Ya he visto al médico —dije desmoralizada.

—Bueno, iremos nuevamente.

Cuando regresamos a los Estados Unidos me sometí a una serie de pruebas. Fueron exámenes urológicos y una tomografía axial computarizada, análisis de sangre y rayos X. Pensamos que lo habíamos restringido a cálculos biliares, pero la tarde que me realizaron una ecografía, la técnica dijo amablemente:

—¡Bueno! Tengo buenas noticias... todo parece estar bien.

—Oh, no... —se me vino el alma al piso.

—¿No está contenta? —me preguntó arqueando las cejas por encima de sus anteojos.

—Estaba tan esperanzada de que hallaríamos la fuente del

377

dolor... —suspiré—. Ahora tenemos que seguir buscando.

Siguieron las pruebas. ¿Un hueso fracturado en alguna parte? No. ¿Cáncer? Tampoco. La aspirina y el ibuprofeno no me proporcionaban alivio. Ni siquiera ayudaba el potente antiinflamatorio *Vioxx*. A medida que pasaban los meses, mis esperanzas comenzaron a desfallecer. *¿Qué sucederá si no pueden detectar el problema?*

Mi médico se rascó la cabeza. Estaba desconcertado pero no abatido.

«Quiero que veas a un fisioterapeuta», dijo mientras hacía el volante.

El Dr. Hedge, del Instituto de daños en la médula espinal del hospital Northridge.

Saqué un turno pero no estaba entusiasmada. Ya había visto muchos médicos.

El dolor ahora era agudo y controlaba mis días, decidiendo lo que hacía y adónde iba. No podía mirar hacia abajo para leer. Ni pensar en conducir. Los proyectos de redacción se pospusieron. La agonía se tornó extrema. ¿Joni? ¿Joni? —me llamaba un compañero de trabajo, apoyándose sobre mi hombro—. ¿Escuchaste lo que dije?

«Sí... ehhh, ». La verdad era que no podía concentrarme. Oh, Señor, ayúdame a soportar esto, oraba, pero la súplica no era genuina. Era una declaración de exasperación, no una petición.

Como el crujido y chirrido proveniente de las entrañas de un barco, el centro de mi confianza en Cristo estaba siendo sacudido. La soberanía de Dios que siempre había iluminado mi vida (*«Quiero que todos sepan que mi accidente no fue en realidad accidental».*) se estaba oscureciendo y tenía un mal presentimiento. Era atemorizante.

Los domingos por la mañana me sentaba en la iglesia, con fervoroso deseo de escuchar el sermón con total concentración, o de cantar con todas mis fuerzas junto a la congregación. Sin embargo, a la mitad de la reunión, ya no lo soportaba, trataba de contorsionarme para un lado y para el otro, con la esperanza de poder simplemente aguantar hasta la bendición. Parecía injusto. Yo, como cualquiera, necesitaba el beneficio de escuchar la Palabra, pero a diferencia del resto (incluso Ken, que se sentaba cómodamente y prestaba atención relajado) yo no podía escuchar el mensaje por culpa del dolor.

Una noche, mi temor fue aplastante hasta el punto de la sofocación. Ken me había colocado de costado y había acomodado las almohadas antes de meterse en la cama. Puso el despertador a las 5:30. Yo me dormí intermitentemente hasta las 2:00, cuando me despertó el mismo dolor ardiente en el cuello. En aquel momento me estaba afectando el hombro, justo el hombro sobre el cual estaba apoyada. Moví la cabeza hacia atrás en busca de alivio. Solo pude moverla un poco, pero al menos pude hacerlo unos cuantos centímetros hacia el costado, para bajar un poco el hombro. Fue inútil.

No quería despertar a Ken... él ya me había dado vuelta una vez. Moví el cuello un poco más hacia atrás y decidí permanecer en ese incómodo ángulo que me proporcionaba muy poco alivio. *Aquí estoy, una tetrapléjica acostada en una posición retorcida y agarrotada, y la única parte de mi cuerpo con sensibilidad, me duele terriblemente. Quería orar, pero solo podía repetir el nombre de Jesús.*

«Jesús, Jesús, Jesús», gemía en voz baja. «Quiero confiar en el Padre en esto, pero él es tan... tan soberano. Y eso me aterroriza. Tengo miedo de confiar en él... no puedo, no puedo», mis pensamientos volaban.

El insomnio mantenía mi mente activa. Dios, tú eres el que permite que esto esté sucediendo. *Tú lo elegiste y decidiste que me tocaría, que me lastimaría —gemí en mi interior—. ¡¿Cómo puedes permitir este terrible dolor además de la tetraplejia?!*

Volví a recordar esos días más despreocupados, antes de mi accidente, cuando la soberanía de Dios parecía inocua y accesible. Cuando estaba en la secundaria, esta era como un apósito protector para colocar sobre un decepcionante viernes por la noche sin una cita o sobre una pelea con una hermana por una blusa prestada. Era útil. Esa es la manera en que yo trataba los problemas de las doctrinas cristianas en aquel entonces. Hojeaba la Biblia para encontrar algo que sonara, reflejara o hablara de mi última experiencia. Miraba un capítulo, leía unos cuantos versículos, extraía la información que más me beneficiaba, y la cerraba. Tomaba Romanos 8:28 y lo vertía como alcohol sobre una herida, me retorcía de dolor pero sabía que «Dios dispone todas las cosas para el bien de quienes lo aman, los que han sido llamados de acuerdo con su propósito».

No estaba desesperada por Dios en aquellos tiempos. Estaba desesperada por respuestas, por algo que solucionara mis problemas.

Luego me rompí el cuello. Me encontré en la cuerda floja de una discapacidad permanente, era como un equilibrista deslizándome cuidadosamente sobre un profundo abismo, asiéndome del balancín de Romanos 8:28 para todo lo que me importaba... aún creyendo que todas las cosas, hasta la parálisis, podrían entrar en el molde dentro de lo que es bueno. Creía que Dios estaba al final de esa cuerda floja, con los brazos abiertos, diciendo: «Puedes hacerlo, vamos, puedes lograrlo». Y, milagro entre los milagros, lo estaba logrando. Transcurrían los años y mantenía el equilibrio, cultivando la paciencia y la perseverancia, y observando cómo las cosas encajaban dentro de lo bueno.

Ya no. El dolor que me confundía había comenzado a mover la cuerda, y había perdido de vista a Dios, en el otro extremo. *Quizás ha desaparecido. Tal vez se ha ido. ¡Peor aún!, a lo mejor, Él era quien estaba moviendo la cuerda. Quizás está a punto de cortarla* —me preocupé. Miré debajo de mí y no vi ninguna red de seguridad, ningunos brazos eternos listos para agarrarme.

De repente, en la oscuridad, aproximadamente a las 2:30, escuché una voz suave y tenue en mi corazón que decía: Puedes confiar en mí. *Soy el Varón de dolores, experimentado en quebrantos. Soy el Amigo de los pecadores y el que levanta las cabezas. Conozco el dolor. Lo conozco bien. Quita tus ojos del dolor y gíralos hacia mí. Deposita tu confianza en mí.*

Apreté los dientes, luchando por escuchar en la oscuridad. El pensamiento, la voz imperceptible o lo que haya sido había desaparecido, y yo quería escuchar más. Sin embargo, no sucedió nada; solo un agudo zumbido en los oídos.

Se me levantó un poco el ánimo cuando finalmente fui a ver al Dr. Hedge. Me identifiqué con él, era otro tetrapléjico. Él me comprendería. Después de revisar mis rayos X y mi historia clínica, se desplazó en su silla de ruedas y examinó mi postura en la silla.

—No puedo encontrar nada clínicamente malo, Joni —dijo—, pero vamos a probar con una cosa más. Te recomiendo que veas a mi colega, Paulette, una fisioterapeuta. Ella ha tenido mucho éxito con pacientes con dolor. Se especializa en algo llamado alivio miofascial.

Tres días después me encontraba boca abajo sobre mi cama con Paulette encima de mí, explorándome las vértebras y omóplatos con los pulgares. Empujó y masajeó mis músculos, comentando en voz alta, «ajá», y luego nuevamente: «ajá». Después de examinarme durante quince o veinte minutos, anunció:

—Creo que puedo mejorarte en cinco sesiones.

—¿Qué puedes qué? —mi voz sonaba ahogada contra el colchón.

—Tu problema es mecánico. Te has estado sentando mal, pintando en posiciones extrañas, tirando tu hombro hacia atrás para conducir... tienes una pequeña escoliosis. Los músculos que te quedan con sensibilidad están muy anudados; pero no es incurable.

Ante esa palabra, *incurable*, mi rostro se encendió, y comencé a sollozar en silencio.

—Ay... ojalá tengas razón —manifesté sorbiendo por la nariz y mojando las sábanas—, espero que no te equivoques.

No había sentido la dulzura de la esperanza por mucho tiempo. Y no es que la sintiera exactamente en aquel momento. Sin embargo, aquí había una persona que utilizaba esa palabra, la que empieza con «E» ofreciéndomela con la vaga presunción de que todo mejoraría.

Con el rostro aún apretado contra la cama, lentamente cité un versículo que había memorizado hacía mucho tiempo: «Así que nos regocijamos en la esperanza de alcanzar la gloria de Dios. Y no solo en esto, sino también en nuestros sufrimientos, porque sabemos que el sufrimiento produce perseverancia; la perseverancia, entereza de carácter; la entereza de carácter, esperanza. Y esta esperanza no nos defrauda...

—¡Cielos, eso es hermoso! —comentó Paulette—. ¿Es de la Biblia?

—Sí, del libro de los Romanos.

—¿Y qué significa? —preguntó ella mientras continuaba masajeándome los hombros.

Me di cuenta de que esta era una de esas veces en que podía responder con algo que había aprendido de memoria o hacerlo con algo personal. Elegí lo último.

—¿Recuerdas la película *Shawshank Redemption* [Sueños de fuga]?

—Ajá.

Era una historia desgarradora que revelaba con extremo detalle las atrocidades cometidas tras los muros de una prisión. El personaje principal, Andy, un hombre inocente acusado de un asesinato que no había cometido, escapa después de décadas de planear cómo podía no solo burlar, sino también cómo desenmascarar al malvado guardia. Andy escapa hacia la frontera mejicana, se establece en un pueblo de la costa del Pacífico, y se prepara para el momento en que su viejo amigo de la prisión, un hombre mayor y de color llamado Red, logre la libertad condicional.

En la escena final, le otorgan finalmente la libertad condicional a Red y descubre una carta que Andy le había dejado. En ella, Andy lo insta a que siga una ruta secreta hasta el pequeño pueblo mejicano donde lo estaría esperando. Red duda, pero luego lee las siguientes palabras: «La esperanza es algo bueno, quizás lo mejor de todo. Y lo bueno nunca muere».

El anciano guarda la carta, sonríe y se dirige a la terminal de ómnibus. Mientras se asoma por la ventanilla del autobús,

Red sabe que si cruza la frontera mejicana podría regresar a prisión por no respetar la libertad condicional, o quedar libre por el resto de su vida. Tiene miedo, pero se atreve con la esperanza y piensa: *Siento la emoción que solo puede sentir un hombre libre, un hombre libre a punto de comenzar un largo viaje cuyo final es incierto. Espero ver a mi amigo y estrechar su mano. Espero que el Pacífico sea tan azul como lo vi en mis sueños. Espero tantas cosas… porque aún tengo esperanza.*

La primera vez que vi la película, yo también seguí esperando: *Red tiene que lograr cruzar la frontera, tiene que encontrar a su amigo. Entonces se acabarían sus problemas. ¡Puedes hacerlo, Red, puedes lograrlo!*

La última escena hizo que valieran la pena las dos horas y media de ver los horrores de la prisión. Sentí que las lágrimas rodaban por mis mejillas al ver a Red colgar su abrigo sobre el hombro y caminar a pasos largos por la amplia y blanca playa mejicana. Andy deja de lijar el casco del bote, alza la vista, divisa a su amigo en la distancia y lo saluda agitando el brazo, regocijado porque Red decidió seguir el sendero de esperanza de Hansel y Gretel que había dejado para él. La película termina con un plano del mar hasta que el azul turquesa del océano Pacífico llena toda la pantalla, y yo sentí que estaba viendo los cielos.

—Era una historia de esperanza y redención —murmuré. Luego repetí la frase que había memorizado: «La esperanza es algo bueno, quizás lo mejor de todo. Y lo bueno nunca muere».

—Es lo mejor de todo —enfatizó Paulette mientras continuaba trabajando sobre mi espalda.

—Deseo tanto tener esa esperanza —dije en voz baja—. La Biblia dice que podemos estar seguros de que Dios nos ayudará a glorificarlo, más allá del dolor más terrible.

—¿Incluso este dolor de tu cuello?

Dudé antes de dar un débil sí. Mientras Paulette empacaba al terminar con nuestra sesión, me dio unas palmadas en la espalda y dijo:

—Te pondrás bien. Ya lo verás. Sentí como si ella fuera

Andy y yo Red, con la esperanza de que ella conociera de verdad la manera de escapar de todo este horror.

Durante las semanas que siguieron, entre sesión y sesión con Paulette, mis emociones subían y bajaban acerca de Dios y su soberanía. Cómo deseaba poder relajarme en su control de los acontecimientos, pero cada vez que lo intentaba, el temor se apoderaba de mí. Mi dolor había distorsionado mi percepción de Dios, quien me había prometido en su Palabra: «Porque yo sé muy bien los planes que tengo para [ti], ... planes de bienestar y no de calamidad, a fin de [darte] ... un futuro y una esperanza».

Ahora me preguntaba sobre esos planes.

Me preguntaba si otros creyentes, en especial aquellos en la Bosnia aniquilada por la guerra, luchaban con sentimientos de temor sobre Dios. La pesadilla balcánica había dejado como saldo 300.000 muertos. Y no había terminado, sino que la guerra simplemente se había desplazado hacia el sur, hacia Kosovo. Señor, en verdad creo, que tú odias la maldad que está ocurriendo allí y que si no tuvieras control de la situación, todo sería mucho peor. *Sin embargo, las ancianas están muriendo en cuevas y las jóvenes son encerradas en los graneros para ser violadas. Les estás pidiendo que soporten lo insoportable. —Entonces, llega la pregunta inevitable—: ¿Cómo esperas que ellos confíen en ti?*

Mientras más pensaba en eso, más me preguntaba a mí misma: *¿Quién dijo que no me pedirías que soporte lo insoportable?*

Deseé que Dios estuviera donde solía estar: unos grados más abajo. Quería que estuviera lo suficientemente alto para ayudarme, pero que no fuera tan incontrolable. Anhelaba su cálida presencia, como en la época en que Steve Estes me leía la Biblia al lado de la chimenea, o cuando Jay y yo cantábamos himnos a la luz de la luna en la galería de atrás. Épocas en que parecía más... seguro.

¿Dónde está la seguridad ahora? Dios... ¿quién eres?

En mi estado de confusión, recordé a alguien más que planteó esas mismas preguntas. Era el personaje de Lucy, en el cuento fantástico de C.S. Lewis *El león, la bruja y el ropero.*

El libro cuenta la historia de dos niñas que están buscando a su hermano, quien fue hechizado por una bruja malvada. Mientras Lucy y su hermana Susan están escondidas en la casa del Sr. y la Sra. Castor, estos hablan en un rumor silencioso: Aslan, el rey León de Narnia, quien partió hace mucho tiempo, ha sido divisado y está nuevamente en acción. El León simboliza a Cristo, el Dios hecho hombre.

—¿Es... es un hombre? —preguntó Lucy.

—¡Aslan un hombre! —exclama el Sr. Castor con seriedad—. ¡Claro que no! Te digo que él es rey del bosque y el hijo del gran emperador de allende los mares. ¿No sabes quién es el rey de las bestias? Aslan es un león... el león, el gran león.

—¡Ahh! —exclamó Susana—, yo creía que era un hombre. ¿Es él... lo suficientemente seguro? Yo me sentiría nerviosa de encontrarme con un león.

—Seguro que te sentirás así, querida mía, sin lugar a dudas —dijo la Sra. Castor—, si existe alguien que pueda aparecerse ante Aslan sin que le tiemblen las piernas, ese alguien es más valiente que la mayoría, o sencillamente un tonto.

—¿Entonces él no es seguro? —dijo Lucy.

—¿Seguro? —repitió el Sr. Castor—. ¿No estás escuchando lo que te dice la Sra. Castor? ¿Quién mencionó la palabra seguridad? Por supuesto que no es seguro. Pero él es bueno. Él es el rey, te lo aseguro.

Dios no es seguro. Dejé que la idea decantara. Mientras lo hacía, sentí que la cuerda floja se caía debajo de mí. Caía y caía... más y más profundo, en un gran abismo, bien abajo en el viejo pozo de lodo. Continuaba repitiendo: *Pero él es el Rey y es bueno.*

«Oh, Dios, tú eres bueno, debes ser bueno. ¿En quién voy a confiar si no es en ti? Tú eres el único que tiene palabras de vida», oré. Justo en ese momento, como si me atraparan unos brazos invisibles, una vieja y conocida confianza me levantó como había ocurrido tantas veces en el pasado: *Joni, si te amé lo suficiente para morir por ti, entonces puedo verte... puedo sostenerte, aun en esto. Estás a salvo. Estás segura.*

«Entonces, Señor», respondí, «por favor mantén tus brazos eternos debajo de mí. Por favor, dame fuerzas para confiar no en que vaya a mejorarme pero sí en que tú bastas. Necesito confiar, tener la esperanza de que tú bastas».

La oscuridad no se transformó en luz de inmediato y no fui transportada a la tranquilidad perfecta de una pintura; pero estaba bien. Estaba bien. Dios había descendido a mi infierno y me había rescatado. Podía sentir sus brazos y eso era suficiente.

Después de cinco sesiones con Paulette, tuvo lugar un cambio espectacular: noté que el nivel de dolor había bajado. Tuve que cambiar mi postura en la silla, beber más agua, usar el corsé un poco más suelto y estirarme con mayor frecuencia, pero Paulette tenía razón: no era un caso incurable. Jamás lo habría creído, pero estaba mejor. Mucho mejor. Salía en mi silla de ruedas y daba gracias por el amanecer. Dormía toda la noche y me despertaba sorprendida. Tomaba un pincel con la boca y daba gracias a Dios de que todavía pudiera trabajar en mi caballete. Y sentía un nudo en la garganta cada vez que miraba la pequeña cruz de oro colgada de una cadena en el espejo del baño. El sufrimiento había, una vez más, revelado de qué estaba hecha yo... y una vez más no era lindo lo que veía. Colapsé cuando me sobrepasaron mis límites, sentí pánico cuando tuve más de lo que podía soportar; pero supe que todo fue para que me apoyara en él y solo en él. Todo fue para que me convenciera de que con él basta... y de que no debía temer.

Señor, hay una cosa segura: ya no puedo confiar en mi amor por ti, pero sí en tu amor por mí. Sin embargo, me preguntaba qué haría si volviera el dolor. Cruzaré ese puente cuando llegue. Todo lo que puedo decir hoy es que he aprendido a aferrarme a ti, Dios. ¡Con desesperación!

—No puedo permitirme regresar a la vida que tenía —le dije a Steve Estes por teléfono—. Toda esa experiencia de dolor fue una crisis de fe.

—¿Recuerdas esa lección que estudiamos hace años? —me hizo recordar Steve—. ¿La de Filipenses 3?

—Sí —suspiré, sonriendo, mientras recordaba esos años que pasamos junto al hogar en la casa de mis padres—. Se trataba de querer conocer a Cristo y el poder de su resurrección.

—Y la comunión de compartir su sufrimiento. Bueno, hay algo más en ese pasaje, Joni. Termina diciendo: «A fin de conocer a Cristo ... y llegar a ser semejante a él en su muerte» —citó Steve—. Cuando describiste tu dolor como si estuvieras en la cuerda floja mirando el abismo que había debajo de ti, probaste lo que significa ser como Cristo en su muerte.

Me apoyé contra el tubo del teléfono y cerré los ojos. Jesús murió en la cruz por mis pecados, eso lo sabía. Ahora debo levantar mi propia cruz y morir al pecado. Morir ante cualquier confianza en Dios vacía y accidental. Morir a la falta de fe, a toda duda y temor, a toda ansiedad y preocupación. A tener el control y a suponer que todas mis pruebas deben encajar en mi «temporizador diario», creer que Dios debe espaciarlas en dosis moderadas. Morir al orgullo y la autosuficiencia, a la autoinventiva y a la autoconfianza. Morir a mi ego; a mi propio yo; al yo, yo, yo, yo.

A medida que pasaban los meses, me mantuve en contacto con Paulette, sacaba turnos con ella para que me aliviara el cuello y los hombros y así mantener al dolor bajo control. Un día después de una sesión, se acercó a su bolso y sacó un paquete envuelto para regalo. «Esto es para ti, sonrió y comenzó a desatar la cinta por mí. Me mostraste algo acerca de la esperanza a mí también y quería devolverte el favor. Por eso, mi esposo y yo le pedimos a una amiga que transcribiera esto para ti. Ella tuvo que alquilar la película y rebobinarla unas cuantas veces, pero todo está allí».

Paulette sostenía una placa escrita con caligrafía a mano sobre un marco de madera. Leí el mensaje en voz alta:

El viejo hombre abre la carta y lee: «... Recuerda Red, la esperanza es algo bueno. Quizás lo mejor de todo.

Y lo bueno nunca muere».

Red medita en la nota y dice para sí:

«Ocúpate de vivir o de morir».

Me ocupé de volver a vivir.

Los años siguientes fueron los más atareados, y cuando llegó 1999, estaba sentada entre las bambalinas de un teatro, detrás de una pesada cortina de terciopelo del Thousand Oaks Civic Arts Plaza, al otro lado de la autopista desde la oficina de *Joni y sus Amigos*. Estaba esperando mi señal mientras escuchaba a la pequeña Kara en su silla de ruedas decir su discurso debajo de un reflector en el escenario. La niña, con su voz delicada, le estaba explicando a la multitud que quería entregar su silla de ruedas vieja a Ruedas para el mundo.

«¡Quiero que alguna niña de África o Asia tenga la oportunidad de conocer a Jesús y de usar una silla de ruedas!», exclamó. Luego, la madre de Kara sacó la silla de ruedas vieja de la oscuridad para que todos pudieran ver el inmenso lazo dorado que su hija le había atado alrededor. La audiencia de más de mil personas rompió en aplausos.

Había mucho por qué aplaudir. La gala en el Civic Arts Plaza era una celebración del 20 aniversario de *Joni y sus Amigos*. Mientras observaba a Kara hacer una reverencia en su silla, seguía pensando en los miles como ella que estaban recibiendo ayuda a través de los retiros familiares y de *Ruedas para el mundo*. El ministerio crecía con rapidez, con oficinas en distintas zonas del país y con organizaciones internacionales para discapacitados que se unían a *Joni y sus Amigos* como afiliadas o franquicias. Hasta ese momento, habíamos distribuido más de siete mil sillas de ruedas y otras tantas Biblias, innumerables cristianos fueron capacitados en iglesias de todo el mundo y se agregaban más retiros familiares cada año. No podía creer lo que Dios había comenzado, y lo que seguía haciendo, a través de este accidente de natación que sucedió hace tanto tiempo.

Y los tiempos mejores y más ocupados estaban aún por llegar.

Gracias a Dios, pude controlar el dolor. Francie, Judy y yo abordamos el avión con destino al interminablemente vuelo a China, con visitas a Japón y a Australia. Nosotras y el equipo de *Ruedas para el mundo* llevábamos trescientas sillas de ruedas a tres ciudades de aquel tortuoso país de más de mil millones de habitantes. Las sillas de ruedas de regalo para las personas discapacitadas de China no eran más que una gota en un balde, lo sabíamos; pero considerábamos esta visita como un viaje «estrella de mar». Según cuenta la historia, un anciano y un niño iban caminando por una playa repleta de estrellas de mar que habían quedado diseminadas después de una tormenta. El niño levantó una estrella de mar de la arena y la arrojó nuevamente al mar, luego otra, y otra más. El anciano lo criticó: «¿Qué diferencia puede hacer? ¡Hay miles de estrellas de mar desparramadas a lo largo y ancho de la playa!» El niño levantó otra, la arrojó al mar y contestó: «Para esa sí fue una diferencia».

Así era como veíamos China: marcaríamos la diferencia de a una vida por vez. Una vida como a la del Dr. Zhang Xu, un hombre que vivía mucho más allá de las montañas del norte de Pekín, donde el aire ártico puede soplar en la llanura de Mongolia y congelar su ciudad natal de Anshan por completo. Dentro del hospital de la ciudad, en el tercer piso, Zhang Xu se sienta al lado de la ventana. Él es uno de los pocos afectados en la médula espinal, con tetraplejia, que ha sobrevivido en este entorno difícil.

No veía la hora de conocer a esta maravillosa *estrella de mar*.

Zhang Xu había sido un cirujano ortopédico que trabajaba para el gobierno chino en Yemen. En un fin de semana libre de sus rutinas hospitalarias, fue a un lago con unos amigos y tuvo una zambullida fatal como la mía. Sus compañeros de trabajo lucharon por mantenerlo con vida, pero una infección rápidamente se instaló sobre su tetraplejia, y le anunciaron a los padres que Zhang Xu no sobreviviría. Rogaron que pudiera morir en su amada China en vez de en algún desierto fronterizo. Así es que cuando lo enviaron a casa en una camilla, sus amigos del Centro de investigación en rehabilitación de China, que estaba en

Pekín actuaron rápida y frenéticamente para salvarlo. Poco a poco, con la ayuda de su familia, fue recobrando las fuerzas.

Durante aquel tiempo, un terapeuta japonés cristiano le dio a Zhang Xu un ejemplar muy ajado del libro *Joni* en inglés. Por las noches, mientras los fríos vientos golpeaban las ventanas del hospital, su madre le sostenía el libro a la tenue luz del velador al lado de su cama para que leyera. Esta era una historia con la que podía identificarse. Allí había alguien como él que formulaba las mismas preguntas. Y allí estaban las respuestas. *La Respuesta*.

El Dr. Zhang sintió un extraño entusiasmo agitándose en su interior. De inmediato decidió comenzar a traducir la historia en chino simplificado. Él dictaba mientras su madre, que era periodista, transcribía con cuidado cada palabra. Pronto tuvieron un grueso y pesado manuscrito que denotaba el esfuerzo de ambos.

Después de varios meses de innumerables correos electrónicos, faxes, contactos personales y conversaciones (con un médico de la embajada norteamericana en Pekín, con un compañero de nuestro ministerio en Bangkok, con el personal de derechos extranjeros de Zondervan y nuestro equipo de *Joni y sus Amigos*) el libro estuvo en las rotativas de una editorial china, con la historia y los pasajes de las Escrituras y todo. Era, en verdad, el primer libro cristiano publicado por una editorial estatal del gobierno chino. Y eso significaba que se lograría una mayor distribución en las librerías seculares de ese país.

Llegamos a Pekín asombradísimos ante tantos paisajes y sonidos nuevos y por un pueblo cuyo idioma y cultura eran tan diferentes a los nuestros. Sentí alivio cuando Ken pudo sumarse al viaje a tiempo para nuestra visita a la Gran Muralla. Él y otros dos hombres me cargaron en mi silla de ruedas por los numerosísimos escalones hasta llegar a la cima. Me recordó la manera en que Ken había levantado mi silla de ruedas hasta la cima del Partenón años atrás en Atenas para el estreno de la película *Joni* en Grecia. Entonces, igual que ahora, canté un himno para la ocasión: «Su grande amor, me levantó».

Cuando llegó el día de la presentación oficial del libro de Zhang Xu y mío en una conferencia de prensa en el Centro de Rehabilitación, los ejecutivos de los medios y los oficiales del gobierno y la universidad de Pekín se habían congregado para pronunciar discursos, hacer comentarios y expresar las felicitaciones. La gran habitación estaba atestada de luces, micrófonos, cámaras y celebridades, y el aire era caliente y sofocante. Allá a lo lejos, en la parte de atrás, los discapacitados estaban sentados tranquilamente en sillas de ruedas al lado de sus familiares y hacían lo posible por no interferir en el camino. Nadie les prestaba demasiada atención, pero les habían entregado a cada uno un ejemplar en chino de *Joni*, y unos cuantos lo hojeaban en silencio. De tanto en tanto, levantaban la vista y ofrecían una sonrisa hacia nuestro sector.

Todo era solemne, todo era oficial cuando comenzó la conferencia de prensa, y hubo un discurso tras otro. Sin embargo, la hora avanzaba y el aire se tornó más caliente y más sofocante. Finalmente llegó la hora del discurso de Zhang Xu. Reclinada hacia mi intérprete, lo escuché describir los detalles de un largo recorrido de dolor y desilusión. Mientras hablaba, noté que las personas en sillas de ruedas al fondo del auditorio se inquietaban cada vez más. Finalmente, cuando Zhang Xu contó como el libro Joni lo había ayudado, comencé a escuchar sollozos. Forcé la vista entre las luces y las cámaras y vi que la mayoría de las personas de aquel sector estaba llorando.

«Pensé que estaba solo, continuó Zhang Xu en chino, pero a través de la historia de esta mujer aprendí que existe un Dios que se preocupa». Cuando recorrí con la mirada todo el recinto, observé que otras personas habían sido tocadas por un profundo sufrimiento y también derramaban lágrimas: un muchachito con parálisis cerebral y sus padres, los padres de un niño con daño cerebral, sentados en la tercera fila, un hombre mayor que había sobrevivido a un ataque al corazón... El Dr. Zhang estaba tocando muchas fibras íntimas; o, más bien, era el Señor quien lo estaba haciendo.

Siempre me sorprende cuán lejos somos capaces de llegar con un poquito de esperanza. Y cómo la mayoría de las personas están ocupadas en morir... o en vivir. Tal vez, cuando comenzó la conferencia de prensa, la mayoría de las personas estaban ocupadas en morirse; pero para cuando Zhang Xu finalizó su discurso, el aire caliente y sofocante había cambiado. Creo (no lo creo, estoy segura) de que fue por la esperanza. Dios había utilizado el cuerpo roto y la tierna voz de este «héroe» chino (no las palabras de una norteamericana en una silla de ruedas de primera calidad), para barrer el desaliento y soplar sobre todos el aire puro de la esperanza. Lo veía en los ojos del niño con parálisis cerebral, en los de aquellos padres del niño con daño cerebral y en muchos otros.

De repente, sentí un pañuelo de papel sobre mi mejilla. La madre de Zhang Xu estaba reclinada, secándome los ojos, que en aquel momento derramaban grandes lágrimas. Su gentil gesto hizo brotar más lágrimas aún.

Veo al Dios que todo lo reconforta, que continúa levantando a las personas como Zhang Xu en todos los continentes, en cada pueblo y nación como testigos entusiastas de las manifestaciones de su maravilloso poder entre los débiles y las personas necesitadas. El Padre compasivo levanta las estrellas de mar de una en una y las arroja en su océano de amor.

CAPÍTULO VEINTISIETE

> También dijo: «¿Con qué vamos a comparar el reino
> de Dios? ¿Qué parábola podemos usar para describir-
> lo? Es como un grano de mostaza: cuando se siembra
> en la tierra, es la semilla más pequeña que hay, pero
> una vez sembrada crece hasta convertirse en la más
> grande de las hortalizas, y echa ramas tan grandes
> que las aves pueden anidar bajo su sombra».

Marcos 4:30-32

—¿Y qué es esto? —me preguntó una amiga una mañana, mientras me ayudaba a prepararme para el día. Estábamos en el baño y ella había levantado la tapa de un pequeño pastillero de porcelana del lavabo. Dentro de él había unas cuantas vainas con semillas secas apelotonadas.

—Ah, esas son semillas de mostaza —casi me había olvidado de ellas, hacía tanto tiempo que las conservaba...

—Pero se las ve demasiado grandes —frunció el ceño, mirándolas con detenimiento—. Pensé que la semilla de mostaza era la más pequeña de todas.

—Una vez dije lo mismo —le comenté, sonriendo ante el recuerdo. Le expliqué que las vainas eran nada más que una protección de las semillas de mostaza. Sin embargo ahora, después de permanecer en el lavabo de mi baño durante años, las vainas se habían marchitado y secado. No había nada dentro.

—¿Quieres conservarlas o las tiro? —me preguntó sosteniendo el pastillero sobre el bote de basura. Negué con la cabeza.

—Las conservaré —le respondí. A pesar de que las semillas de mostaza habían desaparecido, no lo había hecho la fe que habían despertado.

393

Era el otoño de 1998, y Ken y yo, junto a Judy y otra amiga, Bunny, estábamos de visita en Israel. Íbamos en auto por el angosto camino sinuoso detrás del Monte de los Olivos cuando Jan, nuestra anfitriona alemana, nos advirtió con tranquilidad: «Estamos saliendo ahora del territorio israelí controlado. Las cosas se verán un poco diferentes».

Tenía razón. Vimos menos tanques y soldados, y muchos más burros y pastores de cabras. El camino serpentea durante varios kilómetros hasta llegar a Betania, un pequeño pueblo con casas de paredes blanqueadas a unos pocos kilómetros al este de Jerusalén. Mientras recorríamos la ciudad, descubrimos al igual que el resto de las personas, que Betania no había cambiado desde los días de Lázaro, María y Marta. Entre tanto, mientras Bunny y yo esperábamos en la camioneta, ella divisó a un árabe anciano, con barba, sentado junto a una pequeña mesa al final de la calle.

—Voy a ver qué vende —dijo ella, brincando de la camioneta.

Momentos después regresó con el rostro radiante.

—¿Quieres ver esto? —dijo mostrándome unas semillas marrones secas del tamaño de una arveja—. Son semillas de mostaza. Si tenemos fe del tamaño de una de estas —dijo levantando una—, podremos mover montañas.

—Pero parecen un poco grandes —protesté—. Pensé que la semilla de mostaza era la más pequeña de todas las semillas.

—Yo le dije lo mismo al viejo árabe —me contó Bunny—. Te voy a enseñar lo que hizo. Abrió una de las vainas y desparramó con cuidado su contenido sobre la palma de la mano. Míralas —dijo ella, ahuecando un poco la mano para que no se las llevara la brisa. Tuve que reclinarme hacia adelante y concentrarme para verlas, pero allí estaban: unos puntitos negros infinitesimalmente diminutos... semillas de mostaza. Una sola vaina contenía miles de ellas.

Bunny se sacudió la mano y cerró el paquete.

—¡Vamos a desparramarlas cada vez que oremos en este viaje!

Salimos de Betania, y por un camino sinuoso llegamos al valle del río Jordán, hasta que entramos en la ciudad palestina de Jericó. Niños árabes, sucios y andrajosos, clamaban a nuestro alrededor, ofreciendo collares a la venta. Compramos un par, oramos por aquel pueblo y continuamos hacia el norte. Bunny sopló un puñado de semillas de mostaza por la ventanilla.

Pronto entramos nuevamente en territorio israelí. Nos estremecíamos a medida que cruzábamos más soldados y tanques. Bunny bajó la ventanilla y desparramó unas cuantas semillas más. Con cada espolvoreada de semillas, nuestra determinación (nuestra fe) parecía crecer. Esta era una tierra que necesitaba oraciones y un pueblo que necesitaba paz.

En una hora llegamos al Mar de Galilea. Estacionamos la camioneta en un lugar desde donde se podía contemplar la amplia masa de agua azul y recorrimos la zona hacia un anfiteatro natural enclavado en la ladera de una montaña. Ya era tarde, y todos los autobuses de excursiones habían partido. Los grillos del verano cantaban en el pasto alto y una brisa hacía susurrar los árboles cercanos. Nos encontramos en la colina sobre las ruinas de Capernaúm, muy cerca del lugar donde Jesús predicó el sermón del Monte.

Un viento seco agitaba el cabello de Ken, quien con las manos entrelazadas en la espalda y el rostro al sol poniente, comenzó a recitar: «Cuando vio a las multitudes, subió a la ladera de una montaña y se sentó. Sus discípulos se le acercaron, y tomando él la palabra, comenzó a enseñarles diciendo: "Dichosos los pobres en espíritu, porque el reino de los cielos les pertenece. ... El viento llevaba sus palabras, acariciando a la tierra con la misma bendición que Cristo una vez pronunció: Dichosos los que trabajan por la paz, porque serán llamados hijos de Dios"».

Ken había estado memorizando estos tres capítulos del Evangelio de Mateo durante algún tiempo; pero ninguno de nosotros había imaginado que veríamos, y mucho menos que estaríamos pisando el sitio desde donde Jesús pronunció esas palabras. Mientras Ken continuaba recitando, yo estaba sorprendida de hallarme no solo donde Jesús estuvo una vez, sino también de estar donde él estaba en aquel momento: brillando a través de los ojos de mi esposo, resonando con cada fibra de su ser, llenando su voz de virtud y de valor, volviéndolo más fuerte y más buen mozo que nunca para mí.

«¡Dichosos los que trabajan por la paz!», le grité a Ken.

«Dichosos los que trabajan por la paz», repitió Bunny desde donde estaba parada en la montaña. Sopló sobre la palma de su mano extendida y desparramó más semillas de mostaza.

Ken se dio vuelta y se incorporó a la escena frente a nosotras. Todo estaba tranquilo y, en la superficie, pacífico; pero por debajo se podía sentir una inquietud, una agitación. Lo escuchábamos en el lamento del viento en los árboles. Lo percibíamos en el oprimente silencio de la tierra debajo de nuestros pies. Sentíamos el anhelo en las agitadas rompientes de las olas en el mar de Galilea... hasta lo vimos en el *graffiti* en el bote de basura cerca del estacionamiento. Y no podíamos ignorarlo en los rostros tensos de los jóvenes soldados que habíamos visto por todas partes aquel día. El planeta estaba lejos de ser pacífico. Estaba esperando que los pies de Dios volvieran a pisar la tierra para traer paz para siempre. Cuando abandonamos la colina que se alzaba sobre de Capernaúm, el atardecer bañaba el paisaje de un triste rosa polvoriento.

Nuestros planes eran pasar el día siguiente en el barrio antiguo de Jerusalén con nuestra guía, Fanny, una judía alemana de 73 años, superviviente del holocausto y con sabiduría callejera. Nos dijo que sería una buena idea comenzar al mediodía, cuando la mayoría de los turistas ya se habrían ido.

«Este será un día que jamás olvidarán», anunció Fanny cuando estuvimos frente a la puertas de Jafa. El aroma a pan de almendras recién horneado y a salchicha picante nos dio la bienvenida, al igual que la música árabe. Vengan —nuestra guía nos indicó que entráramos por unas calles angostas.

Pasé por un puesto tras otro, percibiendo el perfume de canastas con dátiles, higos, uvas y aceitunas. Había coloridos collares, alfombras persas y artesanos tallando madera, exponiendo sus creaciones. Vendedores con barba pesaban en sus balanzas bolsas de comino y henna, regateando con un grupo de mujeres. Patas de cordero colgaban de unos ganchos y una cabrita balaba atada a una cuerda. Varios gatos observaban desde las alturas mientras el vendedor de pescado fileteaba la pesca del día. Un hombre se arrodilló al lado de un pequeño horno redondo y colocó carne sobre pan de pita. Luego rompió un huevo en el centro y colocó la pita en el horno. A pesar de la suciedad y el humo, el manjar terminado olía sabroso y condimentado. Este era Jerusalén, tal y como lo había imaginado.

Solo una cosa se veía fuera de lugar: la constante presencia de soldados que cargaban grandes fusiles automáticos. Eran jóvenes y apuestos, y muchas eran mujeres. Se veían serios y alertas, escudriñando los rostros de la multitud para detectar el mínimo indicio de disturbio.

Fanny nos indicó con el brazo que ingresáramos en una tienda pequeña de regalos.

«Esta tienda está atendida por palestinos», nos contó, «y esta es mi vieja y buena amiga». —Ella sonrió con orgullo mientras abrazaba a la mujer mayor que tenía aproximadamente su misma edad. Las dos podrían haber sido hermanas, lucían el mismo tono de piel en sus bellos rostros curtidos, amplias sonrisas y cabellos grises. Sus manos eran fuertes y venosas, sus ojos sabios y amables. Se dieron vuelta y conversaron un poco en árabe y en hebreo. Y pensé nuevamente en las palabras de Jesús: «Dichosos los que trabajan por la paz».

Cuando dejamos el negocio, Fanny nos dijo:

«Hay otro lugar que deben visitar».

Rodeamos en automóvil los muros de la ciudad antigua, pasando por más soldados, hasta que llegamos a un puesto de control. A nuestro alrededor había macizas barricadas de cemento, policías de tránsito y personal militar controlando la documentación. Cada soldado tenía una ametralladora. Todos, hombres y mujeres mostraban una expresión sombría y una mirada escudriñadora. Los bolsos y las carteras eran controlados a medida que las personas que teníamos delante entraban por la puerta de la guardia. Me preguntaba hacia dónde nos conducía Fanny.

Cuando dejamos atrás el puesto de control, la calle se abrió, convirtiéndose en una espaciosa plaza. En el extremo final se encontraba bordeada final por un muro enorme y antiguo de bloques de piedra macizos.

«Este es un lugar sagrado para nosotros, los judíos», Fanny dijo con reverencia. «Esta es la muralla occidental o, como algunos la llaman, el muro de las lamentaciones. Es la única estructura que queda en pie, el muro de contención del antiguo templo. Los árabes controlarán lo que está arriba, dijo ella, señalando la mezquita de Omar que descansaba sobre el monte del templo, pero este es el lugar de todos nuestros sueños y esperanzas».

Un grupo de devotos judíos, muchos de ellos con sombreros negros y estolas de oración, estaban diseminados por la plaza, frente al muro. Durante años ese sector estuvo controlado por los árabes, y durante esas décadas no se les permitía a los judíos ir a orar allí. Todo eso cambió después de la guerra del año 1967, cuando Israel tomó el control de la parte este de Jerusalén. Ahora los israelitas acudían en masa hacia el muro, presionaban sus manos y rostros contra las frías piedras, lo besaban y dejaban correr sus lágrimas sobre él.

Fanny se cruzó de brazos y miró atentamente con tristeza la estructura arquitectónica, como si fuera ella quien la hubiera rescatado para su pueblo.

«¿Te gustaría orar en el muro?», me preguntó. «Puedes ir hacia su base, allí... del lado derecho. Ahí es donde se les permite orar a las mujeres».

Me desplacé en mi silla hasta la sombra del muro, seguida por Judy y Bunny. Inmediatamente, sentí el inconfundible peso de la historia judía... de las guerras macabeas, de la diáspora, del cautiverio de Babilonia, de la aniquilación del Ghetto de Varsovia, de las guerras del rey David, y especialmente de Auschwitz y Birkenau. Cuando llegué al pie del muro, apoyé la cabeza contra la fría piedra. Hacia la izquierda, detrás de la cadena divisoria, hombres jóvenes hacían reverencias y se mecían, recitando las Escrituras que tenían entre sus manos. A mi alrededor, las mujeres lloraban, apoyando sus brazos contra las piedras. El aire estaba lleno de plegarias monótonas y salmos.

Al levantar la mirada, divisé varios soldados situados cerca de la cima del muro. Pensé en los barrios situados más allá del muro, donde la ira parecía a punto de estallar en cualquier momento. Pensé en la eterna lucha entre el Alá de la descendencia de Ismael y Jehová, el Dios del linaje Isaac.

De repente me sobresaltaron el revoloteo y el crujir de las ramas sobre mi cabeza. Miré hacia arriba y vi un gran arbusto que había crecido en una grieta entre las piedras. Me estiré para ver qué lo estaba moviendo.

«Miren, chicas», le dije a Bunny y a Judy. «Es un gorrioncillo».

Permanecimos inmóviles, observando al pájaro trabajar, entrando y saliendo de las ramas. Bunny abrió la Biblia por el salmo 84 y leyó: «¡Cuán hermosas son tus moradas, Señor Todopoderoso! Anhelo con el alma los atrios del Señor; casi agonizo por estar en ellos. Con el corazón, con todo el cuerpo, canto alegre al Dios de la vida. Señor Todopoderoso, rey mío y Dios mío, aun el gorrión halla casa cerca de tus altares; también la golondrina hace allí su nido, para poner sus polluelos. Dichoso el que habita en tu templo, pues siempre te está alabando. ... El Señor es sol y escudo; Dios nos concede honor y gloria. El Señor brinda generosamente su bondad a los que se conducen sin tacha».

Aquí estábamos en los atrios del Señor, mirando un gorrión que construía su hogar donde una vez fue la morada del Señor. Bunny cerró su Biblia. Durante un largo rato observamos el pajarillo. Luego, desviamos nuestra atención a las personas que estaban doblando papeles con oraciones que luego introducían en las grietas del muro. Este era el lugar donde las personas traían sus sueños, sus esperanzas.

Eso es —pensé.

«Judy, ¿tienes un pedazo de papel?». Mientras Judy sostenía papel y lápiz dispuesta a escribir, yo le dicté nuestra misión en

Joni y sus Amigos: «Llevar el evangelio y capacitar a las iglesias que honran a Cristo en todo el mundo para que evangelicen y discipulen a las personas afectadas por alguna discapacidad».

Cuando Judy terminó de escribir, dobló el papel, y yo las invité a orar en voz baja: «Señor Jesús, tú eres el Príncipe de Paz. Traes alivio donde hay pena. Derriba los muros divisorios de la hostilidad, quita las barreras y utilízanos, Señor, para llegar a aquellos que más sufren... las personas perplejas y confundidas por discapacidades físicas y mentales. Amén».

Bunny giró hacia el muro y localizó un lugar justo debajo del sitio donde el gorrión todavía estaba moviendo las ramas. Encontró una pequeña grieta y empujó el papel doblado bien hasta el fondo. Cuando abandonamos el muro, nuestros corazones se encendieron con una nueva chispa. Teníamos una misión que cumplir: la misión de tirar muros y traer paz a los paralíticos, personas paralizadas por algún impedimento físico o paralizadas por el odio.

Aquella noche, antes de ir a dormir, Bunny desparramó otro puñado de diminutas semillas de mostaza por el aire nocturno. Tres días después, llegamos a Bosnia. Vimos un Sarajevo húmedo cubierto por un manto de neblina que parecía humo, mientras pasábamos un edificio bombardeado tras otro. Habíamos llegado a esta sociedad destruida con ciudades separadas con alambres de púas, emplazamientos de cemento y campos minados. Habíamos llegado para brindar esperanza y ayuda a los discapacitados por la guerra.

Al día siguiente nos despertó la llamada a la oración del almuédano por un altoparlante desde la mezquita al final de la calle.

«Creo que tenemos una respuesta para eso, dijo Bunny y fue corriendo hasta la ventana en bata con su bolso con las vainas de semillas de mostaza. "Este es el día que hizo Jehová", citó mientras soltaba el lazo de la cortina, se asomó por la ventana lo más que pudo y lanzó las diminutas semillas al viento. Miró la calle vacía de arriba abajo y comenzó a cantar como un almuédano en un alminar: "¡Padre nuestro ... que estás en los cielos ... santificado sea tu nombre!"».

Nuestra verdadera misión comenzó al día siguiente. Nos dirigíamos a Tuzla por un camino sinuoso entre profundos pasos de montañas y pastos verdes para ganado. A lo largo de todo el camino, divisamos pequeñas granjas y cabañas. Pasamos una o dos, pintadas con colores vivos y con flores alrededor; luego, cincuenta metros más allá, vimos una ennegrecida estructura, con la mitad del techo quemado y las paredes agujereadas por los disparos; luego, una o dos casas intactas; y más adelante un par más, bombardeadas.

«*Limpieza étnica,* señaló nuestro patrocinador—. Fueron sumamente selectivos».

Limpieza étnica. La expresión me erizaba la piel. Era un frío y débil intento de hacer aceptable una realidad desagradable. *Un poco como llamar a la parálisis un «impedimento motriz» — pensé, sacudiendo la cabeza.*

Una cosa que no podía digerir era la selectividad de los objetivos. Dos granjas quemadas y devastadas; luego, tres intactas con verjas blancas y flores; otra granja destruida; la siguiente no. *Estas personas solían ser vecinos amigables —pensé mientras dejábamos atrás más cabañas—. Intercambiaban historias y compartían la leche y el queso. Los animales pastaban en los campos de los otros. Luego, un día, se desata el infierno y se vuelven enemigos acérrimos.*

Cuando llegamos al hospital de Tuzla, los médicos y enfermeras (la mayoría de ellos musulmanes), al principio sospecharon de nosotros. Sin embargo, después de beber juntos un fuerte café turco y discutir la filosofía de la rehabilitación, de reírnos de las tácticas de los políticos y de hablar sobre problemas comunes, rápidamente se volvieron amistosos. Finalmente nos permitieron visitar a los hombres y mujeres discapacitados del hospital. Vimos a hombres semidesnudos acostados sobre viejos colchones en el piso. Más tarde, mientras nos despedíamos, los médicos nos preguntaron si podíamos regresar con sillas de ruedas. Nos sonrieron con calidez. Estábamos ayudando, después de todo. Los muros de la hostilidad comenzaban a derrumbarse.

No tenía ni idea, sin embargo, que en este viaje Dios quería lanzar la pelota destructora contra los muros de dentro de mi propio corazón.

Todo comenzó con Darío, el joven soldado bosnio-croata que había sido asignado como nuestro chófer. Mientras recorríamos los campos asolados y pasábamos por más pueblos quemados y desintegrados yo, gentilmente, le sonsaqué información con mis preguntas.

Supe que Darío había servido como comandante de una pequeña unidad durante la guerra. Durante tres años, su mundo fue de muerte y masacre. Mientras trataba de unir los pedazos de su historia con los informes de los noticiarios que había visto en casa, pensaba en las violaciones y los asesinatos. Sentí aversión. No podía mirarlo. A medida que mi imaginación ponía imágenes a sus palabras me preguntaba: *¿Cómo podía este hombre haber hecho esas cosas tan abominables?*

Sentada a su lado en el auto, sentí que una pared invisible comenzaba a levantarse entre ambos. No podía evitar sentir que yo era mejor persona que él. Supuse que mi pecado era insignificante comparado con el suyo. Sin embargo, tan pronto como tuve este pensamiento me sentí condenada. No, yo no había matado a nadie, pero había «matado» a gente en mi corazón.

Escuchaba el relato lento y entrecortado de Darío; los horrores de la guerra habían dañado su capacidad de hablar con claridad. Su tartamudeo lo calificaba como «discapacitado por la guerra». En voz baja, Darío describía los campos minados que explotaban a su alrededor durante el día y en su mente durante la noche. En un momento, su voz se apagó, como si ya no tuviera fuerzas de traer a su memoria más recuerdos mórbidos.

Mientras viajábamos a más reuniones y recepciones, Darío

continuaba compartiendo partes de su historia. Cuanto más desplegaba su corazón, más se quebrantaba el mío por él. Y más consciente era del lazo que nos unía: ambos éramos pecadores, personas quebradas, y lo sabíamos. El muro entre nosotros se estaba derrumbando.

El último día, mientras íbamos hacia el aeropuerto de Sarajevo, Darío juntó fuerzas para darle fin a su torturada historia. Después de descargar el equipaje y darnos un abrazo de despedida, metió una carta en el costado de mi silla de ruedas.

«Léala después si quiere», dijo con una débil sonrisa.

En el avión, a kilómetros de altura y sobrevolando las montañas de Bosnia, abrí su nota:

Le pregunté a un misionero alemán que nos visitó a mi madre y a mí si es posible que Dios pueda perdonar hasta pecados tan grandes como los míos. Me respondió que Jesús pagó hace unos dos mil años por TODOS los pecados de este mundo. Más tarde, esa noche, caí sobre mis rodillas y comencé a orar, llorando e implorándole a Dios que me perdonara y que cambiara mi vida. Durante toda esa noche tuve pesadillas espantosas. Cuando me desperté a la mañana siguiente, sentí una extraña y profunda paz y alegría dentro de mí. Era una hermosa mañana de sol. Escuché el canto de los pájaros. Quise orar más y compartir esa alegría de Jesús con otras personas.

Apoyé la cabeza contra la ventanilla del avión. La historia de Darío simbolizaba la única solución para ricos y pobres, cuerpos sanos y discapacitados, negros y blancos, musulmanes, croatas y serbios. Es la solución para lo que se tiene y lo que no, para los judíos y los cristianos, para los urbanos y los campesinos, para los soldados y los civiles. En Efesios 2:14-16 dice:

Porque Cristo es nuestra paz: de los dos pueblos ha hecho uno 403 *solo, derribando mediante su sacrificio el muro de enemistad que nos separaba, pues anuló la ley con sus mandamientos y requisitos. Esto lo hizo para crear en sí mismo de los dos pueblos una nueva humanidad al hacer la paz, para reconciliar con Dios a ambos en un solo cuerpo mediante la cruz, por la que dio muerte a la enemistad.*

«Dichosos los que trabajan por la paz»... porque Cristo mismo es nuestra paz, le dije frente al lavabo del baño a mi amiga, quien todavía tenía entre sus manos el pequeño pastillero de porcelana. Y antes de abordar aquel avión, mi amiga Bunny desparramó más semillas de mostaza, terminó por mí la frase.

Yo sonreí. Y ella hizo lo mismo.

Antes de salir del baño, hicimos lo que siempre hacíamos: orar.

En esa mañana, oramos por los habitantes de Bosnia e Israel. Oramos por la paz y para que las semillas echaran raíces y crecieran. Semillas de mostaza, que se convertirían en las plantas más grandes de todas, con ramas tan fuertes que ningún muro podría perdurar contra ellas.

Qué poco sabemos cuánto necesitamos su paz —medité.

Pronto lo averiguaría por mí misma.

CAPÍTULO VEINTIOCHO

*Vale más el buen nombre que el buen perfume. Vale
más el día en que se muere que el día en que se nace.
Vale más ir a un funeral que a un festival. Pues la
muerte es el fin de todo hombre, y los que viven
debieran tenerlo presente. Vale más llorar que reír;
pues entristece el rostro, pero le hace bien al corazón.*

Eclesiastés 7:1-3

«M es por las Muchas cosas que me dio ... A porque con su
Amor me ha protegido..., entonaba suavemente, esperando que
mi madre estuviera escuchando. Era una canción que ella le
solía cantar a mi abuela, y ahora, era mi turno de cantársela a
ella. ... D porque De oro puro está hecho su corazón, R es porque
ella siempre tiene R-r-razón y siempre la tendrá, ...E porque
Espléndida es su mirada, que brilla como los diamantes... coloca
las letras todas juntas y leerás "MA-A-A-DRE"», terminaba imi-
tando a Al Jolson, con los brazos desplegados lo más que podía,
la palabra que significa todo un mundo para mí.

Mi madre ni se inmutó. Estaba sentada muy tiesa y con los
brazos cruzados sobre el sillón, sin mostrar de modo alguno
que estuviera escuchando. Solo seguía mirando al vacío a
través de la lluvia que salpicaba el vidrio de la puerta corrediza de su departamento de *Ocean City*.

Bunny, Judy y yo habíamos ido al este para que mis hermanas descansaran de cuidar a mi madre, que ya contaba
ochenta y siete años. Era la semana de Pascua del año 2001,
y estábamos instaladas confortablemente en el departamento
de mi madre, al final del pasillo del último piso, en *Harbour
Island*. La pequeña comunidad vacacional estaba situada en
una pequeña isla que miraba al oeste sobre la bahía de
Sinepuxent, con el océano Atlántico a sus espaldas. Pararse
en el balcón de mamá era como estar en la proa de un barco
que se dirigía al noroeste. Uno podía hacerse sombra en los

ojos con la palma de la mano y explorar de norte a sur el horizonte despejado.

Me desplacé en la silla de ruedas hasta la puerta corrediza para ver si las nubes iban a pasar pronto... No, la lluvia castigaba ahora el interior del balcón; el mal tiempo estaba aquí para quedarse. Sin embargo, había algo hermoso y tranquilo en este fresco día de primavera junto al mar. Miré hacia el agua... el cielo y la bahía tenían el mismo triste gris azulado, separados solo por el horizonte, una delgada franja morada de la costa este de Maryland.

Mamá comenzó a roncar despacio, con la cabeza inclinada sobre el pecho. Suspiré con alivio. El sueño era su único respiro al dolor y a la confusión permanentes. Sin embargo, el sueño también era un escape que la alejaba cada vez más de mí.

Nuestro ritmo era lento. Nos levantábamos por la mañana, desayunábamos, hacíamos ejercicios, leíamos un poco, un día íbamos en auto hasta la costanera para ver las olas, y al siguiente nos relajábamos en las mecedoras del hotel Phillip. Después de cenar siempre echábamos una partida de *Scrabble*, pero ya no era tan divertido como solía. Mi madre, que normalmente era la reina del juego, ahora luchaba para descifrar el tablero. Una serie de ataques al corazón y problemas cardíacos habían ido erosionando lentamente su brillante espíritu aventurero.

Todo comenzó en el año 1998, cuando poco después de su operación de corazón, se cayó en una cancha de tenis y se quebró el hombro cuando intentaba dar un revés. No podría volver a jugar. No estoy segura de qué la desmoralizó más, si el dolor y la rigidez posterior o no poder volver a jugar. Le dolía envejecer. «Lo único que lamento es no poder estar para decirte: "Te lo dije..." cuando llegues a mi edad, era su clásica broma. Envejecer no es para cobardes».

Mientras Judy consultaba el correo electrónico, Bunny leía y mi madre dormía, yo me ubiqué en la mesa del comedor a hojear un ajado álbum familiar. Allí estaba mi madre, Lindy Landwehr, ganadora de una medalla por el primer puesto en natación en una página; en otra, con el primer premio en un torneo de tenis. En cada página había recortes de periódico pegados con cinta adhesiva de Lindy recibiendo honores por ganar al bádminton o al lacrosse. Y si no era ella, eran sus hermanas, paradas al borde de la piscina posando para la foto.

Estudié una fotografía amarillenta de Lindy en una cancha de tenis. Sonreí al recordar cómo, por el color de sus zapatillas de tenis, que dejaba en la puerta trasera, yo siempre sabía dónde había jugado mamá cualquier tarde. El anaranjado era de la cancha de polvo de ladrillo del parque *Leakin*. Las manchas de hierba, del club *Monte Washington*. El alquitrán, de la de *Woodlawn Senior High*.

Otra foto mostraba a mamá y a sus hermanas con faldas cortas, perlas y sombreros de paja, bailando con una gran banda.

—Chicas, vengan a ver esto —les susurré a Judy y a Bunny tratando de no molestar a mamá.

—La Sra. Eareckson sí que era una chica que iba a la moda —comentó Bunny abriendo mucho los ojos.

—Deberías haberla visto en el hotel Dunas aquel cuatro de julio —dijo Judy, haciendo girar los ojos.

—Sí —agregué—. El piano en el salón de té comenzó a tocar *It's a Grand Old Flag* [Es una gran y antigua bandera], y lo siguiente que supimos fue que mamá tomó la bandera del vestíbulo de entrada y comenzó a marchar alrededor del salón, agitándola e invitando a los demás a que se unieran a su desfile.

Bunny ahogó una risa.

—Estás bromeando.

—No —le confirmé—. Logró una larga fila de personas que serpenteaba detrás de ella, y a todos les encantó. Sin embargo, no les gustó a Ken y a mis sobrinas, quienes se escabulleron antes de que mi madre también los hiciera unirse al desfile.

Hice una pausa, sonreí y pensé en cómo Ken recordaba ahora aquel cuatro de julio y se jactaba del patriotismo de mi madre.

—Una mujer se inclinó hacia mí, sin saber que yo era la

407

hija —dije en voz baja—, y me preguntó seriamente: «¿Es una corista retirada?»

—¡Apuesto a que pensaron que era Carol Channing!

—Esa era ella, exactamente.

—Joni — me corrigió Judy —, ni siquiera Carol Channing puede compararse a tu madre.

—Es cierto... no hay nadie como mamá —pensé. Hojearon unas cuantas páginas más conmigo antes de regresar a los correos electrónicos y al libro.

Cuando éramos niñas, era cierto que mi padre era el sol alrededor del cual todas girábamos. Yo siempre me había sentido más cerca de papá... él no nos disciplinaba tan estrictamente como mamá. En esa época, nunca cuestionaba sus razones cuando él subía por las escaleras a darnos unos azotes; lo único que hacía era poner una almohada sobre mi trasero con la esperanza de suavizar el golpe. La disciplina de mi madre, sin embargo, iba directa al grano. Hubo una vez que dije «maldición» en la mesa mientras estábamos cenando (no recuerdo por qué hice tal cosa) y mamá rápidamente saltó y buscó la fusta del caballo mientras yo me metí debajo de la mesa y gateando por debajo, volé a mi habitación. Sin embargo, ella me corrió por las escaleras y me tomó del tobillo justo antes de que me pudiera meter debajo de la cama. «No, mami, no...», le rogué mientras clavaba las uñas en el piso de madera. Demasiado tarde. Un rato después, mientras me frotaba las marcas de los golpes en las piernas, llegué a la conclusión de que las malas palabras no valían el dolor.

Mamá era severa, y sin embargo nunca dudé de su ternura. Recuerdo una ocasión en que una reportera canadiense la detectó entre la gente y le pidió que se uniera a mí frente a las cámaras.

«Sra. Eareckson, sé que esto le trae recuerdos duros y dolorosos», su voz sonaba comprensiva, «pero como madre de Joni, ¿puede usted...?, ¿podría...?», sus ojos vidriosos rogaban, «... por favor, cuéntenos cómo se sintió cuando se enteró del terrible accidente de Joni».

Yo contuve la respiración. Mamá respondió:

«¿Mi primer pensamiento?», la reportera asintió con tristeza en los ojos. «Mi primer pensamiento», declaró, como de costumbre—, fue: ¿Cómo pudo cometer la estupidez de tirarse en aguas poco profundas? La semana anterior le habían entregado el certificado de socorrista. «No lo podía creer». Dicho esto, se reclinó hacia atrás, satisfecha, vivaz y con los ojos brillantes.

Yo tampoco podía creerlo. Ni la reportera... pero así era Lindy.

Para mamá, las expresiones de ternura no consistían tanto en abrazos y besos, sino que eran más bien prácticas. Sin embargo, si alguna vez dudé del cariño de mi madre antes del accidente, después de eso no me lo cuestioné ni una sola vez. Ninguna madre del hospital estatal Montebello hacía el largo viaje hacia el norte por el bulevar Loch Raven para ver a su hija todos los días. Ninguna otra visita estaba en la puerta de entrada del hospital cada mañana, esperando que comenzara el horario de visita y su auto era el último en partir del estacionamiento a la noche. Entraba a escondidas tortas de cangrejo caseras, y siempre me traía flores frescas. Después de asegurarse de que todas en nuestra sala de seis camas tuviéramos sábanas limpias y de que nos lavaran el cabello una vez por semana, mis compañeras de sala la nombraron «Madre oficial de la sala».

Alcé la vista del álbum para traer a mi mente otra imagen. Vi a mi madre parada al costado de la cama del hospital, sosteniendo un libro abierto para que yo pudiera leer. Ahora, en mi memoria, veía detalles que nunca había notado antes: cómo tenía que apoyarse contra la baranda y cambiar de manos para hacer descansar sus brazos. O cómo se disculpaba por la vez que ocasionalmente se frotaba la cintura. Estos hechos no los había registrado en aquel momento. Yo era una adolescente y las madres siempre hacía cosas como esas... ¿O no?

La luz de la tarde comenzaba a apagarse, haciendo que me resultara difícil leer los descoloridos recortes. Dejé el álbum a un lado; de todas maneras, las fotografías me estaban estrujando demasiado el corazón. La sonrisa de mi madre en ellas, tan entusiasta, fresca y amable, mostraba a una mujer joven y valiente, impávida y lista para nadar, correr, saltar y bailar mirando al futuro. Y el futuro ahora estaba aquí.

—¿Sra. E? ¿Está usted lo suficientemente abrigada? —le preguntó Judy a mamá, quien continuaba sentada rígida y derecha sobre el sofá. ¿Encendemos el fuego? Mi madre ni se movió.

Una ráfaga de viento frío azotaba la lluvia contra las ventanas, y decidimos encenderlo de todas maneras. Los leños crujientes despedían una luz danzante y alegre por la habitación. La noche estaba sobre nosotros, y el monótono gris de afuera se iba transformando rápidamente en oscuridad. Bunny le cubrió las piernas con una colcha tejida.

—Mamá E., esta noche vamos a cenar tortas de cangrejo —propuso Judy inclinándose y colocando su mano sobre el hombro de mi madre—. ¿Le gustaría?

Contuvimos el aliento para ver si se manifestaba su tema favorito (cocinar torta de cangrejo de Maryland). Todo lo que hizo fue mover su mirada vacía desde el balcón hacia el brazo de Judy, como diciendo «¿Quién eres?»

—Mamá —le sugerí—, ¿quieres ayudar a Judy a picar el apio y la cebolla? Estábamos ansiosas por sacarla del sofá y concentrarla en algo que no fuera la oscuridad de más allá de la puerta corrediza.

—No necesitan mi ayuda.

Todas nos sorprendimos. Estas fueron sus primeras palabras durante todo el día. Y las pronunciaba con tanta simpleza, tan razonablemente.

—Mamá, sí que necesitamos tu ayuda —le rogué—. Nadie hace tortas de cangrejo como tú. Judy es de Inglaterra y Bunny, de Texas. Tú eres la única de Maryland aquí.

Se dio vuelta y me miró con los ojos distantes. Retrocedí. Había observado que miraba igual a mis hermanas. Era una mirada misteriosa, extraña, como si fuera otra persona quien estuviera mirando a través de sus ojos.

—¿Quién eres? —preguntó cansinamente.

—Soy Joni, tu hija menor —le contesté con suavidad.

—No, no lo eres —murmuró desafiante y volvió su mirada nuevamente hacia la lluvia.

Mi corazón se partió en dos. *De verdad no me reconoce.* ¿Cómo es que no me conocía? Estaba apenada de que mi madre no pudiera reconocer a su familia, de que estuviera perdida, pensando que sus hijas la habían abandonado y dejado con extraños.

Justo cuando el vaso comenzaba a rebosar, los recuerdos de mi infancia llegaron corriendo al rescate, alentándome con nostalgia. Recuerdos de mi madre encerando de rodillas nuestros pisos de madera. De estar juntas de pie en el patio viendo una puesta de sol. De escuchar su alegre «¡La cocina está cerrada!» cada noche después de lavar los platos. Recuerdos de ella parada en el patio regando sus adoradas azaleas todas las noches de verano, de cuando jugaba a la rayuela conmigo, de cuando cantábamos «Siempre te amaré» y de ella preparando emparedados de tocino, lechuga y tomate hasta la medianoche para Steve Estes y mis amigas.

Recuerdos míos pidiéndole a Kathy que me tomara de la mano en la cama porque tenía miedo de despertarme y de que mis padres no estuvieran allí, de que papá muriera durante la noche. De las veces que me sentí tan perdida, tan pequeña, y pensaba *Papá, por favor encuéntrame. ¡Estoy aquí, por favor búscame!* Ahora papá estaba muerto. Y pronto (demasiado pronto) mamá lo estaría también. *Oh, mami, aquí estoy... soy Joni. Por favor, reconóceme.*

La lluvia comenzó a azotar el techo del departamento, empapando las ventanas y desdibujando las luces en la distancia, cubriéndolo todo con un surrealismo repugnante. Nuestra cena con torta de cangrejo fue todo un éxito, ya que mamá se sentó a la mesa y en verdad comió algo, el cangrejo. Sin embargo, antes de que pudiéramos detenerla, regresó al sillón.

Y allí se quedó.

Para las diez de la noche habíamos tratado repetidamente

411

de hacer que se acostara, pero se negaba, tomando esa misma posición rígida, con los brazos cruzados.

—Por favor, es hora de ir a la cama —le dije con amabilidad.

—Que les vaya bien.

Decidí seguirle el juego.

—¡Lindy! —le ordené con severidad—. Debes levantarte ahora. ¡Todos necesitamos acostarnos!

Ella me lanzó una mirada furiosa y negó con la cabeza.

Judy miró su reloj. Eran las once y mi madre todavía estaba completamente vestida. Ya no se nos ocurrían más ideas ni sabíamos que hacer. Finalmente, sugerí:

—Llamemos a Kathy.

Mi madre había vivido con Kathy durante los últimos diez años. Mi hermana seguramente ya había experimentado esto. Ella sabría qué hacer. Utilizamos el teléfono de la otra habitación.

Después de describirle a Kathy nuestro caprichoso día y exasperante noche, mi hermana preguntó:

—¿Dónde está mamá ahora?

—Todavía está vestida, sentada en el sillón y no quiere levantarse —dije en voz baja.

Escuché un suspiro del otro lado de la línea que me indicó que ella sabía bien de lo que le estaba hablando.

—Bueno, déjala allí. Dale una almohada y súbele las piernas sobre el sillón, si te lo permite.

No podía creer lo que estaba escuchando.

—Todavía tiene puesto los zapatos y las medias. ¿Dejas a mamá dormir toda la noche con la ropa puesta?

—Solo como último recurso.

Un extraño alivio me inundó.

—Joni —prosiguió Kathy—, mamá no estará con nosotras para siempre, y no podemos pelear con ella por cada cosa. Si quiere dormir en el sillón con los zapatos puestos, entonces déjala. Si solo quiere helado para cenar, que así sea. No vale la pena angustiarse (por ella o por ti). Jay te dirá lo mismo.

—Bien. La dejaremos en el sillón.

Kathy agregó un detalle:

—Pero asegúrate de que se tome la medicina. Esa batalla sí la tienes que ganar.

Yo detestaba la idea de ganar cualquier clase de batalla. Hacía solo dos años, cuando mi madre no estaba tan delicada, había ido a California para pasar tres meses con Ken y conmigo. Atender a sus necesidades allá por del año 1999 no supuso ninguna batalla. Ella estaba feliz de estar con su hija y con su yerno. Se sintió encantada de estar en la celebración del 20 aniversario de *Joni y sus Amigos*, y de participar en la fiesta de mi cincuenta cumpleaños. Sin embargo, sobre todo, le encantaba ir en auto a trabajar conmigo cada día y ser mi ayudante.

—Piloto a copiloto —le decía al llegar a una señal de «pare»— ¿viene alguien por la derecha?

—Vía libre, cambio —decía mamá.

—Recibido.

—Vehículo grande aproximándose por la izquierda —me advertía.

—Comprendido —respondía. Estábamos jugando a uno de los juegos de papá, pero en cierta forma ahora era realidad.

Una vez escuchó el informe de un empleado de nuestra oficina acerca de la nueva sociedad que constituimos con *Maersk-SeaLand*, para transportar las sillas de ruedas a los puertos marítimos. Al día siguiente mamá gritó de asombro cuando un pesado camión de dieciocho ruedas nos adelantó en la autopista con el nombre de MAERSK sobre el costado. «¡Joni, mira!— chilló—. ¡Allí van nuestras sillas de ruedas! ¡Tal vez a África o quizás Perú!»

Mis ojos se humedecieron... Éramos un equipo, éramos ami-

413

gas, como niñas en una aventura. No quise arruinar su emoción al decirle que el camión probablemente estuviera lleno de lavadoras que iban a San Francisco. *Sin embargo a lo mejor —pensé mientras observaba al camión desaparecer por la 101—, perfectamente podría estar transportando nuestras sillas de ruedas a China.*

En California mi madre y yo éramos inseparables. El día que iba a regresar a Maryland, estábamos juntas en la cocina con Jay, que había viajado hasta allá para acompañarla de regreso. Jay estaba tan conmovida como yo al ver que era evidente que nuestra madre había disfrutado su visita.

—Mamá, tú sabes que de verdad no tienes que regresar aun —dije lanzando una mirada a Jay. Mi hermana sonrió y asintió con la cabeza.

—Puedes quedarte aquí si quieres —dijo Jay.

Mamá miró a una hija y luego a la otra. Tres meses habían sido un largo tiempo fuera de casa. Finalmente, me miró y dijo dando un pequeño brinco:

—¡Me quedaré contigo!

Casi no lo podía creer. Mi madre me prefirió antes que a Baltimore, la granja y a todos sus nietos y bisnietos. Nunca habíamos pasado tanto tiempo juntas desde mis días en el hospital. Nunca desde que era una niña... día tras día, durante tres meses. Podría haber pensado que estaba cansada de su visita, que en mi interior tomaría a mal su elección de quedarse; pero no fue así. Descubrí que aún la necesitaba. O, tal vez, ella me necesitaba a mí.

Su visita se prolongó por otras dos semanas. La mañana antes de que finalmente partiera, nos detuvimos en unos almacenes para comprar algunos artículos, pero cuando regresamos a la camioneta con nuestros paquetes, golpeé el interruptor eléctrico para abrir la puerta de la camioneta, y este se descompuso. Estábamos atrapadas; yo en la silla de ruedas y mi anciana madre, ante un vehículo averiado.

—Madre, solo hay una cosa que podemos hacer —dije, y es

orar—. Debemos de haber lucido desvalidas allí orando, tomadas de la mano en medio del estacionamiento. Apenas terminé de orar, un joven de aspecto agradable se aproximó porque había notado que algo andaba mal. En menos de cinco minutos arregló la puerta de la camioneta. Resultó ser un ciclista profesional y sabía todo lo necesario de esa clase de fallas.

—Que Dios te cuide cuando yo me vaya, querida —dijo mi madre mientras arrancábamos la camioneta.

—Y que Dios te cuide a ti, mamá —dije ahora dulcemente, mientras Judy y Bunny apagaban la luz. Aquella noche, la lluvia seguía cayendo mientras mi madre roncaba sobre el sillón. Ella había ganado esa batalla, pero mientras yo permanecía despierta, esperé que estuviera más lúcida por la mañana. Sabía que debía ganar la batalla de la medicina.

Resultaba extraño tener que preocuparme por ella de esa manera; pero estaba descubriendo algo dulce en este intercambio de funciones; en especial para mí siendo tetrapléjica. Durante tantos años las personas me habían ayudado (me refiero a ayuda física) a bañarme y vestirme, peinarme, cepillarme los dientes, a cuidar mi higiene y todo lo demás. Mi esposo, hermanas, amigas, compañeros de trabajo... todos habían tenido que atenderme de alguna manera para compensar mi falta de manos y pies. Y ahora, por primera vez en la vida, yo era responsable del cuidado de otra persona. Tenía que decir: «Mamá, ¿ya tomaste tu medicina?» y «Mamá, ¿quieres hacer tus ejercicios ahora?». Oré para que no hubiera batallas en la mañana.

Me costó conciliar el sueño. Cada vez que el viento azotaba la puerta del balcón de la sala, me preguntaba si no sería mamá tratando de abrirla. La imaginaba afuera, parada en medio de la noche lluviosa, sujetándose el abrigo, confundida y mojada, preguntándose dónde estaba, mientras se acercaba al borde de la baranda del balcón. ¿Mamá? —gritaba en mis pensamientos—. Mamá, ¿estás bien? Odiaba que su demencia fuera tan peligrosa. Ella había empeorado muchísimo en los últimos meses. El vidrio de la puerta se agitó nuevamente mientras el viento bramaba. Sonaba frío y solitario, como el estertor de la muerte, como la llegada de la Parca.

Es extraño cómo esperamos que el devenir de la vida continúe por siempre. Y cuando finalmente pierde su ímpetu, nos sentimos defraudados, como si alguien nos hubiese tenido que avisar de que la vida era tan corta, tan dura, tan irrevocable. No sabía qué hacer con la difícil situación de mi madre. Por eso le pregunté a un pastor amigo sobre el tema, pues él era un hombre que había perdido a su anciana madre.

—He reflexionado mucho sobre el terrible dolor que sufrió mi madre —me contestó pensativo, frotándose el mentón—. Tal vez, se supone que la muerte sea difícil. Quizás deba ser como un bocado del infierno.

Sus palabras me hicieron vacilar.

—Si «la paga del pecado es la muerte» —continuó—, me pregunto si Dios tiene en mente que sintamos (que verdaderamente sintamos) un poco de lo que soportó el Salvador. O tal vez Dios quiera recordarnos lo que habríamos merecido si no hubiera sido por Cristo.

Ambos permanecimos sentados en silencio, meditando. Finalmente, él dijo:

—Quizás la agonía de la muerte sea como nuestros dolores de parto antes de entrar en la dicha absoluta.

Era un concepto que a uno le hacía reflexionar. A veces los hechos de la muerte parecían tan duros como los de la vida. Recordé la vez que hablé con un pequeño grupo de pastores y sus esposas en Alemania. Fue su oportunidad de preguntarle a esta mujer que escribía sobre el sufrimiento, sobre cómo podía ser que un Dios bueno permitiera tanto sufrimiento espantoso en el mundo.

«Esa horrible inundación que ocurrió en Méjico hace dos semanas, mencionó una mujer», «y todas esas personas que perecieron, muchos de ellos niños. ¿Y ellos? ¿Por qué tuvieron que morir?»

Pensé en la premisa que se escondía detrás de su pregunta. Daba a entender de que todos esos mejicanos eran buenos, ciudadanos honestos, que merecían algo mejor. ¿Pero qué era lo que merecían en realidad? ¿Qué merecía la mujer alemana, qué merecía yo, o cualquiera de nosotros? ¿Comprendemos la gravedad de nuestro fariseísmo? *Estimada señora —pensé antes de contestar—, Dios es mucho más santo de lo que podemos imaginar. Y usted, al igual que esas personas en Méjico, lo han ofendido mas allá de lo podamos suponer. Para cada uno de nosotros, el precio de nuestros pecados es la muerte.*

Inspiré profundamente y respondí:

«Cuando alguien muere, debería ser como un llamado a despertar; un despertador, una bandera roja flameando, que nos advierte: "¡Despierta! ¡Examínate! ¿Ya has hecho las paces con Dios?". Y cuando todo un pueblo perece, esa alarma debería de sonar más fuerte. No puedo decir qué es lo que tenía en mente Dios con esa inundación, o en cualquier otro desastre; pero sí puedo decir que todos nos dirigimos a la tumba, algunos de nosotros antes que otros. Y eso debería hacer que nos sentemos a considerar: ¿Qué hemos hecho con Jesús?»

Mi mente recordó esa escena, tarde aquella noche, hasta que finalmente el viento se aplacó. La agonía mental y el dolor físico de mi madre no eran algo fuera de lo común. Eran una preliminar del infierno del que había escapado. Gracias a Dios estás a salvo en Cristo, madre —pensé. También pensé en varios familiares de amigos, en especial en uno que había muerto recientemente, un agnóstico. Este hombre había sufrido en sus últimos días tanto como mi madre. *¿Era su sufrimiento una dosis anticipada del infierno? Aquel amigo siempre había estado orgulloso de su vida, refinada y honesta y de sus buenas acciones. Sin embargo, las Escrituras ponen al descubierto la verdad sobre la humanidad con demasiada claridad: «No hay un solo justo, ni siquiera uno; no hay nadie que entienda, nadie que busque a Dios. Todos se han descarriado, a una se han corrompido. No hay nadie que haga lo bueno; ¡No hay uno solo!». Ni siquiera mi madre buena, amable, amistosa y caritativa.*

¡Oh, gracias, te doy gracias por esta silla de ruedas! —oré—. Al probar el infierno en esta vida, he sido llevada a pensar seriamente en lo que me espera en el futuro. Esta parálisis es mi mayor misericordia.

Mi mente regresó a las fiestas desenfrenadas de mis

417

primeros años de la secundaria, a la música fuerte y a los sillones mullidos en sótanos muy poco iluminados. Continúe navegando en el tiempo hasta la graduación de la escuela secundaria, al orgullo y la independencia, a la rebelión y los exabruptos de ira. A los planes de cómo «protegerme» con mi novio cuando fuera a la universidad. Y luego... mi accidente.

Fue tu obstáculo en el camino, Dios, para evitar que arruinara mi vida por completo. Gracias, bendito seas. Mi pecado sólo habría empeorado en la universidad. Y sé, verdaderamente sé, que me habría alejado de ti para siempre.

Era extraño que la salud decadente de mi madre me obligara a meditar en estos pensamientos tan duros; pero una vez más, parecía algo natural y apropiado. Igual que lo haría cualquier padre hasta el fin, mi madre me estaba haciendo pensar: me estaba haciendo considerar, meditar y sopesar las consecuencias de mis propias acciones. Por otro lado, era extraño: mamá siempre había detestado envejecer, de la misma manera que no había aceptado del todo mi silla de ruedas. Al verme luchar como una tetrapléjica, sufría por ella y por mí. Pero mamá, nuestro sufrimiento nos ha enseñado algo, te ha enseñado algo a ti: nuestra adversidad nos ha mostrado que hay algo cósmico en todo esto. Y que solo cinco minutos en el cielo, te lo prometo, compensarán todo. Eso expiará todas las cosas.

A la mañana siguiente, me desperté con el aroma del tocino crujiente y del café que se estaba haciendo. El sol entraba de lleno en mi dormitorio, y escuché la suave conversación de mis amigas en la cocina. También escuché a mamá que roncaba en el sillón. Me pregunté qué clase de día nos esperaba.

Mamá todavía dormía después de mis dos horas de rutina matinal. Una vez sentada en mi silla, me acerqué para mirarla de cerca. Se había estirado, y durante la noche alguien había colocado una almohada debajo de su cabeza. Se la veía cómoda, aun cuando todavía tuviera puesta la ropa del día anterior.

—¿Mamá?

Ella entreabrió los ojos, permitiéndome saber que probablemente llevaba un rato despierta.

—¿Qué les parece si desayunamos? —preguntó Judy.

Fue lo mismo que el día anterior. Después de mucha persuasión, se incorporó y apenas si probó los huevos revueltos y el tocino. Pusimos un poco de música en la mañana, hablamos con voz alegre y positiva sobre las gaviotas, y nos maravillamos juntas de la velocidad con que la marea estaba cubriendo la barrera de arena en la bahía.

—Aquellas personas que están buscando almejas allá afuera se van a empapar —exclamó Bunny—, y también tienen un perro. ¡Sra E., venga a ver! Aguardamos, con la esperanza de que se pusiera de pie y se nos uniera en la ventana; pero no lo hizo.

La mañana de deslizó a un ritmo más lento y tranquilo. Judy instaló su computadora y decidimos trabajar en el manuscrito de este libro. Mientras mi amiga ubicaba los primeros capítulos frente a mí para que los releyera, miré hacia atrás a mamá por encima del hombro. Me sentía sumamente triste porque nada parecía poder hacerla regresar a la realidad. Nada de lo que habíamos hecho podía levantar el manto de oscuridad de su mente. Suspiré y comencé a leer el capítulo uno:

Enterré los pies en la arena de la playa de Delaware, me abracé las piernas y me acerqué a la fogata tanto como pude. Las llamas nos calentaban el rostro, y detrás de nosotros el aire fresco de la noche nos enfriaba la espalda. Acurrucada con mis hermanas y mi primo, percibí el aroma de los leños quemándose y respiré al calor del fuego. Todos estábamos sentados, intimidados por mi padre. Él estaba parado al otro lado de la fogata, como una imagen envuelta en una voluta de calor y humo que se eleva y con la cara encendida por las llamas como si fuese un profeta en el monte Sinaí. Nos amontonábamos cuando él narraba una historia. Y no nos atrevíamos a mirar por encima del hombro hacia el océano, por miedo a encontrarnos con la imagen de…

«¡El holandés errante!»

De repente, tuve una idea. Le dije a Judy que colocara el capítulo sobre mi falda, y me desplacé en mi silla hasta llegar al lado de mi madre.

—¿Mamá? Escucha esto. Solo escucha...

Comencé a leer sobre el mar de los Sargazos, y el pequeño baile de marinero de papá, y mis hermanas y yo cantando: «Dejen que las luces más tenues sigan brillando». Después de cada párrafo, hacía una pausa y le preguntaba:

—¿Recuerdas esto?

Ella asentía con la cabeza.

—¿Lo puse bien?

Ella murmuraba: «Mm-hum».

Judy y Bunny observaban desde la cocina, conteniendo el aliento.

Cuando llegué al pasaje acerca de cuando caminábamos por las dunas de regreso a nuestras carpas, mi madre movió la cabeza y dijo suavemente:

—Esto es fantástico.

Tragué saliva. Miré a mis amigas... y ellas notaron mi alivio.

Hice una pausa para dar vuelta a la página. Estaba tan feliz de que hubiera estado escuchando que no había notado que el velo de sus ojos había desaparecido por completo. Me había estado concentrando tanto en leer bien y con expresión que me perdí la leve sonrisa en sus labios. De repente, sentí que me miraba.

—¿Mamá? —le pregunté alentándola—, ¿así era? ¿Tú, papá y nosotras cuando éramos niñas?

—Tú eres la verdadera Joni —dijo con sorpresa. Era como si alguien hubiese levantado un velo.

Casi no me atrevía a responder. Temía que mi voz la enviara de regreso, que la empujara nuevamente hacia esa terrible oscuridad. Finalmente, contesté con lágrimas en los ojos.

—Sí, mami, soy la verdadera Joni. Soy yo, la verdadera

Joni. Aquí estoy. Le ratifiqué alentándola: Estoy aquí, soy yo. Todo está bien.

Hubo otros momentos estupendos de vuelta a la realidad y de reconocimiento de la familia hasta fines de agosto del año 2001, cuando mi madre partió. Sin embargo, ninguno fue tan emocionante, tan reconfortante y alentador para mí como aquella fría mañana de primavera en la Isla Harbour, cuando mami me vio entre las dunas de arena y las carpas, riendo tontamente y jugando con Kathy, Jay y Linda, buscando cangrejos y jugando a escapar de las olas.

El primero de septiembre del año 2001 pusimos a Lindy a descansar al lado de su bien amado esposo. Mientras permanecíamos sentados debajo del toldo que cubría la tumba, cantando viejos himnos, yo leí la placa de la lápida. El *capitán* John estaba del lado izquierdo, Lindy, a la derecha. Entre ellos descansaba Kelly. Miré a Linda; supuse que estaría pensando en su niñita, que si hubiese sobrevivido al cáncer, tendría treinta y pico. También observé a Kathy. Ella y Jay, al igual que la hija de Jay, habían cuidado a mamá con suma devoción durante sus últimos años. Ahora mi mirada se posó en Jay. Ella me sonrió y comenzó a cantar: «Dejen que las luces más tenues sigan brillando».

Cuando finalizó el culto celebrado junto a la tumba, quise mostrarles la vieja casa de los Eareckson a unos amigos de California que habían venido. Ken nos llevó en auto los dos kilómetros a través de *Woodlawn* hasta la calle Poplar, 2321, a la casa que papá había construido. No sabía quién vivía allí ahora, pero parecía que no había nadie en ella. Nos bajamos y caminamos sin prisa por el sendero de entrada.

«Allí está mi antigua habitación», dije, señalando a la pequeña ventana lateral de la buhardilla. «Y aquel es el balcón donde solía tocar la guitarra por las noches». Avanzamos un poco más y señalé: «¿Ven las ventanas de la sala? Solía abrirlas las noches de verano y dejaba que la brisa transportara la música de mi piano hasta la calle».

421

Me recliné hacia atrás para ver los viejos robles que parecían tan altos ahora como cuando yo era niña.

»¡Escuchen!», dije para acallar a mis amigos, mientras el viento hacía crujir las hojas de los árboles. «Me atrevería a decir que he oído campanas».

Permanecí en mi silla de ruedas en el camino de entrada a la casa, donde mamá y yo jugábamos a la rayuela. Al dejar que mis ojos recorrieran cada esquina y recoveco de nuestra hermosa casa de madera de cedro, cubierta de guijarros y enormes chimeneas de piedra maciza, me preguntaba cómo se podía enfrentar el pasado sin la esperanza segura del futuro. ¿Cómo se podían tener tantos recuerdos dulces a la vista y no venirse abajo?

Antes de partir, me adentré un poco más para ver si la vieja campanilla para llamar a cenar todavía estaba al lado de la puerta doble, la puerta que conducía al comedor donde Steve Estes estudiaba la Biblia conmigo. No estaba allí. Luego recordé que Jay la había quitado con cuidado antes de que la casa fuera vendida. La pared de ladrillo vacía donde antes estaba colgada, parecía tan desnuda, tan diferente. Todo era diferente. La vida, para mí, ya no estaba aquí... estaba en California. O, más precisamente, en todo el mundo. O, mejor dicho, más allá de este mundo.

Sin embargo, dondequiera que viajara, adondequiera que fuera, mis raíces siempre estarían allí. Siempre, en la habitación de los ángeles pintados. Ángeles que siempre nos cuidarían a nosotras, las niñas. *Oh papá, querida madre... gracias por la vida que nos dieron. No simplemente la vida y el ser, sino una vida de Eareckson. Tan diferente... y también un poco extraña.*

Durante el vuelo de regreso a California, después del culto a la memoria de mi madre, literalmente sentí que se incrementaba la distancia entre mis raíces Eareckson allá en el este, y yo. Con mis dos padres muertos, sentí que había ascendido un peldaño en una escalera que llegaba hasta la estratosfera. Lindy y el capitán John habían abandonado el último peldaño, al igual que sus padres lo habían hecho antes. Ya no había mas Earecksons; al menos por parte de mi padre. Y ahora, aferrada a la escalera de la familia lo mejor que podía, estaba sola. En verdad, mi función como esposa de Ken era vital ahora, pero sin más llamadas telefónicas de papá y mamá, con sus imágenes solo conservadas en viejas fotografías, y con mis hermanas que tenían su vida y sus familias, me sentí... sola.

Cuando llegamos a nuestra casa era tarde, y Ken y yo estábamos exhaustos. Dejamos caer nuestras valijas y dedicamos unos minutos a revisar la correspondencia. Notamos que algunas probablemente fueran tarjetas de condolencia. Abrí la primera, que venía de Maryland. Algo se cayó del sobre. Cuando miré más de cerca, mi pecho se estremeció. Era un obituario del diario The Baltimore Sun. Leí lo que estaba impreso: «Margaret J. Eareckson falleció el 21 de agosto del año 2001».

Mis ojos se llenaron de lágrimas. Por primera vez me desmoroné.

Las expresiones «partió» como también «se fue al hogar» o «fue al cielo, a estar con Jesús» sonaban mas fáciles. Mas fáciles de asimilar que «falleció» o «murió»; pero los hechos concretos de la esquela mortuoria eran tan fríos y duros como el hielo.

Dejé de lado el recorte y abrí otro sobre. Era una tarjeta de condolencias de una amiga de Texas. Al menos, pensé que sería una tarjeta de pésame. Esta se veía diferente. En el anverso tenía azucenas y adentro, la letra de un himno: «Cristo ya ha resucitado».

Era una tarjeta de Pascua. Y en ella estaba escrito lo siguiente: «Joni, en cierta manera esta tarjeta de Pascua expresa mejor lo que quiero decir. Tu madre, tan alegre y vital, está libre de todo sufrimiento. Y ¿a que es bueno saber que todos nos reuniremos en la resurrección? Me alegra tanto que él haya resucitado...».

Cristo ya ha resucitado, ¡Aleluya!
De la muerte ha triunfado; ¡Aleluya!
El poder de su virtud ¡Aleluya!
Cautivó la esclavitud ¡Aleluya!
El que a muerte se entregó, ¡Aleluya!
Vencedor se levantó: ¡Aleluya!
Y cantamos en verdad ¡Aleluya!
Su gloriosa majestad. ¡Aleluya!

La calidez y el gozo de la resurrección derritieron la realidad, fría como el hielo, de la muerte de mi madre. Nunca existieron mejores palabras de condolencias que este recordatorio de mi amiga de la resurrección de Cristo. No *estoy sola* —recordé—. *Sí, soy una Eareckson y sí, una Tada.* Sin embargo, por encima de todo, soy una ciudadana del cielo. Me dirijo a casa.

«Mamá y papá, les voy siguiendo los talones», dije en voz alta, sin dirigirme a nadie en particular—. «Otro día que termina... estoy un día más cerca del cielo».

Yo les he dicho estas cosas para que en mí hallen
paz. En este mundo afrontarán aflicciones, pero
¡anímense! Yo he vencido al mundo.

Juan 16:33

Diez días después, se desató el infierno.

—¡Joni, despierta! —Judy me sacudió el hombro con fuerza a las siete de la mañana.

—¿Qué, qué pasa? —todavía medio dormida, de inmediato me di cuenta de que había sucedido algo horrible.

Judy encendió la televisión y se sentó en el borde de mi cama, jadeando. Miré con los ojos apenas abiertos y reconocí las Torres Gemelas envueltas en enormes columnas de humo que se elevaba.

—Dos aviones se estrellaron contra los edificios —dijo con la voz tensa.

Las palabras sonaban como una pesadilla.

—¿Fue un accidente?

La mirada de Judy me confirmó que no.

—En la radio dijeron que son secuestros. Otro avión se estrelló contra el Pentágono. Tal vez haya más allá afuera.

Los reporteros de televisión se amontonaban contra los edificios, buscando las palabras con nerviosismo, les temblaba el micrófono, sus relatos entrecortados revelaban hechos aterradores. «Los pisos superiores son un infierno...». «Las llamas salen violentamente por las ventanas de las oficinas...».

425

Ninguna de sus palabras parecían reales. Las imágenes en vivo también eran igualmente irreales: los empleados de las oficinas se amontonaban en las cornisas y alféizares, las tomas de las cámaras confirmaban la noticia de que las personas se arrojaban por las ventanas, miles escapaban por las calles y... ¡oh, no! ¡no! Las colosales torres retumbaban, crujían y se desplomaban provocando una gigantesca ola de humo, como gigantes que morían, que caían y a la vez arrastraban a cientos, quizás miles de personas con ellas.

Mi mente no comprendía lo que mis ojos estaban viendo.

Me levanté lo más rápido que pude y llamé a mis hermanas, en Baltimore. Sabía que estaban lejos de Washington, D.C. y del Pentágono, pero el horror de lo que estaba aconteciendo me hizo (nos hizo a todos) sentir de repente que estábamos inseguros e indefensos y desesperados por oír la voz de nuestros familiares. Nos consolamos mutuamente por teléfono: «¿Estás bien?»; «Sí, sí, estoy bien ¿y tú?». Sentí que estábamos de nuevo en el sótano de nuestra vieja casa de la calle Poplar, amontonadas unas contra otras mientras la distante y extraña sirena del departamento de bomberos de *Woodlawn* nos advertía que nos cubriéramos porque los rusos estaban a punto de lanzar la bomba en cualquier instante. Conteníamos la respiración, esperando que se detuviera la bendita sirena, preocupadas de que si hablábamos muy fuerte, el enemigo nos escuchara y entonces entraría de golpe por la puerta de atrás.

La misma debilidad y miedo se apoderaron de mí ahora; pero esto no era un simulacro de defensa civil de los '50. Esta era una nueva época, un nuevo milenio con nuevos enemigos a quienes temer. Y a pesar de que las devastadoras escenas de la televisión guardaban un impresionante parecido con la película Duro de matar, tenía que recordarme constantemente: *Esto no es una película.*

No me detuve a pensar que millones como yo estaban sintiendo, pensando y haciendo lo mismo: hablar a familiares, pararse frente al televisor llorando y orando, esperar hora tras hora trastornados por las imágenes desgarradoras, con la vaga esperanza de que aquellos cientos de bomberos y policías no entraran de verdad en esos edificios, de que todos aquellos comerciantes y corredores de bolsa, limpiadores y porteros salieran ilesos, de que esos aviones hubieran estado vacíos...

Tocaron a la puerta y me sobresalté. Luego recordé mi cita con nuestro constructor para elegir muestras de pintura, ya que estábamos ampliando la casa. Todo me parecía tan trivial que le rogué que se fuera. Él pareció aliviado también.

Sin embargo, no podía solamente permanecer todo el día en casa sentada frente al televisor. Ken estaba en la escuela, enseñando, y yo quería estar en *Joni y sus Amigos* con mis amigos y mis compañeros de trabajo. Además, los mensajes por correo electrónico de todas partes del mundo inundaban la oficina, expresando estupor e interés, como si el mundo civilizado temiera que los Estados Unidos estuvieran a punto de volar por los aires. Todos los mensajes incluían la siguiente promesa: «Estamos orando por Norteamérica y su pueblo».

Era difícil concentrarse en el trabajo del día. Hacer otra cosa que no fuera hablar del ataque de los terroristas (se había confirmado como terrorismo) parecía sin sentido. Y así, a medida que aparecían imágenes en la TV, hicimos un listado de temas de oración en el pizarrón de la sala de reuniones: supervivientes... familiares... bomberos y empleados de emergencias médicas... y los cientos de personas con quemaduras y diversas heridas. Para las cuatro de la tarde, estábamos entumecidos y exhaustos. Cerramos la oficina temprano.

Judy me llevó a casa. Yo estaba demasiado nerviosa como para conducir, y mientras avanzábamos por la autopista, escuchábamos la radio. Todo el país se preguntaba *¿Quienes fueron estos hombres espantosos que transformaron los aviones en misiles y mataron a miles de personas? ¿Qué clase de enemigo era? ¿Por qué éramos el foco de tanto odio? ¿Qué otra ciudad importante sería la siguiente? ¿Los Ángeles?* Una ola oscura y premonitoria comenzó a formarse en el horizonte de mi mente. Era la primera vez que yo experimentaba tales pensamientos: pensamientos de guerra. Una guerra que no se estaba luchando ni en el Golfo Pérsico ni en Vietnam, sino que había llegado a casa.

427

Nos parecía extraño ir al supermercado por algo tan común como la cena, pero cuando nos detuvimos en el estacionamiento, me llamó la atención ver a un pequeño grupo de seis o siete adolescentes con el cabello en punta, sobre sus patinetas, gritando y chillando mientras saltaban las lomadas frente al supermercado, ignorando todo el tiempo el cartel colocado directamente sobre ellos: «prohibido andar en patineta».

—Mira a esos muchachitos —le dije a Judy con la voz entrecortada—, no puedo creer lo que están haciendo en un día como este. Alguien debería detenerlos.

Hubo una pausa significativa.

—¿Y por qué no lo haces tú? —preguntó Judy.

¿Por qué no? —pensé. Me desplacé en mi silla de ruedas hasta el grupo y los llamé con un tono de voz firme:

—Jovencitos, ¿puedo hablar con ustedes un momento?

El ruido de las patinetas cesó. Mi aparición repentina y, tal vez mi silla de ruedas, los sorprendió e hicieron silencio. Me di cuenta de que no sabían si correr o comenzar a insultarme. Así es que me aventuré un poco más:

—Por favor, déjenme decirles un par de palabras.

—Te tengo miedo, señora —gritó uno de ellos mientras se subía a su patineta y comenzaba a dar vueltas en círculos alrededor de mí a una distancia segura.

—¿Tienes miedo de dos mujeres mayores, una de ellas en silla de ruedas? —dijo Judy, uniéndose a mí.

Sus amigos se rieron. Eso era bueno... por un momento había logrado su atención.

—Muchachos —dije nuevamente, con la esperanza de que entendieran—, esta mañana miles de personas perdieron la vida porque otras personas atroces quebrantaron las leyes y se burlaron de la autoridad. En ese momento mi rostro se enrojeció y se me humedecieron los ojos. Viendo que tantos murieron debido a esto, ¿cómo pueden ustedes con la conciencia tranquila quebrantar tan abiertamente esta ley? —e hice un gesto hacia el cartel con mi vista.

Los muchachos estaban escuchando... Algunos me miraban concentrados, casi aliviados, mientras otros miraban fijamente al piso.

—El comportamiento de ustedes deshonra a las personas que murieron y a aquellas que trataron de rescatarlas. Un silencio se posó sobre nosotros. Vengan, júntense a mi alrededor —continué—, oremos por esas familias. Acérquense ahora... lo único que tienen que hacer es inclinar la cabeza, al igual que yo.

Todos ellos se aproximaron. Durante algunos instantes, estos muchachitos de cabellos parados con tatuajes y aros sostenían sus patinetas y escuchaban (o tal vez oraban) mientras yo le pedía a Dios que reconfortara a las familias y que acompañara a los miembros de los equipos de rescate y a todos aquellos que habían resultado heridos. Finalicé pidiéndole que se engrandeciera en el corazón de estos jóvenes y que los ayudara a ser buenos ciudadanos y buenos ejemplos para sus amigos.

—Amén —dije para finalizar. Les agradecí y ellos asintieron con la cabeza y se dispersaron en distintas direcciones, su lazo común quedó roto en ese momento.

Cuando Judy y yo terminamos de hacer las compras y salimos del supermercado, pensamos que volveríamos a escuchar el sonido de las patinetas. Sin embargo, al llegar al estacionamiento, no había nadie a la vista. Judy arrancó la camioneta y me pregunté en voz alta:

—¿Qué haremos si regresan?

—Les hablarás de nuevo —dijo ella, sonriéndome por el espejo retrovisor.

Aquel extraño encuentro puso en relieve que la vida aquel 11 de septiembre cambió de forma drástica y extraordinaria. Por un lado, me sentía llena de energía, curiosa por probar esta peculiar audacia que fluía en mí, y deseosa de alentar a otros a buscar a Dios en esta situación nunca antes experimentada.

Por el otro, la ola amenazadora aparecía más oscura y se agitaba con un terrible sentido de destino trágico. En soledad me preocupaba por este nuevo y siniestro enemigo. Tanto fue así que me resultó imposible dormir esa noche. Una batalla entre el valor y la cobardía era incontrolable mientras meditaba con preocupación: Si atacan Los Ángeles, ¿resultará afectado nuestro vecindario? A partir de allí me pregunté si la gente se lanzaría a los supermercados, si habría problemas con el suministro de agua, si quizá un alza del precio del combustible... las mismas cosas que me mantuvieron en vela después del terremoto de Northridge en el año 1994, que sacudió nuestra casa como si fuese de juguete. Sin embargo, aquel fue un desastre natural, un momento en el pasado. Esto era diferente por completo... algo tan malo, tan anormal... *¿Volverá la vida a ser la misma? —me pregunté y entonces pensé—: ¿Qué ocurrirá si quiebra la economía? ¿Y si tenemos que cerrar la oficina de nuestro ministerio?*

A la mañana siguiente me desplacé hasta el garaje para subir a mi camioneta y conducir hasta el trabajo. Miré la camioneta Ford Econoline de 750 kg y me quedé helada. Allí estaba, monstruosa, mecánica, parecía un arma de destrucción masiva a la espera de ser detonada. Me sentí tan indefensa ante la camioneta que de repente me quedé sin aliento. Todo lo que podía imaginar era que yo iba conduciendo por la autopista y me estrellaba contra un rascacielos. Me estremecí, di la media vuelta y llamé a la oficina para que me vinieran a buscar.

Mientras más informes salían a la superficie acerca de células terroristas con la firme determinación de inmolarse para aniquilar al Gran Satanás (los Estados Unidos) la creciente ola de destino trágico en mi mente se acercó aun más, se volvió más oscura y creció más alta. Este no era un enemigo común. Era un enemigo sin rostro, sin nombre y completamente carente de cualquier conciencia moral.

Esa noche y la siguiente me resultó difícil orar a solas. Era diferente cuando oraba con otros en la oficina, y me sentía bien orando con amigos frente al televisor. Sin embargo, por la noche, cuando estaba en la cama y me enfrentaba sola a Dios, en la oscuridad y en silencio, me asfixiaba. Una vez más mi confianza en Dios y en su supremacía estaban siendo confrontadas. Me enervaba porque podía haber evitado aquel 11 de septiembre... y no lo hizo.

El presidente Bush les pidió a todas las iglesias que abrieran sus puertas para una reunión nacional de oración el jueves 14 al mediodía. Cuando llegué a nuestra iglesia, un pequeño y modesto edificio prefabricado con sillas plegables, solo había un puñado de personas, asistentes habituales en su mayoría. Sin embargo, el lugar comenzó a llenarse con maestros de la escuela que tenemos a pocas cuadras, además de empleados de la empresa de agua y energía de enfrente. Aparecieron camioneros y constructores, se quitaron los guantes de cuero y los cascos y se sentaron al lado de secretarias y camareras.

Nuestro pastor abrió la reunión con un breve saludo, una oración y luego me pasó la palabra a mí. Tan pronto como comencé a cantar God Bless America [Dios bendiga a Norteamérica] todos se sumaron de manera espontánea. Luego, les pedí a varias personas que se acercaran y oraran por las familias y los miembros de los equipos de rescate que se habían visto afectados por los ataques. Cantamos America The Beautiful [Norteamérica, la bella] y Amazing Grace [Sublime gracia] y posteriormente seguimos orando.

A la mañana siguiente miré de reojo el garaje. Aquella arma amarilla de destrucción masiva todavía estaba plácidamente estacionada, a la espera de que la condujera. Cerré la puerta y me dirigí hasta el teléfono para volver a pedir que me vinieran a buscar. Las garras del miedo no iban a soltar mi corazón de la noche a la mañana. Durante todo el camino al trabajo estuve repitiendo y reforzando: Dios es soberano, Dios es bueno, Dios es soberano, Dios es bueno. Sin embargo, no podía evitar mirar fijamente a los autos que pasaban... cada uno era un misil; cada camión, un torpedo.

Conocía bien el miedo para saber que mejor era no huir de él, ni tampoco ocultarlo ni ignorarlo. Papá me había enseñado eso en las olas en la playa de Betania. «¿Ves esa grande que se aproxima, Joni?», decía él. «¡Nada hacia ella, no nades

431

para alejarte de ella! Llega allí antes que rompa ¡y zambúllete por debajo!».

Nadábamos hacia la enorme ola del horizonte, como si nuestras vidas dependieran de eso. Yo dejaba de lado mis temores con cada brazada, estirando cada uno de mis músculos para llegar a la ola antes de que rompiera. Y siempre (no recuerdo haber perdido ninguna), nos zambullíamos justo cuando la espuma blanca aparecía en la cresta.

Y así era, tenía que llegar hasta esta ola.

Llamamos a nuestro equipo de *Joni y sus Amigos* en Pensilvania y nos pusimos a pensar en cómo podríamos ayudar a los supervivientes discapacitados. A pesar de que los informes eran vagos y elementales, sabíamos que cientos de personas estarían discapacitadas o lastimadas por los escombros y las llamas del Pentágono y las Torres Gemelas. En pocos días juntamos cientos de Biblias, como así también mis libros sobre el cielo y el sufrimiento, y dimos respuesta a los pedidos de las iglesias de Nueva York y Washington, D.C. También viajé al este para hablar con amigos y familiares de los caídos y para acompañar a nuestros equipos en la entrega de Biblias y libros a los voluntarios. Asimismo los capacitamos en cómo alentar a las personas desde la Palabra de Dios, y visitamos hospitales y centros de rehabilitación.

Tan pronto como se liberaron las aerolíneas para volar nuevamente, tomé un vuelo de United con destino a Nueva York, pero resultaba extraño viajar en un avión prácticamente vacío. «Lamento la pérdida de sus compañeros de trabajo», le dije a una azafata pelirroja». Nadie hablaba ni leía revistas durante el anuncio de las medidas de seguridad. Me descubrí mirando furtivamente a varios pasajeros de piel oscura. Me dio la impresión de que todos los viajeros contuvimos la respiración hasta que aterrizamos en la costa este.

La ciudad de Nueva York estaba tensa y preocupada. Nuestra reunión en una iglesia en el centro de Manhattan comenzó con una amenaza de bomba en las cercanías; pero ni siquiera eso evitó que vinieran cientos de personas, personas con muchísimos interrogantes. «Ud. está en una silla de ruedas y ha sufrido un duro golpe con su tetraplejia», dijo un neoyorquino. «Dígame: ¿cómo puede decir que Dios es bueno? Si es bueno, ¿por qué no evitó aquello?», preguntó, haciendo un gesto en dirección a la zona devastada.

Era una pregunta que todos hacían, desde los reporteros de la radio hasta los estudiantes del campus de *Lower Manhattan* en la facultad de Nyack. Incluso Larry King le preguntaba al país: «¿Dónde está Dios?»

En esa reunión y en las otras, en Nueva York y en Washington D.C., me di cuenta de que ese era un territorio conocido. Simplemente hablaba de lo que había aprendido de la Biblia durante tantos años, que Dios no dice: «En cada vida debe haber un poco de agua» para luego abrir una manguera de incendios y ver quién se moja más. Por el contrario, él elige las pruebas que nos llegan. Él es el polizonte en el ómnibus de Satanás, que siempre levanta verjas invisibles alrededor de la furia del enemigo y nos brinda el bien que finalmente sale de la maldad.

«¿Cómo lo logra?, pregunté retóricamente en una reunión en una iglesia repleta al otro lado del río, frente a la Zona Cero (nombre dado a los escombros resultantes del ataque al *World Trade Center*). Bienvenidos al mundo de mortales que tratan de comprender a un Dios infinito. Lo que está claro es que Dios permite muchas cosas que él no aprueba. Ese hecho no nos cae bien, pero piensen en la alternativa. Imaginen a un Dios que insistiera con políticas ofensivas contra la maldad que obstruye nuestro camino. El mundo sería mucho, pero mucho peor de lo que es ahora. La maldad estaría descontrolada; pero gracias a Dios, él la encadena».

Por todas partes donde íbamos, con cada oportunidad de hablar, de compartir la Palabra de Dios, de ser testigo de la paz de Cristo, sentimos que el valor aumentaba y el miedo comenzaba a disiparse. Por la gracia de Dios, nos estábamos zambullendo por debajo de la ola.

«Por favor, sepan que no soy una experta, confesaba siempre. Hay días que me despierto y pienso: *No puedo hacer esto. No tengo fuerzas para esto. No puedo enfrentar otro día con paráli-*

433

sis total. Entonces es ahí donde ruego: "SEÑOR, tú tienes las fuerzas que yo no poseo. No puedo hacer esto, pero tú sí". Y lo hace. Los verdaderos discapacitados entre nosotros son aquellos que comienzan sus días en piloto automático, sin tener en cuenta a Dios. Sin embargo, él les da fuerzas a todos aquellos que piden ayuda. Y ¿quiénes son los débiles y los necesitados? ¿Quiénes son los que necesitan su ayuda?, Una breve pausa en la oscura sombra de los recientes acontecimientos permitió que cada uno reflexionara en su interior. Somos tú y yo».

Eran un placer pero a la vez una enorme tristeza los momentos compartidos en privado con las personas que habían perdido a amigos, colegas y seres queridos: el hermano de un bombero; la esposa de un corredor de bolsa; una empleada que acababa de dejar su bolso y su maletín sobre el escritorio en uno de los pisos superiores, y comenzaba su labor cotidiana cuando se estrelló el avión; un niño pequeño cuyo tío pereció; una mujer cuyo marido todavía estaba desaparecido y cuyas lágrimas de dolor traicionaban su gratitud a Dios al recibir aliento para enfrentar un nuevo día...

Al finalizar la reunión en una iglesia multitudinaria de *Queens*, me percaté de una niña pequeña hispana que parecía demasiado joven para estar en la fila. Cuando se nos acercó y le entregamos una Biblia, me incliné hacia ella y le pregunté:

—¿Hay alguien perdido en tu familia?

Por un instante se quedó paralizada.

—Esta Biblia es para mi papá —respondió.

—¿Ah, sí? ¿de veras? —le pregunté con amabilidad.

—Sí, tiene SIDA.

Miré sus ojos oscuros y tristes y vi miedo. Todos tenemos una historia llena de terror. Siempre hay un enemigo al acecho, sea en María en su empobrecida Rumanía, o en Darío en su Bosnia destruida por la guerra, o en los albaneses recostados sobre camas durante años en minúsculas casas de cemento en pueblos remotos. O en Liu Qiaoling, China, una niñita con espina bífida quien, hasta que le dimos una silla de ruedas, pasó sus días y noches sobre una tabla de aglomerado junto a una ventana. Todos ellos vivían con inseguridad, e incluso miedo, todos los días. Al igual que esta niña hispana de Queens, Nueva York.

—No tengas miedo, hija —le sonreí a la niña, acercándola hacia mí—. Permíteme escribir algo para tu padre sobre esa Biblia. —Ella observaba con los ojos abiertos, fascinada, mientras un colega colocaba una pluma en mi boca y yo escribía un versículo. No recuerdo exactamente lo que escribí, pero debe de haber sido Efesios 6:16: «Además de todo esto, tomen el escudo de la fe, con el cual pueden apagar todas las flechas encendidas del maligno».

Solo una cosa puede vencer al miedo y siempre lo hará: la fe en Dios.

La guerra no ha cesado.

Es más, está más espeluznante que nunca. Hubo muertes por ántrax. Luego, una bomba que llevaba un suicida en un avión. Después, un plan para detonar una bomba con material radiactivo. Ha habido alertas moderadas y altas, que involucraron camiones cisterna y puertos marítimos, terrorismo informático y plantas nucleares. Incluso no me sorprendería que sucediera algo que hiciera parecer la caída de las Torres Gemelas algo insignificante.

Se siente apocalíptico. Y en verdad, lo es.

Mientras escribo esto, anoche hubo otro bombardeo suicida en Jerusalén. No estoy segura de cuántos han sido los heridos ni cuántas víctimas ha habido en Israel, en la franja de Gaza y en Cisjordania. Todo lo que sé es que Jan, nuestra amiga alemana, llamó esta mañana para contarme que la joven que nos recibió al descender del avión en Israel murió en ese autobús, junto a otras dieciocho personas. «Todo el mundo está traumatizado», dijo. «Todos se sienten desesperados y desvalidos».

Me pregunto cómo está viviendo todo esto Fanny, nuestra anciana guía judía. Y me pregunto sobre su amistad con la mujer árabe de aquella pequeña tienda de regalos. Cuando se

435

abrazaron aquel día, el manifiesto afecto de una por la otra desafiaba todo el odio arraigado entre sus pueblos. El amor que sentían parecía pasar por alto la historia y traer esperanza para el futuro. *¿Habrá perdido alguna de ellas un hijo, un sobrino o un hermano? —medité con preocupación—. ¿Qué ocurrirá ahora con su amor y amistad?*

Nunca pareció tan clara la línea entre las fuerzas de la luz y las fuerzas de la oscuridad, entre lo bueno y lo malo. Nunca el mundo, apaleado y golpeado como está, pareció tan vulnerable, tan débil, tan inseguro.

Con el tiempo, muy lentamente, durante los meses que siguieron a aquel 11 de septiembre del año 2001, algo comenzó a aclararse dentro de mí. Era algo que sentía que estaba allá adelante, algo que comenzaba a aparecer en el horizonte y crecía cada día más, con cada compromiso para hablar, con cada lágrima secada cuando se regalaba una silla de ruedas, se entregaba una Biblia, o se compartía un abrazo.

Me han sido dados ojos para ver... una aventura.

En la larga sombra que proyecta mi silla de ruedas (los treinta y seis años de mi parálisis) me ha sido dado ahora el privilegio de vivir en este tiempo. Parece que nunca había caído antes una sombra tan grande sobre la historia de la tierra. Hoy, lo que sigue al 11 de septiembre, es un acceso hacia una autopista que se amplía cada vez más. Una oportunidad de mostrar totalmente la gracia de Dios y su evangelio en medio de tanta debilidad y limitaciones ahora visibles en todo el mundo. Esa fue una oportunidad, un mandato, para recordar la palabra más vulnerable (discapacitado) mientras los empresarios del poder mueven las palancas y las poleas del planeta. Era una oportunidad, un regalo, para ser testigo de la revelación de un plan de un Dios misericordioso que se acerca a los débiles, permanece junto a los afligidos y siempre parece más generoso con aquellos que mas lo necesitan. Y más aún, era un camino más grande y más largo hacia la aventura.

Y mi silla de ruedas me estaba llevando.

Se estaba ampliando más que nunca la aventura que él ya me había dado: amar a mi esposo Ken y a mis amigos, mi familia, mis vecinos, mis compañeros de trabajo de *Joni y sus Amigos*. Pintar y escribir, cantar y hablar, mientras él me dé fuerzas. Y todo en el camino que él trazó para mí hace tantos años.

Hoy, mientras observo cómo se suceden los acontecimientos de Oriente Próximo, mis pensamientos van hacia Israel, el pequeño y polvoriento país que para el mundo entero es el centro de atención por la paz. Y recuerdo la paz personal y especial que yo misma encontré allí. Fue durante aquel día seco, caluroso y ventoso en que visitamos la parte antigua de Jerusalén con Fanny.

Después de conocer a la amiga árabe de Fanny, atravesamos un mercado y nos encontramos en una zona de la ciudad más tranquila, menos congestionada. Allí deambulamos lentamente por un sendero de piedra hasta la puerta de las Ovejas. Hacia la derecha vimos las puntas de los cedros que se curvaban con la brisa sobre el Monte del Templo. Al girar hacia la izquierda seguimos por un sendero de piedra que bordeaba una iglesia construida por los cruzados, que conducía a una pequeña plantación de olivos. Un cálido viento hacía susurrar las ramas y agitaba las flores a lo largo del sendero. No había nadie excepto nosotros y todo estaba extrañamente en silencio.

De repente, el sendero se abrió en una hectárea de ruinas de piedras blancas. La placa sobre la baranda decía: «Ahora existe en Jerusalén cerca de la puerta de las Ovejas, un estanque que en arameo se llama Betzatá. ... Aquí solían yacer un gran número de personas discapacitadas: ciegos, cojos y paralíticos...».

Miré fijamente las palabras durante un largo rato, levantando mi vista para explorar las columnas rotas. El lugar estaba desierto. Ken decidió deambular para ver si podía encontrar algo de agua en la cisterna. Mientras tanto, Fanny, Bunny y Judy encontraron una piedra a lo lejos y se sentaron a descansar. Yo permanecí junto a la placa de la baranda.

Una ráfaga de polvo formó un remolino a mis pies mientras una cálida brisa seca se elevó y agitó mi cabello. Me había quedado sin palabras. Grandes lágrimas me cayeron de los ojos, y sollocé mientras imaginaba a las personas ciegas amontonadas contra la pared y a los cojos apoyados contra los pilares. Podía ver a los paralíticos que yacían sobre camillas y esterillas, buscando con sus ojos y rogando con sus manos. Y me vi a mí misma entre ellos, tal y como lo había imaginado hacía tantos años atrás, vestida con una túnica de arpillera, recostada sobre una esterilla, apretada en algún lugar entre una fría y sombría pared y el hombre paralítico que llevaba allí treinta y ocho años.

Otra brisa seca acarició mi rostro húmedo. *Oh, Señor, esperaste más de treinta años, casi tantos como los del hombre paralítico que curaste aquel día, para traerme hasta este lugar.*

Tragué saliva y recordé las veces que había yacido, entumecida y deprimida, en mi cama del hospital, esperando y orando que Jesús me curara, que él se apareciera junto a mi cama como lo hizo con el hombre en la esterilla de paja, y anhelando que me viera y no me pasara por alto. Recordé las veces que Diana me leyó acerca de este lugar. Pensé en la imagen de mármol en Johns Hopkins y en Jacque recostada a mi lado en la oscuridad cantando «Levantado fue Jesús».

Ken me hizo señas con el brazo desde abajo de las ruinas.

—No vas a creer cuántas veces solía imaginarme a mí misma aquí —grité y mi voz resonaba a través de las piedras apiladas y las columnas. Ken asintió con la cabeza. Continuó explorando allí abajo, y yo me apoyé con el brazo contra la baranda. Entonces susurré:

—Y ahora... después de treinta años... estoy aquí... lo logré. Jesús no me pasó por alto. No me ignoró. Vino por mi camino y respondió a mi plegaria... Dijo «no».

Dirigí mis pensamientos y mis palabras a los cielos.

—Señor, tu respuesta negativa a curarme físicamente significaba un sí a una curación más profunda... una mejor. Tu respuesta me ha unido a otros creyentes y me ha enseñado muchísimo sobre mí misma. Ha purgado el pecado en mi vida, ha intensificado mi dedicación a ti y me ha forzado a depender de tu gracia. Tu respuesta, más sabia y más profunda, ha hecho crecer mi esperanza, ha cultivado mi fe y me ha ayudado a conocerte mejor. Y tú eres bueno. Tú eres tan bueno...

Derramé lágrimas.

—Sé que no te conocería... no te amaría ni confiaría en ti... si no fuera por... —miré hacia abajo a mis piernas paralíticas— ... por esta silla de ruedas.

Ken regresó a mi lado, con el pecho agitado y las manos ahuecadas en forma de una taza.

—Mira, tengo algo para ti —dijo visiblemente emocionado extendiendo sus manos—. Agua del estanque de Betzatá. La encontré allí debajo al fondo de unos escalones. Era muy oscura y daba miedo...; pero te traje un poco.

Un viento fresco agitó nuestras camisas mientras Ken colocó sus manos húmedas sobre mi frente.

—Señor, te doy gracias por mi esposa.

Lloré y reí al mismo tiempo. La oración de Ken era como un coronamiento, un sello en un día increíblemente extraordinario. Nos despedimos del estanque de Betzatá y mientras desandábamos el sendero hacia la puerta del León, miré de reojo hacia atrás y sacudí la cabeza con asombro.

A menudo no podía presuponer los propósitos de Dios, pero sí podía imaginar este. Él me había traído al estanque de Betzatá para que pudiera hacer de estas ruinas un altar de recuerdos, para que pudiera ver, y agradecerle, por la elección más sabia, la mejor respuesta, el sendero más duro pero sin embargo el más reconfortante.

Ah, este es el Dios a quien yo amo. El Centro, el Pacificador, el Pasaporte a la aventura y a la diversión, y la Respuesta a todos nuestros anhelos más profundos. La respuesta a todos nuestros temores, Varón de dolores y Señor del gozo, que siempre permite lo que odia para lograr algo que ama. Y él me trajo hasta aquí, desde mi casa (y por casi medio planeta) para que pudiera proclamar a todo el que quiera oír en todo el universo, a todo aquel que le pueda interesar, que sí...

En la vida hay cosas más importantes que caminar.

Respuesta al llamado

La autobiografía de Joni, *El Dios que yo amo*, ha capturado de manera maravillosa el obrar de Dios en su vida para llegar a conmover a millones de personas de todo el mundo. Sin embargo, la historia no termina aquí.

A través de *Joni y sus Amigos*, una organización cristiana que transmite el amor de Cristo entre la comunidad de discapacitados, Joni y su esposo Ken trabajan sin descanso para compartir esperanza y ayuda entre los miles de discapacitados y sus familias. La fuerza propulsora de *Joni y sus Amigos* radica en un equipo de personal comprometido y de fervientes voluntarios de todo el mundo que dedican su esfuerzo a los JAF's *Family Retreats* [Retiros familiares de *Joni y sus Amigos*], *Special Delivery* [Entrega especial] y el programa *Wheels for the World* [Ruedas para el mundo].

¡Únete al equipo!

Si deseas ayudar a Joni y su equipo a difundir aliento cristiano entre los miles de personas discapacitadas y sus familias, puedes comunicarte con *Joni y sus Amigos* para saber cómo puedes integrarte.

Visita nuestra página web o escríbenos hoy mismo:

Joni y sus Amigos
P.O. Box 3333
Agoura Hills, CA 91376
EE.UU.
(818) 707 -5664

w w w . j o n i a n d f r i e n d s . o r g

Joni y sus Amigos

Centro internacional para discapacitados

Ayúdanos en este paso de fe...

Nuestro siguiente gran desafío en la expansión permanente de *Joni y sus Amigos* es ocupar de manera definitiva el edificio que Dios nos proporcionara de una forma tan maravillosa.

Nuestro objetivo es renovar y ocupar el edificio nuevo, estando libres de deudas para que los recursos que se destinan a los gastos de alquiler puedan utilizarse para los propósitos de nuestro ministerio.

Descubre cómo puedes sumarte a esta gran aventura.

Llama al (818) 707- 5664

o visita nuestra página:
www.joniandfriends.org

Nos agradaría recibir noticias suyas.
Por favor, envíe sus comentarios sobre este libro
a la dirección que aparece a continuación.
Muchas gracias.

Vida@zondervan.com
www.editorialvida.com